《"中国制造2025"出版工程》
编委会

主　任

　　孙优贤（院士）

副主任（按姓氏笔画排序）

　　王天然（院士）　杨华勇（院士）　吴　澄（院士）

　　陈　纯（院士）　陈　杰（院士）　郑南宁（院士）

　　桂卫华（院士）　钱　锋（院士）　管晓宏（院士）

委　员（按姓氏笔画排序）

马正先	王大轶	王天然	王荣明	王耀南	田彦涛
巩水利	乔　非	任春年	伊廷锋	刘　敏	刘延俊
刘会聪	刘利军	孙长银	孙优贤	杜宇雷	巫英才
李　莉	李　慧	李少远	李亚江	李嘉宁	杨卫民
杨华勇	吴　飞	吴　澄	吴伟国	宋　浩	张　平
张　晶	张从鹏	张玉茹	张永德	张进生	陈　为
陈　刚	陈　纯	陈　杰	陈万米	陈长军	陈华钧
陈兵旗	陈茂爱	陈继文	陈增强	罗　映	罗学科
郑南宁	房立金	赵春晖	胡昌华	胡福文	姜金刚
费燕琼	贺　威	桂卫华	柴　毅	钱　锋	徐继宁
郭彤颖	曹巨江	康　锐	梁桥康	焦志伟	曾宪武
谢　颖	谢胜利	蔡　登	管晓宏	魏青松	

"十三五"国家重点出版物
出版规划项目

"中国制造2025"
出版工程

智能制造系统与智能车间

王进峰 著

化学工业出版社

·北京·

《智能制造系统与智能车间》围绕智能制造系统和智能车间的基础共性技术，从切削参数智能优选、智能工艺规划、智能制造车间及调度、工艺规划与车间调度智能集成四个方面系统地介绍了制造系统的智能化技术及应用。本书突出基础理论与工程实践相结合。基础理论部分较为清晰地阐述了制造系统智能化的基础问题，包括智能制造核心支撑技术，切削参数优化、工艺优化和调度的基本理论和模型，智能制造车间模型的基本概念、智能优化方法等。工程实践部分列举了大量研究案例，力图较为清晰地阐述了制造系统智能化的基础问题，每一章均有典型的案例，使读者更好地理解和掌握本章涉及的基本理论和基础知识。

本书可供从事智能制造研究与开发的工程技术人员参考，也可作为高等院校机械工程、智能制造工程、机械设计制造及其自动化、工业工程等相关专业师生的参考书。

图书在版编目（CIP）数据

智能制造系统与智能车间/王进峰著.—北京：化学工业出版社，2020.1（2023.3重印）
"中国制造2025"出版工程
ISBN 978-7-122-35507-2

Ⅰ.①智⋯　Ⅱ.①王⋯　Ⅲ.①数字技术-应用-制造工业-车间管理　Ⅳ.①F407.406.6

中国版本图书馆 CIP 数据核字（2019）第 247352 号

责任编辑：张兴辉　金林茹　毛振威　　　　　　　　　装帧设计：尹琳琳
责任校对：宋　玮

出版发行：化学工业出版社（北京市东城区青年湖南街 13 号　邮政编码 100011）
印　　装：北京天宇星印刷厂
710mm×1000mm　1/16　印张 19¼　字数 361 千字　2023 年 3 月北京第 1 版第 2 次印刷

购书咨询：010-64518888　　　　　　　　　　　　　　售后服务：010-64518899
网　　址：http://www.cip.com.cn
凡购买本书，如有缺损质量问题，本社销售中心负责调换。

定　　价：98.00 元　　　　　　　　　　　　　　　　　版权所有　违者必究

序

制造业是国民经济的主体，是立国之本、兴国之器、强国之基。近十年来，我国制造业持续快速发展，综合实力不断增强，国际地位得到大幅提升，已成为世界制造业规模最大的国家。但我国仍处于工业化进程中，大而不强的问题突出，与先进国家相比还有较大差距。为解决制造业大而不强、自主创新能力弱、关键核心技术与高端装备对外依存度高等制约我国发展的问题，国务院于2015年5月8日发布了"中国制造2025"国家规划。随后，工信部发布了"中国制造2025"规划，提出了我国制造业"三步走"的强国发展战略及2025年的奋斗目标、指导方针和战略路线，制定了九大战略任务、十大重点发展领域。2016年8月19日，工信部、国家发展改革委、科技部、财政部四部委联合发布了"中国制造2025"制造业创新中心、工业强基、绿色制造、智能制造和高端装备创新五大工程实施指南。

为了响应党中央、国务院做出的建设制造强国的重大战略部署，各地政府、企业、科研部门都在进行积极的探索和部署。加快推动新一代信息技术与制造技术融合发展，推动我国制造模式从"中国制造"向"中国智造"转变，加快实现我国制造业由大变强，正成为我们新的历史使命。当前，信息革命进程持续快速演进，物联网、云计算、大数据、人工智能等技术广泛渗透于经济社会各个领域，信息经济繁荣程度成为国家实力的重要标志。增材制造（3D打印）、机器人与智能制造、控制和信息技术、人工智能等领域技术不断取得重大突破，推动传统工业体系分化变革，并将重塑制造业国际分工格局。制造技术与互联网等信息技术融合发展，成为新一轮科技革命和产业变革的重大趋势和主要特征。在这种中国制造业大发展、大变革背景之下，化学工业出版社主动顺应技术和产业发展趋势，组织出版《"中国制造2025"出版工程》丛书可谓勇于引领、恰逢其时。

《"中国制造2025"出版工程》丛书是紧紧围绕国务院发布的实施制造强国战略的第一个十年的行动纲领——"中国制造2025"的一套高水平、原创性强的学术专著。丛书立足智能制造及装备、控制及信息技术两大领域，涵盖了物联网、大数据、3D 打印、机器人、智能装备、工业网络安全、知识自动化、人工智能等一系列的核心技术。丛书的选题策划紧密结合"中国制造 2025"规划及 11 个配套实施指南、行动计划或专项规划，每个分册针对各个领域的一些核心技术组织内容，集中体现了国内制造业领域的技术发展成果，旨在加强先进技术的研发、推广和应用，为"中国制造 2025"行动纲领的落地生根提供了有针对性的方向引导和系统性的技术参考。

这套书集中体现以下几大特点：

首先，丛书内容都力求原创，以网络化、智能化技术为核心，汇集了许多前沿科技，反映了国内外最新的一些技术成果，尤其使国内的相关原创性科技成果得到了体现。这些图书中，包含了获得国家与省部级诸多科技奖励的许多新技术，因此，图书的出版对新技术的推广应用很有帮助！这些内容不仅为技术人员解决实际问题，也为研究提供新方向、拓展新思路。

其次，丛书各分册在介绍相应专业领域的新技术、新理论和新方法的同时，优先介绍有应用前景的新技术及其推广应用的范例，以促进优秀科研成果向产业的转化。

丛书由我国控制工程专家孙优贤院士牵头并担任编委会主任，吴澄、王天然、郑南宁等多位院士参与策划组织工作，众多长江学者、杰青、优青等中青年学者参与具体的编写工作，具有较高的学术水平与编写质量。

相信本套丛书的出版对推动"中国制造 2025"国家重要战略规划的实施具有积极的意义，可以有效促进我国智能制造技术的研发和创新，推动装备制造业的技术转型和升级，提高产品的设计能力和技术水平，从而多角度地提升中国制造业的核心竞争力。

中国工程院院士 潘云鹤

前言

制造业是国民经济的支柱产业,是衡量国家综合实力的重要标志。近年来,随着科学技术的进步,大量新技术、新思想不断涌入制造业,形成了新产业模式、新经济形态。各国制造业只有不断创新制造模式,才能在国际竞争中取得领先优势。在此背景下,各国政府或工业团体先后出台政策,提升工业能力,应对新一轮"工业革命"。2012年,德国提出"工业4.0",发挥德国在制造技术和制造装备的传统优势,将制造业和互联网等技术融合,围绕"智慧工厂"和"智能生产"两大方向,形成了工业互联网,以保持德国在世界领先地位。2013年,美国提出的"工业互联网"战略,通过对制造领域的不同环节植入智能传感器,结合互联网、大数据、云计算技术,感知制造实时数据,实现了对制造系统的精准计划与控制,促进了工业转型升级。2015年,国务院发布了"中国制造2025"国家规划,强调了信息技术和制造技术的深度融合是新一轮产业竞争的制高点,而智能制造则是抢占这一制高点的主攻方向。

近年来,在国家自然科学基金、"双一流"项目等的资助下,作者所在团队在智能制造系统,尤其是制造执行系统领域做了一些研究工作,本书将研究工作中取得的成果进行归纳和总结,从切削参数智能优选、智能工艺规划、智能制造车间及调度、工艺规划与车间调度智能集成四个方面系统地介绍了制造系统的智能化技术及应用。本书突出理论与实践相结合。理论部分较为清晰地阐述了制造系统智能化的基础问题,包括智能制造核心技术,切削参数优化、工艺优化和调度的基本理论和模型,智能制造车间模型的基本概念、智能优化方法等。实践部分列举了大量研究案例,力图较为清晰地论证基本理论和基础知识。每一章均有典型的案例,使读者更好地理解和掌握基本理论和基础知识。

本书在撰写过程中，作者所在团队的范孝良、储开宇、康文利、丁海民给予了大力支持。本书中的图表由潘丽娟和李克英绘制。感谢沈阳机床的牟恩旭和周昱晟提供了部分案例。本书在撰写过程中得到了国内许多专家学者的鼓励和支持，借鉴了国内外许多知名学者的研究成果，在此表示衷心的感谢！

本书内容涉及智能制造关键技术，覆盖面广。而目前智能制造还处在起步和摸索阶段，相关理论、方法和技术还在不断完善中。随着我国智能制造试点示范工程的不断推进，高校等科研机构与产业联合不断深入，智能制造关键技术将在实际应用过程中日益完善。尽管本书是作者所在团队研究工作的总结，但是水平有限，书中难免存在不妥之处，恳请各位专家与读者给予批评与指正。

王进峰

目录

1 第1章 智能制造总论

1.1 智能制造概述 / 2
1.2 智能制造核心技术 / 3
   1.2.1 工业机器人 / 3
   1.2.2 3D打印技术 / 6
   1.2.3 RFID技术 / 7
   1.2.4 无线传感器网络技术 / 9
   1.2.5 物联网与信息物理融合系统 / 10
   1.2.6 工业大数据 / 11
   1.2.7 云计算技术 / 13
   1.2.8 虚拟现实技术 / 15
   1.2.9 人工智能技术 / 16
1.3 智能制造系统的体系结构 / 17
参考文献 / 21

23 第2章 切削参数智能优选

2.1 切削参数智能优选概述 / 24
2.2 切削参数优化建模 / 26
   2.2.1 优化目标 / 26
   2.2.2 切削参数优化的边界约束条件 / 30
2.3 切削参数敏感性分析及优化 / 31
   2.3.1 田口法 / 31
   2.3.2 灰度关联法 / 34
   2.3.3 基于田口法的单目标切削敏感性分析和切削参数优化 / 41
   2.3.4 基于灰度关联法的多目标切削参数优化 / 48
2.4 最优切削参数预测 / 55
   2.4.1 利用理论公式计算的方法预测切削力 / 57
   2.4.2 利用有限元仿真的方式预测切削力 / 67

2.4.3 利用试验数据拟合经验公式的方式预测切削力、表面粗糙度 / 77

参考文献 / 80

第 3 章　智能工艺规划　85

3.1 研究背景 / 86
3.2 智能工艺规划建模 / 90
　3.2.1 基于特征向量的工艺知识表述方法 / 90
　3.2.2 工艺知识表述实例 / 95
3.3 利用遗传算法求解工艺规划与编程 / 96
　3.3.1 遗传算法 / 96
　3.3.2 基于遗传算法的加工工艺智能规划 / 97
　3.3.3 典型案例 / 108
3.4 改进的工艺规划与编程深度求解方法 / 109
　3.4.1 蚁群算法 / 109
　3.4.2 改进的工艺知识表述方法 / 111
　3.4.3 利用蚁群算法求解工艺规划问题 / 118
　3.4.4 两阶段蚁群算法求解工艺规划问题 / 124
　3.4.5 典型案例及分析 / 127

参考文献 / 134

第 4 章　智能制造车间及调度　136

4.1 智能制造车间 / 137
4.2 车间生产智能调度 / 145
　4.2.1 调度问题描述 / 145
　4.2.2 典型调度问题 / 148
　4.2.3 调度问题的研究方法 / 152
4.3 柔性作业车间调度问题 / 156
　4.3.1 柔性作业车间调度建模 / 156
　4.3.2 利用遗传算法求解柔性作业车间调度问题 / 161
　4.3.3 基于混合遗传算法的柔性作业车间调度方法研究 / 173
　4.3.4 典型案例及分析 / 177
4.4 成批生产车间调度问题 / 179
　4.4.1 成批生产调度问题建模 / 179
　4.4.2 利用蚁群算法求解成批生产调度问题 / 181

4.4.3 典型案例及分析 / 184

参考文献 / 189

193 第 5 章 工艺规划与车间调度智能集成

5.1 工艺规划与车间调度智能集成建模 / 194
 5.1.1 研究背景 / 194
 5.1.2 工艺规划与车间调度集成建模 / 197

5.2 利用遗传算法求解工艺规划与车间调度集成问题 / 202
 5.2.1 遗传算法的优化策略 / 202
 5.2.2 典型案例及分析 / 210

5.3 利用蚁群算法求解工艺规划与车间调度集成问题 / 211
 5.3.1 蚁群算法的优化策略 / 211
 5.3.2 两段式的蚁群算法求解 IPPS 问题 / 214
 5.3.3 改进的蚁群算法访问策略 / 220
 5.3.4 典型案例及分析 / 227

参考文献 / 227

232 第 6 章 智能制造系统案例分析

6.1 汽车行业典型零部件智能车间案例 / 233
 6.1.1 MES 系统 / 233
 6.1.2 AGV 小车 / 238
 6.1.3 SCADA 系统 / 240
 6.1.4 Andon 系统 / 241

6.2 航空发动机典型零部件智能制造车间案例 / 243
 6.2.1 航空发动机产品及其生产特点 / 243
 6.2.2 机匣产品及其工艺特点分析 / 244
 6.2.3 机匣车间的管理现状及存在问题 / 245
 6.2.4 机匣 COE 生产组织方式及运作流程 / 246
 6.2.5 机匣 COE 实施智能制造的主要内容 / 249
 6.2.6 机匣 COE 实施智能制造的技术支撑体系 / 253
 6.2.7 机匣 MES 软件的设计及实施 / 254

6.3 企业 WIS 案例 / 261
 6.3.1 背景 / 261
 6.3.2 企业 WIS 总体规划 / 262

6.3.3 车间数据采集方案 / 264
  6.3.4 WIS 系统建设方案 / 266
  6.3.5 建设后使用效果 / 274
 6.4 基于大数据的生产系统预测性维护与机床体检相关案例 / 275
 参考文献 / 278

279 附录

 附录 A GMT 方法初始化过程 / 280
 附录 B RS 方法初始化过程 / 283
 附录 C FJSP 问题测试数据 / 286

293 索引

第1章

智能制造总论

1.1 智能制造概述

智能制造（intelligent manufacturing，IM）简称智造，源于人工智能的研究成果，是一种由智能机器和人类专家共同组成的人机一体化智能系统。该系统在制造过程中可以进行诸如分析、推理、判断、构思和决策等智能活动，同时基于人与智能机器的合作，扩大、延伸并部分地取代人类专家在制造过程中的脑力劳动。智能制造更新了自动化制造的概念，使其向柔性化、智能化和高度集成化扩展。

科技部在2012年3月发布的"智能制造科技发展'十二五'专项规划"中指出，智能制造技术是在现代传感技术、网络技术、自动化技术、拟人化智能技术等先进技术的基础上，通过智能化的感知、人机交互、决策和执行技术，实现设计过程、制造过程和制造装备智能化，是信息技术和智能技术与装备制造过程技术的深度融合与集成。因此，智能制造技术是指一种利用计算机模拟制造专家的分析、判断、推理、构思和决策等智能活动，并将这些智能活动与智能机器有机融合，使其贯穿应用于制造企业的各个子系统（如经营决策、采购、产品设计、生产计划、制造、装配、质量保证和市场销售等）的先进制造技术。该技术能够实现整个制造企业经营运作的高度柔性化和集成化，取代或延伸制造环境中专家的部分脑力劳动，并对制造业专家的经验信息进行收集、存储、完善、共享、继承和发展，从而极大地提高生产效率。

智能制造系统是一种由部分或全部具有一定自主性和合作性的智能制造单元组成的、在制造活动全过程中表现出类人智能行为的制造系统，是先进制造技术、信息技术和智能技术在装备产品上的集成和融合，体现了制造业的智能化、数字化和网络化。其最主要的特征在于工作过程中对知识的获取、表达与使用。根据其知识来源，智能制造系统可分为如下两类。

① 以专家系统为代表的非自主式制造系统。该类系统的知识由人类的制造经验知识总结归纳而来。

② 建立在系统自学习、自进化与自组织基础上的自主型制造系统。该类系统可以在工作过程中不断自主学习、完善与进化原有的知识，具有强大的适应性以及高度开放的创新能力。

随着以神经网络、遗传算法等深度学习技术为代表的人工智能技术的发展，智能制造系统正逐步从非自主式制造系统向具有自学习、自进化与自组织的持续发展能力的自主式智能制造系统过渡发展。

1.2 智能制造核心技术

智能制造包含以下核心技术：工业机器人、3D打印技术、RFID技术（radio frequency identification，射频识别技术）、无线传感器网络技术、物联网与信息物理融合系统、工业大数据、云计算技术、虚拟现实技术、人工智能技术。在核心技术中，工业机器人、3D打印是两大硬件工具，RFID技术和无线传感器网络技术是用于互联互通的两大通信手段，物联网、工业大数据和云计算是基于分布式分析和决策的三大基础，而虚拟现实与人工智能是面向未来的两大牵引技术。

1.2.1 工业机器人

国际机器人联合会（International Federation of Robotics，IFR）将机器人定义如下：机器人是一种半自主或全自主工作的机器，它能完成有益于人类的工作，应用于生产过程的称为工业机器人，应用于特殊环境的称为专用机器人（特种机器人），应用于家庭或直接服务人的称为（家政）服务机器人[1]。国际标准化组织（International Organization for Standardization，ISO）对机器人的定义为"机器人是一种自动的、位置可控的、具有编程能力的多功能机械手，这种机械手具有几个轴，能够借助于可编程序操作处理各种材料、零件、工具和专用装置，以执行种种任务"。按照ISO的定义，工业机器人是面向工业领域的多自由度机器人，是靠自身动力和控制能力来自动实现各种功能的一种机器装置[2]；它接受人类的指令后，将按照设定的程序作业。工业机器人的典型应用包括焊接、喷涂、组装、采集和放置（例如包装和码垛等）、产品检测和测试等[3]。根据美国2013年3月发布的机器人发展路线图[4]，具有一定智能的可移动、可作业的设备与装备称为机器人，如智能吸尘器、智能割草机、智能家居、谷歌无人车等都被认为是机器人。工业机器人按照用途通常分为以下几类[5,6]。

① 移动机器人 移动机器人（automated guided vehicle，AGV）具有移动、自动导航、多传感器控制等功能，它广泛应用于机械等行业的柔性搬运、传输等功能，也用于自动化立体仓库、柔性加工和装配系统，同时可在车站、机场、邮局的物品分拣中作为运输工具，是智能物联网、智能仓库的重要组成部分。

② 焊接机器人　在汽车生产的流水线上，焊接机器人被用来代替人完成自动焊接工作。主要包括点焊机器人和弧焊机器人。点焊机器人主要应用于汽车整车的焊接工作，165公斤级点焊机器人是当前汽车焊接中最常用的一种机器人。弧焊机器人主要应用于各类汽车零部件的焊接生产。焊接机器人具有性能稳定、工作空间大、运动速度快和负荷能力强等特点，焊接质量明显优于人工焊接，显著提高了焊接作业的效率。

③ 激光加工机器人　激光加工机器人是将机器人技术应用于激光加工中，通过高精度工业机器人实现更加柔性的激光加工作业。

④ 真空机器人　真空机器人是一种在真空环境下工作的机器人，主要应用于半导体工业中，实现晶圆在真空腔室内的传输。

⑤ 洁净机器人　洁净机器人是一种在洁净环境中使用的工业机器人。随着生产技术水平不断提高，其对生产环境的要求也日益苛刻，很多现代工业产品生产都要求在洁净环境进行，洁净机器人是洁净环境下生产需要的关键设备。

高端装备制造业是国家"十二五"规划提出的战略性新兴产业七大领域之一，其中工业机器人、智能制造是高端装备制造业的重点方向之一，大力推进机器人及成套系统产业化，发展焊接、搬运、装配等工业机器人及其成套系统是"中国制造2025"的重要工程。智能制造是工业机器人产品的延伸，是现代生产中各种高技术产品的集成。而工业机器人是实现智能制造装备升级，提升中国制造业整体实力，真正实现"智能制造"的关键环节。工业机器人在智能化的发展历程中主要需要解决以下核心技术[7]。

（1）高精度的运动和定位技术

通过高精度的传感器及创新的运动机构设计，使机器人到达人手级别的触觉感知阵列；通过高精度液压、电气系统，使工业机器人具备执行复杂制造环境下的灵活动力性能；在执行机构的高精度和高效率方面，通过改进机械装置、选择先进材料、安装智能传感器等手段，提高工业机器人的精度、可重复性、分辨率等各项性能。创新工业机器人的外骨骼、智能假肢等机构，使得工业机器人有着较高的负载比、较低排放的执行器、人与机械之间自然的交互机构等。

（2）工业机器人自主导航技术

在由静态障碍物、车辆、行人和动物组成的非结构化环境中实现安全的自主导航，如装配生产线上对原材料进行装卸处理的搬运机器人、原材料到成品高效运输的AGV工业机器人以及类似于入库存储和调配的后勤操作、采矿和建筑装备的工业机器人均离不开相关的关键技术，需要进一步深入研发和技术攻关。一个典型的应用为无人驾驶汽车的自主导航，通过研发实现在有清晰照明和路标的任意现代化城镇上行驶，并展示出其在安全性方面可以与有人驾驶的车辆相提并论。

（3）工业机器人环境感知与传感技术

未来的工业机器人将大大提高工厂的感知系统，以检测机器人及周围设备的任务进展情况，能够及时检测部件和产品组件的生产情况、估测出生产人员的情绪和身体状态，需要高精度的触觉、力觉传感器和图像解析算法，重大的技术挑战包括非侵入式的生物传感器及表达人类行为和情绪的模型。通过高精度传感器构建用于装配任务和跟踪任务进度的物理模型，以减少自动化生产环节中的不确定性。多品种小批量生产的工业机器人将更加智能、更加灵活，而且可在非结构化环境中运行，并且这种环境中有人类生产者参与，从而增加了对非结构化环境感知与自主导航的难度。

（4）工业机器人的人机交互技术

未来工业机器人的研发中越来越强调新型人机合作的重要性，需要研究全浸入式图形化环境、三维全息环境建模、真实三维虚拟现实装置以及力、温度、振动等多种物理作用效应。为了达到机器人与人类生活行为环境以及人类自身和谐共处的目标，需要解决的关键问题包括：机器人本质安全问题，保障机器人与人、与环境间的绝对安全共处；任务环境的自主适应问题，自主适应个体差异、任务及生产环境；多样化作业工具的操作问题，灵活使用各种执行器完成复杂操作；人机高效协同问题，机器人准确理解人的需求并主动协助。在生产环境中，注重人类与机器人之间交互的安全性。根据终端用户的需求设计工业机器人系统以及相关产品和任务，将保证自然人机交互，不仅安全，而且效益更高。

（5）基于实时操作系统和高速通信总线的工业机器人开放式控制系统

基于实时操作系统和高速通信总线的工业机器人开放式控制系统，采用基于模块化结构的机器人的分布式软件结构设计，实现机器人系统不同功能之间无缝连接，通过合理划分机器人模块，降低机器人系统集成难度，提高机器人控制系统软件体系的实时性；攻克现有机器人开源软件与机器人操作系统的兼容性、工业机器人模块化软硬件设计与接口规范及集成平台的软件评估与测试方法、工业机器人控制系统硬件和软件开放性等关键技术；综合考虑总线实时性要求，攻克工业机器人伺服通信总线，针对不同应用和不同性能的工业机器人对总线的要求，攻克总线通信协议、支持总线通信的分布式控制系统体系结构，支持典型多轴工业机器人控制系统及与工厂自动化设备的快速集成。

1.2.2　3D打印技术

3D打印技术是快速成型制造技术的一种。其成型原理可通过图1-1描述[8]：

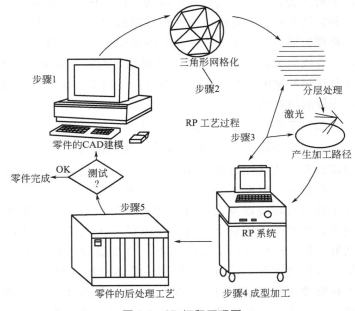

图1-1　3D打印原理图

从图中可看出3D打印的工艺过程如下：

第一步，三维建模。可直接通过三维建模软件构建，也可通过产品实体扫描后，通过点云数据反求三维模型。

第二步，三角形网格化。根据3D打印领域的准工业标准STL文件格式，对三维模型的表面曲面进行平面化处理，通过一些较小的三角形面片拟合三维实体表面曲面。

第三步，分层处理。为了获得用以驱动3D打印的G代码，需要获得截面的轮廓数据和填充数据，因此需要对第二步生产的STL文件进行分层处理，并将分层处理后获得数据通过软件生成G代码。

第四步，成型加工。3D 打印机按照第三步生成的 G 代码一层一层打印堆积零件。

第五步，后处理。根据成型工艺不同，对成型件进行打磨、抛光和烧结等处理，以获得最终产品。

由于 3D 打印技术采用分层制造、逐层叠加的原理制造零件，使短时间内制造出实体零件成为可能，被称为 21 世纪最有前途的技术之一。根据成型材料及成型工艺原理的区别，3D 打印技术可分为立体光固化成型法（SLA）、分层实体制造法（LOM）、熔融沉积成型法（FDM）、选择性激光烧结法（SLS）以及三维印刷法（3DP）[9]。

立体光固化成型法（SLA） 该法由计算机控制激光束照射液槽中的液态光敏树脂，光敏树脂快速固化，形成与三维模型对应截面相同的一层轮廓；然后工作台下降到第 2 层截面处，激光束再对光敏树脂进行固化，第 2 层固化树脂会牢固地粘在前一层上；不断重复上述过程，即可制成整个实体零件。

分层实体制造法（LOM） 该法由热压辊将薄型材料（如底面涂胶的滚筒纸或金属箔等）加热连接，再由 CO_2 激光束切割成要求的层面形状。LOM 法可制造 SLA 工艺难以制造的大型模型和厚壁样件，并便于进行简单的设计构思和功能分析，但制出的零件强度较低。

熔融沉积成型法（FDM） 该法由计算机控制喷头按三维模型的层面几何信息挤出热塑料，由下至上制造出实体样件。FDM 法的最大特点是速度快。

选择性激光烧结法（SLS） 该法由计算机控制激光根据截面几何信息对材料粉末进行扫描，被扫描到的粉末先熔化，然后凝固在一起。用 SLS 法制造的零件精度高、强度高，所以可用样件进行功能试验或装配模拟。

三维印刷法（3DP） 该法是在粉末层上按零件截面形状有选择地喷上黏结剂，然后再喷一层粉末材料，重复上述步骤，最后将制成的零件放入炉中烧结，使之得到强化。用 3DP 法制造的零件强度较高，所以可将该法用于模具制造，但制出的模具表面精度仍然不能满足高精度模具的要求。

1.2.3 RFID 技术

射频识别技术（RFID）是一种非接触的自动识别技术，其基本原理是利用射频信号或空间耦合的传输特性，实现对物体或商品的自动识别。1948年，Harry Stockman发表的《利用反射功率通信》一文，奠定了RFID的理论基础。RFID系统一般由标签、读写器和中央处理单元三个部分组成。标签由耦合天线及芯片构成，每个标签具有唯一的电子产品代码（EPC），并附着在标识的物体上。读写器用于读写标签信息，其外接天线可用于收发无线射频信号。中央处理单元包括中间件和数据库等，用以对读写的标签信息进行处理，其系统组成框架如图1-2所示。

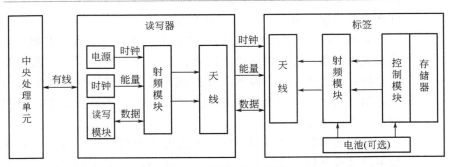

图1-2 RFID技术原理

该技术同其他的自动识别技术，例如条形码技术、光学识别和生物识别技术，包括虹膜、面部、声音和指纹识别技术相比，具有抗干扰能力强、信息量大、非视觉范围读写和寿命长等优点，被广泛应用于物流、供应链、动物和车辆识别、门禁系统、图书管理、自动收费和生产制造等领域，被称为21世纪最有发展前途的信息技术之一。RFID技术与制造技术相结合，能够实现各种生产数据采集的自动化和实时化，及时掌握生产计划和MES（manufacturing execution system，制造执行系统）的运行状态；能够有效地跟踪、管理和控制生产所需资源和在制品，实现生产过程的可视化管理；能够加强生产现场物料调度的准确性和及时性，加强过程监控，提高MES的整体运行效率。

近年来，RFID技术的开发及其在制造业的应用研究得到了学术界和产业界的双重关注，RFID系统在国外制造业领域已得到较为广泛应用。国际知名大企业（如福特、丰田、宝马等）已纷纷在汽车生产线上使用RFID系统，实现在制品跟踪和生产状态监控[10]。德国汉莎公司也利用RFID跟踪飞机发动机、飞行器零部件，以提高维修效率。美国通用公司也将RFID等物联网技术应用于航空发动机全生命周期管理。市场调研公司AMR在其研究报告中指出，采用RFID等信息技术对生产资料能够精确管理和明显提高供应链性能，从而减少15%的库存量，订单率提高17%以上，生产循环周期缩短35%[11,12]。日本欧姆龙公司和德国的巴鲁夫都有多系列的成套RFID硬件产品及相关配套软件。美国宾夕法尼亚大学的研究者们提出把RFID技术应用于刀具供应链管理，通过RFID技术与ERP（enterprise resource planning，企业资源规划）、MES、绩效管理系统和数控加工中心集成，可以极大地减小人工输入工作量，通过降低手动输入错误和减少数据录入时间，减少了数控设备停机时间。NT、KELCH、ZULER等对刀仪与刃具系统制造商已经成功地把RFID系统集成到了对刀仪中。瑞典公司开发的托马斯（THOMAS）系统，不仅可以显示上万件刀具及辅具中任何一件在生产中的周转情况，以用于指导刀具和辅具安装、刃磨和尺寸检查，还可以预报任何一把刀具的寿命，这使得更换产品所引起的停机时间大大缩短。国内也有部分企业已经开始在利用RFID系统提高生产效率，实现了精益管理。大连机床（数控）股份有限公司利用RFID系统在加工车间测试刀具管理进行了生产验证，结果表明该系统可以有效地提高车间刀具的使用效率，解决刀具的相关问题，可以很大程度缓解刀具使用混乱造成的资源浪费问题，有效降低刀具使用成本，保证车间生产的高质量和高可靠性。青岛海尔公司的冰箱生产线上也已经开始投入使用工业级读写器进行产品采集。武汉华威科智能技术有限公司针对RFID技术在制造、防伪、石油开采、家电等行业的应用需求，先后开发了耐高温高压、长寿命、抗金属、激光全息RFID标签等特种RFID标签，并在三一重工、上汽通用五菱、美的集团等国内龙头企业制造过程管理中获得成功应用。同时，RFID系统也在国内服装制造、卷烟制造、汽车发动机制造等生产线上获得应用，日生产效率提高10%，且生产质量事故下降80%以上。相比国外来讲，国内的应用水平还处在初级阶段，多局限于把MES和RFID数据集成，以全程监测生产过程。

1.2.4 无线传感器网络技术

无线传感器网络（wireless sensor network，WSN）是由大量静止或移动的传感器以自组织和多跳的方式构成的无线网络，以协作地感知、采集、处理和传输网络覆盖地理区域内被感知对象的信息，并最终把这些信息发送给网络的所有者。无线传感器网络具有众多类型的传感器，可探测包括地震、电磁、温度、湿度、噪声、光强度、压力、土壤成分、移动物体的大小、速度和方向等周边环境中多种多样的现象。无线传感器网络具有以下特点。

① 大规模　传感器网络的大规模性包括两方面的含义：一方面是传感器节点分布在很大的地理区域内，如在原始大森林采用传感器网络进行森林防火和环境监测，需要部署大量的传感器节点；另一方面，传感器节点部署很密集，在面积较小的空间内，密集部署了大量的传感器节点。

② 自组织　在传感器网络中的传感器节点具有自组织的能力，能够自动进行配置和管理，通过拓扑控制机制和网络协议自动形成转发监测数据的多跳无线网络系统。

③ 动态性　传感器网络的拓扑结构可能因为下列因素而改变：环境因素或电能耗尽造成的传感器节点故障或失效；环境条件变化可能造成无线通信链路带宽变化，甚至时断时通；传感器网络的传感器、感知对象和观察者这三要素都可能具有移动性；新节点的加入。因此，要求传感器网络系统要能够适应这些变化，具有动态的系统可重构性。

④ 集成化　传感器节点的功耗低，体积小，价格便宜，实现了集成化。

1.2.5　物联网与信息物理融合系统

1999 年，麻省理工学院自动识别中心（MIT Auto ID Center）较早给出的"物联网"定义为：在计算机互联网的基础上，利用 RFID、无线数据通信等技术，构造一个覆盖世界上万事万物的网络（Internet of Things，IoT），以实现物品的自动识别和信息的互联共享[13]。2005 年，国际电信联盟（ITU）发布的《ITU 互联网报告 2005：物联网》[14] 中正式给出了物联网的定义是：通过射频识别、红外感应器、全球定位系统、激光扫描器等信息传感设备，按约定的协议把任何物品与互联网连接起来，进行信息交换和通信，以实现智能化识别、定位、跟踪、监控和管理的一种网络。同时指出物联网是互联网应用的延伸，"RFID、传感器技术、纳米技术、智能嵌入技术"将是实现物联网的四大核心技术。物联网概念发展至今虽有十余年，但仍未有一个明确统一的定义。欧盟在 2009 年 9 月公布的一份 CERP-IoT SRA[15]（欧洲物联网项目战略研究议程，Cluster of European Research Projects on the Internet of Things Strategic Research Agenda）中，将"物联网"定义为：物联网将是未来互联网不可分割的一部分，是一个动态的全球网络架构，它具备基于一定的标准和互用的通信协议的自组织能力。其中物理的和虚拟的"物"

均具有身份标识、物理属性和虚拟特性,并应用智能接口可以无缝连接到信息网络。目前国内较为多见的定义[16]为:"物联网,指利用各种信息传感设备,如射频识别装置、红外传感器、全球定位系统、激光扫描等种种装置与互联网结合起来而形成的一个巨大网络,其目的就是让所有的物品都与网络连接在一起,方便识别和管理。且物联网应该具备三个特性:一是全面感知,即利用各种可用的感知手段,实现随时即时采集物体动态;二是可靠传递,通过各种信息网络与互联网的融合,将感知的信息实时准确可靠地传递出去;三是智能处理,利用云计算等智能计算技术对海量的数据和信息进行分析和处理,对物体实施智能化控制。"

与物联网类似,信息物理融合系统(cyber-physical system,CPS),也称为"虚拟网络、实体物理"生产系统,其目标是使物理系统具有计算、通信、精确控制、远程合作和自治等能力,通过互联网组成各种相应自治控制系统和信息服务系统,完成现实社会与虚拟空间的有机协调。与物联网相比,CPS更强调循环反馈,要求系统能够在感知物理世界之后通过通信与计算再对物理世界起到反馈控制作用。在这样的系统中,一个工件就能算出自己需要哪些服务。通过数字化逐步升级现有生产设施,从而实现全新的体系结构。CPS是一个综合计算、网络和物理环境的多维复杂系统,通过3C(computation,communication,control)技术的有机融合与深度协作,实现制造的实时感知、动态控制和信息服务。CPS实现计算、通信与物理系统的一体化设计,可使系统更加可靠、高效、实时协同,具有重要而广泛的应用前景。CPS系统把计算与通信深深地嵌入实物过程,使之与实物过程密切互动,从而给实物系统添加新的能力。物联网涉及的技术很多,可总结为8个方面[17]:物联网标识技术,物联网体系架构,物联网通信和网络技术,物联网搜索和发现服务,物联网数据处理技术,物联网安全和隐私技术,物联网标准,物联网管理。

1.2.6 工业大数据

大数据一般指体量特别大、数据类别特别大的数据集,在一定时间范围内无法用常规软件工具进行捕捉、管理和处理,是需要新处理模式才能具有更强的决策力、洞察力和流程优化能力的海量、高增长率和多样化的信息资产。早在1980年,未来学家托夫勒在其所著的《第三次浪潮》中热情称颂"大数据"为"第三次浪潮的华彩乐章"[18]。而在2008

年，顶级期刊 *Nature* 推出了"大数据"的封面专栏后，"大数据"逐渐成为热点词汇[19]。关于大数据的概念，至少包含三层含义，即"数据量大""数据类型大""数据存储范围大"。不同研究机构针对大数据的含义，给出了不同的定义。麦肯锡全球研究院（McKinsey Global Institute, MGI）对大数据技术进行了描述，即：大数据是指无法在一定时间内用传统数据库软件工具对其内容进行抓取、管理和处理的数据集合[20]。美国国家标准与技术研究院（National Institute of Standards and Technology, NIST）定义的大数据是，数据大、获取速度快或形态多样的数据，难以用传统关系型数据分析方法进行有效分析，或者需要大规模的水平扩展才能高效处理[21]。

大数据具有五个主要技术特征，即大数据的 5V 特征（IBM）。

① Volume（大量） 数据量大，计量单位从 TB 级别上升到 PB、YB 以上级别。

② Velocity（高速） 在数据量非常庞大的情况，也保持高速的数据实时处理。

③ Variety（多样） 数据类型丰富多样，包含生产日志、图片、声音、视频、位置信息等多元、多维度信息。

④ Value（低价值密度） 数据信息海量，但是存在大量的不相关信息，因此需要利用人工智能技术进行数据分析和挖掘。

⑤ Veracity（真实性） 在由真实世界向逻辑世界和数据世界进行转换时，基本保持了真实世界原汁原味的信息。

大数据的产生、分析和使用如图 1-3 所示。

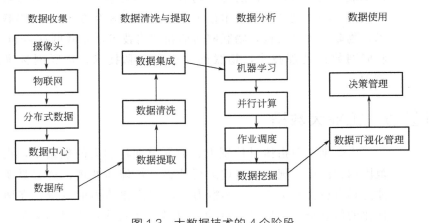

图 1-3 大数据技术的 4 个阶段

从图中可看出大数据真正为客户所服务，需要进行一系列的预处理工作，这个预处理的过程就是通过人工智能技术进行数据分析和挖掘的过程。由于大数据技术的广阔应用前景，到目前为止出现了很多较为成熟的大数据云平台。表 1-1 是工业大数据发展的三个阶段。

表 1-1 工业大数据发展的三个阶段

	第一阶段	第二阶段	第三阶段
时间	1990~2000 年	2000~2010 年	2010 年至今
核心技术	远程数据监控、数据采集与管理	大数据中心和数据分析软件	数据分析平台与高级数据分析工具
问题对象/价值	以产品为核心的状态监控	以使用为核心的信息服务	以用户为中心的平台式服务
商业模式	产品为主的附加服务	产品租赁体系和长期服务合同	按需的个性化自服务模式，分享经济
代表性企业和技术产品	GM OnStar^{TM}，OTIS REM^{TM}，GE Medical^{TM} InSite	GE Aviation On-Wing Support，小松 Komtrax^{TM}，阿尔斯通 Track Tracer^{TM}	IMS NI LabVIEW based Watchdog Agent，GE Predix 平台

对于制造业而言，大数据源于制造全生命周期的各个阶段，主要包含三大部分：①来自于供应链管理系统（SCM），企业资源规划系统（ERP），制造执行系统（MES）的原始数据；②来自于传感器、RFID、无线 Wi-Fi 等采集的 MES 过程中的动态制造数据；③来自于外部的制造数据，例如其他国家或地域的制造系统反馈数据、互联网采集的客户需求数据等。利用上述三方面的数据，建立基于大数据的制造数据分析模型，可以主动、全方位、多维度地配置和优化制造资源。由于制造过程中，数据来源于不同的空间地理位置，通过互联网、Wi-Fi 和传感器等手段采集的生产过程数据、运营监控数据等，经过数据清洗和数据汇总后，利用数据分析和挖掘技术，转化为驱动制造系统运行的有用数据。同时，各企业系统也将自身形成制造数据，通过制造云平台实现互联网大数据的应用。

1.2.7　云计算技术

云计算的思想可以追溯到 20 世纪 60 年代，John McCarthy 曾经提到"计算迟早有一天会变成一种公用基础设施"。2007 年 10 月

IBM 和 Google 宣布在云计算领域的合作后[22]，云计算吸引了广泛的关注，并迅速成为产业界和学术界研究的热点。在 IBM 的技术白皮书 *Cloud Computing* 中关于云计算的描述如下：云计算指的是用来描述一个系统平台或者一种类型的应用程序。云计算平台能够按需进行动态的部署、配置、重新配置以及取消服务，可以使用物理服务器也可使用虚拟服务器，也包含了存储区域网络、网络设备、防火墙以及其他安全设备等。云计算也是一种可通过互联网访问的应用程序，是一种以大规模的数据中心以及功能强劲的服务器运行的网络应用程序或网络服务，允许任何用户通过合适的互联网设备和安全规则访问云计算平台。

而另一种关于云计算的定义为：云计算（cloud computing）是基于互联网的相关服务的增加、使用和交互模式，通常涉及通过互联网来提供动态易扩展且经常是虚拟化的资源。云是网络、互联网的一种比喻说法。云计算可以让用户体验每秒 10 万亿次的运算能力。用户通过电脑、笔记本、手机等方式接入数据中心，按自己的需求进行运算。

云计算是分布式计算（distributed computing）、并行计算（parallel computing）和网格计算（grid computing）的发展，或者说是这些科学概念的商业实现。

相对于传统的集群计算、分布式计算等先进计算模式，东南大学的罗军舟教授将云计算的特点归纳为以下几点[23]。

① 弹性服务　服务的规模可快速伸缩，以自动适应业务负载的动态变化。用户使用的资源同业务的需求相一致，避免了因为服务器性能过载或冗余而导致的服务质量下降或资源浪费。

② 资源池化　资源以共享资源池的方式统一管理。利用虚拟化技术，将资源分享给不同用户，资源的放置、管理与分配策略对用户透明。

③ 按需服务　以服务的形式为用户提供应用程序、数据存储、基础设施等资源，并可以根据用户需求，自动分配资源，而不需要系统管理员干预。

④ 服务可计费　监控用户的资源使用量，并根据资源的使用情况对服务计费。

⑤ 泛在接入　用户可以利用各种终端设备（如个人电脑、智能手机等）随时随地通过互联网访问云计算服务。

基于上述特点的云计算的体系结构如图 1-4 所示。

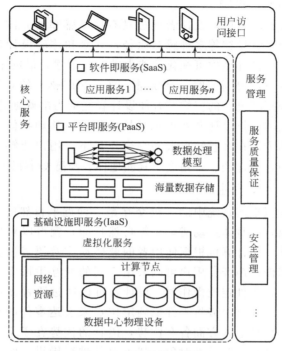

图 1-4 云计算体系结构

1.2.8 虚拟现实技术

虚拟现实（virtual reality，VR）采用以计算机技术为核心的先进技术，生成逼真的视觉、听觉、触觉一体化的虚拟环境，用户可以通过必要的输入输出设备与虚拟环境中的物体进行交互，相互影响，进而获得身临其境的感受与体验。这种由计算机生成的虚拟环境可以是某一特定客观世界的再现，也可以是纯粹虚构的世界[24]。虚拟现实技术作为一种高新技术，集计算机仿真技术、计算机辅助设计与图形学、多媒体技术、人工智能、网络技术、传感技术、实时计算技术以及心理行为学研究等多种先进技术为一体，为人们探索宏观世界、微观世界以及由于种种原因不能直接观察的事物变化规律提供了极大的便利。在虚拟现实环境中，参与者借助数据手套、数据服装、三维鼠标方位跟踪器、操纵杆、头盔式显示器、耳机等虚拟现实交互设备，同虚拟环境中的对象相互作用，虚拟现实中的物体能做出实时的反馈，产生身临其境的交互式视景仿真和信息交流。沉浸感、交互性和实时性是虚拟现实技术最重要的特点[25]。

（1）沉浸感

虚拟环境中，设计者通过具有深度感知的立体显示、精细的三维声音以及触觉反馈等多种感知途径，观察和体验设计过程与设计结果。一方面，虚拟环境中可视化的能力进一步增强，借助于新的图形显示技术，设计者可以得到实时、高质量、具有深度感知的立体视觉反馈；另一方面，虚拟环境中的三维声音使设计者能更为准确地感受物体所在的方位，触觉反馈支持设计者在虚拟环境中抓取、移动物体时直接感受到物体的反作用力。在多感知形式的综合作用下，用户能够完全"沉浸"在虚拟环境中，多途径、多角度、真实地体验与感知虚拟世界。

（2）交互性

虚拟现实系统中的人机交互是一种近乎自然的交互，使用者通过自身的语言、身体运动或动作等自然技能，就可以对虚拟环境中的对象进行操作。而计算机根据使用者的肢体动作及语言信息，实时调整系统呈现的图像及声音。用户可以采用不同的交互手段完成同一交互任务。例如，进行零件定位操作时，设计者可以通过语音命令给出零件的定位坐标点，或通过手势将零件拖到定位点来表达零件的定位信息。各种交互手段在信息输入方面各有优势，语音的优势在于不受空间的限制，设计者无须"触及"设计对象，就可对其进行操纵，而手势等直接三维操作的优势在于运动控制的直接性。通过多种交互手段的结合，提高了信息输入带宽，有助于交互意图的有效传达。

（3）实时性

有两种重要指标来衡量虚拟现实系统的实时性：其一是动态特性，视觉上，要求每秒生成和显示 30 帧图形画面，否则将会产生不连续和跳动感，触觉上，要实现虚拟现实的力的感觉，必须以每秒 1000 帧的速度计算和更新接触力；其二是交互延迟特性，对于人产生的交互动作，系统应立即做出反应并生成相应的环境和场景，其时间延迟不应大于 0.1s。

1.2.9 人工智能技术

人工智能（artificial intelligence，AI）主要研究用人工的方法和技术，模仿、延伸和扩展人的智能，实现机器智能。1956 年麦卡锡（John McCarthy）等四位学者组织了用机器模拟人类智能的夏季专题讨论会。在此会议上，麦卡锡第一次提出了"人工智能"的名称，定义为制造智能机器的科学与工程。人工智能技术是一门新兴的边缘学科，是自然科学和社会科学的交叉学科，它吸取了自然科学和社会科学的最新成果，以智能为核心，形成了具有自身研究特点的新体系。人工智能研究领域包括知识表示、搜索技术、机器学习、求解数据和知识不确定性问题等。而且应用领域包括专家系统、博弈、定理证明、自然语言理解、图像理解和机器人等。人工智能也是一门综合性的学科，是在控制论、信息论和系统论的基础上诞生的，涉及哲学、心理学、认知科学、计算机科学以及各种工程学方法。

近年来，随着深度学习算法、脑机接口技术进步，使得人工智能基本理论和方法的研究出现新的变化。2016 年谷歌人工智能围棋 AlphaGo 以 4∶1 战胜韩国棋手李世石，人工智能再次成为大众关注的焦点。其技术本质是大数据结合深度学习，通过大量的训练数据，训练了一个神经网络用以评估局面上的大量选点，又训练了一个策略神经网络负责走棋子，并在蒙特卡洛搜索中同时使用这两个网络。

驾驶辅助系统是汽车人工智能领域目前最为火热的方向。在感知层面，其利用机器视觉与语音识别技术感知驾驶环境、识别车内人员、理解乘客需求；在决策层面，利用机器学习模型与深度学习模型建立可自动做出判断的驾驶决策系统。按照机器介入程度，无人驾驶系统可分为无自动驾驶（L0）、驾驶辅助（L1）、部分自动驾驶（L2）、有条件自动（L3）和完全自动（L4）五个阶段。目前，技术整体处于由多个驾驶辅助系统融合控制、可监控路况并介入紧急情况（L2）向基本实现自动驾驶功能（L3）转变的阶段。

中国科学院自动化研究所谭铁牛团队在虹膜识别领域，坚持从虹膜图像信息获取的源头进行系统创新，全面突破虹膜识别领域的成像装置、图像处理、特征抽取、识别检索、安全防伪等一系列关键技术，建立了虹膜识别比较系统的计算理论和方法体系，还建成了目前国际上最大规模的共享虹膜图像库，已大规模用于煤矿人员辨识和北京城铁监控等，并在 70 个国家和地区的 3000 多个科研团队推广使用，有力推动了虹膜识别学科发展。

已在全国部分高铁站应用的人脸识别技术是一种基于人的脸部特征信息进行身份识别的生物识别技术。通过摄像机采集含有人脸的图像，通过一种叫"主成分分析"的人工智能算法，对二维的人脸图片进行降维和提取特征，将其转化为一组向量集，进而转化为数学运算来处理。

1.3 智能制造系统的体系结构

智能制造系统是虚拟现实的智能化制造网络，其体系架构是智能制造系统研究、发展和应用的基础，是实现智能制造的骨架和灵魂。而构建智能制造系统参考架构时，要充分体现制造企业的层次功能。国际标准化组织（ISO）和国际电工协会（IEC）联合制订的 IEC/ISO 62264《企业控制系统集成》标准提出了制造企业功能层次模型，该标准将制造企业的功能分为 5 个层次：第 0 层是物理加工层；第 1 层是生产过程感知和操控层；第 2 层是生产过程的监测和控制层；第 3 层是制造执行控制层；第 4 层是业务计划和物流管理层[26]。工信部、国家标准委于 2015 年 12 月 29 日联合发布《国家智能制造标准体系建设指南（2015 年版）》，提出智能制造系统层级自下而上共五层，分别为设备层、控制层、车间层、企业层和协同层。

智能制造系统是以产品全寿命周期管理（product lifecycle management，PLM）为核心形成创新价值链，实现产品研发、生产与服务的智能化，通过网络与有线、无线等通信技术，实现设备与设备之间、设备与控制系统之间、企业与企业之间的互联互通和集成，建立智能化的制造企业创新价值网络，具有高度灵活性和可持续优化特征。同时，在基于产品全生命周期的管理模式上，智能制造系统应构建基于云安全网络（互联网、移动互联网、物联网和无线网络）的智能功能体系，能够利用大数据、云计算实现产品生产制造过程中海量制造数据信息的分析、挖掘、评估、预测与优化，实现系统智能制造的横向集成、垂直集成和端到端集成[27]。结合 IEC/ISO 62264《企业控制系统集成》标准、数字化与智能制造领域专家研究成果和《国家智能制造标准体系建设指南（2015 年版）》，从智能制造系统层级、全生命周期管理和智能功能体系 3 个维度构建智能制造系统的总体模型如图 1-5 所示。

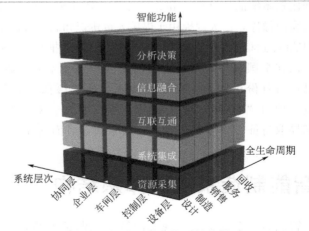

图 1-5　智能制造系统的总体模型

智能制造系统总体模型是对智能制造内在要素及要素间关系的一种映射。根据图1-5的智能制造系统总体模型，智能制造系统架构与各层级构成要素如图1-6所示[27]。

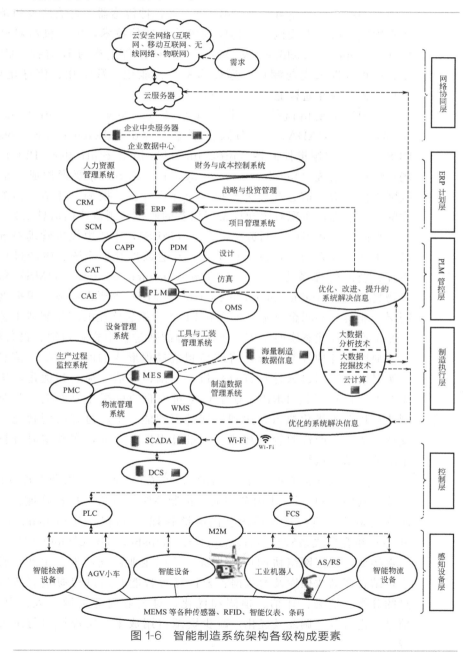

图1-6 智能制造系统架构各级构成要素

设备层主要由智能设备、工业机器人、智能物流设备、智能检测设备、自动导引运输车（AGV）、自动化立体仓库（automatic storage and retrieval system，AS/RS）、射频识别（RFID）、微机电系统（micro-electro-mechanical systems，MEMS）等各种传感器、智能仪表和条码等要素构成，通过无线网络、物联网等信息通信技术，解决机器对机器通信（machine-to-machine，M2M），达到对设备生产过程监控、指挥调度、远程数据采集与测量、远程诊断等智能化、数字化、信息化要求，实现设备互联互通智能与状态感知。

控制层主要由监控与数据采集系统（supervisory control and data acquisition，SCADA）、分布式控制系统（distributed control system，DCS）、可编程逻辑控制器（programmable logic controller，PLC）和现场总线控制系统（fieldbus control system，FCS）等要素构成，结合无线网络控制指令信息和经大数据、云计算分析、挖掘、评估、预测、优化的指令信息，实现对感知设备层设备的监控与制造数据信息采集。

车间层主要指的是制造执行系统（MES），主要由设备管理系统、工具与工装管理系统、物流管理系统、制造数据管理系统、生产过程监控系统、仓库管理系统（warehouse management system，WMS）和生产及物料控制（product material control，PMC）等要素构成，根据网络协同层产业链上不同企业协同生产和PLM管控层优化的产品制造工艺，对产品生产过程状态实时掌控，迅速处理制造过程中物料短缺、设备故障、人员缺勤等各种异常情形，将产品制造过程形成的海量数据、信息、图表实时由大数据、云计算进行分析、挖掘、评估、预测和优化，从而呈现在PLM管控层、ERP计划层和协同企业的可视化界面上，并对产品制造过程自主优化执行，达到计划排产智能、生产过程协同智能、决策支持智能、生产资源管控智能、质量过程控制智能，实现实时分析、自主决策、精准执行。

企业层包含企业资源计划（ERP）系统和产品生命周期管理（PLM）系统。其中ERP系统由财务与成本控制系统、战略与投资管理、人力资源管理系统、项目管理系统、供应链管理（supply chain management，SCM）和客户关系管理（customer relationship management，CRM）等要素构成，根据网络协同层产业链上不同企业协同研发、生产、服务分工，结合产品数据库及大数据、云计算对智能制造过程海量制造数据信息的分析、挖掘、评估、预测和优化，对企业内部资源（人、财、物、信息）进行合理调配及优化，减少资源占用成本，实现计划与决策支持智能。

PLM 系统即主要由设计、仿真、计算机辅助工艺过程设计（computer-aided process planning，CAPP）、产品数据管理（product data management，PDM）、质量管理系统（quality management system，QMS）、计算机辅助测试（computer-aided testing，CAT）和计算机辅助工程（computer-aided engineering，CAE）等要素构成，根据网络协同层产业链上不同企业协同研发、生产分工和 ERP 计划层的资源配置，结合产品数据库及大数据、云计算对智能制造过程海量制造数据信息的分析、挖掘、评估、预测和优化，协作企业协同对产品进行优化设计、虚拟测试、生产制造过程仿真、评估、控制和生产制造数据共享，实现产品研发过程智能决策。

网络协同层主要由云安全网络（互联网、移动互联网、物联网和无线网络）、云服务器、企业中央服务器和企业数据中心等要素构成，实现产业链上不同企业通过云安全网络共享信息实现协同研发、智能生产、精准物流、实时数据分析计算和服务。

参考文献

[1] International Federation of Robotics. Service Robots[EB/OL]. [2013-06-09]. http://www.ifr.org/service-robots/.

[2] International Federation of Robotics. Industrial Robots[EB/OL]. [2013-10-12]. http://www.ifr.org/industrial-robots/.

[3] 《机器人技术与应用》编辑部. 我国工业机器人现状与发展[J]. 机器人技术与应用，2013（2）：1-3.

[4] Robotics Virtual Organization（Robotics VO）. A roadmap for U. S. robotics from internet to robotics, 2013 edition[EB/OL]. [2013-03-19]. http://robotics-vo.us/node/332.

[5] 丁汉. 机器人与智能制造技术的发展思考[J]. 机器人技术与应用，2016（04）：7-10.

[6] 李提伟, 赵海彬. 智能制造装备及机器人的比较应用[J]. 现代制造技术与装备，2013（03）：64-66.

[7] 王田苗, 陶永. 我国工业机器人技术现状与产业化发展战略[J]. 机械工程学报，2014，50（09）：1-13.

[8] 卢秉恒. RP 技术与快速模具制造[M]. 西安：陕西科技出版社，1998.

[9] 刘伟军. 快速成型技术及应用[M]. 北京：机械工业出版社，2005.

[10] 尹周平, 陶波. 智能制造与 RFID 技术[J]. 航空制造技术，2014（03）：32-35.

[11] 栾占威. 智能制造中的关键技术及实现途径探析[J]. 中国新技术新产品，2016（22）：8.

[12] 管超, 马岩, 郝先人, 等. 新一代超高频 RFID 技术在智能制造领域的应用[J]. 信息技术与标准化，2015（12）：22-25.

[13] Sanjay Sarma, David L Brock, Kevin Ashton. MIT Auto ID WH-001: The Networked Physical World [R]. Massachusetts: MIT Press, 2000.

[14] International Telecommunication Union (ITU). ITU Internet Reports 2005: The Internet of Things[R]. Tunis: World Summit on the Information Society (WSIS), 2005.

[15] CERP-IoT. Internet of Things Strategic Research Roadmap[OL]. [2009-09-15]. http://ec.europa.eu/information-society/policy/rfid/documents/in-cerp.pdf.

[16] 石军. "感知中国"促进中国物联网加速发展[J]. 通信管理与技术, 2009, 10(5): 1-3.

[17] 宁焕生, 徐群玉. 全球物联网发展及中国物联网建设若干思考[J]. 电子学报, 2010, 38(11): 2590-2599.

[18] 阿尔文·托夫勒. 第三次浪潮[M]. 黄明坚, 译. 北京: 中信出版社, 2006.

[19] GOLDSTON D. Big data: data wrangling[J/OL]. Nature, 2008, 455: 15. [2013-07-24]. http://www.nature.com/nature/index.html.

[20] Manyika J., Chui M., Brown B., et al. Big data: The next frontier for innovation, competition, and productivity[R/OL]. Las Vegas: The McKinsey Global Institute. [2013-07-24]. http://www.mckinsey.com/insight/business_technology/big_data_next_frontier_for_innovation.

[21] Office of Science and Technology Policy Executive. Office of President. Obama administration unveils "Big Data" initiative: Announces $200 million in new R&D investments[EB/OL]. [2013-07-24]. http://www.whitehouse.gov/sites/default/files/microsites/ostp/big_data_press_release_final_2.pdf.

[22] IBM. Google and IBM announced university initiative to address internet scale computing challenges[EB/OL]. (2007-10-08) [2008-10-15]. http://www-03.ibm.com/press/us/en/pressrelease/22414.wss.

[23] 罗军舟, 金嘉晖, 宋爱波, 等. 云计算: 体系架构与关键技术[J]. 通信学报, 2011, 32(07): 3-21.

[24] Gomes S A, Zachmann G., Virtual reality as a tool for verification of assembly and maintenance processes[J]. Computers & Graphics, 1999, 23(3): 389-403.

[25] 谭建荣, 刘振宇. 数字样机: 关键技术与产品应用[M]. 北京: 机械工业出版社, 2007.

[26] 王松. 构建智能制造系统参考架构的几点思考[J]. 智慧中国, 2016(09): 43-45.

[27] 张明建. 基于CPS的智能制造系统功能架构研究[J]. 宁德师范学院学报(自然科学版), 2016, 28(2): 138-142.

第2章
切削参数智能优选

2.1 切削参数智能优选概述

选择合适的切削参数会直接影响生产率、生产成本、加工精度以及自动化生产条件下刀具损耗、零件使用性能、表面质量等方面，通过研究金属切削理论，建立切削参数的数学建模，并通过人工智能算法获取切削参数的最优值，是当前切削参数选择的一个重要方向。近些年来，用于切削参数优化的方法包括遗传算法[1,2]、模拟退火算法[3,4]、蚁群算法[5]、蜂群算法[6]、神经网络[7]、支持向量机[8]、粒子群算法[9]、响应面法[10,11]、田口法[12-14]等。而优化目标包括效率最高（加工时间最小或材料去除率最高）[1-3,9]、成本最低[2,5-9,11]、质量最好（表面粗糙度最小和加工精度最高）[1,10-15]、能耗最低[8,14,15]等。

薛国彬等人通过正交试验法对钛合金 TC4 进行了车削试验并对试验数据处理，得到切削温度、表面粗糙度关于切削三要素的多元线性回归方程；以切削速度、进给量和背吃刀量为优化变量，以最低切削温度、最佳表面粗糙度、最大材料去除率为目标构建了切削参数的多目标优化模型；利用 MATLAB 中基于遗传算法的多目标优化函数对优化模型进行求解，得到优化问题的 Pareto（帕累托）最优解并加以分析[1]。王海艳等人在螺旋铣孔过程中，以主轴转速、每齿进给量和每转轴向切削深度作为优化参数，以材料去除量和刀具耐用度为优化目标，基于 Pareto 多目标遗传算法，针对螺旋铣削钛合金材料在稳定性切削条件下的切削参数进行了优化，主要考虑铣削参数对孔表面质量的影响[2]。刘建峰针对微细铣削加工特点，分别建立适合于微细铣削的微铣削力模型和表面粗糙度理论模型，基于响应面法设计试验，选取背吃刀量、每齿进给量、主轴转速为变量，通过试验建立适合于已有加工条件的铣削力和表面粗糙度试验模型，分别采用遗传算法和模拟退火遗传算法对微细铣削表面粗糙度值、铣削力进行双目标优化[3]。潘小权针对军机起落架切削参数进行优化，使用遗传算法和模拟退火算法对数控加工切削参数进行优化，并开发了原型软件系统[4]。

谢书童等为优化双刀并行车削中的切削参数，以最小化加工成本为目标函数，提出了结合蚁群算法和子问题枚举算法的切削参数优化算法[5]。李新鹏针对切削参数优化问题，根据实际生产过程中企业所追求的低成本目标，确立以单元生产成本为目标的单目标切削参数优化模型，并提出一种改进人工蜂群算法，对模型进行优化[6]。秦国华等针对切削参数对刀具磨损状况和使用寿命的影响，研究了基于神经网络和遗传算法的刀具磨损检测与控制方法，采用多因素正交试验设计方法进行了马氏体不锈钢平面的铣削试验，通过万能工具显微镜测量后刀面的磨损量得到训练样本，借助 BP（back propagation，反向传播）神经网络的非线性映射能力，通过有限的训练样本建立了关于切削速度、每齿进给量、背吃刀量和切削时间的刀具磨损预测模型[7]。陈薇薇提出了基于支持向量机的机床能耗预测方法，分析了切削参数、被加工工件、加工刀具和加工机床等对数控机床能耗的影响，提出了基于遗传算法的切削参数优化方法，以铣削加工为例，以机床最低能耗和低成本为目标优化函数，进行切削参数优化[8]。王宸等为选择合理的数控切削用量，建立了加工成本和数控切削加工效率的数学模型，针对模型多约束、非线性的特点，采用约束违背度方法处理约束条件，为避免算法陷入局部最优，两次引入 Metropolis（米特罗波利斯）抽样准则，提出混合多目标粒子群优化算法（HMOPSO）求解，最后采用层次分析法选择 Pareto 最优解[9]。Kumar 等为优化车削 $SiC_p/Al7075$ 复合材料切削参数，以表面粗糙度为优化目标，建立了基于切削速度、切削深度、进给量为切削参数的优化模型，通过响应面法和人工神经网络对切削参数进行优化，并对最优切削参数和最小表面粗糙度进行预测[10]。Seeman 等以颗粒增强铝基复合材料为研究对象，以刀具磨损量和表面粗糙度为优化目标，使用响应面法对切削速度、进给量、切削深度、冷却液介质进行优化[11]。İlhan 等为探究干切 304 不锈钢条件下的最优切削参数，设计了 24 组正交试验，并通过田口法计算信噪比，对切削速度等切削参数进行敏感性预测[12]。Turgay 为研究 PVD 和 CVD 刀具切削超硬钢的切削加工性，以表面粗糙度和后刀面磨损量为优化目标，使用田口法对切削参数的敏感性进行研究，并进行最优切削参数预测[13]。Carmita 研究干切条件下 AISI 6061 T6 的车削加工性，以最小能耗作为优化目标，设计了正交试验，并通过田口法和方差分析法分析切削深度、切削速度和进给量对能耗的影响[14]。Salem 等以最低能耗作为优化目标，通过田口法分析切削速度、切削深度、进给量对能耗的敏感性[15]。

随着材料制备技术的发展，新材料不断涌现。对于新材料切削加工性的探索和切削参数的优化，一直是制造领域研究的热点问题，其研究深度和广度直接关系新材料的应用。SiC_p/Al 复合材料是一种较为新颖的材料，其增强相是 SiC 颗粒，基体是铝合金。SiC_p/Al 复合材料的比强度和比模量较高，高温性能和耐磨损性能好，热膨胀系数小，具有良好的尺寸稳定性，且可通过改变 SiC 颗粒的含量或大小及基体种类制备不同性能的新型铝基复合材料，因此，SiC_p/Al 复合材料因其良好的物理力学性能，在航天航空、精密仪器、高速列车等领域应用广泛。作者团队在 SiC_p/Al 复合材料的加工方面做了一定的工作[16-20]，本章以 SiC_p/Al 复合材料作为研究对象，以切削力、表面粗糙度、能耗等作为研究目标，通过田口法和灰度关联法说明切削参数智能优选的过程，并结合理论公式计算、有限元仿真、试验数据拟合三种方式说明最优切削参数预测的过程。

2.2 切削参数优化建模

切削参数优化一直是国内外众多科研人员研究的课题之一，有着很多优化方法和优化模型。从多数的研究成果来看，业内比较认同以最低加工成本、最高生产率以及最佳质量作为优化切削参数的目标。切削参数的优化就是以期望目标为目的，在一定的约束条件下选择最佳的切削参数。而约束条件是为了保证加工质量、机床及刀具的安全，对切削参数最大值所设定的限制条件。但是，由于工艺系统和工艺过程选择的有限性及其他不确定因素，切削参数的实际优化难以达到上述全部目标。因此，实际应用是在保证加工精度的基础上，实现上述目标之一。选用切削参数的约束条件很多，包括加工成本、生产率、工件的表面粗糙度、刀具强度及机床动力等。

2.2.1 优化目标

切削参数的单目标优化可以是最高生产率、最大刀具寿命、最大利润率、最低加工成本中的任意一种。由于切削参数的单目标优化存在某些不足，故可同时考虑多目标优化问题。当然，并不需要全部考虑以上四个目标函数，如最大利润率与最低加工成本就可任选其一，因为最低成本是获取最大利润率的必然手段之一。最大刀具寿命一般也只用于复杂刀具加工时才予以考虑。因此，切削参数智能优选就变成单目标优化问题或双目标优化问题[21]。

选择切削参数时，通常考虑的先后顺序依次为切削深度 a_p、进给量 f、切削速度 v。在切削过程中，确定刀具材料和工件材料及刀具几何参数以后，切削速度、进给量及切削深度等与具体零件的加工技术要求有关。零件加工余量决定切削深度的大小，零件加工余量较小，可供选择的进给量范围也较小。

在切削加工中常常使用质量、效率和成本作为优化目标，实际的生产过程中人们总是希望在保证加工质量的前提下，生产率尽可能高，生产成本尽量低[22]。但是随着全球变暖问题日益严重，制造业在组织生产时，也要求降低碳排放，实现绿色制造[23,24]。

（1）最大生产率目标函数

最大生产率标准：通过加工工时来体现生产率，即最短加工工时和最大生产率一致，在一段时间内，生产的产品尽可能多，或者生产单件产品的时间尽可能少[25,26]。

单件加工一次走刀工时为

$$t = t_m + \frac{t_{ct}}{N_p} + t_o + t_n + t_i + \frac{t_d}{N_p} \tag{2-1}$$

式中　t_m——切削工时；

　　　t_{ct}——一次换刀时间；

　　　t_o——辅助时间；

　　　t_n——刀具快速移动时间；

　　　t_i——刀具转位时间；

　　　t_d——刀具调整时间；

　　　N_p——每次换刀可加工工件的数目。

切削工时的计算

$$t_m = \frac{L+e}{fn} \tag{2-2}$$

式中　L——单件加工刀具一次行程；

　　　e——空行程；

　　　n——转速。

不同的加工方式，切削时间的具体公式有所不同，对于车削加工和镗削加工

$$n = \frac{1000v}{\pi d} \tag{2-3}$$

式中　d——被加工表面的直径。

对于铣削加工

$$fn = f_z zn = \frac{1000 f_z zv}{\pi d_x} \tag{2-4}$$

式中　f_z——每齿进给量；

　　　z——铣刀齿数；

　　　d_x——铣刀直径。

对于钻削加工

$$n = \frac{1000v}{\pi d_z} \tag{2-5}$$

式中　d_z——钻头直径。

快速移动时间的计算公式为

$$t_n = \frac{S_r}{v_r} \tag{2-6}$$

式中　S_r——快速移动距离；
　　　v_r——快速移动速度。

刀具耐用度 T 和切削工艺参数的关系可由切削速度经验公式推得，即：

$$v = \frac{C_v k_v}{T^m f^{y_v} a_p^{x_v}} \tag{2-7}$$

式中　m, y_v, x_v——刀具寿命影响系统；
　　　C_v, k_v——常数。

于是

$$T = \frac{(C_v k_v)^{1/m}}{v^{1/m} f^{y_v/m} a_p^{x_v/m}} \tag{2-8}$$

而每次换刀可加工工件数目

$$N_p = \frac{fn(C_v k_v)^{1/m}}{L v^{1/m} f^{y_v/m} a_p^{x_v/m}} \tag{2-9}$$

将式(2-2)、(2-3)、(2-6)、(2-9)带入式(2-1)，可得单件车削加工工时为

$$t = \frac{(L+e)\pi d}{1000 f v} + (t_{ct} + t_d) \frac{\pi L d v^{\frac{1}{m}-1} f^{y_v/m-1} a_p^{x_v/m}}{1000(C_v k_v)^{1/m}} + t_o + t_n + t_i \tag{2-10}$$

为求得车削工件工时的最小值，令 $\partial t / \partial v = 0$，则有

$$v_0 = \frac{C_v k_v}{f^{y_v} a_p^{x_v}} \left(\frac{m(L+e)}{L(t_{ct}+t_d)(1-m)} \right)^m \tag{2-11}$$

此时，最小车削加工工时为

$$t_{\min} = \frac{(L+e)^{1-m} \pi d L^m f^{y_v-1} a_p^{x_v} (t_{ct}+t_d)^m}{1000 C_v k_v (1-m)} \left(\frac{1-m}{m} \right)^m + t_o + t_n + t_i \tag{2-12}$$

衡量生产率大小的指标，除了切削工时外，还可以使用单位时间材料去除率作为评价指标[27]。

对车削而言，单位时间材料去除率 Q_c (cm²/min) 为

$$Q_c = v_c a_p f \tag{2-13}$$

铣削的材料去除率为

$$Q_x = bzNS_e \quad (2\text{-}14)$$

式中，b 为轴向铣削深度，N 为主轴转速，S_e 为

$$S_e = R^2 a \sin \frac{c}{2R} + \frac{cR}{2} \cos\left(a \sin \frac{c}{2R}\right) - c(R-a) \quad (2\text{-}15)$$

式中，a 为径向切削深度，c 为铣刀每齿进给量，R 为铣刀直径。

(2) 最低生产成本目标函数

最低生产成本标准：这个标准是指加工产品的生产成本最少，若单件利润是常数，则与最大利润标准一致。

单件加工成本 C_p 是指本工序加工一个工件所需的费用，包含三个部分费用。

① 本工序加工时间的费用 C_m

$$C_m = t_m(L_m + B_m) \quad (2\text{-}16)$$

式中　L_m——单位时间劳动成本；

B_m——单位时间机床成本（折旧费、管理费等）。

② 本工序的工具使用费用 C_t，如切削过程中的磨刀费用，等于每次磨刀折算到该工序的费用，若刀具可重磨，则

$$C_t = \frac{1}{N_p}[t_{ct}(L_m + B_m) + t_g(L_g + B_g) + D_c] \quad (2\text{-}17)$$

式中　t_g——磨刀时间；

L_g——单位时间磨刀劳动成本；

B_g——单位时间磨床使用成本；

D_c——每次磨刀工具折旧成本。

若刀具不可重磨，则

$$C_t = \frac{P_t}{N_p n_e} + \frac{C_0 t_{ct}}{N_p} \quad (2\text{-}18)$$

式中　P_t——刀具价格；

n_e——切削刃数；

C_0——单位时间换刀成本。

③ 管理成本 C_a，包括材料费用、准备费用等。

于是得到切削加工最低成本的目标函数为

$$\min C_p = C_m + C_t + C_a \quad (2\text{-}19)$$

当车削加工采用可重磨刀片时，生产成本为

$$C_p = \frac{\pi d(L+e)}{1000 f v}(L_m + B_m) + \frac{\pi L d v^{\frac{1}{m}-1} f^{y_v/m-1} a_p^{x_v/m}}{1000(C_v k_v)^{1/m}} \quad (2\text{-}20)$$

$$[t_{ct}(L_m + B_m) + t_g(L_g + B_g) + D_c] + C_a$$

令 $\partial C_p / \partial v = 0$，则可得到最低加工成本时的切削速度 v_0

$$v_0 = \frac{(C_v k_v)}{f^{y_v} a_p^{x_v}} \left\{ \frac{m(L+e)(L_m + B_m)}{1 - mL[t_{ct}(L_m + B_m) + t_g(L_g + B_g) + D_c]} \right\}^m \quad (2\text{-}21)$$

此时的加工成本

$$C_{p0} = \frac{\pi d L^m f^{y_v - 1} [t_{ct}(L_m + B_m) + t_g(L_g + B_g) + D_c]^m}{1000 C_v k_v}$$

$$[(L+e)(L_m + B_m)]^{1-m} a_p^{x_v} \left(\frac{1}{m} - 1\right)^m \frac{1}{1-m} + C_a \quad (2\text{-}22)$$

车削加工采用机夹可转位刀具，不需要重磨，则最低生产成本目标函数为

$$C_p = \frac{\pi d (L+e)}{1000 f v}(L_m + B_m) + \frac{\pi L d v^{\frac{1}{m} - 1} f^{y_v/m - 1} a_p^{x_v/m}}{1000(C_v k_v)^{1/m}} \left(\frac{P_t}{n_e} + C_0 t_{ct}\right) + C_a$$

$$(2\text{-}23)$$

令 $\partial C_p / \partial v = 0$，则可得到最低加工成本时的切削速度 v_0

$$v_0 = \frac{(C_v k_v)}{f^{y_v} a_p^{x_v}} \left[\frac{m(L+e)(L_m + B_m)}{(1-m)L(P_t/n_e + C_0 t_{ct})}\right]^m \quad (2\text{-}24)$$

此时的加工成本为

$$C_{p0} = \frac{1}{1-m}\left(\frac{1}{m} - 1\right)^m \frac{\pi d L^m f^{y_v - 1} (P_t/ne + C_0 t_{ct})^m}{1000 C_v k_v}$$

$$[(L+e)(L_m + B_m)]^{1-m} a_p^{x_v} + C_a \quad (2\text{-}25)$$

2.2.2 切削参数优化的边界约束条件

生产实际过程中，切削参数的选择范围会受到加工条件、加工设备、零件质量等方面的限制，因此，在进行切削参数优化时，需要考虑这些方面的限制。由于约束条件的限制很多，而且还有互相矛盾之处，因此，进行实际优化时，根据生产过程，选择不同的优化目标进行优化。

① 机床的约束条件　主要包括切削速度 v_c、进给速度 v_f 和切削功率 P_m。

机床的切削功率为

$$P_m = F_c v = k_s f^{m_1} a_p^{m_2} v^{m_3 + 1} \quad (2\text{-}26)$$

式中　　F_c——切削力；

k_s, m_1, m_2, m_3——切削力影响指数。

应该满足

$$P_m < P_{lim} \quad (2\text{-}27)$$

式中　P_{lim}——机床限制的最大切削功率。

机床的切削速度应该满足

$$v_{jmin} \leqslant v_j \leqslant v_{jmax} \quad (2\text{-}28)$$

式中　v_{jmin}——机床允许的最小切削速度；
　　　v_{jmax}——机床允许的最大切削速度。

机床的进给速度应该满足

$$v_{fmin} \leqslant v_f \leqslant v_{fmax} \quad (2\text{-}29)$$

式中　v_{fmin}——机床允许的最小进给速度；
　　　v_{fmax}——机床允许的最大进给速度。

② 表面粗糙度的约束条件　精加工过程中，表面粗糙度的约束比较重要，其数值可以通过刀尖圆弧半径和进给量计算，即

$$\frac{f^2}{31.3 r_n} \leqslant R_a \quad (2\text{-}30)$$

式中　r_n——刀尖圆弧半径；
　　　R_a——工件的表面粗糙度。

③ 切削参数的约束条件　在切削参数手册或企业的生产实际经验中，总会有对切削参数的一些范围限制，通常为

$$f_{min} \leqslant f \leqslant f_{max} \quad (2\text{-}31)$$

$$a_{pmin} \leqslant a_p \leqslant a_{pmax} \quad (2\text{-}32)$$

④ 刀具耐用度的约束条件　刀具的耐用度约束用于保证刀具的使用寿命，以获得最佳的切削效果。

$$T = \frac{(C_v k_v)^{1/m}}{v^{1/m} f^{y_v/m} a_p^{x_v/m}} \leqslant T_{max} \quad (2\text{-}33)$$

式中　T_{max}——刀具使用寿命。

2.3　切削参数敏感性分析及优化

2.3.1　田口法

基于稳健设计思想的田口方法是由日本管理专家田口玄一提出来的一种质量工程的方法与理念。田口方法基于设计因素的正交试验设计，认为产品的设计都需要经过三个阶段完成即系统设计、参数设计和容差设计。田口方法通过"质量损失函数"的概念，来定量核算产品质量的

损失，并通过信噪比将质量损失函数模型转化为衡量设计参数稳健程度的指标，然后再通过设计田口正交试验来确定设计因素的最佳水平组合。田口方法的哲学观与传统试验设计的观念有很大区别。它并非是完全遵循统计原理、强调模式的科学研究，而是一种设计方法和技术上的改善，其具备以下特点。

① 田口方法认为要想确保制造出质量高的产品，首先需要在设计阶段控制质量，提升设计水平。

② 田口方法是对产品的稳健性进行优化，认为只要通过分析质量特性值与零部件之间的非线性关系（交互作用），就可利用较低级产品零部件来实现其质量对各种不可控设计因素的不灵敏度，使设计方案的组合达到最优化。

③ 田口方法通过采用质量损失函数的方式，帮助工程设计人员从技术与经济两个层面展开对产品的设计、制造、使用、回收等过程的优化，确保产品生命周期的全过程对社会总损失最小。

④ 田口方法采用应用价值较高的正交试验设计技术。通过动态特性设计、综合误差因素法等领先技术，利用误差来模拟各种干扰因素。这种工程上的特点，大大提升了试验效率，增加试验设计的科学性，大大节约试验费用。最终的优化方案保证了生产过程和消费环境下均为最优。

田口方法在确定正交表之前，需要通过系统化的分析确定出几个显著水平的组合，用以确定参数值的大体范围或水平区间，因此预试验成本或许较大。信噪比公式并非完全能准确描述产品质量的稳健性与质量好坏，很多相关热点研究在逐渐探索信噪比值的修正。

信噪比（signal-noise ratio）是电子、通信工程中，用来表示接收机输出功率的信号功率与噪声功率的比值。信噪比可以评价信号的通信效果，一般用 η 表示，公式见下。

$$\eta = \frac{信号功率}{噪声功率} = \frac{S}{N} = \frac{需要的成分}{不需要的成分} \tag{2-34}$$

信噪比并非一个严格的概念公式，而是一些特性值之间特殊的表达式。信噪比的概念可以代替许多类似特性值之间关系的分析。从上面表达式可以看出，信噪比反映一个系统的质量好坏。当设计系统内的产品实际功能偏离理想功能越小的时候，信噪比就越大，波动性越小。

为了方便使用，信噪比 S/N 在计算的过程中往往取常用对数再扩大 10 倍来作为最终信噪比值，记作 η，单位为分贝（dB），也可以把 η 说成是信噪比的分贝值。

输入的信号 M 是一个定值，我们需要的部分是输出值等于目标值。

因此对于一个系统而言，我们不需要的部分就是干扰因素。用 σ 表示干扰因素。

$$\frac{S}{N} = 10\lg\left(\frac{1}{\sigma^2}\right) \quad (\text{dB}) \tag{2-35}$$

信噪比评价的是实际质量特性值与目标值之间的稳定性，因此将上述公式改为

$$\sigma = \sqrt{\frac{1}{n}\sum_{i=1}^{n}(y_i - m)^2} \tag{2-36}$$

信噪比可以分为三种特性类型，即望小特性、望大特性和望目特性。

望小特性（the lower the better）：在质量特性中 y 值不会出现负值，质量特性值最理想化为 0；随着质量特性值的增加，产品质量性能损失会随之增大，这种规律的质量特性值被称为望小特性。例如，汽车废气污染、机械零件残余应力等。将 $y = m = 0$ 带入望小特性的质量损失函数中，得到以下函数：

$$L(y) = K(y - m)^2 = Ky^2 \tag{2-37}$$

望小特性信噪比为

$$\frac{S}{N}_{(望小特性)} = 10\lg\left(\frac{1}{\sigma^2}\right) = -10\lg(\sigma^2) = -10\lg\left(\frac{1}{n}\sum_{i=1}^{n}y_i^2\right) \tag{2-38}$$

望大特性（the higher the better）：有些质量特性值同样不会出现负值，但是当特性值降为 0 时，质量损失接近无限大。望大特性理想化的质量特性值 y 是无穷大，当 $y = \infty$ 时，质量损失接近于 0。例如木材结构的连接强度，其理想的质量特性为无穷大。望大特性的倒数与望小特性值相同，其质量损失函数用 $1/y$ 替换望小特性中的质量损失函数 y，写出下列公式：

$$L(y) = K\left(\frac{1}{y} - m\right)^2 = K\left(\frac{1}{y}\right)^2 \tag{2-39}$$

望大特性信噪比为

$$\frac{S}{N}_{(望大特性)} = 10\lg\left(\frac{1}{\sigma^2}\right) = -10\lg(\sigma^2) = -10\lg\left[\frac{1}{n}\sum_{i=1}^{n}\left(\frac{1}{y_i}\right)^2\right] = 10\lg\left(\frac{1}{n}\sum_{i=1}^{n}y_i^2\right) \tag{2-40}$$

望目特性（the more nominal the better）：当质量特性值的目标值为一个常量 m 时，我们把这种质量特性值叫做望目特性。望目特性在当质量特性值相对于目标值偏离程度对称时，其损失函数图与质量损失函数图一致，当质量特性值非对称地偏向于某一个方向，较偏于另一个方向时，弊多利少。这种情况分别用 k_1、k_2 代表两个差异方向。其质量特性

非对称函数表示为：

$$L(y)=\begin{cases}k_1(y-m)^2, & y>m \\ k_2(y-m)^2, & y\leqslant m\end{cases} \quad (2-41)$$

望目特性信噪比为

$$\frac{S}{N}_{(望目特性)}=10\lg\left(\frac{1}{\sigma^2}\right)=-10\lg(\sigma^2)=-10\lg\left[\frac{1}{n}\sum_{i=1}^{n}(y_i-m)^2\right]$$

$$=-10\lg[\sigma^2+(\overline{y}-m)^2] \quad (2-42)$$

从公式可以看出，望目特性的信噪比值可以反映，当目标值越靠近平均值，并且方差越小的时候，信噪比值越大。利用田口法进行质量分析的步骤如下：

① 选定质量特性值；
② 确定设计因素（工艺参数）；
③ 选择正交表，安排试验设计；
④ 计算信噪比，进行变异性分析；
⑤ 分析与验证。

2.3.2 灰度关联法

灰色系统理论是我国学者邓聚龙在国际上首次提出的，它在社会的各个领域，尤其在交叉学科中，得到了广泛应用，取得了良好的经济效益和社会效益。灰色系统理论认为任何系统在一定的范围和时间内，其部分信息是已知、部分信息是未知的，这样的系统称为灰色系统。一个实际运行的系统是一个灰色系统，尽管客观系统表象复杂，数据离散，但必然有潜在的规律，系统的各个因素总是相互联系的。

不论是社会系统、经济系统，还是技术系统，它们都含有许多因素，这些因素之间哪些是主要的，哪些是次要的，哪些影响大，哪些影响小，哪些需要发展，哪些需要抑制，哪些是明显的，哪些是潜在的，这些都是因素分析的内容。一般地，构成现实问题的实体因素是多种多样的，因素间的实体关系也是多种形式的。灰色关联分析方法可用于以下几个方面：① 确定主要矛盾、主行为因子；② 评估；③ 识别；④ 分类；⑤ 预测；⑥ 构造多因素控制器；⑦ 检验灰色模型的精度；⑧ 灰色决策中的效果精度等。

灰色关联分析的目的在于寻找一种能够衡量各因素间的关联度大小的量化方法，以便找出影响系统发展态势的重要因素，从而掌握事物的主要特征。系统发展变化态势的定量描述和比较方法是根据空间理论的数学基础，确定参考数列（母数列）和若干比较数列（子数列）之间的关联系数和关联度。灰色关联分析的步骤：

① 确定参考序列和比较序列；
② 求灰色关联系数；
③ 求灰色关联度；
④ 灰色关联度排序。

(1) 确定参考序列和比较序列

关联分析首先要确定参考序列和比较序列，但在确定参考序列和比较序列之前，先给出灰色关联因子集的概念。

令 X 为序列集

$$X=\left\{\begin{array}{l}x_i\,|\,i\in M, M=\{1,2,\cdots,m\}, m\geqslant 2,\\ x_i=(x_i(1),x_i(2),\cdots,x_i(n)),\\ x_i(k)\in x_i, k\in K, K=\{1,2,\cdots,n\}, n\geqslant 2,\\ x_i(k)\text{为对象}\,i\,\text{第}\,k\,\text{个指标}\end{array}\right\} \quad (2\text{-}43)$$

① 若对于 $\forall i,j\in M, x_i(k)$ 与 $x_j(k), \forall k\in K$，同数量级，且无量纲，则称 X 是数量可比序列集；
② 若 X 中不存在平行序列，则称 X 是数值可接近序列集。

如果 X 具有下述性质：

a. 数值可接近性；
b. 数量可比性；
c. 非负因子性；

则称 X 为灰色关联因子集，或灰色关联序列集，称 X 中的序列为因子。

下面给出参考序列和比较序列的定义。

所谓"参考序列"，常记为 x_{0j}，它由不同时刻的统计数据构成，或者最优单目标优化值。参考序列 x_{0j} 可表示为：

$$X=\left\{\begin{array}{l}x_i\,|\,i\in M, M=1,2,\cdots,m, m\geqslant 1,\\ x_i=(x_i(1),x_i(2),\cdots,x_i(n)),\\ x_i(k)\in x_i, k\in K, K=1,2,\cdots,n, n\geqslant 2\end{array}\right\} \quad (2\text{-}44)$$

(2) 原始数据处理

由于系统中各因素的物理意义不同，或计量单位不同，从而导致数据的量纲不同，而且有时数值的数量级相差悬殊。不同量纲、不同数量级之间不便比较，或者在比较时难以得到正确的结果。为了便于分析，同时为保证数据具有等效性和同序性，就需要在各因素进行比较时对原始数据进行无量纲化的数据处理，使之量纲统一化。

数据处理常常有以下几种方式：

① 累加生成，记为 AGO；
② 累减生成，记为 IAGO；
③ 初值化，记为 INGO；
④ 均值化，记为 MGO；
⑤ 区间值化，记为 QGO；
⑥ 测度化；
⑦ 模型化。

从功能内涵看，这些方法可以分为三类：层次变换型、数值变换型、极性变换型。

属于层次变换型的方法有累加生成与累减生成。累减是累加的逆生成。所谓累加生成（AGO）就是将数列逐个地累加，这类变换是层次型的，改变层次的目的是为了发现规律。由于累加生成有揭示潜在规律的作用，因此，它常用于灰色建模及数据的技术性处理。

均值化、初值化、区间值化等统称纯量数据处理，属于数值变换。其功能是将那些因量纲、数量级不同而无可比性的对象，经数值变换后，使其变为无量纲且具有相同数量级，从而使"不可比"转化为"可比"。数值变换常用于灰色关联分析和 GM（1，N）建模。

测度化，指上限、下限、中值的效果测度，其功能是改变数据的极性，使目标不一致的样本在极性上统一，便于比较与运算。测度化数据变化主要用于灰局势决策。模型化，指通过某种模型来获得的数据变化。

在灰色关联分析中，常用的灰生成方法主要是纯量数据处理方法，尤其是区间数据处理方法。

1）初值化处理

对一个数列的所有数据均用它的第一个数去除，从而得到一个新数列的方法称为初值化处理。这个新数列表明原始数列中不同时刻的值相对于第一个时刻值的倍数。该数列有共同起点，无量纲。

令 x' 为 x 的生成序列

$$x=\{x(1),x(2),\cdots,x(n)\}$$
$$x'=\{x'(1),x'(2),\cdots,x'(n)\} \tag{2-45}$$

若满足

$$x'(k)=x(k)/x(1)$$
$$x(k)\in x, x(1)\in x$$

则称 x' 为 x 的初值处理序列。

记初值化处理为 INGO，则
$$\text{INGO}: x \to x'$$
$$\text{INGO}: x(k) \to x'(k)$$
$$x'(k) = x(k)/x(1)$$

2) 均值化处理

对一个数列的所有数据均用它的平均值去除，从而得到一个新数列的方法称为均值化处理。这个新数列表明原始数列中不同时刻的值相对于平均值的倍数。令 x^m 为 x 的生成序列
$$x = \{x(1), x(2), \cdots, x(n)\}$$
$$x^m = \{x^m(1), x^m(2), \cdots, x^m(n)\} \tag{2-46}$$

若满足
$$x^m(k) = x(k)/\overline{x}$$
$$\overline{x} = \frac{1}{n} \sum_{k=1}^{n} x(k)$$

则称 x^m 为 x 的均值处理序列。

记均值化处理为 MGO，则
$$\text{MGO}: x \to x^m$$
$$\text{MGO}: x(k) \to x^m(k)$$
$$x^m(k) = x(k)/\overline{x}$$
$$\overline{x} = \frac{1}{n} \sum_{k=1}^{n} x(k)$$

3) 区间值化数据处理

对于指标数列或时间数列，当区间值的特征比较重要时，采用区间值化数据处理。

令 X 为指标序列集
$$X = \left\{ \begin{array}{l} x_i | i \in M, M = \{1, 2, \cdots, m\}, \\ x_i = (x_i(1), x_i(2), \cdots, x_i(n)), \\ x_i(k) \in x_i, k \in K, K = \{1, 2, \cdots, n\}, \\ x_i(k) \text{ 为对象 } i \text{ 第 } k \text{ 个指标} \end{array} \right\} \tag{2-47}$$

记 x_i^Q 为 x_i 的生成序列
$$x_i = \{x_i(1), x_i(2), \cdots, x_i(n)\} \tag{2-48}$$
$$x_i^Q = \{x_i^Q(1), x_i^Q(2), \cdots, x_i^Q(n)\} \tag{2-49}$$

对望大特征的目标，数据处理为
$$x_i^Q(k) = \frac{x_i(k) - \min\limits_{i \in M} x_i(k)}{\max\limits_{i \in M} x_i(k) - \min\limits_{i \in M} x_i(k)} \tag{2-50}$$

对望小特征的目标，数据处理为

$$x_i^Q(k) = \frac{\max\limits_{i \in M} x_i(k) - x_i(k)}{\max\limits_{i \in M} x_i(k) - \min\limits_{i \in M} x_i(k)} \quad (2\text{-}51)$$

对望目特征，数据处理为

$$x_i^Q(k) = \frac{\max\limits_{i \in M} |x_i(k) - x_0| - |x_i(k) - x_0|}{\max\limits_{i \in M} |x_i(k) - x_0| - \min\limits_{i \in M} |x_i(k) - x_0|} \quad (2\text{-}52)$$

记区间值化数据处理为

$$\text{QGO}: x_i \to x_i^Q$$
$$\text{QGO}: x_i(k) \to x_i^Q(k)$$
$$k \in K$$

(3) 求灰色关联系数

系统间或因素间的关联程度是根据曲线间几何形状的相似程度来判断其联系是否紧密，因此，曲线间差值的大小，可以作为关联程度的衡量尺度。

令 X 为灰色关联因子集

$$X = \left\{ \begin{array}{l} x_i \mid i \in M, M = \{1, 2, \cdots, m\}, m \geq 2, \\ x_i = \{x_i(1), x_i(2), \cdots, x_i(n)\}, \\ x_i(k) \in x_i, k \in K, K = \{1, 2, \cdots, n\}, n \geq 2 \end{array} \right\} \quad (2\text{-}53)$$

令 $x_0 \in X$ 为参考列，$x_i \in X$ 为比较列，$x_0(k)$ 与 $x_i(k)$ 分别为 x_0 与 x_i 在第 k 点的数据。若有非负实数 $\xi_{0i}(k)$ 为 X 上在一定环境下 $x_0(k)$ 与 $x_i(k)$ 的比较测度，$|x_0(k) - x_i(k)|$ 越小，$\xi_{0i}(k)$ 越大时，称 $\xi_{0i}(k)$ 为 x_i 对 x_0 在 k 点的灰色关联系数。灰色关联系数为

$$\xi_{0i}(k) = \frac{\min\limits_{i \in M}\min\limits_{k \in K}|x_0(k) - x_i(k)| + \rho \max\limits_{i \in M}\max\limits_{k \in K}|x_0(k) - x_i(k)|}{|x_0(k) - x_i(k)| + \rho \max\limits_{i \in M}\max\limits_{k \in K}|x_0(k) - x_i(k)|}$$

$$(2\text{-}54)$$

式中，$|x_0(k) - x_i(k)|$ 是距离，而 $\min\limits_{i \in M}\min\limits_{k \in K}|x_0(k) - x_i(k)|$，$\max\limits_{i \in M}\max\limits_{k \in K}|x_0(k) - x_i(k)|$ 是 x_i 与 x_0 的比较环境，也是 $x_i(k)$ 的领域，它含有点集拓扑信息。

常数 ρ 称为分辨系数，$\rho \in [0, 1]$。它的作用在于调整比较环境的大小。当 $\rho = 0$ 时，环境消失；当 $\rho = 1$ 时，环境被"原封不动"地保持着，当 $\rho = 0.5436$ 时比较容易观察关联度分辨率的变化，因此，一般取 $\rho = 0.5$。

（4）求灰色关联度

两个系统或者两个因素间关联性大小的度量，称为关联度。关联度描述了系统发展过程中，因素间相对变化的情况，也就是变化大小、方向与速度等的相对性。如果两者在发展过程中，相对变化基本一致，则认为两者关联度大，反之，两者关联度小。关联分析的实质，就是对数列曲线进行几何关系的比较。若两数列曲线重合，则关联性好，即关联系数为1，那么两数列关联度也等于1。同时，两数列曲线不可能垂直，即无关联性，所以关联系数大于0，故关联度也大于0。因为关联系数是曲线几何形状关联程度的一个度量，在比较全过程中，关联系数不止一个。因此，取关联系数的平均值作为比较全过程的关联程度的度量。

令非负实数 $r(x_0,x_i)$ 为 $\xi_{0i}(k)$ 的平均值，即

$$r(x_0,x_i)=\frac{1}{n}\sum_{k=1}^{n}\xi_{0i}(k) \tag{2-55}$$

称 $r(x_0,x_i)$ 为 x_i 对 x_0 的灰色关联度，简记为 r_{0i}。

在按上式计算关联度时，是对各指标或空间作平均权处理的，即将各指标或空间视为同等重要的。但在实际中，却存在许多不平均权的情况，即认为某些指标更为重要。因此，可根据实际情况，对灰色关联系数作加权平均求取灰色关联度。

（5）灰色关联矩阵

如果参考序列不止一个，而比较序列也不止一个，则各比较序列对各参考序列的灰色关联度构成灰关联矩阵。若

n 个母序列：$x_1, x_2, x_3, \cdots, x_n, n\neq 1$；

m 个子序列：$x'_1, x'_2, x'_3, \cdots, x'_m, m\neq 1$；

则各子序列对母序列的关联度分别为

$$(r_{11},r_{12},\cdots,r_{1m})$$
$$(r_{21},r_{22},\cdots,r_{2m})$$
$$\vdots$$
$$(r_{n1},r_{n2},\cdots,r_{nm})$$

若将 $r_{ij}(i=1, 2, \cdots, n; j=1, 2, \cdots, m)$ 作适当排列，便得到关联矩阵

$$\boldsymbol{R}=\begin{bmatrix} r_{11} & r_{12} & \cdots & r_{1m} \\ r_{21} & r_{22} & \cdots & r_{2m} \\ \cdots & \cdots & \cdots & \cdots \\ r_{n1} & r_{n2} & \cdots & r_{nm} \end{bmatrix} \text{或} \boldsymbol{R}=\begin{bmatrix} r_{11} & r_{12} & \cdots & r_{1n} \\ r_{21} & r_{22} & \cdots & r_{2n} \\ \cdots & \cdots & \cdots & \cdots \\ r_{m1} & r_{m2} & \cdots & r_{mn} \end{bmatrix} \tag{2-56}$$

关联矩阵可以作为相关分析的基础。如果在关联矩阵中，第 i 列满足

$$\begin{bmatrix} r_{1i} \\ r_{2i} \\ \vdots \\ r_{mi} \end{bmatrix} > \begin{bmatrix} r_{1j} \\ r_{2j} \\ \vdots \\ r_{mj} \end{bmatrix}, j=1,2,\cdots,n, j \neq i \tag{2-57}$$

则称母序列 Y_i 相对于其他母序列为最优，或者说从子序列 x_i 的关联度来看，母序列 Y_i 是系统的最优序列。

若

$$\frac{1}{n}\sum_{k=1}^{n} r_{ki} > \frac{1}{n}\sum_{k=1}^{n} r_{kj}, i,j=1,2,\cdots,m, i \neq j \tag{2-58}$$

则称母序列 Y_i 相对于其他母序列或者对子序列 x_i 的关联度是准最优的。

(6) 灰色关联排序

因为灰色关联度不是唯一的，所以灰色关联度本身值的大小不是关键，而各关联度大小的排列顺序更为重要，这就需要对灰色关联度排序。

令 X 为灰关联因子集

$$X = \left\{ \begin{array}{l} x_i \mid i \in M, M=\{1,2,\cdots,m\}, m \geqslant 2, \\ x_i = \{x_i(1), x_i(2), \cdots, x_i(n)\}, \\ x_i(k) \in x_i, k \in K, K=\{1,2,\cdots,n\}, n \geqslant 2 \end{array} \right\} \tag{2-59}$$

x_0 为 X 的参考序列，$x_i(i \in N)$ 为比较列，$r(x_0, x_i)$ 为灰关联度，若有

$$r(x_0, x_i) > r(x_0, x_j) > \cdots > r(x_0, x_k), 0, i, j, \cdots, k \in M, M=\{1,2,\cdots,m\} \tag{2-60}$$

则称① 对于 x_0 的影响，x_i 强于 x_j，记为

$$x_i > x_j$$

② $\quad r(x_0, x_i) > r(x_0, x_j) > \cdots > r(x_0, x_k), x_i > x_j > \cdots > x_k \tag{2-61}$

为 X 上对于 x_0 的灰色关联排序。

(7) 灰色关联度的特点

灰色关联是指事物之间的不确定关联，或系统因子之间、因子对主行为之间的不确定关联。

关联度具有如下特点。

① 规范性。

a. $0 < r(x_0, x_i) < 1$，表明系统中任何因子都不是严格无关联的；

b. $r(x_0,x_i)=1 \Leftrightarrow x_0=x_i$，表明因子本身是严格关联的；
c. $r(x_0,x_i)=0 \Leftrightarrow x_0,x_i \in \emptyset$，表明系统中不存在有关联的因子。

② 偶对对称性。

若系统中只存在两个因子时，则两两比较是对称的，即

$$x,y \in X, r(x,y)=r(y,x) \Leftrightarrow X=\{x,y\} \quad (2\text{-}62)$$

③ 整体性。

不同参考列的取舍不同，比较结果不一定符合对称性。一般有

$$r(x_i,x_j) \neq r(x_j,x_i),(i \neq j) \quad x_i,x_j \in X=\{x_i|i=0,1,2,\cdots,n\}, n \geq 2 \quad (2\text{-}63)$$

④ 接近性。

$|x_0(k)-x_i(k)|$ 越小，则 $r(x_0,x_i)$ 越大，即 x_i 与 x_0 越接近。

2.3.3 基于田口法的单目标切削敏感性分析和切削参数优化

如 2.1 节所述，新材料的切削加工性往往需要试验数据揭示，尤其是表面粗糙度等质量因素，其影响因素是多种因素综合作用的结果。影响零件加工表面粗糙度的因素有很多，例如切削用量、刀具几何参数、零件的力学性能等。本节为研究某新型铝基复合材料，进行了正交试验。正交试验以切削速度（主轴转速）、进给量、切削深度、刀尖圆弧半径 4 个切削参数作为探究影响表面粗糙度的因素，进行正交切削试验，正交试验表如表 2-1 所示，设计的试验参数水平表如表 2-2 所示，其中切削速度、进给量、切削深度，刀尖圆弧半径作为输入，测量的表面粗糙度值作为输出，为了确保测量数据的准确性，同一表面其粗糙度值测量 5 次，表面粗糙度测量结果如表 2-3 所示[28]。

表 2-1 正交试验表 $L_{16}(4^4)$

编号	A	B	C	D
1	1	1	1	1
2	1	2	2	2
3	1	3	3	3
4	1	4	4	4
5	2	1	2	3
6	2	2	1	4
7	2	3	4	1
8	2	4	3	2
9	3	1	3	4
10	3	2	4	3
11	3	3	1	2
12	3	4	2	1

续表

编号	A	B	C	D
13	4	1	4	2
14	4	2	3	1
15	4	3	2	4
16	4	4	1	3

表 2-2 试验参数水平表

参数	标识	水平			
		1	2	3	4
刀尖圆弧半径 r_ε/mm	A	0.2	0.4	0.6	0.8
切削深度 a_p/mm	B	0.1	0.15	0.2	0.25
进给量 f/mm·r^{-1}	C	0.02	0.05	0.08	0.12
切削速度 v_c/m·min^{-1}	D	150	200	250	300

对于高速加工 SiC_p/Al 复合材料，表面粗糙度值越小越好，因此，其切削参数设计属于望小参数设计，其输出值表面粗糙度的信噪比为

$$S/N(\text{dB}) = -10\lg\left(\frac{1}{n}\sum_{i=1}^{n} Ra_i^2\right) \quad (2\text{-}64)$$

式中，$i=1,2,3,\cdots,n$（其中 n 为 5）。

根据式(2-64)，可求得各试验方案的信噪比，结果如表 2-3 所示。

根据各试验方案输出表面粗糙度的信噪比，可求得平均信噪比为

$$\overline{S} = \frac{1}{N}\sum_{j=1}^{N} S_j \quad (2\text{-}65)$$

式中，$j=1,2,3,\cdots,N$（其中 $N=16$）；S_j 为第 j 个试验方案的信噪比，计算结果见表 2-3。

表 2-3 表面粗糙度及信噪比

编号	表面粗糙度						信噪比/dB
	Ra_1	Ra_2	Ra_3	Ra_4	Ra_5	均值	
1	0.273	0.27	0.28	0.285	0.282	0.278	11.12
2	0.669	0.657	0.644	0.679	0.661	0.662	3.58
3	1.467	1.416	1.467	1.483	1.447	1.456	−3.26
4	2.292	2.255	2.309	2.302	2.282	2.288	−7.19
5	0.383	0.381	0.416	0.447	0.423	0.410	7.73
6	0.38	0.386	0.347	0.371	0.354	0.368	8.69
7	1.133	1.19	1.145	1.12	1.137	1.145	−1.18
8	0.756	0.738	0.758	0.744	0.774	0.754	2.45
9	0.603	0.616	0.599	0.635	0.622	0.615	4.22
10	0.816	0.833	0.832	0.833	0.826	0.828	1.64
11	0.272	0.269	0.277	0.271	0.276	0.273	11.28
12	0.408	0.425	0.416	0.414	0.377	0.408	7.78

续表

编号	表面粗糙度						信噪比/dB
	Ra_1	Ra_2	Ra_3	Ra_4	Ra_5	均值	
13	0.852	0.873	0.837	0.873	0.865	0.860	1.31
14	0.671	0.618	0.678	0.634	0.634	0.647	3.78
15	0.509	0.543	0.516	0.532	0.525	0.525	5.59
16	0.369	0.359	0.348	0.354	0.35	0.356	8.97
平均信噪比							4.16

为了确定各切削参数对最终表面粗糙度的影响程度，还需对各参数在不同水平上进行方差分析，求出各切削参数对表面粗糙度的显著性影响，具体计算过程如下。

① 各试验方案信噪比求和，取平方，得到

$$C_T = \frac{1}{N}(\sum_{j=1}^{N} S_j)^2 \tag{2-66}$$

② 计算各切削参数在各个水平的信噪比之和

$$T_z^m = \sum_{j=1}^{N} S_j \big|_{L(z)=m} \tag{2-67}$$

式中，T_z^m 为第 z 个参数的第 m 个水平信噪比之和，$z \in \{A,B,C,D\}$，$m \in \{1,2,\cdots,k\}$（其中 k 为第 z 个参数的水平数量，$k=4$）；$L(z)$ 是试验参数 z 的水平值。

③ 计算各切削参数信噪比波动

$$S_{Sz} = \frac{1}{k}\sum_{m=1}^{k}(T_z^m)^2 - \frac{C_T}{N} \tag{2-68}$$

式中，S_{Sz} 为第 z 个参数的信噪比波动。

④ 计算各切削参数各个水平的信噪比的平均值

$$\overline{T}_z^m = \frac{1}{k}(\sum_{j=1}^{N} S_j \big|_{L(z)=m}) \tag{2-69}$$

其中 $\overline{T}_z^m$ 为第 z 个参数的第 m 个水平的信噪比的平均值。

经过计算可求得各个切削参数各个水平信噪比的和值和平均值，及各个切削参数的波动如表 2-4 所示。

表 2-4 各试验参数及水平的信噪比分析

参数标识	水平 1		水平 2		水平 3		水平 4		波动
	和值	均值	和值	均值	和值	均值	和值	均值	
A	4.245	1.061	17.686	4.422	24.916	**6.229**	19.649	4.912	58.07
B	24.375	**6.094**	17.681	4.42	12.429	3.107	12.011	3.003	25.02
C	40.047	**10.012**	24.684	6.171	7.184	1.796	-5.419	-1.355	297.15
D	21.495	**5.374**	18.617	4.654	15.072	3.768	11.312	2.828	14.58

表 2-4 的最后一列为信噪比波动大小，反应的是 4 个切削参数造成表面粗糙度值波动的大小。波动数据表明 4 个参数对表面粗糙度影响程度为：$f > r_\varepsilon > a_p > v_c$。

为了进一步确定影响表面粗糙度的显著性因素及各个参数对最终表面粗糙度的影响程度，对信噪比进行了方差分析，方差分析结果如表 2-5 所示。

表 2-5　表面粗糙度信噪比的方差分析结果

参数	自由度	平方和	平均平方和	F 值	贡献率
r_ε	3	58.07	19.356	38.624	14.71%
a_p	3	25.02	8.339	16.641	6.34%
f	3	297.15	99.051	197.651	75.26%
v_c	3	14.58	4.860	9.699	3.69%
误差	3	6.01	0.501		
合计	15	400.83			

根据表 2-5，刀尖圆弧半径、切削深度和进给量的 F 值分别是 38.624、16.641 和 197.651。根据 95% 的置信区间 $F(1.3)$ 是 10.13，因此，对表面粗糙度而言，刀尖圆弧半径、切削深度和进给量都是显著性因素，而切削速度为非显著性因素，对表面粗糙度的贡献率分别为 14.71%、6.34%、75.26%、3.69%。

为了确定各个切削参数的最佳值，将表 2-4 中各个切削参数在各个水平的信噪比平均值和表面粗糙度平均值以图 2-1 表示。

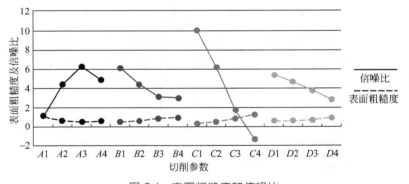

图 2-1　表面粗糙度和信噪比

从图 2-1 看出，最优的参数组合为 $A3B1C1D1$，在此参数组合条件下，能够获得最大信噪比，也就是说，在刀具圆弧半径为 0.6mm，切削深度为 0.1mm，进给量在 0.02mm/r，切削速度在 150m/min 的参数条件下，能够获得最小的表面粗糙度。

当利用田口方法对影响 SiC_p/Al 复合材料的切削参数进行了显著性分析后,确定了最佳切削参数组合为 $A3B1C1D1$。但是该参数组合并不在 16 组正态切削试验中,因此,需要估算其产生的表面粗糙度大小,其计算过程如下。

最佳参数组合产生的表面粗糙度信噪比可通过式(2-70)计算

$$S_e = \overline{T}_A^3 + \overline{T}_B^1 + \overline{T}_C^1 + \overline{T}_D^1 - 3\overline{S} = 15.241 \text{dB} \quad (2-70)$$

对应的最佳表面粗糙度为

$$Ra_e = \sqrt{10^{[S_e/(-10)]}} = 0.173 \mu m \quad (2-71)$$

同样的试验原理,通过福禄克 1736 电能记录仪测量 16 次正交试验的切削功率,测量的试验数据如表 2-6 所示。

表 2-6 试验结果

序号	A	B	C	D	总功率 P/kW					空载功率 P_i/kW				
					P_1	P_2	P_3	P_4	P_5	P_{i1}	P_{i2}	P_{i3}	P_{i4}	P_{i5}
1	1	1	1	1	1.486	1.473	1.491	1.482	1.481	1.014	1.013	1.011	1.009	1.012
2	1	2	2	2	1.973	1.978	2.006	2.004	1.990	1.009	1.011	1.013	1.012	1.019
3	1	3	3	3	1.983	1.972	1.987	2.035	2.030	1.025	1.018	1.017	1.016	1.017
4	1	4	4	4	2.013	2.011	2.131	2.119	1.960	1.073	1.072	1.068	1.067	1.065
5	2	1	2	3	1.982	1.978	1.989	1.995	1.989	1.080	1.078	1.081	1.073	1.024
6	2	2	1	4	2.006	1.960	1.974	1.965	1.937	1.004	1.006	1.006	1.005	1.011
7	2	3	4	1	1.467	1.465	1.488	1.553	1.551	1.012	1.012	1.019	1.018	1.015
8	2	4	3	2	1.933	1.906	1.937	1.997	1.991	1.008	1.008	1.014	1.016	1.015
9	3	1	3	4	2.018	1.996	2.036	2.028	1.978	1.022	1.019	1.017	1.024	1.023
10	3	2	4	3	1.983	1.984	2.070	2.065	1.850	1.025	1.024	1.024	1.020	1.020
11	3	3	1	2	1.874	1.859	1.876	1.868	1.865	1.021	1.022	1.024	1.026	1.023
12	3	4	2	1	1.432	1.444	1.496	1.488	1.493	1.020	1.020	1.020	1.020	1.024
13	4	1	4	2	1.830	1.833	1.832	1.895	1.819	1.025	1.024	1.027	1.025	1.025
14	4	2	3	1	1.448	1.437	1.435	1.492	1.490	1.027	1.032	1.029	1.030	1.032
15	4	3	2	4	1.998	1.994	2.039	2.058	1.977	1.040	1.039	1.043	1.039	1.039
16	4	4	1	3	1.979	1.965	1.955	2.004	2.004	1.035	1.032	1.032	1.037	1.032

为了研究切削速度、进给量、切削深度、刀尖圆弧半径对能耗影响的敏感度,需要将加工过程中消耗的总功率 P 减去空载功率 P_i,得到切削功率 P_c。

$$P_c = P - P_i \quad (2-72)$$

对于高速加工 SiC_p/Al 复合材料,功率值越小越好,因此,其切削参数设计属于望小参数设计,其输出值功率的信噪比为

$$S/N(\text{dB}) = -10\log_{10}\left(\frac{1}{n}\sum_{j=1}^{n}P_j^2\right) \quad (2-73)$$

式中,P 为功率;$j=1,2,3,\cdots,n$(其中 n 为 5)。

根据式(2-73),可求得各试验方案的信噪比,结果如表 2-7 所示。

根据各试验方案输出表面粗糙度的信噪比,可求得平均信噪比为

$$\overline{S} = \frac{1}{N}\sum_{k=1}^{N} S_k \qquad (2\text{-}74)$$

式中,$k=1,2,3,\cdots,N$(其中 $N=16$);S_k 为第 k 个试验方案的信噪比,计算结果见表 2-7。

表 2-7 切削功率及信噪比

序号	切削功率/kW						信噪比/dB
	P_{c1}	P_{c2}	P_{c3}	P_{c4}	P_{c5}	平均值	
1	0.472	0.460	0.480	0.473	0.469	0.471	6.542
2	0.964	0.967	0.993	0.992	0.971	0.977	0.198
3	0.958	0.954	0.970	1.019	1.013	0.983	0.147
4	0.940	0.939	1.063	1.052	0.895	0.978	0.175
5	0.902	0.900	0.908	0.922	0.965	0.919	0.727
6	1.002	0.954	0.968	0.960	0.926	0.962	0.334
7	0.455	0.453	0.469	0.535	0.536	0.490	6.177
8	0.921	0.898	0.919	0.981	0.976	0.939	0.541
9	0.996	0.977	1.019	1.004	0.955	0.990	0.083
10	0.958	0.960	1.046	1.045	0.830	0.968	0.255
11	0.853	0.837	0.852	0.842	0.842	0.845	1.461
12	0.411	0.424	0.474	0.468	0.469	0.449	6.936
13	0.805	0.809	0.805	0.870	0.794	0.817	1.755
14	0.421	0.405	0.406	0.462	0.458	0.430	7.308
15	0.958	0.955	0.996	1.019	0.938	0.973	0.232
16	0.944	0.933	0.923	0.967	0.972	0.948	0.464
						$C_T=69.455$	$\overline{S}=2.083$

为了确定各切削参数对最终表面粗糙度的影响程度,还需对各参数在不同水平上进行方差分析,求出各切削参数对表面粗糙度的显著性影响,具体计算过程如下:

① 各试验方案信噪比求和,取平方,得到 C_T

$$C_T = \frac{1}{N}\left(\sum_{k=1}^{N} S_k\right)^2 \qquad (2\text{-}75)$$

② 计算各切削参数在各个水平的信噪比之和

$$T_z^m = \sum_{k=1}^{N} S_k \big|_{L(z)=m} \qquad (2\text{-}76)$$

式中,T_z^m 为第 z 个参数的第 m 个水平信噪比之和,$z \in \{A,B,C,D\}$,$m \in \{1,2,\cdots,l\}$(其中 l 为第 z 个参数的水平数量,$l=4$);$L(z)$ 是试验参数 z 的水平值。

③ 计算各切削参数信噪比波动

$$S_{Sz} = \frac{1}{l}\sum_{m=1}^{l}(T_z^m)^2 - \frac{C_T}{N} \qquad (2\text{-}77)$$

其中，S_{Sz} 为第 z 个参数的信噪比波动。
④ 计算各切削参数各个水平的信噪比的平均值

$$\overline{T}_z^m = \frac{1}{l}(\sum_{k=1}^{N} S_k |_{L(z)=m}) \tag{2-78}$$

其中 $\overline{T}_z^m$ 为第 z 个参数的第 m 个水平的信噪比的平均值。

经过计算可求得各个切削参数各个水平信噪比的和值和平均值，及各个切削参数的波动见表 2-8。

表 2-8 各试验参数及水平的信噪比分析

标识	水平 1		水平 2		水平 3		水平 4		波动
	信噪比和	平均信噪比	信噪比和	平均信噪比	信噪比和	平均信噪比	信噪比和	平均信噪比	
A	7.062	1.766	7.779	1.945	8.736	2.184	9.759	2.440	2.697
B	9.108	2.277	8.095	2.024	8.017	2.004	8.116	2.029	1.091
C	8.801	2.200	8.093	2.023	8.080	2.020	8.362	2.091	0.721
D	26.964	6.741	3.955	0.989	1.594	0.398	0.824	0.206	26.141

表 2-8 的最后一列为信噪比波动大小，反应的是 4 个切削参数造成功率值波动的大小。波动数据表明参数 D（切削速度）对功率影响最为显著，参数 A（刀尖圆弧半径）和参数 B（切削深度）对功率影响较不显著，参数 C（进给量）对功率影响最不显著。关于功率，通过分析信噪比可以知道切削参数对功率的影响程度为 $D>A>B>C(v_c>r_\varepsilon>a_p>f)$。上述的功率显著性分析结果与表面粗糙度分析结果不同，表明切削用量三要素和刀尖圆弧半径对功率的影响和对表面粗糙度的影响程度是不一样的。

为了准确预测不同参数组合条件下，切削功率的准确值，使用 Minitab 软件建立功率与切削参数的四元二次方程如下：

$$\begin{aligned} P_c = & -6.84 - 8.57A + 27.72B - 68.0C + 0.0773D + 9.35AA \\ & - 9.53BB + 160.7CC - 0.000113DD - 6.11AB + 6.59AC \\ & + 0.004317AD + 209.6BC - 0.1528BD + 0.02029CD \end{aligned} \tag{2-79}$$

与试验结果相比，功率的预测结果如表 2-9 和图 2-2 所示。

表 2-9 功率的试验结果和预测结果

序号	试验结果	预测结果	偏差
1	0.471	0.475	0.94%
2	0.977	0.952	-2.65%
3	0.983	1.030	4.81%
4	0.978	0.999	2.12%
5	0.919	0.970	5.47%
6	0.962	0.975	1.31%

续表

序号	试验结果	预测结果	偏差
7	0.490	0.496	1.21%
8	0.939	0.913	−2.80%
9	0.990	0.976	−1.46%
10	0.968	0.968	0.00%
11	0.845	0.863	2.05%
12	0.449	0.485	7.87%
13	0.817	0.839	2.80%
14	0.430	0.400	−7.10%
15	0.973	1.027	5.53%
16	0.948	0.935	−1.30%
平均偏差			3.09%

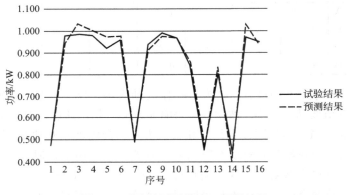

图 2-2 功率的试验结果和预测结果

如表 2-9 和图 2-2 所示，功率的预测值非常接近试验值。当 A 为 0.6mm，B 为 0.25mm，C 为 0.05mm/r，D 为 150m/min 时，最大预测偏差为 7.87%。当 A 为 0.6mm，B 为 0.15mm，C 为 0.12mm/r，D 为 250m/min 时，最小预测偏差为 0.00%。平均预测偏差为 3.09%，表明预测功率值与试验功率值吻合良好。

2.3.4 基于灰度关联法的多目标切削参数优化

在衡量切削加工的众多指标中，除了加工质量（表面粗糙度和加工精度）外，加工效率和能耗也是重要指标[29,30]。因此，本节将以加工质量（表面粗糙度）、能耗（切削功率）、效率（材料去除率）作为切削参数优化的联合指标，实现切削参数的多目标优化。在上述的切削过程中，除了进行了表面粗糙度测量外，还进行了切削力及转矩的测量，测量结果如表 2-10 所示。平均切削力及平均转矩如表 2-11 所示。

表 2-10 切削力及转矩测量

序号	第一次测量				第二次测量				第三次测量			
	F_x/N	F_y/N	F_z/N	M_z/(N·m)	F_x/N	F_y/N	F_z/N	M_z/(N·m)	F_x/N	F_y/N	F_z/N	M_z/(N·m)
1	−11.432	8.539	5.471	−0.959	−11.473	8.601	5.472	−0.962	−11.388	8.320	5.321	−0.960
2	−19.496	10.498	9.601	−1.663	−19.552	10.389	9.543	−1.674	−19.490	10.293	9.447	−1.669
3	−31.371	12.763	12.737	−2.741	−31.888	12.880	12.933	−2.785	−31.800	12.879	12.871	−2.778
4	−11.494	10.904	7.102	−0.943	−11.631	11.013	7.201	−0.952	−11.686	11.005	7.144	−0.955
5	−8.989	8.864	3.716	−0.670	−9.047	8.915	3.701	−0.676	−8.937	8.752	3.523	−0.672
6	−8.027	9.093	4.476	−0.588	−8.079	9.026	4.568	−0.596	−8.114	9.007	4.575	−0.598
7	−27.468	16.011	9.066	−2.325	−27.654	16.088	9.120	−2.344	−27.499	15.927	9.075	−2.334
8	−24.687	14.650	10.236	−2.059	−25.003	14.738	10.302	−2.090	−24.843	14.447	10.139	−2.077
9	−11.850	9.157	3.935	−0.987	−11.989	9.180	3.954	−1.002	−11.856	9.075	3.889	−0.987
10	−21.126	13.465	5.352	−1.781	−21.367	13.709	5.362	−1.797	−21.243	13.620	5.247	−1.785
11	−9.332	8.948	4.656	−0.699	−8.935	8.886	4.527	−0.711	−9.052	8.851	4.421	−0.709
12	−18.221	12.698	7.268	−1.524	−18.405	12.864	7.102	−1.543	−18.069	12.609	7.680	−1.511
13	−17.413	15.668	4.140	−1.390	−17.534	15.834	4.048	−1.394	−17.360	15.321	3.920	−1.388
14	−18.699	17.012	5.193	−1.487	−18.537	16.859	5.333	−1.466	−18.690	17.008	5.371	−1.481
15	−17.615	17.149	6.613	−1.415	−17.731	17.251	6.708	−1.428	−17.843	17.401	6.758	−1.438
16	−14.057	16.031	6.638	−1.099	−14.178	16.081	6.621	−1.115	−14.250	16.198	6.679	−1.118

表 2-11 平均切削力及平均转矩

序号	F_x/N	F_y/N	F_z/N	M_z/(N·m)
1	−11.43	8.49	5.42	−0.96
2	−19.51	10.39	9.53	−1.67
3	−31.69	12.84	12.85	−2.77
4	−11.60	10.97	7.15	−0.95
5	−8.99	8.84	3.65	−0.67
6	−8.07	9.04	4.54	−0.59
7	−27.54	16.01	9.09	−2.33
8	−24.84	14.61	10.23	−2.08
9	−11.90	9.14	3.93	−0.99
10	−21.25	13.60	5.32	−1.79
11	−9.11	8.90	4.53	−0.71
12	−18.23	12.72	7.35	−1.53
13	−17.44	15.61	4.04	−1.39
14	−18.64	16.96	5.30	−1.48
15	−17.73	17.27	6.69	−1.43
16	−14.16	16.10	6.65	−1.11

根据前文的公式(2-26)和公式(2-13)，可计算其平均切削功率和材料去除率，如表 2-12 所示。

表 2-12 平均切削功率和材料去除率

序号	平均粗糙度/μm	平均功率/W	材料去除率/(cm³/min)
1	0.278	28.581	0.3
2	0.662	65.058	1.5
3	1.456	132.068	4
4	2.288	58.057	9
5	0.41	37.468	1.25
6	0.3676	40.371	0.9
7	1.145	68.875	3.6
8	0.754	82.839	4
9	0.615	59.505	2.4
10	0.828	88.544	4.5
11	0.273	30.358	0.8
12	0.408	45.586	1.875
13	0.86	58.133	2.4
14	0.647	46.614	1.8
15	0.525	88.662	3
16	0.356	59.012	1.25

通过方差分析法，使用 Minitab 软件对影响表面粗糙度、功率和材料去除率的各个因素进行显著性分析，由于相同切削参数条件下，表面粗糙度测量 5 次，切削力测量 3 次，因此，粗糙度、切削功率的总试验次数分别是 80 和 48 次。表面粗糙度方差分析结果如表 2-13 所示，切削功率方差分析结果如表 2-14 所示，材料去除率方差分析结果如表 2-15 所示。

表 2-13 表面粗糙度方差分析

切削参数	自由度(DF)	偏差平方和(SS)	偏差平方和均值(MS)	F 值	贡献度
刀尖圆弧半径 r_ε	3	5.098	1.699	109.740	26.11%
切削深度 a_p	3	2.189	0.729	47.110	11.21%
进给量 f	3	10.856	3.619	233.680	55.59%
切削速度 v_c	3	1.384	0.461	29.800	7.09%
误差	67	1.038	0.015		
合计	79	20.564			

表 2-14 切削功率方差分析

切削参数	自由度	偏差平方和(SS)	偏差平方和均值(MS)	F 值	贡献度
刀尖圆弧半径 r_ε	3	1660.4	553.48	3.16	6.50%
切削深度 a_p	3	7030.9	2343.65	13.38	27.52%
进给量 f	3	10616.8	3538.92	20.21	41.57%
切削速度 v_c	3	6235	2078.32	11.87	24.41%
误差	35	6129.3	175.12		
合计	47	31672.4			

表 2-15 材料去除率方差分析

切削参数	自由度	偏差平方和(SS)	偏差平方和均值(MS)	F 值	贡献率
刀尖圆弧半径 r_ε	3	6.007	2.0023	2.01	9.36%
切削深度 a_p	3	13.208	4.4025	4.42	20.59%
进给量 f	3	36.159	12.053	12.11	56.40%
切削速度 v_c	3	8.751	2.9169	2.93	13.65%
误差	3	2.987	0.9957		
合计	15	67.111			

由于优化目标，表面粗糙度、功率、材料去除率的单位不统一，为了综合考虑三个目标的总体优化效果，因此，通过灰度关联法对优化目标进行关联度分析。

首先，实现三个优化目标的无量纲化。无量纲化的方法较多，此处统一采用区间化数据处理方式，但是对于表面粗糙度和功率而言，希望其值越小越好，而对材料去除率而言，希望其越大越好。因此，这三个优化目标的区间化数据处理方法也不相同。表面粗糙度和功率的区间化数据处理是基于望小目标的数据处理，使用公式(2-80)无量纲化。

$$x_i^Q(k) = \frac{\max\limits_{i \in M} x_i(k) - x_i(k)}{\max\limits_{i \in M} x_i(k) - \min\limits_{i \in M} x_i(k)} \tag{2-80}$$

而材料去除率区间化数据处理是基于望大目标的数据处理,使用公式(2-81)无量纲化。

$$x_i^Q(k) = \frac{x_i(k) - \min\limits_{i \in M} x_i(k)}{\max\limits_{i \in M} x_i(k) - \min\limits_{i \in M} x_i(k)} \tag{2-81}$$

处理后的无量纲化数据 $x_i^Q(k)$ 如表2-16所示。

表 2-16 无量纲化数据 $x_i^Q(k)$

序号	平均粗糙度	平均功率	材料去除率
1	0.998	1.000	0.000
2	0.807	0.648	0.138
3	0.413	0.000	0.425
4	0.000	0.715	1.000
5	0.932	0.914	0.109
6	0.953	0.886	0.069
7	0.567	0.611	0.379
8	0.761	0.476	0.425
9	0.830	0.701	0.241
10	0.725	0.421	0.483
11	1.000	0.983	0.057
12	0.933	0.836	0.181
13	0.709	0.714	0.241
14	0.814	0.826	0.172
15	0.875	0.419	0.310
16	0.959	0.706	0.109
$x_0^Q(k)$	1	1	1

其次,根据公式(2-82)和公式(2-83)计算各试验的参考序列及关联度系数。

$$\Delta_{0i}(k) = |x_0^Q(k) - x_i^Q(k)| \tag{2-82}$$

$$\xi_i(k) = \frac{\Delta_{\min} + \rho \Delta_{\max}}{\Delta_{0i}(k) + \rho \Delta_{\max}} \tag{2-83}$$

对于本例来说 $\Delta_{\min} = 0$,$\Delta_{\max} = 1$,$\rho = 0.5$,对于试验1来说,其表面粗糙度、功率、材料去除率的关联度计算过程如下:

$$\Delta_{0i}(1) = |x_0^Q(1) - x_i^Q(1)| = |1 - 0.998| = 0.002 \tag{2-84}$$

$$\xi_i(1) = \frac{\Delta_{\min} + \rho \Delta_{\max}}{\Delta_{0i}(1) + \rho \Delta_{\max}} = \frac{0 + 0.5 \times 1}{0.002 + 0.5 \times 1} = 0.995 \tag{2-85}$$

$$\Delta_{0i}(2) = |x_0^Q(2) - x_i^Q(2)| = |1 - 1| = 0 \tag{2-86}$$

$$\xi_i(2) = \frac{\Delta_{\min} + \rho \Delta_{\max}}{\Delta_{0i}(2) + \rho \Delta_{\max}} = \frac{0 + 0.5 \times 1}{0 + 0.5 \times 1} = 1 \tag{2-87}$$

$$\Delta_{0i}(3) = |x_0^Q(3) - x_i^Q(3)| = |1 - 0| = 1 \tag{2-88}$$

$$\xi_i(3) = \frac{\Delta_{\min} + \rho\Delta_{\max}}{\Delta_{0i}(3) + \rho\Delta_{\max}} = \frac{0 + 0.5 \times 1}{1 + 0.5 \times 1} = 0.333 \qquad (2\text{-}89)$$

最终关联度为

$$\xi_i = \frac{0.995 + 1 + 0.333}{3} = 0.776 \qquad (2\text{-}90)$$

各切削参数与优化目标关联度及最终关联度计算结果如表 2-17 所示。

表 2-17 关联度计算结果

序号	平均粗糙度	平均功率	材料去除率	平均关联度系数
1	0.9951	1.0000	0.3333	0.7761
2	0.7214	0.5865	0.3671	0.5584
3	0.4599	0.3333	0.4652	0.4195
4	0.3333	0.6371	1.0000	0.6568
5	0.8803	0.8534	0.3595	0.6977
6	0.9142	0.8144	0.3494	0.6927
7	0.5360	0.5622	0.4462	0.5148
8	0.6769	0.4881	0.4652	0.5434
9	0.7466	0.6259	0.3973	0.5899
10	0.6448	0.4632	0.4915	0.5332
11	1.0000	0.9668	0.3466	0.7711
12	0.8818	0.7526	0.3791	0.6712
13	0.6319	0.6365	0.3973	0.5552
14	0.7293	0.7416	0.3766	0.6158
15	0.7999	0.4627	0.4203	0.5610
16	0.9239	0.6297	0.3595	0.6377

为了更加形象地将关联度系数和切削参数建立关联关系,将表 2-17 中的平均关联度数据建立如图 2-3 所示的折线图。

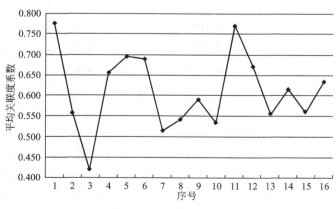

图 2-3 各试验关联度

根据灰度关联法的意义,关联度系数越大,说明该组切削参数形成的目标较好。根据图2-3可知,第3组试验数据,关联度系数最小0.420,表明在切削参数为刀尖圆弧半径0.2mm、切削深度0.2mm、进给量0.08mm/r、切削速度250m/min的条件下,表面粗糙度、切削功率和材料去除率的综合优化性能较差,其中表面粗糙度值为1.456μm,在16组数据排第15位,功率为132.068W,在16组数据中排第16位,材料去除率为4cm³/min,在16组数据中排4位。第1组试验数据,关联度系数最大为0.776,表明在切削参数为刀尖圆弧半径0.2mm、切削深度0.1mm、进给量0.02mm/r、切削速度150m/min的条件下,表面粗糙度、切削功率和材料去除率的综合优化性能较好,其中表面粗糙度值为0.278μm,在16组数据排第2位,功率为28.581W,在16组数据中排第1位,材料去除率为0.3cm³/min,在16组数据中排16位。

为了确定各切削参数对最终关联度的影响,找出最优参数组合。利用了田口法对关联系数在各参数各水平进行了平均化处理。例如,对刀尖圆弧半径 r_ε 而言,水平1的平均关联系数为

$$\overline{r}_\varepsilon = \frac{0.776+0.558+0.420+0.657}{4}=0.603$$

同理,对各参数在各水平的关联系数求平均值,结果如表2-18所示。

表 2-18 关联系数在各因素各水平的均值

标识	切削参数	水平 1	水平 2	水平 3	水平 4	最大值-最小值
A	r_ε	0.603	0.612	**0.641**	0.592	0.049
B	a_p	**0.655**	0.600	0.567	0.627	0.088
C	f	**0.719**	0.622	0.542	0.565	0.177
D	v_c	**0.644**	0.607	0.572	0.625	0.072

根据表2-14可知,刀尖圆弧半径 r_ε 在水平3(0.6mm)处的关联系数最大,为0.641;切削深度 a_p 在水平1(0.1mm)处的关联系数最大,为0.655;进给量 f 在水平1(0.02mm/r)处,关联系数最大,为0.719;切削速度 v_c 在水平1(150m/min)处,关联系数最大,为0.644。即在上述切削条件下,理论上能够取得的关联系数最大,也就是说能够使表面粗糙度、切削功率和材料去除率的综合优化性能最好。

为了能够找到具有最大关联度预测的切削参数,基于表2-18的数据,建立了最大关联度二元回归模型如公式(2-91),其约束条件为公式(2-92)。由此整理出关联度预测值与标准偏差如表2-19所示。

$$\xi = -3.251 - 5.97r_\varepsilon + 16.86a_p - 73.84f + 0.5109v_c + 7.76r_\varepsilon^2$$
$$+ 1.42a_p^2 + 182.4f^2 - 0.000066v_c^2 - 2.764r_\varepsilon a_p + 2.67r_\varepsilon f$$
$$- 0.0005877r_\varepsilon v_c + 215.2a_p f - 0.1354a_p v_c + 0.03114fv_c$$

(2-91)

约束:$0.2\text{mm} \leqslant r_\varepsilon \leqslant 0.8\text{mm}$

$0.1\text{mm} \leqslant a_p \leqslant 0.25\text{mm}$

$0.02\text{mm/r} \leqslant f \leqslant 0.12\text{mm/r}$

$150\text{m/min} \leqslant v_c \leqslant 300\text{m/min}$

(2-92)

表 2-19 关联度预测值与标准偏差

序号	试验值	预测值	标准偏差
1	0.7761	0.7760	1.037%
2	0.5584	0.5617	0.981%
3	0.4195	0.4161	0.981%
4	0.6568	0.6569	1.037%
5	0.6977	0.6939	0.964%
6	0.6927	0.6937	1.032%
7	0.5148	0.5142	1.036%
8	0.5434	0.5468	0.981%
9	0.5899	0.5933	0.981%
10	0.5332	0.5342	1.032%
11	0.7711	0.7701	1.032%
12	0.6712	0.6678	0.981%
13	0.5552	0.5530	1.014%
14	0.6158	0.6188	0.995%
15	0.5610	0.5576	0.980%
16	0.6377	0.6403	1.003%

2.4 最优切削参数预测

对于技术成熟的材料,例如 45 钢等,切削用量及刀具选型从相关手册上基本都能够查到,而非常极端的切削工况,可能需要估计或者用"边切边试"的方法选用合适的切削用量。而对于制备技术不成熟的材料,由于切削性能暂时未知,因此,其切削参数的选择往往需要提前预测。为了能够优化切削过程,在切削参数优化时,经常需要对优化目标进行预测。例如,在选定某些切削参数条件下,预测切削力、切削功率、材料去除率、表面粗糙度等目标参数是否在技术要求规定的范围内,从而预判选择的某些切削参数是否符合要求。而预测这些目标参数的方法主要分为三类：①理论公式计算[31-34]；②有限元仿真[35-41]；③试验数据拟合[42-51]。下面分别介绍这三种方法在切削力和表面粗糙度预测方面的应用。

边卫亮等在测量切削力和切屑厚度的基础上，建立了剪切角、剪切应力和摩擦角的预测模型，并结合金属切削基本理论公式建立了切削力的预测模型。该模型包含铣削速度、每齿进给量、径向切宽、增强颗粒体分比等重要参数，模型对进给方向最大铣削力预测值的平均误差为5.9%，对铣刀径向切深方向最大铣削力预测值的平均误差为9.2%，皆高于普通经验公式的预测精度，从而可对SiC_p/2009Al复合材料高速铣削时的铣削力进行有效预测[31]。闫蓉等针对螺旋立铣刀无偏心或下偏心正交车铣轴类零件，研究了立铣刀圆周刃切除工件的切屑几何形状和切入切出角，沿铣刀轴向划分若干个微元体，对每个微元体建立瞬时切削力计算公式，并求积分得到瞬时正交车铣切削力预测模型，仿真分析正交车铣切削力[32]。Campocasso等使用切削刃离散建模的方法研究切削力的产生，提出了一种基于齐次矩阵的几何模型，在此模型上，进行矩阵的分解变换，达到切削刃离散化的目的。在车削过程中，刀片的切削部分是根据刀片的相对位置和刀片的局部几何形状来建模的，在切削坐标系中使用该模型描述切削刃的几何形状和几何边缘，用以较为容易预测的切削力和转矩[33]。Weng等提出了一种基于精确刀片几何形状，并考虑刀尖圆弧半径的切削力预测的解析模型。首先，在刀具前刀面进行切削刃的离散化。其次，在不等间距的剪切模型的基础上，用以估计切削力系数的主要变形区剪切流应力用来计算切削力。在此基础上，提出了一种考虑剪切流应力和倒角长度的新切削力预测模型，并通过有限元法的仿真验证了该模型的有效性[34]。Pramanik等通过有限元仿真的方法研究了金属基复合材料的变形和切削加工中刀具与增强颗粒的相互作用。刀具和增强颗粒的相互作用区被分为了三个部分，分别是颗粒本身、切削路径上的颗粒，切削路径下的颗粒。并分析了在相互作用过程中，应力和应变的演变过程，同时仿真分析了刀具磨损、颗粒折断、基体非线性变形的物理现象[35]。Zhou等通过有限元仿真的方法，研究了SiC_p/Al复合材料的切削过程，包括刀具磨损、表面缺陷形成，尤其是刀具边界磨损的机理和表象形式[36]。Fathipour等通过ABAQUS软件模拟了Al（20 vol% SiC）复合材料的切削加工过程[37]。韩胜超等人采用瞬时刚性力模型对多齿铣刀侧铣多层碳纤维增强复合材料（CFRP）的加工过程进行铣削力建模与仿真，分析了多齿铣刀特有的几何结构对切削力的影响。保持切削速度恒定，以不同进给速度分别对 45°、0°、-45°和 90°这 4 种典型纤维方向的单向 CFRP 进行侧铣加工，通过测得的切削力数据计算各自的铣削力系数。根据力学矢量叠加原理得到了多向 CFRP 铣削力系数的简化计算表达式，最后通过铣削力模型得到了各时刻的铣削力仿真值[42]。Jeyakumar 等利用 PCD（polycrystalline diamond，聚晶金刚石）刀片铣削 Al6061/SiC 复合材料，通过测力仪测量切削力，通过透射电子显微镜（TEM）观察刀具磨损和零件表面形貌，通过响应面法对试验数据拟合，优化切削参数，得出能够获得最小表面粗糙度的切削参数[47]。

2.4.1 利用理论公式计算的方法预测切削力

由于 SiC 颗粒的高硬度，SiC_p/Al 复合材料切削加工时，往往会引起严重的刀具磨损，造成表面粗糙度下降，并增加能源的消耗[52-54]。区别于传统的连续性材料，SiC_p/Al 复合材料切削力的研究必须要考虑 SiC 颗粒物的影响，而建立 SiC_p/Al 复合材料切削力理论模型是准确预测切削力最有效的手段。

到目前为止，对 SiC_p/Al 复合材料切削力进行理论预测的文献不多。Kishawy 等人首次建立基于能量法的金属基复合材料正交切削力模型，将切削过程消耗的能量分两部分，即剪切变形能和摩擦热能，据此预测切削力[55]。Pramanik 等人首次建立了 SiC/Al_2O_3 颗粒增强 Al 基复合材料的切削力模型，在此模型中将切削力来源分为剪切变形区的剪切力、犁耕区的犁耕力和摩擦力，并给出了相应的理论计算公式[56]。Uday 等人建立了 SiC_p/Al 复合材料的切削力模型，在此模型中重点对摩擦力进行了分析，指出切削过程中不仅存在刀具和 Al 基体之间的滑动摩擦力，还存在刀具、Al 基体、SiC 颗粒间的滚动摩擦力[57]。由于 SiC_p/Al 复合材料切削时，在剪切变形区和刀尖附近存在犁耕区，且 SiC 颗粒从 Al 基体拔除时，SiC 颗粒在刀具和 Al 基体（或者切屑）间存在滚动摩擦力，而且犁耕力和滚动摩擦力对 SiC_p/Al 复合材料切削力的影响较大，因此，以 SiC_p/Al 复合材料切削变形区为对象，充分考虑 SiC 颗粒对剪切力、犁耕力、摩擦力的影响，建立正交切削力模型，进行切削力的理论分析，为切削力的准确预测提供理论支撑。

在本节，针对 SiC_p/Al 复合材料的切削力模型建立在经典的正交切削模型基础上[58]，并充分考虑了 SiC 颗粒与 Al 基体的综合作用。SiC_p/Al 复合材料切削时，材料从零件表面分离变成切屑时，主要进行剪切变形，该变形区称为剪切变形区,或第Ⅰ变形区。是由成一定夹角的始滑移线和终滑移线组成的。但是由于高速切削时,SiC_p/Al 复合材料的剪切变形非常快,此时夹角很小,第Ⅰ变形区一般简化为一剪切面,如图 2-4 所示[59]。AB 所代表的剪切面为第Ⅰ变形区,由于零件材料接触刀具切削刃的部分从 B 点开始发生剪切变形最终成为切屑。切屑形成以后,沿着刀具的前刀面滑行,直到 D 点,切屑从前刀面排出,在滑行的过程中,一方面切屑基体的底部和刀具前刀面发生摩擦而产生摩擦力,同时,由于 SiC 颗粒物的存在,也将增大前刀面和切屑底部的摩擦力。从 B 点到 D 点的摩擦面称为第一摩擦变形区,或者第Ⅱ变形区。而 B 点到 C 点的零件材料被刀具切削刃挤压,最终形成零件的已加工表面,该区域称为犁耕区,或者第Ⅲ变形区[60]。本书提出的切削力模型是建立于上述 3 个变形区的基础上。与传统塑性金属材料相比,在本模型中主要考虑 SiC 颗粒物对三个变形区的影响导致切削力的变化,尤其是 SiC 颗粒对第Ⅱ和第Ⅲ变形区的影响。

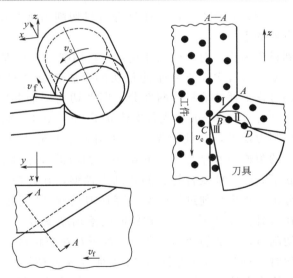

图 2-4 SiC 增强铝复合材料切削的 3 个变形区

(1) 第Ⅰ变形区受力分析

第Ⅰ变形区发生剪切变形,对第Ⅰ变形区中切屑进行受力分析,其主要受到来自于刀具前刀面和材料沿剪切面施加的作用力,为了便于分析,将切屑视为刚体,利用静力平衡法求解各个分力,建立的二维正交切削力模型如图 2-5 所示[56,58,59]。

在图 2-5 中，F_τ 为剪切面 AB 的剪切力，F_c 为作用于剪切面的正压力，F_n 为作用于前刀面的正压力，F_f 为前刀面与切屑铝基体的滑动摩擦力，γ_0 为刀具前角，φ 为剪切角，b 为切削深度，b_c 为切屑厚度。

根据图 2-5 所示的几何关系可得

$$F_\tau = \frac{\tau_s[b - r_z(1+\sin\varphi)]d}{\sin\varphi} \tag{2-93}$$

$$F_c = F_\tau \tan(\varphi + \beta - \gamma_0) \tag{2-94}$$

$$F_n = \frac{F_\tau \cos\beta}{\cos(\varphi + \beta - \gamma_0)} \tag{2-95}$$

$$F_f = \frac{F_\tau \sin\beta}{\cos(\varphi + \beta - \gamma_0)} \tag{2-96}$$

式(2-93) 中，τ_s 为材料的剪应强度，r_z 为切削刃钝圆半径，β 为刀具前刀面和 Al 基金属底部的摩擦角，d 为工件每转一周沿进给方向的切屑宽度，即剪切层宽度，其大小等于进给量 $f \times 1 = f$。

由于材料从零件表面分离变为切屑时，其厚度变大，即由 b 变为 b_c。为了获得切削深度 b 和切屑厚度 b_c 的关系，建立了切屑分离时各几何要素关系如图 2-6 所示。

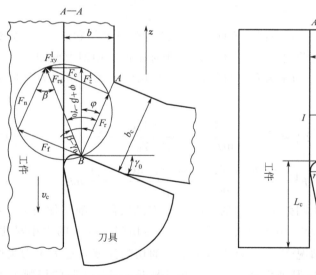

图 2-5 第 I 变形区的受力情况

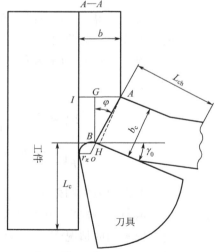

图 2-6 切屑分离时各几何要素关系

由图 2-6 可知：

$$\frac{b_c \sin\varphi}{\cos(\varphi - \gamma_0)} + r_z(1+\sin\varphi) = b \tag{2-97}$$

在切削深度 b、切屑厚度 b_c、刀具前角 γ_0 和切削刃钝圆半径 r_z 已知的情况下，由式(2-97)可获得剪切角 φ 大小。

由于在剪切面上发生了金属的滑移变形，最大剪应力发生在剪切面上。根据材料力学平面应力状态理论，主应力方向与最大剪应力方向的夹角为 $\dfrac{\pi}{4}$。所以，有

$$\varphi = \frac{\pi}{4} - \beta + \gamma_0 \tag{2-98}$$

式中，β 为切屑底部和刀具前刀面滑动摩擦角。刀具前角 γ_0 和剪切角 φ 已知的情况下，摩擦角 β 可由公式(2-98)计算。

综上，由式(2-93)～式(2-98)可求得 F_τ、F_c、F_n、F_f 值。为了便于分析，将切削力沿着坐标轴进行分解，坐标轴方向见图2-4。分解后，来自第一变形区的切削力 F^{I} 的 z 轴分量 F_z^{I} 和垂直于 z 轴分量 F_{xy}^{I} 可由式(2-99)和式(2-100)计算。

$$F_z^{\mathrm{I}} = \frac{\tau_s [b - r_z(1 + \sin\varphi)] d \cos(\beta - \gamma_0)}{\sin\varphi \cos(\varphi + \beta - \gamma_0)} \tag{2-99}$$

$$F_{xy}^{\mathrm{I}} = \frac{\tau_s [b - r_z(1 + \sin\varphi)] d \sin(\beta - \gamma_0)}{\sin\varphi \cos(\varphi + \beta - \gamma_0)} \tag{2-100}$$

为了获得 x、y 坐标轴方向上的切削力分量 F_x^{I} 和 F_y^{I}，需要将 F_{xy}^{I} 进一步分解，为此建立图2-7所示 xy 坐标平面的切削力模型。

图2-7中 k_r 为主偏角，根据图2-7的几何关系，切削力分量 F_x^{I} 和 F_y^{I} 为

$$F_x^{\mathrm{I}} = \frac{\tau_s [b - r_z(1 + \sin\varphi)] d \sin(\beta - \gamma_0)}{\sin\varphi \cos(\varphi + \beta - \gamma_0)} \cos k_r \tag{2-101}$$

$$F_y^{\mathrm{I}} = \frac{\tau_s [b - r_z(1 + \sin\varphi)] d \sin(\beta - \gamma_0)}{\sin\varphi \cos(\varphi + \beta - \gamma_0)} \sin k_r \tag{2-102}$$

考虑到刀尖圆弧半径 r_ε 的影响，车刀的实际切削主偏角 $k_{r\varepsilon}$ 要比理论主偏角 k_r 要小。由于刀尖圆弧半径 r_ε 与切削深度 b 的大小对比不同，会出现不同的情况[61,62]。这里以最常见的切削深度 b 远大于刀尖圆弧半径 r_ε 作为一般情况进行分析。在这种情况下，刀具实际的切削刃 S 及主偏角 $k_{r\varepsilon}$ 如图2-8所示。

根据图2-8所示，主偏角 $k_{r\varepsilon}$ 可按式(2-103)计算：

$$k_{r\varepsilon} = \cot^{-1}\left(\frac{r_\varepsilon \tan(k_r/2) + f/2}{a_p} + \cot k_r\right) \tag{2-103}$$

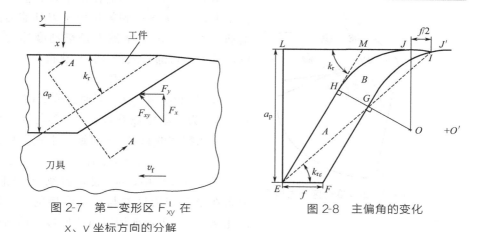

图 2-7 第一变形区 F_{xy}^{I} 在 x、y 坐标方向的分解

图 2-8 主偏角的变化

将式(2-103)代入公式(2-101)、(2-102),由此可知,来自第Ⅰ变形区,切削力 F^{I} 的 x、y 坐标轴分量 F_x^{I}、F_y^{I} 如式(2-104)、(2-105)所示。

$$F_x^{\mathrm{I}} = \frac{\tau_s[b-r_z(1+\sin\varphi)]d\sin(\beta-\gamma_0)}{\sin\varphi\cos(\varphi+\beta-\gamma_0)}\cos k_{r\varepsilon} \quad (2\text{-}104)$$

$$F_y^{\mathrm{I}} = \frac{\tau_s[b-r_z(1+\sin\varphi)]d\sin(\beta-\gamma_0)}{\sin\varphi\cos(\varphi+\beta-\gamma_0)}\sin k_{r\varepsilon} \quad (2\text{-}105)$$

综上,在知道 SiC 增强 Al 基复合材料剪切应力的情况下,根据刀具几何参数和切削用量参数等,能够获得第Ⅰ变形区的切削力 F^{I},而为了便于分析,将 F^{I} 沿坐标轴分解后的 F_x^{I}、F_y^{I}、F_z^{I} 可由式(2-104)、式(2-105)、式(2-99)获得。

(2) 第Ⅱ变形区受力分析

第Ⅱ变形区指前刀面和切屑底部的摩擦区。对于塑性材料而言,在一定的切削条件下,该变形区的摩擦一般认为是滑动摩擦区,因此,二者之间存在滑动摩擦力,如图 2-9 所示 F_f,但是对于 SiC 增强 Al 基复合材料而言,由于在切削过程中刀具的作用,SiC 颗粒会出现破碎等情况,导致其从 Al 基体分离出来,使 SiC 颗粒和刀具前刀面相互作用,产生滚动摩擦力[49,50]。该滚动摩擦力使切屑和刀具受到切削力增大,并且造成切削力的异常波动,因此,需要单独建模分析该部分滚动摩擦力。为此,建立了如图 2-9 所示的正压力 F_n 和滚动摩擦力 F_g。

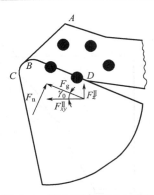

图 2-9 第Ⅱ变形区受力情况

图 2-9 中 F_n 为切屑作用于刀具前刀面的正压力,F_g 为 SiC 颗粒作用于刀具前刀面的滚动摩擦力。由于摩擦力是滚动摩擦力,所以,其大小可通过式(2-106)获得

$$F_g = K_g F_n i \tag{2-106}$$

式(2-106)中,F_n 可通过公式(2-95)计算;K_g 为滚动摩擦系数;i 为参与滚动摩擦的 SiC 颗粒物的数量,i 可通过下式计算:

$$i = T_A \omega_1 \tag{2-107}$$

式(2-107)中,ω_1 表示经剪切变形后,分布在第Ⅱ变形区参与滚动摩擦的 SiC 颗粒的比例;T_A 表示剪切层 AB 所包含的 SiC 颗粒数。由于剪切层 AB 所包含的 SiC 颗粒数 T_A 最终分为 3 部分:①从剪切层拔出分布在第Ⅱ变形区,比例为 ω_1;②经刀具挤压后,经犁耕区分布在第Ⅲ变形区,比例为 ω_2;③经刀具挤压拔出后,散落在非变形区,比例为 ω_3。因此有:

$$\omega_1 + \omega_2 + \omega_3 = 1 \tag{2-108}$$

式(2-107)中的 T_A 可由式(2-109)获得。

$$T_A = \frac{\rho A v_c}{\pi R^2} \tag{2-109}$$

式(2-109)中,ρ 为铝基复合材料中 SiC 中颗粒物百分数,R 为 SiC 颗粒物的半径,v_c 为切削速度,A 为切削层面积,可由公式(2-110)计算。

$$A = A_A + A_B \tag{2-110}$$

式(2-110)中,区域 A($EFGH$)和区域 B(GHI)如图 2-10 所示,其面积可通过式(2-111)和式(2-112)表示。

$$A_A = f[a_p - r_\varepsilon(1 - \cos k_r)] - \frac{1}{4} f^2 \sin(2k_r) \tag{2-111}$$

$$A_B = \int_{\theta_1}^{\theta_2} r_\varepsilon - f \cos\theta - (r_\varepsilon^2 - f^2 \sin^2\theta)^{1/2} d\theta \tag{2-112}$$

式(2-112)中,r_ε 为刀尖圆弧半径,θ、θ_1、θ_2 如图 2-10 所示。根据图 2-10 的几何关系,θ_1、θ_2 可由式(2-113)和式(2-114)求出。

$$\theta_1 = \cos^{-1}\left(\frac{f}{2r_\varepsilon}\right) \tag{2-113}$$

$$\theta_2 = \pi - \left(\frac{\pi}{2} - k_r\right) = \frac{\pi}{2} + k_r \tag{2-114}$$

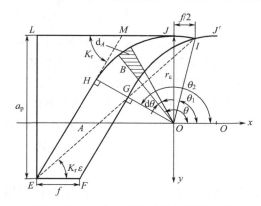

图 2-10 区域 A 和区域 B 的面积计算

因此，根据式(2-112)～式(2-114)可计算出区域 B 的面积 A_B，根据式(2-109)～式(2-112)可计算出剪切层 AB 所包含的 SiC 颗粒数 T_A。根据式(2-107)和式(2-108)可获得参与前刀面滚动摩擦的 SiC 颗粒的数量 i，该参数确定后，根据式(2-106)，还需要确定滚动摩擦系数 K_g，根据现有文献资料[63]，其计算过程如下：

$$K_g = \left(\frac{2L}{8\pi} + \frac{\sigma_b + \sigma_s/2}{6H_B}\right)\frac{L}{2} \tag{2-115}$$

式(2-115)中 H_B 为刀具硬度，σ_b 为工件抗拉强度，σ_s 为工件屈服强度，L 为 SiC 颗粒压入刀具前刀面部分的界面直径长度，如图 2-11 所示。

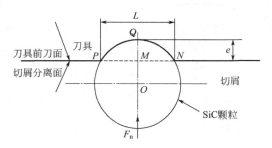

图 2-11 SiC 颗粒与前刀面滚动摩擦

图 2-11 中的 SiC 颗粒压入前刀面部分的截面直径 L，其值可通过式(2-116)获得。

$$L = \frac{1}{2}\left[\frac{3}{4}R\left(\frac{1-\nu_1^2}{E_1}+\frac{1-\nu_2^2}{E_2}\right)F_n\right]^{\frac{1}{3}} \quad (2\text{-}116)$$

式(2-116)中，E_1 为工件弹性模量，ν_1 为工件泊松比，E_2 为刀具弹性模量，ν_2 为刀具泊松比，R 和 F_n 如前所述。因此，综合式(2-115) 和式(2-116)，可求出第Ⅱ变形区滚动摩擦系数 K_g。综合式(2-115)、式(2-116)、式(2-107)、式(2-106) 可求出来自于第Ⅱ变形区 SiC 颗粒对前刀面的滚动摩擦力 F_g。同样，将 F_g 根据坐标轴进行分解，可得：

$$F_z^{\text{II}} = F_n K_g i \sin\gamma_0 \quad (2\text{-}117)$$

$$F_{xy}^{\text{II}} = F_n K_g i \cos\gamma_0 \quad (2\text{-}118)$$

对式(2-118) 中 F_{xy}^{II} 在 xOy 坐标平面按照图 2-7 所示进一步分解，可知：

$$F_x^{\text{II}} = F_{xy}^{\text{II}} \cos k_{r\varepsilon} \quad (2\text{-}119)$$

$$F_y^{\text{II}} = F_{xy}^{\text{II}} \sin k_{r\varepsilon} \quad (2\text{-}120)$$

式(2-119)、式(2-120) 中 $k_{r\varepsilon}$ 如式(2-103) 所示。

(3) 第Ⅲ变形区受力分析

第Ⅲ变形区，即犁耕区。由于刀尖钝圆半径的影响，在犁耕区表面的金属材料经历了由塑性流动到剪切变形的过程。在金属材料逐渐发生剪切的过程中，会产生犁耕力[52,53]。犁耕力分布在整个刀尖钝圆圆弧上，为了简化分析犁耕力，我们将第Ⅲ变形区的受力简化为一个犁耕面的受力，其受力情况如图 2-12 所示。

如图 2-12 所示，在面 BC 所受犁耕力 F_u 可由公式(2-121) 计算：

$$F_u = \tau_s r_z \left(\frac{\pi}{2}+\varphi\right)d \quad (2\text{-}121)$$

F_u 即为分布在犁耕区 BC 上的犁耕力，为了便于分析，将该力简化为 D 点受力，可分别分解为正压力 F_p 和切向力 F_t，其大小如式(2-122)、式(2-123) 所示。

$$F_p = \tau_s \cos(\varphi-\gamma_0)r_z\left(\frac{\pi}{2}+\varphi\right)d \quad (2\text{-}122)$$

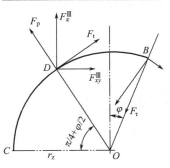

图 2-12 犁耕力分析及分解

$$F_t = \tau_s \sin(\varphi-\gamma_0)r_z\left(\frac{\pi}{2}+\varphi\right)d \quad (2\text{-}123)$$

式(2-122)、式(2-123) 中各变量如前所示。将犁耕力 F_u 按照坐标轴分解，可得 z 轴分量 F_z^{III} 和垂直于 z 轴分量 F_{xy}^{III} 如公式(2-124)、

式(2-125)所示。

$$F_{xy}^{\text{III}} = F_p \cos\left(\frac{\pi}{4} + \frac{\varphi}{2}\right) - F_t \sin\left(\frac{\pi}{4} + \frac{\varphi}{2}\right) \quad (2\text{-}124)$$

$$F_z^{\text{III}} = F_p \sin\left(\frac{\pi}{4} + \frac{\varphi}{2}\right) + F_t \cos\left(\frac{\pi}{4} + \frac{\varphi}{2}\right) \quad (2\text{-}125)$$

对式(2-124)中 F_{xy}^{III} 在 xOy 坐标平面按照图 2-7 所示进一步分解，可知

$$F_x^{\text{III}} = F_{xy}^{\text{III}} \cos k_{r\epsilon} \quad (2\text{-}126)$$

$$F_y^{\text{III}} = F_{xy}^{\text{III}} \sin k_{r\epsilon} \quad (2\text{-}127)$$

式(2-126)、式(2-127)中 $k_{r\epsilon}$ 如式(2-103)所示。

因此，最终车削颗粒增强 Al/SiC 复合材料 x、y、z 轴的三个切削力分量，可由式(2-128)、式(2-129)、式(2-130)获得。

$$F_x = F_x^{\text{I}} + F_x^{\text{II}} + F_x^{\text{III}} \quad (2\text{-}128)$$

$$F_y = F_y^{\text{I}} + F_y^{\text{II}} + F_y^{\text{III}} \quad (2\text{-}129)$$

$$F_z = F_z^{\text{I}} + F_z^{\text{II}} + F_z^{\text{III}} \quad (2\text{-}130)$$

为了验证该预测模型的准确性，进行了切削试验。在干切条件下，使用 73°外圆车刀，刀具材料及相关信息见表 2-20，工件材料信息如表 2-21 所示。切削参数见表 2-22。

表 2-20　PCD 刀片及刀杆相关信息

材料	硬度 H/HV	泊松比 ν_2	弹性模量 E_2/GPa	钝圆半径 r_z/mm	刀尖圆弧半径 r_ϵ/mm	前角 $\gamma_0/(°)$	主偏角 $k_r/(°)$
PCD	8000	0.077	1052	0.02	0.6, 0.8	5	75

表 2-21　工件材料

零件直径 D/mm	体积百分数 $\rho/\%$	颗粒直径 $d_p/\mu\text{m}$	屈服强度 σ_b/MPa	剪切应力 σ_s/MPa	泊松比 ν_1	弹性模量 E_1/GPa
Φ40	45	5	400	342.6	0.33	220

表 2-22　切削参数

序号	刀尖圆弧半径 r_ϵ/mm	进给量 $f/\text{mm}\cdot\text{r}^{-1}$	切削速度 $v_c/\text{mm}\cdot\text{s}^{-1}$	切削深度 a_p/mm
1	0.6	0.05	120	1
2	0.6	0.2	120	1
3	0.6	0.05	120	0.5
4	0.6	0.2	120	0.5
5	0.6	0.05	40	1
6	0.6	0.2	40	1
7	0.6	0.05	40	0.5

续表

序号	刀尖圆弧半径 r_ε/mm	进给量 f/mm·r^{-1}	切削速度 v_c/mm·s^{-1}	切削深度 a_p/mm
8	0.6	0.2	40	0.5
9	0.8	0.05	120	1
10	0.8	0.2	120	1
11	0.8	0.05	120	0.5
12	0.8	0.2	120	0.5
13	0.8	0.2	40	1
14	0.8	0.05	40	1
15	0.8	0.05	40	0.5
16	0.8	0.2	40	0.5

在干切条件下，获得切削力如表 2-23 所示，预测值及对比结果如表 2-24 所示。

表 2-23　切削力试验数据

序号	F_z/N	F_x/N	F_y/N	$F_{\tau s}$/N
1	58.65	18.91	30.74	68.87
2	183.15	50.96	63.46	200.42
3	31.31	16.03	14.00	37.86
4	90.07	29.22	22.10	97.24
5	58.06	21.26	30.38	68.89
6	175.84	45.40	55.99	190.04
7	32.07	16.41	14.32	38.77
8	97.77	31.53	23.23	105.32
9	64.59	25.05	32.87	76.68
10	192.92	60.88	70.42	214.21
11	34.13	20.60	14.75	42.51
12	108.09	41.41	29.04	119.33
13	196.43	58.58	68.24	216.04
14	65.99	26.15	35.68	79.45
15	36.04	22.34	15.97	45.31
16	108.43	42.13	28.45	119.75

表 2-24　预测切削力及偏差

序号	预测切削力/N				切削力偏差			
	F_z	F_x	F_y	$F_{\tau s}$	F_z	F_x	F_y	$F_{\tau s}$
1	59.99	20.28	26.92	68.81	2.28%	7.24%	−12.44%	−0.08%
2	184.27	49.78	60.09	200.11	0.61%	−2.33%	−5.31%	−0.15%
3	31.53	14.70	11.92	36.77	0.70%	−8.29%	−14.86%	−2.87%
4	93.68	27.92	20.18	99.82	4.01%	−4.47%	−8.66%	2.65%
5	60.37	19.84	26.34	68.79	3.98%	−6.69%	−13.30%	−0.15%
6	176.80	43.60	52.63	189.56	0.55%	−3.97%	−5.99%	−0.25%
7	32.47	15.09	12.24	37.84	1.22%	−8.01%	−14.56%	−2.41%

续表

序号	预测切削力/N				切削力偏差			
	F_z	F_x	F_y	$F_{\tau s}$	F_z	F_x	F_y	$F_{\tau s}$
8	98.95	29.85	21.58	105.58	1.21%	−5.33%	−7.12%	0.25%
9	64.77	26.55	29.28	75.88	0.28%	5.99%	−10.93%	−1.05%
10	193.99	64.05	65.23	214.46	0.55%	5.20%	−7.37%	0.12%
11	34.23	18.91	12.33	41.00	0.30%	−8.22%	−16.38%	−3.53%
12	110.45	44.74	26.58	122.10	2.19%	8.05%	−8.46%	2.31%
13	197.37	61.48	62.62	216.00	0.48%	4.94%	−8.24%	−0.02%
14	69.72	28.39	31.31	81.53	5.65%	8.56%	−12.25%	2.62%
15	37.75	20.90	13.63	45.25	4.73%	−6.43%	−14.62%	−0.13%
16	110.76	44.47	26.42	122.25	2.15%	5.56%	−7.15%	2.08%
平均偏差					1.93%	6.20%	10.48%	1.29%

2.4.2 利用有限元仿真的方式预测切削力

有限元法是一种有效的数值计算方法，其基本思想是将连续的求解域离散化，离散为有限个通过节点相连接的单元，节点和单元组成新的求解域，这样在有限元分析过程中，对各个单元进行分析，然后把各单元的分析结果整合到整个求解域的分析结果中，最终获取整体的分析结果。单元本身可以有不同的形状，对其进行网格划分也比较灵活，因此，有限元法能够很好地解决比较复杂的机械和工程结构问题。理论上有限元的解随单元数和节点数的增多将收敛于精确，但同时计算量和计算时间也相应地增加，因此，在解决问题时要根据具体问题对精度的要求，选取适合数量的单元和节点进行分析。这个方法的优势在于，只要合理地选择单元形状和节点的数目就可以使得有限元结果更趋于精确解，进而得到与实际问题无限接近的解。

有限元分析过程主要包括以下五个步骤[64]。

① 结构简化与离散。

将所研究对象分割成有限个单元的集合，单元之间通过节点相连接且单元之间的作用由节点进行传递即为结构简化与离散。常用的单元类型有三角形单元类型、四边形单元类型、四面体单元类型以及六面体单元类型等。

② 位移函数的选择。

连续体被分割成若干单元后，每个单元上物理量的变化趋势可用较简单的函数来近似表示，这种函数即为位移函数，位移函数通常取为多项式，单元的自由度数决定多项式的项数。单元中某个节点的位移关系式也是根据所选择的位移函数来定出的。

③ 建立单元平衡方程。

单元节点力与位移之间的关系可利用最小势能原理或虚位移原理在确定了单元形状和相应的位移函数后来建立，此即为单元的平衡方程，可表示为式(2-131)。

$$K^e Q^e = F^e \quad (2\text{-}131)$$

式中　e——单元编号；

　　　K^e——单元刚度矩阵；

　　　Q^e——单元的节点位移向量；

　　　F^e——单元的节点力向量。

④ 建立整体平衡方程。

建立单元平衡方程后，由于有限元的求解过程为先分后合，所以，需要整合单元的分析，即整合单元平衡方程，故需要建立整体平衡方程，可表示为公式(2-132)。整合遵循的原则为单元之间共同的节点处位移相同。

$$KQ = F \quad (2\text{-}132)$$

式中　K——整体结构的刚度矩阵；

　　　Q——整体节点位移向量；

　　　F——整体载荷向量。

⑤ 方程求解。

引入边界条件，用适当的数值计算方法，整体平衡方程求解，可以求得所需要的物理量，如应变、应力等。

材料变形过程中的动态响应可用描述材料力学性能的材料本构模型来表征。金属高速切削是一个复杂的动力效应过程，伴随高应变率、高应变及产生较大的温升，材料在一定的应变、应变率和温度范围内的变形可用模型准确地仿真出来，因此，直接决定模拟结果是否准确的关键是选择能够很好反映金属材料动态响应的本构关系。目前，一般常用的本构关系如下。

① Johnson-Cook 本构关系模型[40]。

由于 Johnson-Cook 模型对大部分金属材料的变形描述都十分吻合，所以应变率效应和温度效应可用此模型来反映，且又具有形式简单和可用于各种晶体结构的优势，故获得广泛的应用。

② 各向同性硬化本构关系模型[41]。

该模型能够很好地反映金属材料热弹塑性行为，且仿真软件中所需要的材料参数，可以直接从材料的应力应变曲线上获得，即能很好地反映材料的性能，所需材料参数也较容易获得，故应用也较为广泛。

③ Bodner-Partom 本构关系模型[42]。

总应变在该模型被分成弹性和塑性两部分，Hook 用来定义弹性部分，基于位错力学建立塑性部分，进而建立了塑性应变率和应力偏量张量之间的关系，该模型需要确定的参数较多，包括 D_0、n、Z_0、Z_1、Z_i、A、q、m 等，故应用起来比较困难。

④ Zerilli-Armstrong 本构关系模型[43]。

该模型主要描述了立方体金属材料（BCC）和面心立方体金属材料（FCC）的位错型本构关系，大量的试验表明温度和应变率对 FCC 和 BCC 的影响是不同的，FCC 比 BCC 呈现出更低的温度敏感性及应变率敏感性，因此 Zerilli 和 Armstrong 两位学者依据试验分析研究了不同晶格结构的热激活位错运动，故得到此本构关系模型。

⑤ Follansbee-Kocks 本构关系模型[44]。

早在 20 世纪 80 年代，Follansbee 和 Kocks 就已提出，初始加工硬化率和应变线性相关，机械临界应力可用来表示模型的内部变量。试验表明在应变率为 $10^{-4} \sim 10^4 /s$ 的范围内，材料的物理行为能被该模型很好地反映出来，超过这个应变率范围模拟的效果不是很好，同时模型中的材料参数较多，用起来不是很方便。

复合材料切削加工的仿真研究中，材料本构关系选择是否合理对建模的成败起关键性作用。为了更准确地反映复合材料切削加工的实际工况，选择的模型应能够真实地反映材料的特性，这样模拟结果才更可信。由此可知研究复合材料高速切削过程有限元模拟的基础和关键环节在于合理地选择材料本构关系。

刀具和工件材料相互作用的过程是复合材料的切削加工过程，被切削部分随着切削的进行会逐渐形成切屑与工件分离，因此在有限元仿真中必须设置合理的切屑分离准则，来真实地反映这种切削工况。

在金属切削加工的仿真中，一般把切屑分离准则分为几何分离准则和物理分离准则两大类[45]。通过比较刀尖与邻近刀尖单元节点的距离与临界值，从而判断切屑是否分离的准则是几何分离准则。其过程可表示为图 2-13。如图所示，在工件的切削部分和未切削部分之间设置分离线，分离线上切屑在未变形前与工件的节点是重合的，此时刀尖 A 点到单元节点 B 的距离表示为 c，当距离 c 小于某一临界值时，则切屑上的节点和工件上的节点被认为是分开的，切屑的分离进而可以实现。这种方法虽然简单，但是切削过程中的物理和力学性能不能被更好地反映出来。物理分离准则是通过判断离刀尖最近的单元节点的物理量是否达到临界值来定义的，其物理量包括如应力、应变、应变能等，与几何分离准则相比较，材料的切削特性通过物理分离准则能更好地反映出来。本节为确保仿真的顺利进行，在复合材料切削仿真的两种建模中都采用的是物理分离准则。

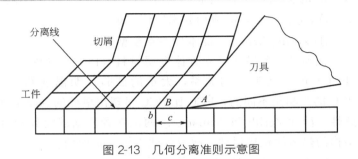

图 2-13　几何分离准则示意图

继续以 SiC_p/Al 复合材料的切削为例，说明有限元仿真输出切削力的过程。

1) 建立切削仿真模型

SiC 颗粒和 Al 基体的物理机械性能差异较大，因此，本模型将分开定义 Al 基体和 SiC 颗粒的特性，研究对象为 SiC 颗粒含量为 40% 的 SiC_p/Al 复合材料。研究前提是假设整个工件材料的组成为 SiC 颗粒和 Al 基体材料，把整个工件的大小设置成 2mm×1mm 的矩形，SiC 设置为圆形颗粒且体积分数占整个工件的 40%，图 2-14 为其微观结构的模型图。Al 基体视为热弹塑性模型，流动应力受应变、应变率和温度影响，SiC 颗粒视为线弹性模型，两种材料本身都是各向同性的。刀具设置为刚体。本模型中 SiC 颗粒和铝基体均采用 CPE4RT 单元，对基体和颗粒划分网格时采用二次计算精度和沙漏控制，刀具网格划分设置与整体建模时一致。表 2-25 为在仿真分析中需要的材料参数。

表 2-25　仿真中所用的材料参数

材料参数	PCD 刀具	Al 基体	SiC 颗粒
弹性模量/GPa	1.147	70.6	420
泊松比	0.07	0.34	0.14
线胀系数/K^{-1}	$4.0×10^{-6}$	$23.6×10^{-6}$	$4.9×10^{-6}$
密度/(kg·m^{-3})	4250	2700	3130
导热率/(W·m^{-1}·K^{-1})	2100	180	81
比热容/(J·kg^{-1}·K^{-1})	525	880	427

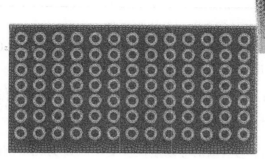

图 2-14 微观模型

2）设计材料本构方程

在切削过程中，由于 Al 基体是热弹塑性材料，温度、应变和应变率都会影响流动应力，为了使材料行为更加真实地得以反映，对 Al 基体选用能够较好表达金属材料黏塑性本构关系特性的 Johnson-Cook 本构关系模型[40]。Johnson-Cook（简称 JC）本构关系模型的数学表达见式（2-133）：

$$\sigma = (A + B\varepsilon_1^n)\left(1 + C\ln\frac{\dot{\varepsilon}_1}{\dot{\varepsilon}_0}\right)\left[1 - \left(\frac{Q - Q_0}{Q_{melt} - Q_0}\right)^m\right] \qquad (2-133)$$

式中　A——材料的屈服应力；

　　　B——应变强化参数；

　　　C——材料应变速率敏感系数；

　　　n——材料应变强化项指数；

　　　m——材料热软化系数；

　　　σ——材料的屈服极限；

　　　Q_{melt}——材料的熔点；

　　　Q_0——材料的转变温度；

　　　Q——材料的变形温度；

　　　ε_1——材料的等效塑性应变；

　　　$\dot{\varepsilon}_1$——材料的应变率；

　　　$\dot{\varepsilon}_0$——材料的参考应变率。

表 2-26 为 Al 基体本构方程中所用的参数[46]。此外，SiC 颗粒视为线弹性模型，遵循广义胡克定律。

表 2-26 Al 基体 Johnson-Cook 参数

材料	A/MPa	B/MPa	C	n	m
Al 基体	265	426	0.001	0.183	0.859

3）设置切屑分离准则及边界条件

本模型中 Al 基体选择 Johnson 和 Cook 建立的 J-C 破坏准则，它是以等效塑性应变来衡量的：

$$\varepsilon_f^p = \left[D_1 + D_2 \exp\left(D_3 \frac{P}{S} \right) \right] \left(1 + D_4 \ln \frac{\dot{\varepsilon}_1}{\dot{\varepsilon}_0} \right) \left[1 - D_5 \left(\frac{Q - Q_0}{Q_{\text{melt}} - Q_0} \right)^m \right] \tag{2-134}$$

其中，ε_f^p 为失效的等效塑性应变，P/S 为无量纲的偏应力比值（P 为压应力，S 为 Mises 应力），D_1、D_2、D_3、D_4、D_5 为材料的失效参数。

衡量破坏准则标准的参数定义公式如（2-135）所示，当 V 值累加到 1 时，说明材料失效。

$$V = \sum \left(\frac{\Delta \varepsilon_1}{\varepsilon_f^p} \right) \tag{2-135}$$

此外，对于 SiC 颗粒，建立脆性断裂模型，当最大应力满足失效准则时，将开始发生失效。通常来说，常用的两种应力失效准则为最大常用应力准则和 von Mises 应力准则。在本仿真中，对 SiC 颗粒采用最大常用应力准则，即当 $\sigma \geqslant \sigma_u$ 时，开始失效，其中 σ 指从仿真中获得最大主应力，σ_u 为 SiC 的抗拉强度。

微观模型的接触设置主要包括两方面的内容，即刀具与加工材料的接触设置及颗粒与基体的接触和绑定设置，当对刀具与工件材料定义接触时，主接触面由刀具的外表面来定义，从接触面用工件材料切削层部分来定义，基体和颗粒之间采用绑定约束，以确保铝基体和碳化硅颗粒在界面处的初始位移相等，使得颗粒和基体接触界面具有足够大的连接强度。边界条件设置与整体建模时类似，为了约束六个方向的自由度，即对工件左侧、底部和右侧半部分都设置绑定约束，保证工件不会发生旋转和移动，刀具向左移动切削工件，设置边界条件的仿真模型如图 2-15 所示。

4）仿真输出切削力

本模型分别定义了 SiC 颗粒和 Al 基体的性质，故与整体建模所产生的切削力有不同之处，分别研究切削力受切削深度和切削速度的影响规律。

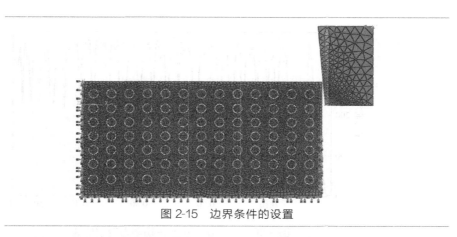

图 2-15　边界条件的设置

图 2-16～图 2-19 为刀具前角 $\gamma_0 = -5°$、刀具后角 $\alpha_0 = 0°$、$v_c = 96\text{m/min}$ 时，不同切削深度下主切削力随时间的变化。

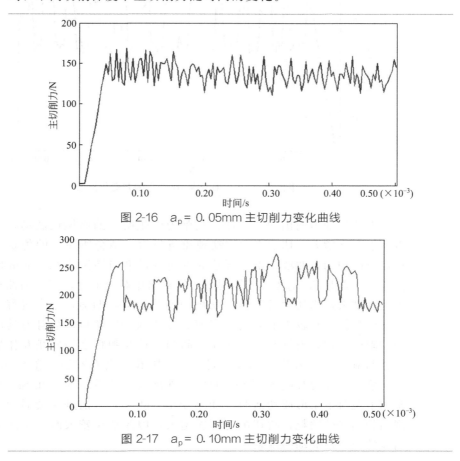

图 2-16　$a_p = 0.05\text{mm}$ 主切削力变化曲线

图 2-17　$a_p = 0.10\text{mm}$ 主切削力变化曲线

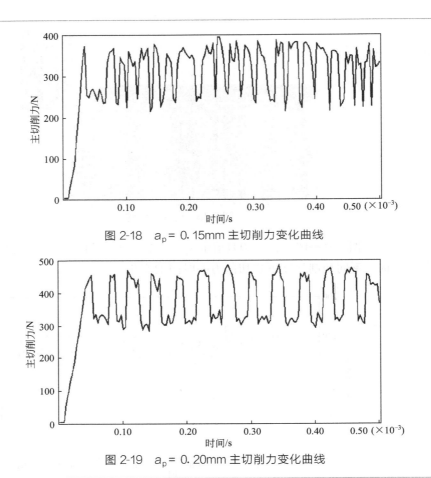

图 2-18 a_p = 0.15mm 主切削力变化曲线

图 2-19 a_p = 0.20mm 主切削力变化曲线

上述切削力输出曲线表明,切削力产生明显的周期性波动,且伴随着切削深度增大,切削力的波动现象更显著。结合所建立的仿真模型分析输出的切削力曲线,由于所建立的仿真模型当切深为 0.05mm 时,切到的基本都是 Al 基体,故切削力曲线输出相对较平稳,切削力曲线波动不是特别大,当切深较大时,切削力的波动会较明显,整个过程中,由于 SiC 颗粒具有较大的硬度,当刀具接触到 SiC 颗粒,会对刀具产生较强的阻碍作用,刀具与 SiC 颗粒之间和颗粒与颗粒之间的相互作用会越来越明显,作用力越来越大,同时 SiC 颗粒上会存在更大的应力集中,故切削力会在刀具刚遇到 SiC 时明显地增大,随后切削力在 SiC 从工件基体上脱落下来形成切屑时会随之变小,随着刀具前进又会遇到未被切削的新的 SiC 颗粒,故切削力再次增大,因此切深较大时,切削力出现明显的周期性波动的现象。

图 2-20 为刀具前角和切削速度固定的情况下，切削力受切削深度影响的变化曲线。分析图可得出，伴随着切削深度的不断增大，切削力也随之增加。这是因为当切削深度增大时，刀具与工件的接触范围也会更广，需要克服的切削抗力会逐渐增大，且切屑对前刀面的摩擦作用也不断增加，同时，由于切削深度会越来越大，刀具与颗粒之间的相互作用力也越来越明显，颗粒与颗粒之间的作用力也越来越显著，基体与颗粒之间也存在一定的连接强度，需要更大的切削力才能形成切屑，故切削力在切削深度越来越大的情况下会明显变大。

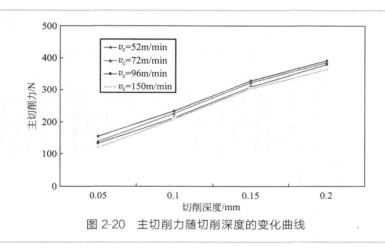

图 2-20　主切削力随切削深度的变化曲线

图 2-21～图 2-24 为刀具前角 $\gamma_0 = -5°$，刀具后角 $\alpha_0 = 0°$、$a_p = 0.15\text{mm}$ 时，不同切削速度下切削力随时间的变化。

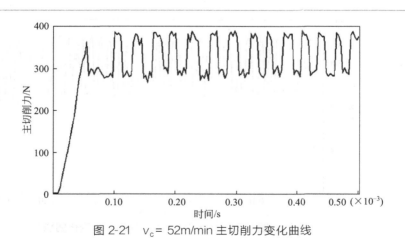

图 2-21　$v_c =$ 52m/min 主切削力变化曲线

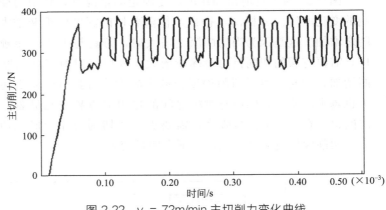

图 2-22 v_c = 72m/min 主切削力变化曲线

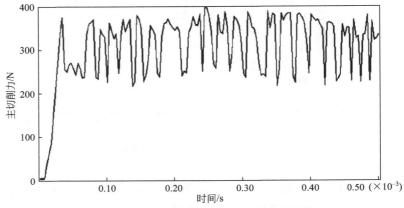

图 2-23 v_c = 96m/min 主切削力变化曲线

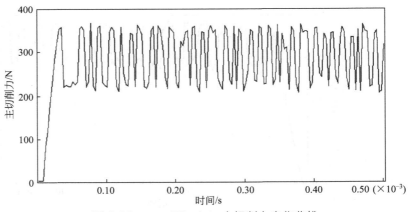

图 2-24 v_c = 150m/min 主切削力变化曲线

从以上切削力输出曲线可以看到：切削力在切削速度不断增加的情况下，波动随之也越明显，波动周期也会越短，因为 SiC 颗粒硬度比较大，刀具与颗粒相互作用时，颗粒受到的冲击作用比较大，故速度越高切削力波动越明显，同时当切削速度比较大时，会导致切屑的形成速度变快，故切削力的波动周期会变短；切削力进入稳态切削后，从不同速度的切削力曲线图可以发现，刚进入稳态后，在一定时间内切削力波动比较平稳且值也不是很大，产生这种现象的原因，和所建立的仿真模型有关系，因为在这一段微小的时间内，刀具主要切削的是基体，还未与颗粒产生相互作用。

图 2-25 为固定刀具角度和切削深度不变的情况下，高速切削复合材料的过程中，切削力随切削速度的变化曲线。分析图发现，当切削速度增大时，切削力会呈现略微下降的趋势，这种情况是由于高速切削 SiC_p/Al 复合材料形成的切屑长度比较短，切屑很快从工件分离，从而切屑与刀具之间的摩擦作用相对不明显，故速度越高，切削力会发生不是十分明显的变小现象。

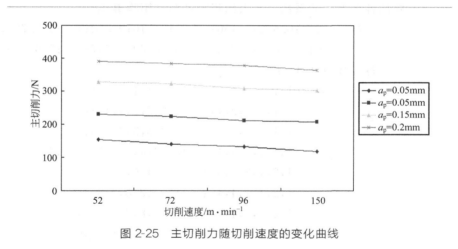

图 2-25　主切削力随切削速度的变化曲线

2.4.3　利用试验数据拟合经验公式的方式预测切削力、表面粗糙度

利用大量的试验，能够获得切削参数和优化目标之间的试验数据，通过这些试验数据，能够建立起相应优化目标的经验公式。通过经验公式能够预测目标在未知切削条件下的数据。根据试验数据量不同，经验

公式的复杂程度不同，其预测精度也不相同。常见的经验公式包括指数经验公式及多元高次方程经验公式。而根据预测对象不同，其经验公式构成的切削参数也就不同。

（1）表面粗糙度的预测

根据 2.2.2 节的描述，对 SiC_p/Al 复合材料切削而言，影响表面粗糙度的各因素影响程度为 $f > r_\varepsilon > a_p > v_c$。因此，在建立表面粗糙度的经验公式时，应考虑上述 4 个因素。同样的道理，在建立切削力、切削温度等优化目标的经验公式时，也需考虑影响其大小的各因素。因此，根据 2.2.2 节的分析结果，考虑建立表面粗糙度的经验公式如下：

$$Ra = x_0 + x_1 r_\varepsilon + x_2 a_p + x_3 f + x_4 v_c + x_5 r_\varepsilon^2 \\ + x_6 a_p^2 + x_7 f^2 + x_8 v_c^2 + x_9 r_\varepsilon a_p + x_{10} r_\varepsilon f \\ + x_{11} r_\varepsilon v_c + x_{12} a_p f + x_{13} a_p v_c + x_{14} f v_c \tag{2-136}$$

根据 2.3.3 节表中的表面粗糙度数据，利用 Matlab 软件求解上述公式的各个参数的系数。其表面粗糙度结果矩阵 B 为

$$B = [0.278; 0.662; 1.456; 2.288; 0.410; 0.368; 1.145; 0.754; \\ 0.615; 0.828; 0.273; 0.408; 0.860; 0.647; 0.525; 0.356]$$

各参数矩阵 A 为

$$A = [1,1,1,1,1,1,1,1,1,1,1,1,1,1,1,1; \\ 1,1,2,2,2,1,4,4,4,2,2,2,4,4,4; \\ 1,1,3,3,3,1,9,9,9,3,3,3,9,9,9; \\ 1,1,4,4,4,1,16,16,16,4,4,4,16,16,16; \\ 1,2,1,2,3,4,1,4,9,2,4,6,2,3,6; \\ 1,2,2,1,4,4,4,1,16,4,2,8,2,8,4; \\ 1,2,3,4,1,4,9,16,1,6,8,2,12,3,4; \\ 1,2,4,3,2,4,16,9,4,8,6,4,12,8,6; \\ 1,3,1,3,4,9,1,9,16,3,9,12,3,4,12; \\ 1,3,2,4,3,9,4,16,9,6,12,9,8,6,12; \\ 1,3,3,1,2,9,9,1,4,9,3,6,3,6,2; \\ 1,3,4,2,1,9,16,4,1,12,6,3,8,4,2; \\ 1,4,1,4,2,16,1,16,4,4,16,8,4,2,8; \\ 1,4,2,3,1,16,4,9,1,8,12,4,6,2,3; \\ 1,4,3,2,4,16,9,4,16,12,8,16,6,12,8; \\ 1,4,4,1,3,16,16,1,9,16,4,12,4,12,3]$$

可求得表面粗糙度的经验公式为：

$$Ra = 0.3073 - 0.4454r_\varepsilon + 0.2728a_p + 0.0848v_c + 0.1795r_\varepsilon^2$$
$$- 0.0077a_p^2 + 0.0791f^2 + 0.024v_c^2 - 0.076r_\varepsilon a_p - 0.1226r_\varepsilon f$$
$$- 0.0432r_\varepsilon v_c + 0.0364a_p f - 0.0434a_p v_c + 0.0236fv_c$$

(2-137)

表面粗糙度的试验值与预测值对比见表 2-27。

表 2-27 试验值与预测值对比

序号	试验表面粗糙度	预测表面粗糙度	偏差
1	0.278	0.2692	-3.17%
2	0.662	0.721	8.91%
3	1.456	1.3968	-4.07%
4	2.288	2.2966	0.38%
5	0.41	0.369	-10.00%
6	0.368	0.3768	2.39%
7	1.145	1.1358	-0.80%
8	0.754	0.7948	5.41%
9	0.615	0.6558	6.63%
10	0.828	0.8354	0.89%
11	0.273	0.2654	-2.78%
12	0.408	0.3674	-9.95%
13	0.86	0.8304	-3.44%
14	0.647	0.6836	5.66%
15	0.525	0.4888	-6.90%
16	0.356	0.386	8.43%
平均偏差			4.99%

经过遍历 4^4 次不同参数组合后发现：当参数组合为 A2B4C1D1 时，其表面粗糙度为 $0.3321\mu m$，该值比田口方法预测的最佳表面粗糙度值要小，且其参数组合与田口方法获得的最佳切削参数组合不一致。为了验证两种预测方法的正确性和准确性，再次进行了切削试验，获得最优表面粗糙度和切削参数如表 2-28 所示。

表 2-28 最优表面粗糙度和切削参数

编号	预测方法	标识	水平	切削参数		最优表面粗糙度/μm		偏离
				参数	值	预测值	试验值	
1	田口法	A	3	r_ε	0.6mm	0.173	0.192	-9.90%
		B	1	a_p	0.1mm			
		C	1	f	0.02mm/r			
		D	1	v_c	150m/min			
2	多元回归方程	A	3	r_ε	0.6mm	0.105	0.113	-7.08%
		B	4	a_p	0.25mm			
		C	1	f	0.02mm/r			
		D	4	v_c	300m/min			

(2) 切削力的预测

同理，使用同样的方法，可以获得切削力的经验公式如下：

$$F_x = -488.1 - 735r_\varepsilon + 204a_p - 7552f + 5.81v_c + 906r_\varepsilon^2 \\ + a_p^2 + 19020f^2 - 0.00731v_c^2 - 276.6r_\varepsilon a_p + 332r_\varepsilon f \\ - 0.0151r_\varepsilon v_c + 22641a_p f - 15.27a_p v_c + 2.685fv_c \tag{2-138}$$

$$F_y = 80.273 + 80.24r_\varepsilon - 388.54a_p + 1144.46f - 0.78399v_c - 110.3r_\varepsilon^2 \\ + 73.61a_p^2 - 2932.3f^2 + 0.000968v_c^2 + 108.137r_\varepsilon a_p + 22.303r_\varepsilon f \\ + 0.001286r_\varepsilon v_c - 2773.8a_p f + 2.3134a_p v_c - 0.88165fv_c \tag{2-139}$$

$$F_z = 112.033 + 150.84r_\varepsilon - 417.37a_p + 1808.1f - 1.3293v_c - 195.02r_\varepsilon^2 \\ - 8.83a_p^2 - 4613.4f^2 + 0.001672v_c^2 + 36.605r_\varepsilon a_p - 90.62r_\varepsilon f \\ + 0.024047r_\varepsilon v_c - 5353.2a_p f + 3.4676a_p v_c - 0.69983fv_c \tag{2-140}$$

参考文献

[1] 薛国彬,郑清春,胡亚辉,等.钛合金车削过程中基于遗传算法的切削参数多目标优化[J].工具技术,2017,51(01):27-30.

[2] 王海艳,秦旭达,任成祖.基于 Pareto 遗传算法的螺旋铣加工参数优化[J].中国机械工程,2012,23(17):2058-2061.

[3] 刘建峰.基于模拟退火遗传算法的微细铣削加工参数优化[D].哈尔滨:哈尔滨工业大学,2010.

[4] 潘小权.基于退火遗传算法的起落架切削参数优化研究[D].西安:西北工业大学,2007.

[5] 谢书童,郭隐彪.双刀并行数控车削中的切削参数优化方法[J].中国机械工程,2014,25(14):1941-1946.

[6] 李新鹏.改进人工蜂群算法及其在切削参数优化问题中的应用研究[D].武汉:华中科技大学,2013.

[7] 秦国华,谢文斌,王华敏.基于神经网络与遗传算法的刀具磨损检测与控制[J].光学精密工程,2015,23(05):1314-1321.

[8] 陈薇薇.基于支持向量机的数控机床能耗预测及节能方法研究[D].武汉:武汉科技大学,2015.

[9] 王宸,杨洋,袁海兵,等.基于混合粒子群算法的数控切削参数多目标优化[J].现代制造工程,2017(03):77-82.

[10] R. Kumar, S. Chauhan. Study on surface roughness measurement for turning of Al 7075/10/SiC$_p$ and Al 7075 hybrid composites by using response surface methodology (RSM) and artificial neural networ-

[11] M. Seeman, G. Ganesan, R. Karthikeyan, et al. Study on tool wear and surface roughness in machining of particulate aluminum metal matrix composite-response surface methodology approach [J]. Int. J. Adv. Manuf. Technol. 2010, 48 (5-8): 613-624.

[12] İlhan Asiltürk, Akkuş H. Determining the effect of cutting parameters on surface roughness in hard turning using the Taguchi method [J]. Measurement, 2011, 44 (9): 1697-1704.

[13] Turgay Klvak. Optimization of surface roughness and flank wear using the Taguchi method in milling of Hadfield steel with PVD and CVD coated inserts [J]. Measurement, 2014, 50: 19-28.

[14] Carmita Camposeco-Negrete. Optimization of cutting parameters for minimizing energy consumption in turning of AISI 6061 T6 using Taguchi methodology and ANOVA [J]. Journal of Cleaner Production, 2013, 53: 193-203.

[15] Salem Abdullah Bagaber, Ahmed Razlan Yusoff. Multi-objective optimization of cutting parameters to minimize power consumption in dry turning of stainless steel 316 [J]. Journal of Cleaner Production, 157, 2017, 30-46.

[16] 赵久兰. 切削 SiC_p/Al 复合材料表面缺陷形成机制及控制方法研究[D]. 北京: 华北电力大学, 2017.

[17] 吴学华. SiC_p/Al 基复合材料切削参数仿真及实验研究 [D]. 北京: 华北电力大学, 2016.

[18] 赵爱林. SiC_p/Al 基复合材料切削加工性的基础研究[D]. 北京: 华北电力大学, 2016.

[19] 王进峰, 赵久兰, 储开宇. SiC_p/Al 复合材料切削力的仿真研究[J]. 系统仿真学报, 2018, 30 (04): 1566-1571.

[20] 王进峰, 储开宇, 赵久兰, 等. SiC_p/Al 复合材料切削仿真及实验研究[J]. 人工晶体学报, 2016, 45 (07): 1756-1764.

[21] 马峰, 张华, 曹华军. 面向低能耗少切削液的多目标加工参数优化[J]. 机械工程学报, 2017, 53 (11): 157-163.

[22] 谢书童, 郭隐彪. 数控车削中成本最低的切削参数优化方法[J]. 计算机集成制造系统, 2011, 17 (10): 2144-2149.

[23] 陈青艳, 刘小宁, 胡成龙. SPEA2 算法的加工精度与能耗多工序车削优化[J]. 机械设计与研究, 2013, 29 (05): 67-70+80.

[24] 黄拯滔, 杨杰, 张超勇, 等. 面向能耗的数控铣削过程建模与参数优化[J]. 中国机械工程, 2016, 27 (18): 2524-2532.

[25] 张幼桢. 金属切削原理[M]. 北京: 航空工业出版社, 1988.

[26] 刘学斌. 面向源工艺定制的切削参数优化技术研究[D]. 北京: 北京理工大学, 2015.

[27] 李初晔, 王海涛, 王增新. 铣削加工过程中的材料去除率计算 [J]. 工具技术, 2016, 50 (01): 55-60.

[28] 王进峰, 范孝良, 曹雨薇, 等. 高速车削 SiC_p 增强铝基复合材料表面粗糙度试验 [J]. 中国工程机械学报, 2017, 15 (01): 62-66.

[29] Girish Kant, Kuldip Singh Sangwan. Prediction and optimization of machining parameters for minimizing power consumption and surface roughness in machining [J]. Journal of Cleaner Production, 2014, 83: 151-164.

[30] Zhaohui Deng, Hua Zhang, Yahui Fu, et al. Optimization of process parameters for minimum energy consumption based on cutting specific energy consumption [J]. Journal of Cleaner Production, 2017, 166: 1407-1414.

[31] 边卫亮, 傅玉灿, 徐九华, 等. SiC_p/Al 复合材料高速铣削切削力模型建立[J]. 航空

[32] 闫蓉, 邱锋, 彭芳瑜, 等. 螺旋立铣刀正交车铣轴类零件切削力建模分析[J]. 华中科技大学学报 (自然科学版), 2014, 42 (5): 1-5.

[33] S. Campocasso, J.-P. Costes, G. Fromentin, et al. A generalised geometrical model of turning operations for cutting force modelling using edge discretisation [J]. Appl. Math. Model. 2015, 39 (21): 6612-6630.

[34] J. Weng, K. Zhuang, D. Chen, et al. An analytical force prediction model for turning operation by round insert considering edge effect[J]. Int. J. Mech. Sci. 2017, 128-129: 168-180.

[35] A. Pramanik, L. C. Zhang, J. A. Arsecularatne. An FEM investigation into the behavior of metal matrix composites: Tool-particle interaction during orthogonal cutting [J]. Int. J. Mach. Tools Manuf. 2007, 47 (10): 1497-1506.

[36] L. Zhou, S. T. Huang, D. Wang, et al. Finite element and experimental studies of the cutting process of SiC_p/Al composites with PCD tools [J]. Int. J. Adv. Manuf. Technol. 2011, 52 (5-8): 619-626.

[37] M. Fathipour, M. Hamedi, R. Yousefi. Numerical and experimental analysis of machining of Al (20 vol% SiC) composite by the use of ABAQUS software[J]. Materialwiss. Werkst. 2013, 44 (1): 14-20.

[38] V. K. Doomra, K. Debnath, I. Singh. Drilling of metal matrix composites: Experimental and finite element analysis [J]. Proc. IMechE, Part B: J. Eng. Manuf. 2014, 229 (5): 886-890.

[39] X. Chen, L. Xie, X. Xue, et al. Research on 3D milling simulation of SiCp/Al composite based on a phenomenological model [J]. Int. J. Adv. Manuf. Technol. 2017, 92 (5-8): 2715-2723.

[40] H. A. Kishawy, S. Kannan, M. Balazinski. An energy based analytical force model for orthogonal cutting of metal matrix composites [J]. CIRP Ann.-Manuf. Technol. 2004, 53 (1): 91-94.

[41] J. Du, J. Li, Y. Yao, et al. Prediction of Cutting Forces in Mill-Grinding SiC_p/Al Composites[J]. Mater. Manuf. Proc. 2014, 29 (3): 314-320.

[42] 韩胜超, 陈燕, 徐九华, 等. 多齿铣刀侧铣加工多层 CFRP 铣削力的建模与仿真 [J]. 复合材料学报, 2015, 31 (5): 1375-1381.

[43] Wencheng Pan, Songlin Ding, John Mo. The prediction of cutting force in end milling titanium alloy (Ti6Al4V) with polycrystalline diamond tools [J]. Proceedings of the Institution of Mechanical Engineers Part B-Journal of Engineering Manufacture, 2017, 231 (1): 3-14.

[44] Khaled A. M Adem, Roger Fales, A. Sherif El-Gizawy. Identification of cutting force coefficients for the linear and nonlinear force models in end milling process using average forces and optimization technique methods [J]. The International Journal of Advanced Manufacturing Technology, 2015, 79 (9): 1671-1687.

[45] 胡艳娟, 王占礼, 董超, 等. 集成对称模糊数及有限元的切削力预测[J]. 振动、测试与诊断, 2014, 34 (4): 673-680.

[46] S. Kannan, H. A. Kishawy, I. Deiab. Cutting forces and TEM analysis of the generated surface during machining metal matrix composites[J]. J. Mater. Process. Technol. 2009, 209 (5): 2260-2269.

[47] S. Jeyakumar, K. Marimuthu, T. Ramachandran. Prediction of cutting force,

[48] K. Venkatesan, R. Ramanujam, J. Joel, et al. Study of cutting force and surface roughness in machining of al alloy hybrid composite and optimized using response surface methodology[J]. ProcediaEngi. 2014, 97: 677-686.

[49] Ch. Shoba, N. Ramanaiah, D. NageswaraRao. Effect of reinforcement on the cutting forces while machining metal matrix composites-An experimental approach [J]. Eng. Sci. Technol., an Int. J. 2015, 18 (4): 658-663.

[50] A. V. M. Subramanian, M. D. G. Nachimuthu, V. Cinnasamy. Assessment of cutting force and surface roughness in LM6/SiC_p using response surface methodology[J]. J. Appl. Res. Technol. 2017, 15 (3): 283-296.

[51] M. S. Aezhisai Vallavi, N. Mohan Das Gandhi, C. Velmurugan. Application of genetic algorithm in optimisation of cutting force of Al/SiC_p metal matrix composite in end milling process [J]. Int. J. Mater. Prod. Technol. 2018, 56 (3): 234-252.

[52] W. Sawangsri, K. Cheng. An innovative approach to cutting force modelling in diamond turning and its correlation analysis with tool wear[J]. Proc. IMechE, Part B: J. Eng. Manuf. 2014, 230 (3): 405-415.

[53] A. Kumar, M. M. Mahapatra, P. K. Jha. Effect of machining parameters on cutting force and surface roughness of in situ Al-4.5%Cu/TiC metal matrix composites[J]. Measurement. 2014, 48: 325-332.

[54] W. Polini, S. Turchetta. Cutting force, tool life and surface integrity in milling of titanium alloy Ti-6Al-4V with coated carbide tools[J]. Proc. IMechE, Part B: J. Eng. Manuf. 2014, 230 (4): 694-700.

[55] H. A. Kishawy, A. Hosseini, B. Moetakef-Imani, et al. An energy based analysis of broaching operation: Cutting forces andresultant surface integrity[J]. CIRP Ann.-Manuf. Technol. 2012, 61 (1): 107-110.

[56] Pramanik A, Zhang L. C, Arsecularatne, et al. Prediction of cutting forces in machining of metal matrix-composites[J]. International Journal of Machine Tools & Manufacture, 2006, 46 (16): 1795-1803.

[57] Dabade, U. A., Dapkekar, D., Joshi, et al. Modeling of chip-tool interface friction to predict cutting forces in machining of Al/SiC_p composites[J]. International Journal of Machine Tools & Manufacture, 2009, 49 (9): 690-700.

[58] 叶贵根, 薛世峰, 仝兴华, 等. 金属正交切削模型研究进展[J]. 机械强度, 2012, 34 (4): 531-544.

[59] 柳青, 王进峰, 赵久兰, 等. 车削 SiC_p/Al 复合材料切削力预测模型研究[J]. 中国工程机械学报, 2018, 16 (03): 211-215.

[60] Hung, N. P., Yeo, et al. Chip formation in machining particle reinforced metal matrix composites[J]. Materials and Manufacturing Processes, 1998, 13 (1): 85-100.

[61] H T Young, P. Mathew, P. L. B. Oxley. Allowing for nose radius effects in predicting the chip flow direction and cutting forces in bar turning[J]. Proceedings of the Institution of Mechanical Engineers Part B-Journal of Engineering Manufacture, 1987, 201 (C3): 213-226.

[62] J. A. Arseedaratne, P. Mathew, P. L. B. Oxley. Prediction of chip flow direction and cutting forces in oblique machining with

nose radius tools[J]. Proceedings of the Institution of Mechanical Engineers Part B-Journal of Engineering Manufacture, 1995, 209: 305-315.

[63] 汪志城. 滚动摩擦机理和滚动摩擦系数[J]. 上海机械学院学报, 1993, 15(4): 35-43.

[64] 王新荣, 初旭宏. ANSYS 有限元基础教程[M]. 北京: 电子工业出版社, 2011.

[65] D. Z. Zhu, W. P. Chen, Y. Y. Li. Strain-rate relationship of Aluminum Matrix Composites Predicted by Johnson-Cook Model[J]. Proceedings of the 6th International Conference on Physical and Numerical Simulation of Materials Processing. 2010: 103-109.

[66] 李红华. 高速切削高温合金有限元模拟及试验研究[D]. 大连理工大学, 2012.

[67] Tian Y, Huang L, Ma H, et al. Establishment and comparison of four constitutive models of 5A02 aluminium alloy in high-velocity forming process[J]. Materials & Design, 2014, 54: 587-597.

[68] Xu Z, Huang F. Comparison of constitutive models for FCC metals over wide temperature and strain rate ranges with application to pure copper[J]. International Journal of Impact Engineering, 2015, 79: 65-74.

[69] Wang J, Guo W G, Gao X, et al. The third-type of strain aging and the constitutive modeling of a Q235B steel over a wide range of temperatures and strain rates[J]. International Journal of Plasticity, 2015, 65: 85-107.

[70] 段春争, 王肇喜, 李红华. 高速切削锯齿形切屑形成过程的有限元模拟[J]. 哈尔滨工程大学学报, 2014, 35(2): 226-232.

[71] 朱洁, 朱亮, 陈剑虹. 应力三轴度和应变率对 6063 铝合金力学性能的影响及材料表征[J]. 材料科学与工程学报, 2007, 25(3): 35.

第3章

智能工艺规划

3.1 研究背景

计算机辅助工艺规划（CAPP）的研究始于20世纪60年代后期，其早期意图就是建立包括工艺卡片生成、工艺内容存储及工艺规程检索在内的计算机辅助工艺系统，这样的系统没有工艺决策能力和排序功能，因而不具有通用性。真正具有通用意义的CAPP系统是1969年以挪威开发的AUTOPROS系统为开端，其后很多的CAPP系统都受到这个系统的影响。我国在20世纪80年代初期也开始了CAPP的研究工作，其中，同济大学开发的TOJICAP系统[1]、北京航空航天大学开发的EXCAPP系统[2]、南京航空航天大学开发的NHCAPP系统[3]、清华大学开发的THCAPP-1系统[4]等都有不俗的表现。

从CAPP的工作原理上分，我们可以将CAPP分成三种类型。

(1) 派生式CAPP系统

派生式CAPP系统是基于成组技术的原理，根据零件的几何形状、加工工艺等方面的相似性，将零件进行分类，划分零件族，并设计出综合该族所有零件的虚拟典型样件，根据此样件设计工艺作为该零件族的典型工艺规程。当设计一个新零件的工艺规程时，首先确定其零件编码，并据此确定其所属零件族，由计算机检索出该零件族的典型工艺规程，工艺设计人员根据零件结构及加工工艺要求，采用人机交互的方式，对典型工艺规程进行修改，从而得到所需的工艺规程。

由派生式CAPP系统的工作原理可知，派生式CAPP系统主要解决三个关键问题。

① 零件信息描述问题　在派生式CAPP系统中，零件信息以编码的形式输入到CAPP系统中，即将零件信息代码化，目前国内的派生式CAPP系统常见的编码系统是建立在以Opiz编码系统为基础的GB-JXLJ上。

② 相似零件族的划分问题　划分零件族前，需要对所有零件的结构特征进行分析，并在此基础上制订划分零件族的标准，即确定若干个特征矩阵，将每个零件族的特征矩阵存储起来，构成特征矩阵文件，以便确定新零件所属零件族。

③ 零件族的标准工艺规程制订问题　在确定了零件族之后，需要设计零件族的标准工艺规程。可以采用复合零件法和复合工艺路线法[5]等来生成。标准工艺规程由各种加工工序构成，工序由工步构成，标准工

艺规程在计算机中的存储和查询主要依靠工步代码文件来实现。

由于派生式的 CAPP 系统主要以检索已存在的工艺规程为目标，因此存在着通用性差等问题。同时，由于派生式 CAPP 的原理等原因，导致其难以实现与 CAD 系统的集成，不符合现代高度集成化和智能制造的需要。

(2) 创成式 CAPP 系统

创成式 CAPP 系统指的是软件系统能够综合零件的加工特征，根据系统中的工艺知识库和各种工艺决策逻辑，自动生成该零件的工艺规程。这种工艺系统能够在获取零件的信息以后，自动提取所需要的加工特征，并将其转变为系统能够识别的工艺知识，根据所识别的工艺知识，从软件系统的工艺知识库中检索相应的标准工艺知识，应用工艺决策规则，进行工艺路线的制订，包括选择机床、刀具、夹具、量具，完成工序制订、切削用量选择、工艺规程优化等工作。最理想的创成式 CAPP 系统是通过决策逻辑效仿人的思维，在无需人工干预的情况下自动生成工艺路线，系统具有高效的柔性。

因此，要实现完全创成法的 CAPP 系统，必须要解决下列两个关键问题：一是零件的信息必须要用计算机能识别的形式完全准确地描述，即 CAPP 系统能够自动识别 CAD 系统的设计数据，并转化为相应的工艺知识；二是设计大量的工艺知识和工艺规程决策逻辑，选择合适的表达方法，存储在 CAPP 系统中。

零件信息描述是创成式 CAPP 系统首先要解决的问题，零件信息的描述指的是把零件的几何形状和技术要求转化为计算机能够识别的代码信息。目前，零件信息数据基本都以 CAD 形式表现，不同 CAD 系统的零件表达方式存在一定的差异，导致不同的 CAPP 系统在读取不同 CAD 数据时，经常会遇到数据不能识别或者识别混乱等问题，另外，零件上的某些特征信息，CAPP 系统在识别上存在问题，例如零件的材料、形位公差等信息，特别是对复杂零件三维模型的识别也还没有完全解决，因此，关于 CAD 和 CAPP 之间的数据交换是 CAPP 的一个难点问题。

工艺知识和工艺规程决策规则是创成式 CAPP 系统要解决的第二个关键问题。工艺知识是一种经验型知识，建立工艺决策模型时，通过工艺知识表示相应的决策逻辑，并通过计算机编程语言实现是一件比较困难的事情。在理论上，创成法 CAPP 系统包含有决策逻辑，系统具有工艺规程设计所需要的所有信息，但是代价是需要大量的前期准备工作，例如，收集生产实践中的工艺知识，并以一定的存储方式进行存储，由于产品品种的多样化，各种产品的加工过程不同，即便是相同的产品，由于具体加工条件的差异，工艺决策逻辑也都不一样，现有的创成式 CAPP 系统大部分都是针对特定企业的某一类产品专门设计的，创成能力有限。

1978 年麻省理工学院的 Gossard 教授指导的学士论文"CAD 零件的特征表示"第一次提出特征的概念，而后很多科研工作者研究基于特征的零件信息表述方法，到目前为止，该方法被认为是从根本上解决 CAD 和 CAPP 集成问题的有效途径[6,7]。从不同的角度出发，特征有不同的含义。从设计角度出发，特征指的是"与 CIMS 的一个和多个功能相关的几何实体"[8]；从制造角度出发，特征指的是"零件上具有显著特性的、对应于主要加工操作的几何形体"[6]；从广义角度出发，特征指的是"能够抽象地描述零件上感兴趣的几何形状及其工程语义的对象"[7]。

利用特征建模技术建立零件信息模型是目前流行的方法，国内外的学者对基于特征的零件信息模型表达方法进行了深入的探讨。Shah[9] 提出的产品模型四级结构包括特征图、特征属性表、特征实例和体素构造表示/边界表示（CSG/B. Rep）。Requicha、Roy、Wickens 等人对尺寸公差模型、约束网络、尺寸驱动设计等进行了研究，并探讨了相应的模型边界与修改[10-12]。杨安建等人建立了基于主框架、表面特征框架和辅助特征框架三层结构的零件信息框架模型[13]。王先逵和李志忠提出了通过信息元法建立 IDEF1X 零件信息实体模型的方法[14]。乔良和李原通过面向对象的建模方法与 B. Rep 方法描述零件特征的分类和几何拓扑信息[15]。

另外一个问题是关于工艺规则决策逻辑的创建问题。建立工艺决策逻辑则是创成式 CAPP 的核心问题。从决策基础来看，它又包括逻辑决策、数学计算以及创造性决策等方式[16]。建立工艺决策逻辑应根据工艺设计的知识和原理，结合具体生产条件，并将有关专家和工艺人员的逻辑判断思维结合在一起，从而建立起来一整套决策规则。例如定位基准的选择，加工方法的选择，加工阶段的确定，工装设备和机床的确定，切削用量的选择，工艺方案的选择等。工艺知识、原理、专家人员的设计经验等通过高级编程语言，转变为工艺决策逻辑，存储在 CAPP 系统的数据库或者软件系统中。工艺规则决策逻辑主要是基于决策表和决策树。国内外研究开发了一些基于决策表和决策树的系统，例如 CAPSY[17] 系统，这一系统是图形人机对话式创成 CAPP 系统，它能和 CAD 系统和 NC 系统配套使用，零件信息的描述可用二维 CAD 系统 COMVAR 或三维 CAD 系统 COMPAC 建立零件模型。北京理工大学的 BIT-CAPP 系统是一个适用于 FMS（flexible manufacturing system，柔性制造系统）的创成法 CAPP 系统，是针对 FMS 中所加工的兵器零件开发的。但是，现有的创成式 CAPP 系统的创成能力和与 CAD 集成都很有限，都是在一定范围内拥有一定的创成能力，应用范围受到很大的限制。

(3) 智能式 CAPP 系统

CAPP 系统要首先要将大量的工艺知识，如刀具、夹具、机床、切削用量等存储在系统的数据库中，然后将工艺决策的相关逻辑和工艺设计人员的设计经验，以某种形式存储在系统的数据库或者相应模块中，最后，才是针对具体的零件特征、生产条件等信息，检索、生成、优化工艺路线。整个过程中要处理大量的数据，传统的方法难以实现。随着人工智能（AI）技术的发展，将人工智能技术与 CAPP 技术结合起来已经成为 CAPP 系统研究的主要方向。

AI 技术应用于 CAPP 系统主要从两个方面展开。一方面是工艺知识获取和工艺知识挖掘，例如将神经网络技术应用于零件加工特征获取[18]，基于 CLS（concept learning system，概念学习系统）算法的工艺决策学习算法[19]，另一方面是工艺路线排序，例如，模糊决策用于分级工艺规划[20]，将遗传算法[21,22]、蚁群算法[23,24]、粒子群[25,26]、蜂群[27]等技术用于工序排序。

自 20 世纪 90 年代起，国外推出一些基于知识的智能 CAPP 系统，如 MetCAPP 系统、HMS.CAPP、IntelliCAPP 等，从总体上看，以交互式设计、数据化、集成化为基础，并集成数据库技术、网络技术是这些商品化 CAPP 的共同特点。其中，MetCAPP 是美国 IAMS（Institute of Advanced Manufacturing Science，先进制造科学研究所）开发的，MetCAPP 被分类为基于知识的 CAPP 系统，在知识库中它包含了推理的规则和数据，其中的一个 MetScript 模块允许用户定义新特征和添加新的工艺设计知识。

综上所述，自 CAPP 系统诞生起，一直是先进制造领域的研究热点和难点。随着计算机技术、数据库技术等辅助技术的不断成熟，CAPP 系统的相关研究也在不断深入。不难发现，不同时期 CAPP 系统的研究主要围绕以下几个方面展开。

① 工艺知识的表达和挖掘方法　传统的零件设计数据以图纸的形式存储，将图纸中零件的加工信息表达为工艺知识，是 CAPP 系统的原始数据。建立了基于柔性编码法、型面描述法和体元素描述法等方法的零件信息描述方法。随着特征建模技术的成熟，基于零件加工特征的零件信息描述方法逐渐应用到 CAPP 系统中。对于在工艺决策过程中涉及的工艺知识，如工装设备、切削用量等，在 CAPP 系统中的表达方法也非常重要。

② 工艺规划决策　派生式 CAPP 系统通过检索零件族的典型工艺规程，通过人机交换的方式生成零件的工艺路线。创成式 CAPP 系统主要

通过决策表或者决策树的决策规则，生成零件的典型工艺路线，然后通过人机交互的方式优化。智能式CAPP系统则根据制造资源的约束条件，通过基于人工智能的工艺决策规则，生成零件的典型工艺规程。

智能式CAPP系统指的是利用人工智能技术进行工艺路线的辅助规划。首先，建立工艺知识库，既包括基础的零件基本信息，又将需要的众多经验丰富的专家、学者的知识和经验，以一定的形式存储到数据库中，其次，建立工艺规划决策模块，模拟专家的逻辑思维和工艺推理能力，设计具体零件的工艺路线。智能CAPP系统的体系结构可参考图3-1。

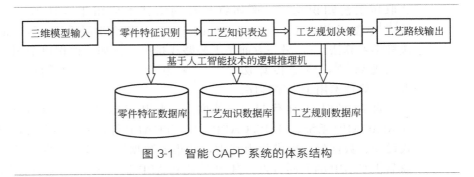

图3-1 智能CAPP系统的体系结构

本章根据智能CAPP系统的体系结构，从工艺知识表述方法和工艺规划决策方法两个方面进行研究和讨论，重点讨论了利用遗传算法和蚁群算法进行智能工艺规划的方法和流程。

3.2 智能工艺规划建模

3.2.1 基于特征向量的工艺知识表述方法

CAPP系统是计算集成制造系统的重要组成部分，是连接CAD与CAM的纽带。传统的CAPP系统工艺知识的表述方法大部分是基于成组技术的零件编码法，如德国的OPTIZ系统、日本的KK.3系统和我国自主的JLBM.1系统。这些零件编码系统在CAPP技术发展的不同时期发挥了重要作用。随着CAPP智能化的应用要求，智能化的CAPP系统工艺知识表述方法是利用CAD模型直接将工艺知识转移到CAPP系统，本节根据CAD技术中的特征建模技术，提出一种基于零件加工特征的工艺知识表述方法，将零件表面复杂的加工特征细化成精简的工艺知识信息。

建模是指将物体的形状及其属性存储在计算机内，形成该物体的三维几何模型。该模型是对原物体的确切的数据描述或者是对原物体某种状态的真实模拟。计算机建模技术主要经历如下几个阶段。

线框建模阶段。线框建模是用基本线素定义目标的棱线轮廓，用户需要逐点、逐线地构建模型，但是线框模型绘制的所有棱线都显示出来，一方面容易产生二义性，另一方面当目标的形状复杂时，棱线过多，也会引起模糊理解。线框模型缺少曲面轮廓线，且数据结构中也缺少边与面、面与体之间关系的信息，即拓扑信息，因此不能识别面与体。

表面建模阶段。与线框模型相比，增加了面的信息，记录了边与面之间的拓扑关系，能够比较完整地定义目标的表面。但是表面模型只能表示物体的表面及其边界，无法区别面的某一侧是体内还是体外，缺乏面与体之间的拓扑关系。表面模型可分为平面模型和曲面模型。表面模型将物体表面划分成多边形网格，而曲面模型将物体曲面划分成若干曲面片的光顺拼接。

实体建模阶段。实体模型中记录了实体、面、边、点的信息。建模是通过定义基本体素，如长方体、圆柱、球、圆锥等，通过对基本体素的几何运算实现实体建模，例如交、并、差等运算。但实体建模只能表达零件的几何信息，不能表达 CAPP 系统所需的制造信息，如精度、材料、热处理等信息。因此，基于 CAD 实体模型的 CAPP 系统，无法直接从零件的实体模型中获得制造特征信息。

特征建模。特征建模技术面向整个设计和制造过程，它从产品整个生命周期各阶段的不同需求来描述产品，不仅包含了与生产有关的信息，而且还能描述这些信息之间的关系，使得各应用系统可以直接从该零件模型中抽取所需的信息，为设计的后续环节提供完整的零件信息模型。特征建模的思想体现了新的设计方法学，即面向制造的设计，它符合并行工程的概念，即在设计阶段考虑制造问题，又由于其有语义功能，适合于知识处理，表达设计意图，同时也为参数化尺寸驱动设计思想提供新的设计环境。特征建模技术的出现和发展为解决 CAD/CAPP/CAM 集成提供了理论基础和方法。建模技术中的"特征"可追溯到 20 世纪 70 年代，由麻省理工学院的 Gossard 教授提出。从设计角度讲，特征往往与产品设计的知识表示和功能要求相连，指的是"具有一定形状的实体，与一个或多个设计功能相关，可以作为基本单元进行设计和处理"，从制造的角度讲，特征往往与工艺规程设计、数控编程、自动检测相连，指的是"对应一定基本加工操作的几何形状"。综合二者，较多文献将特征定义为，"特征是零件或者部件上一组相关联的具体特定形状和属性的、与设计、制造活动有关并含有工程意义和基本几何实体或信息的集合,是产品开发过程中各种信息的载体"。特征的分类与特征定义一样,依赖于应用领域及零件类型。根据产品生产过程阶段不同而将特征区分为设计特征、制造特征、装配特征、检验特征等。根据描述信息内容不同而将特征区分为形状特征、精度特征、材料特征、性能分析特征等。从造型角度来说,特征建模不再将抽象的基本几何体,如矩形体、球等作为拼合零件的对象,而是选用那些具有设计制造意义的特征形体作为基本单元拼合零件,例如型腔、刀槽、凸台、壳体、孔、壁等特征。从信息角度说,特征作为产品开发过程中各种信息的载体,不仅包含了几何、拓扑信息,还包含了设计制造所需的一些非几何信息,例如材料、尺寸、形状公差、热处理、表面粗糙度、刀具、管理信息等,这样特征就包含了丰富的工程语义,可以在更高的信息层次上形成零部件完整的信息模型。

智能 CAPP 系统中,对零件进行加工工艺的柔性规划,需要建立工艺知识的相应表述。如前所述,特征建模技术能够将对象的设计特征、精度特征、材料特征、技术特征等信息集中到统一模型中,对零件与制造过程相关的信息,可以从 CAD 系统的特征模型直接获取。根据获取的特征,执行相应的决策策略,完成相应工艺路线的规划。

CAPP 系统工艺规划过程中,工艺知识的表达方法决定了工艺路线的标准化、规范化和工艺路线的规划水平。工艺知识划分越细,其所表达的知识量就越大。据此,根据零件的加工特征,我们将工艺路线用一组特征向量表示,其中每组特征向量表示为一道工序[28]。因此,一个零件的工艺路线可以由特征向量 OL 表示:

$$OL = \{OP_1, OP_2, \cdots, OP_i\} \qquad (3\text{-}1)$$

其中 OL 表示零件的工艺路线,OP 表示该零件工艺路线的组成工序,i 表示该工艺路线包含的工序数量。

每组特征向量中分为两部分,一部分表示零件的形状特征,另一部分表示该零件的制造特征,如定位基准、加工阶段、工装夹具等信息,该部分特征向量是由特征模型中的制造特征、材料特征、性能分析特征等特征信息经由 CAPP 系统的决策机制生成。

零件的形状特征可分为两项:主要形状特征和辅助形状特征。主要形状特征指的是零件具有重要制造意义的表面,如定位基准面、加工支撑面、定位基准孔、圆柱面等,主要形状表面一般具备两个特点:①特征建模时,零件主要形状特征一般表示为基本三维体素,如圆柱、圆锥、长方体、球等信息。②主要形状特征在零件的制造过程中担负着比较重要的任务，如定位面、支撑面、夹紧面等。辅助形状特征指的是，在零件制造过程中作为辅助作用的表面，如螺纹、倒角、工艺孔等。主要形状特征和辅助形状特征的判断是根据特征模型中的形状特征、精度特征、技术特征等特征信息判断。

零件的制造特征主要包括两项：形状特征之间的关系及其切削特征。

形状特征之间的关系主要包括：

① 从属关系　描述的是形状特征之间的相互从属关系。例如，辅助特征从属于主要特征。

② 邻接关系　描述的是形状特征之间的相互邻接关系。例如，阶梯轴的每相邻两个轴段之间的关系，并且每个邻接外圆柱面的状态可共享。

③ 基准关系　如果两个形状特征之间存在位置公差关系，那么其中一个特征就是另外一个特征的基准。

切削特征包括：切削速度、进给量、切削深度、机床、刀具、夹具等切削过程因素。

据上述分析，基于特征建模技术的 CAPP 系统零件信息模型构成如图 3-2 所示。

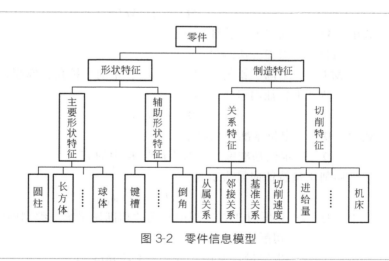

图 3-2　零件信息模型

构成工艺路线的每一组特征向量是一道工序，因此工序 OP_i 可由下列 8 维特征向量表示：

$$OP_i = \{P, S, M, D, R, E, C, J\} \tag{3-2}$$

式中　P——形状特征编号；

S——加工阶段，分为粗加工、半精加工、精加工、超精加工；

M——加工方法，分为车、铣、刨、磨、钻、扩、镗、铰等；

D——定位基准及零件表面特征；

R——切削用量编号；

E——机床编号；

C——刀具编号；

J——夹具编号。

工序特征向量 OP_i 的每一个组成元素又可由各自特征向量表示。

零件表面形状特征向量表示为：

$$P = \{ID, PT\} \tag{3-3}$$

式中　ID——零件表面的形状特征的顺序号；

PT——零件表面具体的形状特征名称。

加工阶段特征向量表示为：

$$S = \{ID, ST\} \tag{3-4}$$

式中　S——加工阶段特征向量；

ID——加工阶段编号；

ST——粗加工、半精加工、精加工、超精加工四种类型。

加工方法特征向量表示为：

$$M = \{ID, MT\} \tag{3-5}$$

式中　M——加工方法特征向量；

ID——加工方法编号；

MT——车削、铣削、刨削、磨削、钻削、扩孔、镗削、铰削等。

定位基准特征向量表示为：

$$D = \{ID, MT\} \tag{3-6}$$

式中　D——定位基准特征向量；

ID——定位基准编号，对应向量 P 中的 ID。

切削用量特征向量表示为：

$$R = \{ID, v, f, a_p\} \tag{3-7}$$

式中　ID——该零件工艺规划中选用的切削用量统一编制的顺序号；

v——切削速度，单位：m/s；

f——进给量，单位：mm/r 或者 mm/z；

a_p——背吃刀量，单位：mm。

机床特征向量表示为：

$$E = \{ID, ET\} \tag{3-8}$$

式中　E——机床特征向量；

ID——机床编号，车间内或者企业内机床的标识；

ET——机床名称。

刀具、夹具特征向量的表示方法与机床特征向量的表示方法相同。

由上述 8 种特征向量基本能够表示一种零件的工艺路线，为后续进行工艺规划提供了基础。

3.2.2 工艺知识表述实例

以图 3-3 中所示零件为例，说明基于特征向量的工艺知识表述方法。

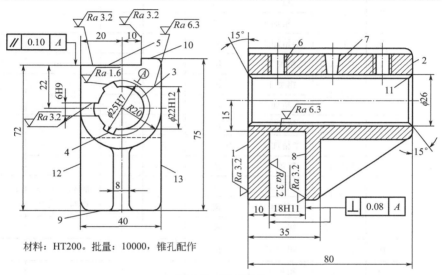

图 3-3 示例零件

形状特征的划分如表 3-1 所示。

表 3-1 示例零件的形状特征

形状特征编号	内容	形状特征分类
1	左侧端面（左视图）	主要形状特征
2	右侧端面（左视图）	主要形状特征
3	内孔面	主要形状特征
4	花键孔	主要形状特征
5	顶部通槽	辅助形状特征
6	螺纹孔	辅助形状特征
7	锥孔	辅助形状特征
8	叉口	主要形状特征
9	叉口端面	辅助形状特征
10	顶部端面	主要形状特征
11	15°内倒角	辅助形状特征
12	左侧端面（主视图）	主要形状特征
13	右侧端面（主视图）	主要形状特征

制造特征的划分如表 3-2 所示。

表 3-2 示例零件的加工特征

形状特征	关系特征	切削特征					
		加工阶段	加工方法	机床	夹具	表面粗糙度	加工精度
1	2,3	粗加工	铣	1	1	3.2μm	
		半精加工	铣	1	1		
2	1,3	粗加工	铣	1	1	3.2μm	
		半精加工	铣	1	1		
3	1,2	半精加工	扩	2	2	6.3μm	IT12
4	1,3,12	精加工	拉	3	3	1.6μm	IT7
5	1,3,12	粗加工	铣	4	4	3.2μm	平行度 0.1mm
		半精加工	铣	4	4		
6	1,3,12	粗加工	钻	5	5		
		半精加工	攻螺纹	5	5		
7	1,3,12	粗加工	钻	5	5		
8	1,3,12	粗加工	铣	6	6	底部 6.3μm 侧面 3.2μm	IT11,垂直度 0.08mm
		半精加工	铣	6	6		
9	3,1,12	粗加工	铣	7	7		
10	3,1,12	粗加工	铣	7	7		
11	3,1	粗加工	车	8	8		
12	1,13	粗加工	铣	9	9		
13	1,12	粗加工	铣	9	9		

3.3 利用遗传算法求解工艺规划与编程

3.3.1 遗传算法

遗传算法（genetic algorithm，GA）是模拟达尔文生物进化论的自然选择和遗传学机理的生物进化过程的计算模型，是一种通过模拟自然进化过程来搜索最优解的方法。遗传算法是从代表问题潜在的解集的一个种群（population）开始的，而一个种群则由经过基因（gene）编码的一定数目的个体（individual）组成。每个个体实际上是染色体（chromosome）带有特征的实体。染色体作为遗传物质的主要载体，即多个基因的集合，其内部表现（即基因型）是某种基因组合，它决定了个体形状的外部表现，如黑头发的特征是由染色体中控制这一特征的某种基因组合决定的。因此，在一开始需要实现从表现型到基因型的映射，即编码工作。由于仿照基因编码的工作很复杂，我们往往进行简化，如二进制编码，初代种群产生之后，按照适者生存和优胜劣汰的原理，逐代（generation）演化产生出越来越好的近似解，在每一代中，根据问题域中个体的适应度（fitness）大小选择（selection）个体，并借助于自然遗传学的遗传算子（genetic operators）进行组合交叉（crossover）和变异（mutation），产生出代表新解集的种群。这个过程将导致种群像自然进化一样的后代比前代更加适应环境，末代种群中的最优个体经过解码（decoding），可以作为问题的近似最优解。

遗传算法的基本运算过程如下。

① 初始化　设置进化代数计数器 $t=0$，设置最大进化代数 T，随机生成 M 个个体作为初始群体 $P(0)$。

② 个体评价　计算群体 $P(t)$ 中各个个体的适应度。

③ 选择运算　将选择算子作用于群体。选择的目的是把优化的个体直接遗传到下一代或通过配对交叉产生新的个体再遗传到下一代。选择操作是建立在群体中个体的适应度评估基础上的。

④ 交叉运算　将交叉算子作用于群体。遗传算法中起核心作用的就是交叉算子。

⑤ 变异运算　将变异算子作用于群体。即对群体中的个体串的某些基因座上的基因值作变动。

群体 $P(t)$ 经过选择、交叉、变异运算之后得到下一代群体 $P(t+1)$。

⑥ 终止条件判断　若 $t=T$，则以进化过程中所得到的具有最大适应度的个体作为最优解输出，终止计算。

3.3.2　基于遗传算法的加工工艺智能规划

(1) 问题描述

车间制造系统的工艺规划主要是工艺路线的规划，包括选择合理的工装设备、切削用量、加工方法和顺序等内容。要在基础工艺知识表达的基础上，以及满足相关工艺约束的前提下，规划工艺路线。根据生产环境的差异，尤其是规划目标的差异，往往能够形成满足不同目标的工艺路线，例如最高生产效率的工艺路线、最低生产成本的工艺路线等。随着工艺规划技术的不断发展，智能CAPP系统能够逐渐取代人进行工艺规划。尤其是考虑实际生产状况，将工艺规划与车间作业调度相结合的智能化工艺规划技术已经超过了人进行工艺规划的水平，能够根据车间制造系统的实时变化情况动态地调整工艺路线，实现柔性工艺规划。例如，车间工装设备突然故障，要求能够及时更换工装设备，调整工艺路线，维持正常生产过程。因此，工艺路线规划时，除了满足基本的设计要求外，还需要针对不同目标，根据生产现场的实际情况优化工艺路线。实际上，工艺路线规划是一个带约束的非线性优化问题，即：

$$\begin{aligned} &\min f(x) \\ &\text{s.t.}\quad h_i(x)=0(i=1,2,\cdots,n) \\ &\qquad g_j(x)=0(j=1,2,\cdots,m) \\ &\qquad x\in R^n \end{aligned} \quad (3-9)$$

其中 x 为状态变量，R^n 为所有状态变量构成的解空间，$f(x)$ 为目标函数，非线性函数 $h_i(x)$、$g_j(x)$ 为约束条件。所谓工艺路线规划就是指在满足约束条件的前提下，使其目标函数值最小。工艺路线规划的目标是使加工过程或者成本最低，或者质量最好，或者效率最高。传统加工方式下，这三者往往是相互影响的，工程实践表明，频繁装拆零件、更换刀具和机床会导致效率降低，成本升高，对加工质量也有一定的影响。因此，本章拟以机床、刀具、零件的更换次数最少作为优化目标，以关键工艺知识作为约束函数。

（2）关键工艺知识

工艺路线规划时所遵循的工艺约束准则，称为关键工艺知识。进行工艺规划时，除了要满足零件表面基本的加工要求外，还需要遵循关键工艺知识的约束。通常情况下，关键工艺知识分为以下几个方面。

① 先主后次　优先加工主要形状特征，然后加工次要形状特征。当某个形状特征和其他表面存在形位公差时，或者该形状特征是其他形状特征的尺寸基准、形状基准、位置基准时，可确定该形状特征为主要形状特征，优先加工。当某个形状特征的加工影响到其他形状特征的装夹时，确定该形状特征为主要形状特征，优先加工。零件的辅助形状特征应安排在主要形状特征之后加工。如独立于其他工序的辅助工艺孔、槽、倒角等，应安排在主要形状特征之后加工。

② 先面后孔　先加工平面，再以平面作为定位基准加工孔。既能保证加工孔时有稳定可靠的定位基准，又有利于保证孔与平面间的位置精

度要求。

③ 先粗后精，粗精分开　首先，考虑到铸件、锻件等毛坯件表面层的缺陷，一般应该安排一道或者多道工序切除缺陷层；其次，根据零件形状特征的加工精度、表面粗糙度以及具体的加工方法，确定粗加工和精加工；最后，所谓的"先粗后精"不是针对某个形状特征，而是针对整个工艺路线。要保证某个形状特征的粗加工阶段不能以其他精加工后的形状特征作为其定位基准，以免破坏已经获得的精加工形状特征。

④ 基准先行　分析零件的形状特征，对于相互之间具有典型位置关系的形状特征优先加工。根据零件特征模型的标注尺寸，确定各形状特征的设计基准，优先加工设计基准，然后以该形状特征为定位基准加工其他形状特征。

⑤ 其他工艺约束　例如基于加工效率最高、成本最低等表面优先加工约束。

根据上述关键工艺知识描述，3.2.2节中图3-3所示零件的关键工艺知识如表3-3所示。

表 3-3　关键工艺知识

形状特征	优先形状特征	内容
4	1,3	花键孔4的设计基准为内孔面3和端面1。因此，加工花键4之前，优先加工内孔面3和端面1
5	1,3	通槽5的设计基准为内孔面3和端面1，并且存在位置精度要求，因此，加工通槽5之前，优先加工内孔面3
6,7	1,3	孔6、7的设计基准为内孔面3和端面1，因此，加工锥孔7、螺纹孔6之前，优先加工端面1和内孔面3
8	1,3	叉口8的设计基准为内孔面3和端面1，并且存在位置精度要求，因此，加工台叉口8之前，优先加工端面1和内孔面3

（3）基因编码

遗传算法（GA）解决组合优化问题时，每一条染色体代表问题的一个解，而染色体由基因构成。因此，基因的编码方式对于染色体的迭代进化有重要影响。在工艺路线规划中每一条染色体代表一条工艺路线，那么构成染色体的基因代表工艺路线中的每一道工序。假设工艺路线由 n 道工序组成，那么每一条染色体可表示为：

$$R^n = \{G_1, G_2, \cdots G_i, \cdots G_n\} \tag{3-10}$$

式中，第 i 个基因 G_i 表示第 i 道工序。

根据 3.2.1 节描述，基因由五位字母码组成：

$$G_i = \{p_i, e_i, c_i, d_i, s_i\} \tag{3-11}$$

式中 p_i——第 i 道工序的形状特征编号，取值范围为 0~9，a~z；

e_i——第 i 道工序的机床编号，取值范围为 0~9，a~z；

c_i——第 i 道工序的刀具编号，取值范围为 0~9，a~z；

d_i——第 i 道工序的定位基准形状特征编号，取值范围为 0~9，a~z；

s_i——第 i 道工序的加工阶段编号，1：粗加工；2：半精加工；3：精加工；4：超精加工。

因此，图 3-3 所示零件的基因编码如表 3-4 所示。

表 3-4 示例零件的基因编码

形状特征	基因编码	工序内容
1	1,1,1,2,1	以端面 2 为粗基准粗铣端面 1，机床编号：1，刀具编号：1
1	1,1,2,2,2	以端面 2 为精基准精铣端面 1，机床编号：1，刀具编号：2
2	2,1,1,1,1	以端面 1 为粗基准粗铣端面 2，机床编号：1，刀具编号：1
2	2,1,2,1,2	以端面 1 为精基准精铣端面 2，机床编号：1，刀具编号：2
3	3,2,3,1,2	以端面 1 为基准扩孔，机床编号：2，刀具编号：3
4	4,3,4,1,3	以端面 1 为基准拉花键孔，机床编号：3，刀具编号：4
5	5,4,5,3,1	以内孔面 3 为基准粗铣通槽 5，机床编号：4，刀具编号：5
5	5,4,6,3,2	以内孔面 3 为基准精铣通槽 5，机床编号：4，刀具编号：6
6	6,5,7,3,1	以内孔面 3 为基准钻底孔，机床编号：5，刀具编号：7
6	6,5,8,3,2	以内孔面 3 为基准攻螺纹 6，机床编号：5，刀具编号：8
7	7,6,9,3,1	以内孔面 3 为基准钻锥孔，机床编号：6，刀具编号：9
8	8,7,a,3,1	以内孔面 3 为基准粗铣叉口 8，机床编号：7，刀具编号：a
8	8,7,b,3,2	以内孔面 3 为基准精铣叉口 8，机床编号：7，刀具编号：b
9	9,8,1,3,1	以内孔面 3 为基准粗铣端面 9，机床编号：8，刀具编号：1
10	10,8,1,3,1	以内孔面 3 为基准粗铣端面 10，机床编号：8，刀具编号：1
11	11,9,c,3,1	以内孔面 3 为基准倒角，机床编号：9，刀具编号：c
12	12,1,1,13,1	以端面 13 为粗基准粗铣端面 12，机床编号：1，刀具编号：1
13	13,1,1,12,1	以端面 12 为粗基准粗铣端面 13，机床编号：1，刀具编号：1

基因编码方式是多种多样的，可以非常灵活地按照各种规则进行编码，采用何种编码方式主要取决于规划目标和算法的收敛速度。由于本章准备采用零件的加工时间最短作为优化目标，如何降低占总时间大部分比例的机床、刀具、夹具的更换时间显得尤为重要。为了能使染色体迭代优化过程中直接体现机床、刀具、夹具的更换次数，将实际加工中的机床、刀具、夹具编号体现在基因编码中，用染色体代表工艺路线，基因代表工序，染色体中相连的两个基因代表工艺路线

中相连两个工序。相连的两个基因中,如果机床编码发生变化,即代表更换机床;如果刀具编码发生变化,即代表更换刀具;如果定位基准形状特征编码发生变化,即代表更换夹具。因此,可以从染色体中相连基因的编码情况变化,读出其机床、刀具、夹具的更换次数,估算机床、刀具和夹具每次的更换时间,即可获得该工艺路线在更换工装设备上所耗费的时间。

(4) 初始化染色体种群

通常情况下,染色体种群初始化是随机进行的。但是由于工艺约束的存在,染色体种群中的每条染色体必须经过工艺约束的检验,满足工艺约束的染色体才能进入初始种群中。因此,种群初始化的算法流程如图 3-4 所示。

检验程序是检查染色体的基因编码是否满足关键工艺知识的约束。检验程序可采用循环遍历法,对种群中的每一个染色体进行检查。具体检测过程如下。

步骤 1:获取某条染色体作为当前染色体,并获取其基因长度 n。

步骤 2:令 G_n 为当前基因,令 $m=n$。

步骤 3:令 $m=m-1$。

步骤 4:判断 m 是否大于 1,如果 $m>1$,获取该染色体第 m 个基因 G_m,否则转到步骤 6。

步骤 5:检查 G_n 与 G_m,是否满足关键工艺知识的约束。如果不满足返回 N,检测过程结束。如果满足关键工艺知识的约束,则转到步骤 3。

步骤 6:令 $n=n-1$。

步骤 7:判断 n 是否小于 1,如果 $n<1$,则返回 Y,检测过程结束,否则转到步骤 2。

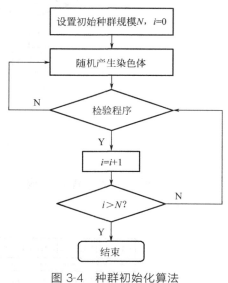

图 3-4 种群初始化算法

经过关键工艺知识的检验,染色体构成初始种群。染色体检验流程如图 3-5 所示。对于初始种群的大小,实际应用中依据经验或试验确定,一般建议的取值范围是 20~100。

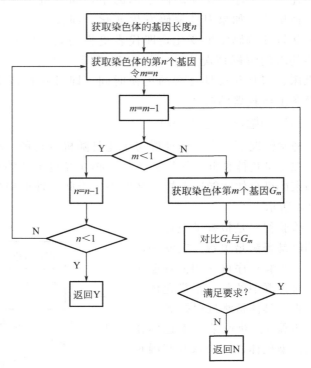

图 3-5 染色体检验流程图

根据上述流程，生成两条满足工艺约束的染色体如图 3-6 和图 3-7 所示。

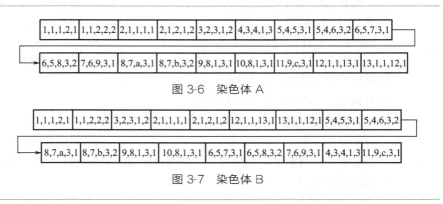

图 3-6 染色体 A

图 3-7 染色体 B

上述染色体 A 和染色体 B 所代表的工艺路线分别如表 3-5、表 3-6 所示。

表 3-5 染色体 A 表示的工艺路线

工序序号	基因编码	工序内容
1	1,1,1,2,1	以端面 2 为粗基准粗铣端面 1,机床编号:1,刀具编号:1
2	1,1,2,2,2	以端面 2 为精基准精铣端面 1,机床编号:1,刀具编号:2
3	2,1,1,1,1	以端面 1 为粗基准粗铣端面 2,机床编号:1,刀具编号:1
4	2,1,2,1,2	以端面 1 为精基准精铣端面 2,机床编号:1,刀具编号:2
5	3,2,3,1,2	以端面 1 为基准扩孔,机床编号:2,刀具编号:3
6	4,3,4,1,3	以端面 1 为基准拉花键孔,机床编号:3,刀具编号:4
7	5,4,5,3,1	以内孔面 3 为基准粗铣通槽 5,机床编号:4,刀具编号:5
8	5,4,6,3,2	以内孔面 3 为基准精铣通槽 5,机床编号:4,刀具编号:6
9	6,5,7,3,1	以内孔面 3 为基准钻底孔,机床编号:5,刀具编号:7
10	6,5,8,3,2	以内孔面 3 为基准攻螺纹 6,机床编号:5,刀具编号:8
11	7,6,9,3,1	以内孔面 3 为基准钻锥孔,机床编号:6,刀具编号:9
12	8,7,a,3,1	以内孔面 3 为基准粗铣叉口 8,机床编号:7,刀具编号:a
13	8,7,b,3,2	以内孔面 3 为基准精铣叉口 8,机床编号:7,刀具编号:b
14	9,8,1,3,1	以内孔面 3 为基准粗铣端面 9,机床编号:8,刀具编号:1
15	10,8,1,3,1	以内孔面 3 为基准粗铣端面 10,机床编号:8,刀具编号:1
16	11,9,c,3,1	以内孔面 3 为基准倒角,机床编号:9,刀具编号:c
17	12,1,1,13,1	以端面 13 为粗基准粗铣端面 12,机床编号:1,刀具编号:1
18	13,1,1,12,1	以端面 12 为粗基准粗铣端面 13,机床编号:1,刀具编号:1

表 3-6 染色体 B 表示的工艺路线

工序序号	基因编码	工序内容
1	1,1,1,2,1	以端面 2 为粗基准粗铣端面 1,机床编号:1,刀具编号:1
2	1,1,2,2,2	以端面 2 为精基准精铣端面 1,机床编号:1,刀具编号:2
3	3,2,3,1,2	以端面 1 为基准扩孔,机床编号:2,刀具编号:3
4	2,1,1,1,1	以端面 1 为粗基准粗铣端面 2,机床编号:1,刀具编号:1
5	2,1,2,1,2	以端面 1 为精基准精铣端面 2,机床编号:1,刀具编号:2
6	12,1,1,13,1	以端面 13 为粗基准粗铣端面 12,机床编号:1,刀具编号:1
7	13,1,1,12,1	以端面 12 为粗基准粗铣端面 13,机床编号:1,刀具编号:1
8	5,4,5,3,1	以内孔面 3 为基准粗铣通槽 5,机床编号:4,刀具编号:5
9	5,4,6,3,2	以内孔面 3 为基准精铣通槽 5,机床编号:4,刀具编号:6
10	8,7,a,3,1	以内孔面 3 为基准粗铣叉口 8,机床编号:7,刀具编号:a
11	8,7,b,3,2	以内孔面 3 为基准精铣叉口 8,机床编号:7,刀具编号:b
12	9,8,1,3,1	以内孔面 3 为基准粗铣端面 9,机床编号:8,刀具编号:1
13	10,8,1,3,1	以内孔面 3 为基准粗铣端面 10,机床编号:8,刀具编号:1
14	6,5,7,3,1	以内孔面 3 为基准钻底孔,机床编号:5,刀具编号:7
15	6,5,8,3,2	以内孔面 3 为基准攻螺纹 6,机床编号:5,刀具编号:8
16	7,6,9,3,1	以内孔面 3 为基准钻圆孔,机床编号:6,刀具编号:9
17	4,3,4,1,3	以端面 1 为基准拉花键孔,机床编号:3,刀具编号:4
18	11,9,c,3,1	以内孔面 3 为基准倒角,机床编号:9,刀具编号:c

(5) 优化目标函数

工艺路线规划的目标往往与车间制造系统的目标一致,主要包括成本、质量和效率三个方面,在车间生产的不同阶段,工艺路线规划的目标略有差异,根据客户或者订单的要求,或者要求根据工艺路线组织生产时成本最低，或者质量最好，或者效率最高，也可能是三者综合考虑。工艺路线规划的最终目标是规划出一个经过合理排序的工艺路线，而该路线对于质量和成本并没有直接明确的表达式表示，因此，大部分情况下排序的目标是使规划的工艺路线在满足加工质量和生产成本要求的情况下效率最高，即生产时间最短。

而生产中零件的生产时间主要包括以下几方面。

基本时间 T_b，它是直接用于改变零件尺寸、形状、相互位置，以及表面状态或材料性质等的工艺过程所耗费的时间。对切削加工来说，就是切除余量所耗费的时间，包括刀具的切入和切出时间在内，又可称为机动时间，可通过切削速度等参数计算确定。

辅助时间 T_a，它是指各个工序中为了保证基本工艺工作所需要做的辅助动作所耗费的时间。辅助动作包括装拆零件、开停机床、改变切削用量、进退刀具、测量零件等。辅助时间的确定方法主要有两种：一是在大批量生产中，将各辅助动作分解，然后采用实测或者查表的方法确定各分解动作所需要耗费的时间，并进行累加；二是在中小批生产中，按基本时间的一定百分比进行估算，并在实际生产中进行修改，使其趋于合理。

基本时间和辅助时间之和称为工序操作时间 T_B。生产的实际经验表明，零件的生产时间中工序时间只是占据其中一部分，另外一部分的时间浪费在零件的装拆、刀具的更换、对刀、零件的搬运等辅助时间上。因此，工艺路线规划时，规划目标是在满足生产质量和成本的前提下，更换机床、刀具、夹具的次数最少。为了获得最终生产时间最小的规划目标，还需要对上述优化目标进行处理，根据机床、刀具、夹具更换时所耗费的时间进行加权处理，将多目标的优化问题转变为线性的单目标优化问题。

假设种群初始化后形成的染色体群包含 m 条染色体，每条染色体包含 n 个基因，m 条染色体构成了工艺路线的规划空间 $\boldsymbol{R}$。目标函数可表示为

$$\min S(x)(x \in \boldsymbol{R})$$

$$S(x) = \alpha_J S_J(x) + \alpha_C S_C(x) + \alpha_E S_E(x)$$

$$S_C(x) = \sum_{i=1}^{n-1} \lambda(G_i(3), G_{i+1}(3))$$

$$S_E(x) = \sum_{i=1}^{n-1} \lambda(G_i(2), G_{i+1}(2))$$

$$S_J(x) = \sum_{i=1}^{n-1} \lambda(G_i(2), G_{i+1}(2)) + \sum_{i=1}^{n-1} \lambda(G_i(4), G_{i+1}(4))\big|_{G_i(2) = G_{i+1}(2)}$$

(3-12)

式中 x——染色体；

$S_J(x)$——染色体 x 的装夹次数；

$S_C(x)$——染色体 x 的换刀次数；

$S_E(x)$——染色体 x 的机床变换次数；

α_J、α_C、α_E——装夹次数、换刀次数、机床变换次数的权重；

$G_i(3)$——基因 i 的第 3 码位，刀具码位；

$G_i(2)$——基因 i 的第 2 码位，机床码位；

$G_i(4)$——基因 i 的第 4 码位，定位基准码位；

$\lambda(x,y)$——判断函数，表示：

$$\lambda(x,y)=\begin{cases}1(x\neq y)\\0(x=y)\end{cases} \quad (3\text{-}13)$$

GA 评价染色体优劣的标准是适应度值，根据适应度值的大小决定染色体个体的优劣，适应度值大的染色体具有较好的适应性，将有选择地进入下一代种群，而适应度值小的染色体适应性差，将被舍弃。上述目标函数 $S(x)$，是机床、刀具、夹具更换次数的加权处理。目标函数越小，意味着机床、刀具、夹具的更换次数越少，对应该批零件的辅助时间减少，加工效率提高。因此，目标函数值和染色体的适应度值对染色体优劣的评价是相反的，即染色体的目标函数越小，适应度值越大，则染色体越优。据此建立适应度函数

$$F(x)=\frac{1}{S(x)} \quad (3\text{-}14)$$

式中，$S(x)$ 是染色体 x 目标函数值，$F(x)$ 是染色体 x 适应度函数值。$F(x)$ 越大，意味着染色体 x 越优，越有可能进入下一代染色体种群。

(6) 复制、交叉、变异

复制运算是遗传算法的基本算子，将一代种群中适应度值较大的染色体直接复制到下一代种群中，即精英染色体保留策略。较为常用的方法有排序选择（linear ranking）、轮盘赌（roulette wheel）和锦标赛选择（tournament）等，本书采用锦标赛选择方法，每次从种群中选择一定数量的个体进行适应度值的比较，将适应度值较高的个体插入到种群池中，为了避免陷入局部最优，对于精英染色体中适应度值相同或者接近的染色体设置复制概率，一般为 10%～20%，使下一代种群既保留了精英染色体，又避免了陷入局部最优。

交叉运算是从种群中随机选择父代染色体，经过一定操作，组合后产生新个体，在尽量降低有效染色体被破坏概率的基础上对解空间进行

高效搜索。交叉操作是 GA 主要的遗传操作，交叉操作的执行方法直接决定了 GA 的运算性能和全局搜索能力。GA 中较常见的交叉操作有单点交叉（single point crossover，SPX）、多点交叉（multiple point crossover，MPX）、均匀交叉（uniform crossover，UX）、次序交叉（order crossover，OX）、循环交叉（cycle crossover，CX）等。本书在此处采用双点交叉，具体交叉运算流程如下。

步骤 1：对种群中所有染色体以事先设定的交叉概率判断是否进行交叉操作，确定进行交叉操作的两个染色体 A、B。

步骤 2：随机产生两个交叉位置点 p、q。

步骤 3：在其中一个染色体 A 中取出两个交叉点 p、q 之间的基因，交叉点外的基因保持不变。

步骤 4：在另一个父代染色体 B 中寻找第一个染色体 A 交叉点外缺少的基因。按照染色体 B 原来的排列顺序插入到染色体 A 两个交叉点之间的位置，形成一个新的染色体。

步骤 5：检验新染色体是否满足工艺约束要求，如果满足，则进入下一代染色体，否则，舍弃。

以染色体 A 和染色体 B 为例，取染色体 B 的交叉点 $X=6$ 和 $Y=10$，经过交叉运算则形成一个新的子代染色体 C 如图 3-8 所示。

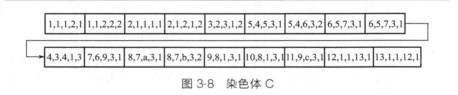

图 3-8 染色体 C

取染色体 A 的交叉点 $X=6$ 和 $Y=10$，经过交叉运算则形成一个新的子代染色体 D 如图 3-9 所示。

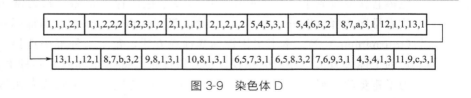

图 3-9 染色体 D

经过两点交叉运算生成了如图 3-8 和图 3-9 所示两条染色体，扩大了 GA 搜索最优解的范围，但是生成的染色体不能直接进入下一代种群，需要对染色体的有效性进行检查，也就是染色体所代表的工艺路线是否满足关键工艺知识,即工艺约束的要求。使用图 3-5 所示的染色体校验算法,检验染色体 C、D 是否满足表 3-3 所提出的工艺约束。经过检验,染色体 C、D 满足工艺约束要求。

交叉操作是提高 GA 进化性能,扩大最优解搜索范围的重要操作。同样,为了保证下一代种群的完整性和适应性,需要设置交叉概率,通常情况下,交叉概率的设置范围一般选择种群规模的 50%～90%,交叉概率越大,那么执行交叉操作的染色体越多,解空间的范围越广,代价是搜索时间会变长。交叉概率的大小和求解问题的规模也有关系,通常构成染色体的基因数如果较少,代表由这些基因所形成的染色体数量较少,此时可以设置较小的交叉概率,经过工艺约束的检验,某些染色体不满足要求,需要重新执行交叉操作,此时交叉概率可以设置得较大。

变异算子的基本操作是对种群中某些染色体的基因进行变动。变异操作主要有两个目的:一是使遗传算法具有局部的随机搜索能力。当遗传算法通过交叉操作已接近最优解邻域时,利用变异操作的这种局部随机搜索能力可以加速向最优解收敛。显然,此种情况下的变异概率应取较小值,否则,接近最优解的染色体会因变异而遭到破坏。二是使遗传算法可维持群体多样性,以防止出现早熟收敛现象。此时收敛概率应取较大值。依据染色体编码方法的不同,主要有两种变异类型:实值变异、二进制变异。

本书中采用实值变异,变异操作的基本步骤如下。

步骤 1:对种群中所有个体以事先设定的变异概率判断是否进行变异,确定进行变异操作的染色体。

步骤 2:随机产生两个变异位置点 p、q。

步骤 3:将两个变异点的基因互换。

步骤 4:检验新染色体是否满足工艺约束要求,如果满足,则进入下一代染色体,否则舍弃。

本例中,对染色体 A 和 D 进行变异操作,变异点取 6 和 15,将变异点的基因位置互换,进行变异操作,形成的新染色体如图 3-10 和图 3-11 所示。

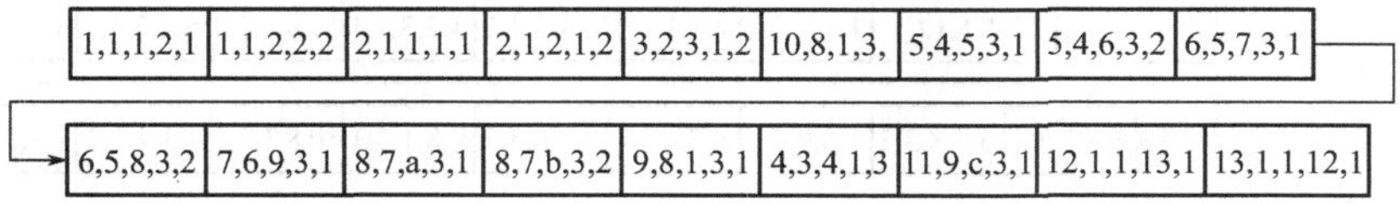

| 1,1,1,2,1 | 1,1,2,2,2 | 2,1,1,1,1 | 2,1,2,1,2 | 3,2,3,1,2 | 10,8,1,3 | 5,4,5,3,1 | 5,4,6,3,2 | 6,5,7,3,1 |
| 6,5,8,3,2 | 7,6,9,3,1 | 8,7,a,3,1 | 8,7,b,3,2 | 9,8,1,3,1 | 4,3,4,1,3 | 11,9,c,3,1 | 12,1,1,13,1 | 13,1,1,12,1 |

图 3-10　染色体 E

图 3-11 染色体 F

通过图 3-5 所示的染色体校验算法，检验染色体 E、F 是否满足表 3-3 所提出的工艺约束要求，如果满足要求，则进入下一代染色体种群，如果不满足则舍弃。经过检验，图 3-11 所示的染色体 F 对于形状特征 5 和 6，不满足先粗后精的工艺约束要求，因此予以舍弃。

遗传算法中，交叉算子因其全局搜索能力而作为主要算子，变异算子因其局部搜索能力而作为辅助算子。遗传算法通过交叉和变异这对相互配合又相互竞争的操作而使其具备兼顾全局和局部的均衡搜索能力。所谓相互配合是指当群体在进化中陷于搜索空间中某个超平面而仅靠交叉不能摆脱时，通过变异操作可有助于这种摆脱。所谓相互竞争，是指当通过交叉已形成所期望的染色体时，变异操作有可能破坏这些染色体。

变异概率的选取一般受种群大小、染色体长度等因素的影响，通常选取很小的值，一般取 0.001~0.1。

遗传算法的终止条件一般是两种：①评价个体适应度值时，最优染色体的适应度值基本不变或者变化很小，或者适应度值已达到设定的目标值。②迭代次数超过了设定的迭代次数，或算法执行时间达到了设定的规定时间等。

3.3.3　典型案例

以图 3-3 所述示例零件为例，取 20 条染色体构成决策空间，复制概率 10%，交叉概率 80%，变异概率 5%，α_J、α_C、α_E 分别设置为 0.2、0.2、0.6，迭代次数取 100，最后得到最优染色体如图 3-12 所示，对应工艺路线如表 3-7 所示，其适应度值为 0.1087。

图 3-12　最优染色体

表 3-7　最优染色体表示的工艺路线

工序序号	基因编码	工序内容
1	12,1,1,13,1	以端面 13 为粗基准粗铣端面 12,机床编号:1,刀具编号:1
2	13,1,1,12,1	以端面 12 为粗基准粗铣端面 13,机床编号:1,刀具编号:1
3	1,1,1,2,1	以端面 2 为粗基准粗铣端面 1,机床编号:1,刀具编号:1
4	2,1,1,1,1	以端面 1 为粗基准粗铣端面 2,机床编号:1,刀具编号:1
5	2,1,2,1,2	以端面 1 为精基准精铣端面 2,机床编号:1,刀具编号:2
6	3,2,3,1,2	以端面 1 为基准扩孔,机床编号:2,刀具编号:3
7	11,9,c,3,1	以内孔面 3 为基准倒角,机床编号:9,刀具编号:c
8	5,4,5,3,1	以内孔面 3 为基准粗铣通槽 5,机床编号:4,刀具编号:5
9	5,4,6,3,2	以内孔面 3 为基准精铣通槽 5,机床编号:4,刀具编号:6
10	6,5,7,3,1	以内孔面 3 为基准钻底孔,机床编号:5,刀具编号:7
11	6,5,8,3,2	以内孔面 3 为基准攻螺纹 6,机床编号:5,刀具编号:8
12	7,6,9,3,1	以内孔面 3 为基准钻圆孔,机床编号:6,刀具编号:9
13	8,7,a,3,1	以内孔面 3 为基准粗铣叉口 8,机床编号:7,刀具编号:a
14	8,7,b,3,2	以内孔面 3 为基准精铣叉口 8,机床编号:7,刀具编号:b
15	9,8,1,3,1	以内孔面 3 为基准粗铣端面 9,机床编号:8,刀具编号:1
16	10,8,1,3,1	以内孔面 3 为基准粗铣端面 10,机床编号:8,刀具编号:1
17	4,3,4,1,3	以端面 1 为基准拉花键孔,机床编号:3,刀具编号:4
18	1,1,2,2,2	以端面 2 为精基准精铣端面 1,机床编号:1,刀具编号:2

本节内容主要讨论了应用遗传算法进行工艺规划的方法和过程。首先，将零件特征建模中的形状信息、制造信息和其他辅助的加工信息，作为计算机辅助工艺规划的数据源，通过知识向量的形式，将特征模型中的工艺信息表述成计算机能够识别的工艺知识信息。其次，将工艺知识以合理的基因编码方式表述为染色体，每一条染色体代表一种工艺路线。通过将工艺路线中的机床、刀具、夹具更换次数的加权处理，定义工艺规划的目标函数，并以此确定适应度函数。最后，设计选择、交叉、变异算子，进行工艺路线的规划。示例验证了 GA 解决工艺规划问题的一般过程，仿真结果表明了 GA 解决工艺规划问题的可行性和有效性。

3.4　改进的工艺规划与编程深度求解方法

3.4.1　蚁群算法

蚁群系统（ant system/ant colony system）是由意大利学者 Dorigo、Maniezzo 等人于 20 世纪 90 年代首先提出来的。他们在研究蚂蚁觅食的过程中，发现单个蚂蚁的行为比较简单，但是蚁群整体却可以体现一些智能的行为。例如蚁群可以在不同的环境下，寻找最短到达食物源的路径。这是因为蚁群内的蚂蚁可以通过某种信息机制实现信息的传递。后又经进一步研究发现，蚂蚁会在其经过的路径上释放一种可以称之为"信息素"的物质，蚁群内的蚂蚁对"信息素"具有感知能力，它们会沿着"信息素"浓度较高路径行走，而每只路过的蚂蚁都会在路上留下"信息素"，这就形成一种类似正反馈的机制，这样经过一段时间后，整个蚁群就会沿着最短路径到达食物源。

将蚁群算法应用于解决优化问题的基本思路为：用蚂蚁的行走路径表示待优化问题的可行解，整个蚂蚁群体的所有路径构成待优化问题的解空间。路径较短的蚂蚁释放的信息素量较多，随着时间的推进，较短的路径上累积的信息素浓度逐渐增高，选择该路径的蚂蚁个数也愈来愈多。最终，整个蚂蚁会在正反馈的作用下集中到最佳的路径上，此时对应的便是待优化问题的最优解。

蚂蚁找到最短路径要归功于信息素和环境，假设有两条路可从蚁窝通向食物，开始时两条路上的蚂蚁数量差不多；当蚂蚁到达终点之后会立即返回，距离短的路上的蚂蚁往返一次时间短，重复频率快，在单位时间里往返蚂蚁的数目就多，留下的信息素也多，会吸引更多蚂蚁过来，会留下更多信息素。而距离长的路正相反，因此越来越多的蚂蚁聚集到最短路径上来。

基本蚁群算法的实现步骤如下。

步骤 1：参数初始化。时间 $t=0$，循环次数 $N_C=0$；设置最大循环次数 $N_{C_{\max}}$；随机地把 m 个蚂蚁放置到蚁窝中，每条路径 (i,j) 的初始信息量都为 $\tau_{ij}(t)=a$。

步骤 2：循环次数 $N_C=N_C+1$。

步骤 3：蚂蚁的禁忌表为空，即 $tabu_k$ 中指针 $k=1$。

步骤 4：蚂蚁数目 $K=K+1$。

步骤 5：计算出路径选择的转移概率，选出下一步的目标路径 $j \notin \{c-tabu_k\}$ 并前行。

步骤 6：将禁忌表中的指针按蚂蚁的移动进行修改，即当蚂蚁移动到新的路径之后，就把这个路径放入该蚂蚁的禁忌表中去。

步骤 7：如果没有完成对集合 C 中所有路径的访问，则跳回到步骤 4，否则进入下一步骤。

步骤 8：更新每条路径上的信息素。

步骤 9：查看循环次数是否满足结束条件 $N_C \geqslant N_{C_{\max}}$，如果满足，则结束该循环，输出程序的计算结果；否则清空禁忌表并跳回到步骤 2。

3.4.2　改进的工艺知识表述方法

在3.2.1节，关于工艺知识的表达主要解决了3个问题：①零件的工艺路线可由确定的工序组成，如公式(3-2)所示；②工序可由8维特征向量组成，如公式(3-2)～公式(3-8)所示；③工序间存在工艺约束。基于上述工艺知识表达，利用遗传算法进行了工艺路线的智能规划。但是上述工艺知识表述方法与加工现场的实际情况有出入，因此，本节改进了工艺知识表述方法，使之与实际情况更加接近，在此基础上进行工艺规划，更接近于工程实践。

正如公式(3-1)所示，某零件的工艺路线可表示为OL，其由i个工序OP_i组成。而工序OP_i则从m个备选工序中确定，OP_i可表示为

$$OP_i = \{OPT_{i1}, OPT_{i2}, \cdots, OPT_{ij}, OPT_{im}\} \tag{3-15}$$

公式(3-15)中OPT_{ij}指的是工序OP_i的所有备选工序集合，根据3.2.1节的表述OPT_{ij}可由8维特征向量组成，而实际在利用遗传算法求解工艺规划问题时，工序向量仅包含了机床信息、刀具信息、基准信息和加工阶段信息，经过查阅文献，工序向量中的基准信息，可由进刀方向表示，而不同的加工阶段，因其使用的机床和刀具有差别，所以，工序向量中可不含加工阶段信息[29,30]。因此，备选工序OPT_{ij}可表示为

$$OPT_{ij} = \{M_{ij}, T_{ij}, TAD_{ij}\} \tag{3-16}$$

公式(3-16)中M_i指的是第i道工序的机床，T_i指的是第i道工序的刀具，TAD_i指的是第i道工序的进刀方向。

最终零件的制造特征和工序的映射关系如图3-13所示。

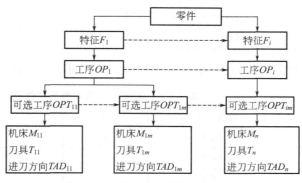

图3-13　特征和工序的映射关系

示例零件 1 如图 3-14 所示。

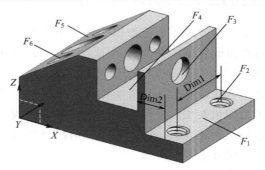

图 3-14 示例零件 1

该零件具有 6 个加工特征，分别以 $F_1 \sim F_6$ 表示，其中 F_1 为台阶面，F_2 为两个螺纹孔，F_3 为大直径通孔，F_4 为槽，F_5 为斜面，F_6 为两个小直径通孔，坐标系如图 3-14 所示，针对示例零件 1，其工艺知识表达如表 3-8 所示。

表 3-8 工序表达

加工特征	工序	机床	刀具	进刀方向	备注
F_1	铣台阶面(OP_1)	M_1	T_1	$+X, +Z$	M_1:钻铣中心；M_2:钻床；T_1:立铣刀；T_2:麻花钻1；T_3:丝锥；T_4:麻花钻2；T_5:扩孔刀1；T_6:槽刀；T_7:角度铣刀；T_8:麻花钻3；T_9:扩孔刀2
F_2	钻孔(OP_2)	M_1, M_2	T_2	$-Z$	
F_2	攻丝(OP_3)	M_1, M_2	T_3	$-Z$	
F_3	钻孔(OP_4)	M_1, M_2	T_4	$-X$	
F_3	扩孔(OP_5)	M_1, M_2	T_5	$-X$	
F_4	铣槽(OP_6)	M_1	T_6	$+Z$	
F_5	铣斜面(OP_7)	M_1	T_7	$-Z, +Y$	
F_6	钻孔(OP_8)	M_1, M_2	T_8	$+X$	
F_6	扩孔(OP_9)	M_1, M_2	T_9	$+X$	

每道工序 OP_i 对应的可选工序集合 OPT_{ij} 如表 3-9。

表 3-9 示例零件 1 的可选工序集合

工序	可选工序集合	机床	刀具	进刀方向
OP_1	OPT_{11}	M_1	T_1	$+X$
OP_1	OPT_{12}	M_1	T_1	$+Z$
OP_2	OPT_{21}	M_1	T_2	$-Z$
OP_2	OPT_{22}	M_2	T_2	$-Z$

续表

工序	可选工序集合	机床	刀具	进刀方向
OP_3	OPT_{31}	M_1	T_3	$-Z$
	OPT_{32}	M_2	T_3	$-Z$
OP_4	OPT_{41}	M_1	T_4	$-X$
	OPT_{42}	M_2	T_4	$-X$
OP_5	OPT_{51}	M_1	T_5	$-X$
	OPT_{52}	M_2	T_5	$-X$
OP_6	OPT_{61}	M_1	T_6	$+Z$
OP_7	OPT_{71}	M_1	T_7	$-Z$
	OPT_{72}	M_1	T_7	$+Y$
OP_8	OPT_{81}	M_1	T_8	$+X$
	OPT_{82}	M_2	T_8	$+X$
OP_9	OPT_{91}	M_1	T_9	$+X$
	OPT_{92}	M_2	T_9	$+X$

(1) 工艺约束

根据3.2.1节，工艺约束包括5大类规则，即①先主后次；②先面后孔；③先粗后精；④基准先行；⑤其他工艺约束。约束性质分为两大类：硬约束和软约束，硬约束指的是在工艺规划过程中严格不能违反的约束条件，如果违反了该工艺约束，则最终达不到零件的加工要求。软约束指的是在工艺规划过程中可以违反的约束，但是违反了该约束可能会产生少量的不合格产品或者导致后续的加工难度增大。

示例零件1的工艺约束及其性质见表3-10。

表 3-10 工艺约束及其性质

加工特征	工序	工艺约束	规则	约束性质
F_1	OP_1	OP_1 优先于 OP_2、OP_3	②	硬约束
F_2	OP_2	OP_2 优先于 OP_3	③	硬约束
	OP_2,OP_3	OP_2、OP_3 优先于 OP_6	④	硬约束
F_3	OP_4	OP_4 优先于 OP_5	③	硬约束
	OP_4,OP_5	OP_4、OP_5 优先于 OP_6	⑤	软约束
F_6	OP_8	OP_8 优先于 OP_9	③	硬约束
	OP_8,OP_9	OP_8、OP_9 优先于 OP_7	①	硬约束

(2) 优化目标函数

使用成本作为工艺优化的目标函数。在加工过程中产生的成本来自于多方面，为了简化模型，将机加工工艺优化的成本划分为三大类，即静态成本、动态成本、惩罚成本。其中静态成本包括机床损耗成本、刀具损耗成本，动态成本包括机床更换成本、刀具更换成本、装夹成本，而惩罚成本指的是违反了工艺约束中的软约束而触发的惩罚成本。

对于某工艺路线而言，其机床损耗总成本 TMC 为

$$TMC = \sum_{i=1}^{n} MC_i \tag{3-17}$$

公式(3-17)中 MC_i 表示机床 M_i 的成本。

刀具损耗总成本为

$$TTC = \sum_{i=1}^{n} TC_i \tag{3-18}$$

公式(3-18)中 TC_i 表示刀具 T_i 的成本。

在零件的加工过程中，不同工序间涉及机床和刀具的更换，更换机床和刀具时，需要搬运零件、开停机床、装夹刀具和零件，由此产生了附加成本，即机床更换成本、刀具更换成本和装夹成本，其中机床更换总成本为

$$TMCC = MCC \times NMC \tag{3-19}$$

公式(3-19)中，MCC 表示单次机床更换成本，NMC 为整个工艺路线过程中产生的机床更换次数，可通过公式(3-20)表示

$$NMC = \sum_{i=1}^{n-1} \Omega_1(M_{i+1}, M_i) \tag{3-20}$$

公式(3-20)中，$\Omega_1(x,y)$ 是判断函数，可通过公式(3-21)表示

$$\Omega_1(x,y) = \begin{cases} 1 & x \neq y \\ 0 & x = y \end{cases} \tag{3-21}$$

而刀具更换总成本为

$$TTCC = TCC \times NTC \tag{3-22}$$

公式(3-22)中，TCC 表示单次刀具更换成本，NTC 为整个工艺路线过程中产生的刀具更换次数，可通过公式(3-23)表示

$$NTC = \sum_{i=1}^{n-1} \Omega_2(\Omega_1(M_{i+1}, M_i), \Omega_1(T_{i+1}, T_i)) \tag{3-23}$$

公式(3-23)中，$\Omega_2(x,y)$ 是判断函数，可通过公式(3-24)表示

$$\Omega_2(x,y) = \begin{cases} 0 & x = y = 0 \\ 1 & 其他 \end{cases} \tag{3-24}$$

装夹总成本为

$$TSCC = SCC \times (NSC+1) \tag{3-25}$$

公式(3-25)中，SCC 表示单次夹具更换成本，NSC 为整个工艺路线过程中产生的夹具更换次数，可通过公式(3-26)表示

$$NSC = \sum_{i=1}^{n-1} \Omega_2(\Omega_1(M_{i+1}, M_i), \Omega_1(TAD_{i+1}, TAD_i)) \tag{3-26}$$

惩罚成本为

$$TAPC = APC \times NPC \tag{3-27}$$

其中，APC 为单次违反工艺约束产生的成本，NPC 为工艺路线中所有违反软约束的次数，可通过公式(3-28)表示

$$NPC = \sum_{i=1}^{n-1} \sum_{j=i+1}^{n} \Omega_3(OP_i, OP_j) \tag{3-28}$$

公式(3-28)中，$\Omega_3(x,y)$ 是判断函数，可通过公式(3-29)表示

$$\Omega_3(x,y) = \begin{cases} 1 & \text{工序 } x,y \text{ 违背工艺约束} \\ 0 & \text{工序 } x,y \text{ 满足工艺约束} \end{cases} \tag{3-29}$$

综合上述，则第 i 个工序第 j 个 OPT 的静态成本为

$$SC_i = \omega_1 \times MC_i + \omega_2 \times TC_i \tag{3-30}$$

第 i 个工序的动态成本为

$$DC_{i-1,i} = \omega_3 \times MCC_{i-1,i} + \omega_4 \times TCC_{i-1,i} + \omega_5 \times SCC_{i-1,i} + \omega_6 \times APC_{i-1,i} \tag{3-31}$$

综合上述静态成本、动态成本、惩罚成本，某零件工艺路线的总成本 TPC 可表示为

$$TPC = \sum_{i=1}^{n} (\omega_1 \times MC_i + \omega_2 \times TC_i) + \sum_{i=2}^{n} (\omega_3 \times MCC_{i-1,i} + \omega_4 \times TCC_{i-1,i} + \omega_5 \times SCC_{i-1,i} + \omega_6 \times APC_{i-1,i}) + SCC \tag{3-32}$$

或者表示为

$$TPC = \omega_1 \times TMC + \omega_2 \times TTC + \omega_3 \times TMCC + \omega_4 \times TSCC + \omega_5 \times TTCC + \omega_6 \times TAPC \tag{3-33}$$

公式中，$\omega_1 \sim \omega_6$ 为权重系数，一方面，当某种或某几种损耗成本占机器总成本的比重很小，相对于总成本可忽略不计时，其取值为 0，表示不计该项成本。如当 $\omega_2 = 0$，$\omega_1 = \omega_3 = \omega_4 = \omega_5 = \omega_6 = 1$ 时，表示刀具损耗成本相对于总成本而言较小，不考虑刀具损耗成本[30]。当 $\omega_6 = 0$，表示不计惩罚成本，也就是说，在进行工艺规划时，不考虑软约束的存在，全部为硬约束，即所有的工艺约束都不能违背。另一方面，可通过设置

$\omega_1 \sim \omega_6$ 权重系数的大小，表示各成本在总成本中所占的比重。例如，如果在某种工况条件下，认为机床损耗成本在总成本中更为重要，此时可将 ω_1 调整为大于 1 的权重系数。

根据公式(3-23) 和公式(3-26)，关于刀具更换次数和装夹次数的说明如表 3-11、表 3-12 所示。

表 3-11 刀具更换次数

相连两个工序	是否计算刀具更换次数
机床和刀具都没变更	否
机床变更、刀具没变	是
机床不变、刀具变更	是
机床和刀具都变更	是

表 3-12 装夹次数

相连两个工序	是否计算装夹次数
机床和进刀方向(TAD)都没变更	否
机床变更、进刀方向(TAD)没变	是
机床不变，进刀方向(TAD)变更	是
机床和进刀方向(TAD)都变更	是

基于上述成本的说明，对于工艺规划问题的优化目标就是确定合适的工艺规划使该工艺路线最终的总成本最小。

为了便于说明利用蚁群算法求解工艺规划问题，对图 3-14 零件设置成本参数如表 3-13 所示。

表 3-13 示例零件的成本参数

MC		TC									MCC	TCC	SCC
M_1	M_2	T_1	T_2	T_3	T_4	T_5	T_6	T_7	T_8	T_9			
40	10	10	3	7	3	8	10	10	3	8	300	60	20

因此，在假定机床成本系数 ω_1 和刀具成本系数 ω_2 为 1 的情况下，可获得各工序的静态成本如表 3-14 所示。

表 3-14 各工序静态成本

工序	可选工序集合	机床	刀具	进刀方向	静态成本 SC
OP_1	OPT_{11}	M_1	T_1	$+X$	50
	OPT_{12}	M_1	T_1	$+Z$	50
OP_2	OPT_{21}	M_1	T_2	$-Z$	43
	OPT_{22}	M_2	T_2	$-Z$	13

续表

工序	可选工序集合	机床	刀具	进刀方向	静态成本 SC
OP_3	OPT_{31}	M_1	T_3	$-Z$	47
	OPT_{32}	M_2	T_3	$-Z$	17
OP_4	OPT_{41}	M_1	T_4	$-X$	43
	OPT_{42}	M_2	T_4	$-X$	13
OP_5	OPT_{51}	M_1	T_5	$-X$	48
	OPT_{52}	M_2	T_5	$-X$	18
OP_6	OPT_{61}	M_1	T_6	$+Z$	50
OP_7	OPT_{71}	M_1	T_7	$-Z$	50
	OPT_{72}	M_1	T_7	$+Y$	50
OP_8	OPT_{81}	M_1	T_8	$+X$	43
	OPT_{82}	M_2	T_8	$+X$	13
OP_9	OPT_{91}	M_1	T_9	$+X$	48
	OPT_{92}	M_2	T_9	$+X$	18

而假定某条工艺路线如表 3-15 所示,各权重系数 $\omega_1 \sim \omega_6$ 为 1,其总成本计算结果见表 3-15。

表 3-15 某条可行工艺路线成本计算

工艺路线	工序	可选工序集合	机床	刀具	进刀方向	静态成本 SC		动态成本 DC		
						机床成本	刀具成本	机床更换成本	刀具更换成本	装夹成本
1 ↓	OP_1	OPT_{11}	M_1	T_1	$+X$	40	10			
2 ↓	OP_2	OPT_{22}	M_2	T_2	$-Z$	10	3	300	60	20
3 ↓	OP_3	OPT_{31}	M_1	T_3	$-Z$	40	7	300	60	
4 ↓	OP_4	OPT_{41}	M_1	T_4	$-X$	40	3		60	20
5 ↓	OP_5	OPT_{52}	M_2	T_5	$-X$	10	8	300	60	
6 ↓	OP_6	OPT_{61}	M_1	T_6	$+Z$	40	10	300	60	20
8 ↓	OP_8	OPT_{81}	M_1	T_8	$+X$	40	3		60	20
9 ↓	OP_9	OPT_{92}	M_2	T_9	$+X$	10	8	300	60	
7	OP_7	OPT_{71}	M_1	T_7	$-Z$	40	10	300	60	20
小计						270	62	1800	480	100
小计						332		2380		
合计						2712				

3.4.3 利用蚁群算法求解工艺规划问题

在 3.2.1 节中尝试了利用遗传算法求解工艺规划问题。在本节,改进了工艺路线和工序的数学模型,在此基础上,尝试利用蚁群算法求解工艺规划问题。在利用蚁群算法求解工艺规划问题之前,应该将零件工艺路线表示为一种有向加权图。对于图 3-14 所示的零件,其工艺路线可表示为图 3-15 所示的有向加权图。

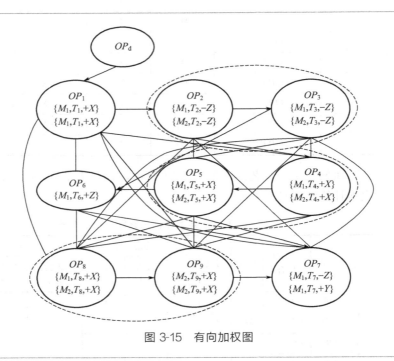

图 3-15 有向加权图

该有向加权图是由一个集合构成 $D=(O,U,V)$,表示的是零件某条工艺路线,其中 O 为节点集,表示的是该零件所有的备选工序。对于每一工序节点 O,根据其构成机床、刀具、进刀方向不同,存在不同的备选工序。如图 3-15 所示,对于工序 OP_5 而言,在其节点之内存在 OPT_{51} 和 OPT_{52} 两个备选工序,分别为 $\{M_1,T_5,+X\}$ 和 $\{M_2,T_5,+X\}$。U 为有向弧集,表示的是工序之间的优先集约束,V 是无向弧集,表示的是工序之间不存在优先级约束。如图 3-15 所示,OP_4 和 OP_5 之间存在的有向弧表示的是工序 OP_4 要先于工序 OP_5 加工,而工序 OP_1 和 OP_6 之间存在的无向弧表示的是工序 OP_1 和 OP_6 之间不存在加工顺序的先后。工序之间的有向弧和无向弧存在加权信息,是蚂蚁在此图中进行工艺规划的参考信息,另外,在图中增加了非工序节点OP_d。利用该有向加权图,能够表示零件所有的可行工艺路线。

利用蚁群算法求解上述工艺规划问题时,初始状态下,某数量K的蚂蚁种群位于初始非工序节点OP_d,根据提前设置的工序间优先级关系,获得该节点的下一步所有可能访问的节点,并设为集合G_i(对于本例来说,$i=9$),表示第i个节点的所有可访问节点集合。例如当蚂蚁当前处于第$i=1$个工序节点时,其理论上可访问除了OP_1以外的所有工序节点,根据优先级关系,则其可访问节点列表集合$G_1=\{OP_2, OP_4, OP_8\}$。除了需设置可访问节点集合G_i以外,还需设计禁忌列表集合。由于蚂蚁在有向加权图上进行工艺路线寻优时,其访问节点的顺序是随机的,所以,对蚂蚁k来说,其在不同节点的可访问节点是动态变化的。例如,当目前蚂蚁k处于$i=5$个工序节点时,例如工艺路线为:1→2→3→4→8→5,本来其可访问节点列表集合为$G_5=\{OP_6, OP_2, OP_8\}$,但是,由于蚂蚁k已经访问了节点OP_2和OP_8,所以蚂蚁k的禁忌列表集合$L_k=\{OP_2, OP_8\}$,由可访问列表集合G_i和禁忌列表集合L_k决定了蚂蚁k下一步可能访问的工序节点。蚂蚁按照信息素引导和启发式信息两种原则,从下一步可访问节点中选取目标节点。当蚁群中所有蚂蚁依据此原则遍历所有的工序节点时,则形成完整的K条工艺路线,在蚂蚁遍历所有工序节点过程中,工序节点之间的有向和无向弧成为信息素的携带者,工序节点的静态成本则成为蚂蚁选择下一步工序的启发式信息。假设u表示源节点,v表示目标节点。对蚂蚁k来说,目标节点v的选择权重为

$$\eta_{uv}=\frac{E}{SC} \tag{3-34}$$

公式(3-34)中,E为常数,取决于要解决问题的规模。SC为节点v的启发式信息,即该节点的静态成本,如公式(3-30)所示。如果设定$E=50$,假定蚂蚁k的当前访问节点为OP_1,在排除禁忌列表后,蚂蚁k在节点OP_1的所有可访问节点集为$G_1=\{OP_2, OP_4, OP_8\}$,则各个节点选择权重如表3-16所示。

表3-16 各工序节点选择权重

工序	可选工序集合	机床	刀具	进刀方向	选择权重η_{1v}
OP_2	OPT_{21}	M_1	T_2	$-Z$	$50/43=1.163$
	OPT_{22}	M_2	T_2	$-Z$	$50/13=3.846$

续表

工序	可选工序集合	机床	刀具	进刀方向	选择权重 η_{1v}
OP_4	OPT_{41}	M_1	T_4	$-X$	$50/43=1.163$
	OPT_{42}	M_2	T_4	$-X$	$50/13=3.846$
OP_8	OPT_{81}	M_1	T_8	$+X$	$50/43=1.163$
	OPT_{82}	M_2	T_8	$+X$	$50/13=3.846$

由表 3-16 可知，静态成本越低，其节点选择权重越高，蚂蚁在遍历各工序节点时，选择该节点的概率就越大。而对节点间有向弧和无向弧而言，随着蚂蚁数量和蚂蚁访问次数的增加，其节点间路径上堆积了越来越多的信息素，虽然随着蚂蚁遍历时间的变长，信息素按照一定的比例在挥发，但是蚂蚁在选择下一节点时，除了考虑节点的启发式信息以外，还要考虑节点间路径的信息素。此时，蚂蚁访问下一节点的概率可通过公式（3-35）计算。

$$p_{uv}^k = \begin{cases} \dfrac{(\tau_{uv}^k)^\alpha (\eta_{uv})^\beta}{\sum_{w \in S_k}(\tau_{uw}^k)^\alpha (\eta_{uw})^\beta} & v \in S_k \\ 0 & v \notin S_k \end{cases} \quad (3-35)$$

公式（3-35）中，S_k 为蚂蚁 k 下一步可访问的所有节点列表集合，τ_{uv}^k 为节点 u 与节点 v 间路径上的信息素。α 为信息素 τ_{uv}^k 的指数，β 为启发式信息 η_{uv} 的指数。其中信息素 τ_{uv}^k 的多少，一方面随着该路径被蚂蚁访问次数的增加而递增，另一方面，随着信息素的挥发而减弱。因此，对于蚂蚁访问次数的路径，其信息素堆积越来越多，而对于蚂蚁访问次数少的路径，其信息素越来越少，直至为零。根据公式（3-35）可知，信息素含量越大，蚂蚁 k 访问该路径的概率 p_{uv}^k 就越大。而信息素 τ_{uv}^k 可通过公式（3-36）更新。

$$\tau_{uv}^k = (1-\rho)\tau_{uv}^k + \Delta\tau_{uv}^k \quad (3-36)$$

公式（3-36）中，ρ 为挥发系数。上式中 $\Delta\tau_{uv}^k$ 为信息素增量，每只蚂蚁完成一次搜寻任务后所获得工艺路线成本决定了信息素的增量。显然，所形成的工艺路线成本越低，其对后续蚂蚁的吸引力就越大，相应的信息素增量就应该越大，因此，信息素增量 $\Delta\tau_{uv}^k$ 可通过公式（3-37）表示

$$\Delta\tau_{uv}^k = \begin{cases} \dfrac{Q}{L_k} & 若 L_k \leqslant L_{avg} 并且蚂蚁 k 经过圆弧(u,v) \\ 0 & 否则 \end{cases} \quad (3-37)$$

公式（3-37）中，Q 为常数，与解决问题的规模相关。而 L_k 表示蚂蚁 k 完成迭代后，获得工艺路线的总成本 TPC。公式（3-37）表示，当蚂

蚁 k 完成迭代形成工艺路线的总 TPC 小于历史平均成本,则更新蚂蚁 k 在本次遍历过程中所经历所有路径中的信息素,所以 L_{avg} 为自算法启动后所获得工艺路线的平均 TPC,可表示为:

$$L_{\text{avg}} = \frac{\sum_{i=1}^{R_{\text{ite}}} L_i}{R_{\text{ite}}} \qquad (3-38)$$

公式(3-38)中,R_{ite} 为迭代次数。

初次迭代时,蚂蚁选择下一节点只考虑节点的启发式信息,随着蚂蚁完成整个工序节点的遍历,则工序间路径将开始累积信息素。此时,蚂蚁再次遍历工序节点时,既要考虑启发式信息,又要考虑信息素。初始状态下,当蚁群中某蚂蚁 k 位于工序节点 $OP_1(OPT_{11})$ 时,按照表 3-16,假定 $\alpha = \beta = 1$ 时,则计算各节点的访问概率如表 3-17。

表 3-17 各工序节点访问概率

工序	可选工序集合	机床	刀具	进刀方向	选择权重 η_{1v}	访问概率 p_{uv}^k
OP_2	OPT_{21}	M_1	T_2	$-Z$	50/43=1.163	7.74%
	OPT_{22}	M_2	T_2	$-Z$	50/13=3.846	25.59%
OP_4	OPT_{41}	M_1	T_4	$-X$	50/43=1.163	7.74%
	OPT_{42}	M_2	T_4	$-X$	50/13=3.846	25.59%
OP_8	OPT_{81}	M_1	T_8	$+X$	50/43=1.163	7.74%
	OPT_{82}	M_2	T_8	$+X$	50/13=3.846	25.59%

由表 3-17 可以看出,在 3 个工序节点的 6 个备选工序中,OPT_{22}、OPT_{42}、OPT_{82} 具有相同的访问概率 25.59%,高于另外 3 个备选工序节点的访问概率,按照随机选择原则,假定选择了工序节点 OP_4 的 OPT_{42},则下一步的可访问节点列表集合 $G_4 = \{OP_2, OP_5, OP_8\}$,此时禁忌列表集合为 $L_k = \{OP_1, OP_4\}$,计算各个节点的访问概率如表 3-18 所示。

表 3-18 工序节点 OP_4 的可访问节点的访问概率

工序	可选工序集合	机床	刀具	进刀方向	选择权重 η_{1v}	访问概率 p_{uv}^k
OP_2	OPT_{21}	M_1	T_2	$-Z$	50/43=1.163	8.40%
	OPT_{22}	M_2	T_2	$-Z$	50/13=3.846	27.79%
OP_5	OPT_{51}	M_1	T_5	$-X$	50/48=1.042	7.53%
	OPT_{52}	M_2	T_5	$-X$	50/18=2.778	20.08%
OP_8	OPT_{81}	M_1	T_8	$+X$	50/43=1.163	8.40%
	OPT_{82}	M_2	T_8	$+X$	50/13=3.846	27.79%

同理,按照取访问概率较高的节点,在相同访问概率的情况下,随机取的原则,假定取工序节点 $OP_2(OPT_{22})$,作为 OP_4 的访问节点,则下一

步的可访问节点列表集合 $G_2=\{OP_3,OP_5,OP_8\}$，此时禁忌列表集合为 $L_k=\{OP_1,OP_4,OP_2\}$，计算各个节点的访问概率如表 3-19 所示。

表 3-19　工序节点 OP_2 的可访问节点的访问概率

工序	可选工序集合	机床	刀具	进刀方向	选择权重 η_{1v}	访问概率 p_{uv}^k
OP_3	OPT_{31}	M_1	T_3	$-Z$	$50/47=1.064$	8.29%
	OPT_{32}	M_2	T_3	$-Z$	$50/17=2.941$	22.92%
OP_5	OPT_{51}	M_1	T_5	$-X$	$50/48=1.042$	8.12%
	OPT_{52}	M_2	T_5	$-X$	$50/18=2.778$	21.65%
OP_8	OPT_{81}	M_1	T_8	$+X$	$50/43=1.163$	9.06%
	OPT_{82}	M_2	T_8	$+X$	$50/13=3.846$	29.97%

同理，取工序节点 $OP_8(OPT_{82})$，作为 OP_8 的访问节点，则下一步的可访问节点列表集合 $G_8=\{OP_3,OP_5,OP_9\}$，此时禁忌列表集合为 $L_k=\{OP_1,OP_4,OP_2,OP_8\}$，计算各个节点的访问概率如表 3-20 所示。

表 3-20　工序节点 OP_8 的可访问节点的访问概率

工序	可选工序集合	机床	刀具	进刀方向	选择权重 η_{1v}	访问概率 p_{uv}^k
OP_3	OPT_{31}	M_1	T_3	$-Z$	$50/47=1.064$	9.14%
	OPT_{32}	M_2	T_3	$-Z$	$50/17=2.941$	25.26%
OP_5	OPT_{51}	M_1	T_5	$-X$	$50/48=1.042$	8.95%
	OPT_{52}	M_2	T_5	$-X$	$50/18=2.778$	23.86%
OP_9	OPT_{91}	M_1	T_9	$+X$	$50/48=1.042$	8.95%
	OPT_{92}	M_2	T_9	$+X$	$50/18=2.778$	23.86%

同理，取工序节点 $OP_3(OPT_{32})$，作为 OP_3 的访问节点，则下一步的可访问节点列表集合 $G_3=\{OP_5,OP_9\}$，此时禁忌列表集合为 $L_k=\{OP_1,OP_4,OP_2,OP_8,OP_3\}$，同理，按照随机原则，假定取工序节点 $OP_5(OPT_{52})$，则下一步的可访问节点列表集合 $G_5=\{OP_6,OP_9\}$，此时禁忌列表集合为 $L_k=\{OP_1,OP_4,OP_2,OP_8,OP_3,OP_5\}$，计算各个节点的访问概率如表 3-21 所示。

表 3-21　工序节点 OP_5 的可访问节点的访问概率

工序	可选工序集合	机床	刀具	进刀方向	选择权重 η_{1v}	访问概率 p_{uv}^k
OP_6	OPT_{61}	M_1	T_6	$+Z$	$50/50=1$	20.75%
OP_9	OPT_{91}	M_1	T_9	$+X$	$50/48=1.042$	21.62%
	OPT_{92}	M_2	T_9	$+X$	$50/18=2.778$	57.63%

同理，取工序节点 $OP_9(OPT_{92})$，作为 OP_9 的访问节点，只有工序节点 OP_6 和 OP_7，但是由于二者存在优先级约束，所以，应先进行工序 OP_6，再进行工序 $OP_7(OPT_{71})$。因此，最终的工艺路线如表 3-22 所示。

表 3-22 最终工艺路线及其成本计算

工艺路线	工序	可选工序集合	机床	刀具	进刀方向	静态成本 SC		动态成本 DC		
						机床成本	刀具成本	机床更换成本	刀具更换成本	装夹成本
1	OP_1	OPT_{11}	M_1	T_1	$+X$	40	10			
↓ 4	OP_4	OPT_{42}	M_2	T_4	$-X$	10	3	300	60	20
↓ 2	OP_2	OPT_{22}	M_2	T_2	$-Z$	10	3		60	20
↓ 8	OP_8	OPT_{82}	M_2	T_8	$+X$	13	7		60	20
↓ 3	OP_3	OPT_{32}	M_2	T_3	$-Z$	10	7		60	20
↓ 5	OP_5	OPT_{52}	M_2	T_5	$-X$	10	8		60	20
↓ 9	OP_9	OPT_{92}	M_2	T_9	$+X$	10	10		60	20
↓ 6	OP_6	OPT_{61}	M_1	T_6	$+Z$	50	3	300	60	20
↓ 7	OP_7	OPT_{71}	M_1	T_7	$-Z$	40	10		60	20
小计						193	61	600	480	160
小计						254		1240		
合计						1494				

当 Q 取 2000 时，信息素增量如公式(3-39)所示。

$$\Delta\tau_{uv}^k = \frac{Q}{L_k} = \frac{2000}{1494} = 1.339 \quad (3-39)$$

初始状态下，所有路径中信息素初值为 $\tau_0 = 0$，当蚂蚁 k 完成所有工序节点的遍历，形成工艺路线 1→4→2→8→3→5→9→6→7 时，在此工艺路线的所有路径中信息素增量为 1339。在蚁群中所有的蚂蚁完成一次工序节点的遍历后，则相应的路径中信息素量也出现了差异化。在后续的迭代过程中，路径中的信息素动态变化，将会直接影响蚂蚁选择下一节点的选择概率。

在应用蚁群算法求解工艺规划问题时，需要确定众多的参数，包括蚁群规模 K，常数 E、Q，挥发系数 ρ，信息素初值 τ_0，信息素指数 α，启发式信息指数 β 等。确定参数的方法，一般进行重复性试验，对于要解决的问题，通过多次的重复性试验，决定各参数的取值。

3.4.4 两阶段蚁群算法求解工艺规划问题

根据 3.4.3 节的描述，工艺规划问题主要解决了两个问题：①从每个特征的备选工序集合 OPT 中确定工序；②对每个特征确定好的工序进行排序，形成工艺路线。基于此，求解工艺规划问题的蚁群算法可分为两个部分，这种方法称为两阶段的蚁群算法。为了更好地说明两阶段蚁群算法求解工艺规划问题的过程，针对图 3-14 所示的零件 1，改进了用于表达工艺路线的有向加权图 3-15，改进后的有向加权图如图 3-16 所示。

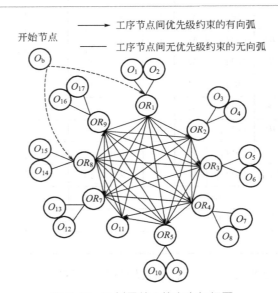

图 3-16 示例零件 1 的有向加权图

图 3-16 中节点 $O_1 \sim O_{17}$ 表示的是 9 个工序的备选工序集，8 个无向弧用以连接节点 O_1、O_2、O_{12}、O_{13}、O_{14}、O_{15}、O_{16}、O_{17}，另外 8 个有向弧用以连接 O_3、O_4、O_5、O_6、O_7、O_8、O_9、O_{10}。OR 节点表示某工序 OP 的备选工序集 OPT，例如，当 OR_1 下的 O_2 被选择作为 OP_2，那么 O_1 将被忽略。工序节点与备选工序集的对应关系如表 3-23 所示。

表 3-23 示例零件 1 的备选工序集与工序节点

工序	节点	可选工序集合	机床	刀具	进刀方向
OP_1	O_1	OPT_{11}	M_1	T_1	$+X$
	O_2	OPT_{12}	M_1	T_1	$+Z$

续表

工序	节点	可选工序集合	机床	刀具	进刀方向
OP_2	O_3	OPT_{21}	M_1	T_2	$-Z$
	O_4	OPT_{32}	M_2	T_2	$-Z$
OP_3	O_5	OPT_{31}	M_1	T_3	$-Z$
	O_6	OPT_{32}	M_2	T_3	$-Z$
OP_4	O_7	OPT_{41}	M_1	T_4	$-X$
	O_8	OPT_{42}	M_2	T_4	$-X$
OP_5	O_9	OPT_{51}	M_1	T_5	$-X$
	O_{10}	OPT_{52}	M_2	T_5	$-X$
OP_6	O_{11}	OPT_{61}	M_1	T_6	$+Z$
OP_7	O_{12}	OPT_{71}	M_1	T_7	$-Z$
	O_{13}	OPT_{72}	M_1	T_7	$+Y$
OP_8	O_{14}	OPT_{81}	M_1	T_8	$+X$
	O_{15}	OPT_{82}	M_2	T_8	$+X$
OP_9	O_{16}	OPT_{91}	M_1	T_9	$+X$
	O_{17}	OPT_{92}	M_2	T_9	$+X$

两阶段的蚁群算法在第一阶段，即确定工序阶段，备选工序节点是信息素的携带者。而在第二阶段，即工序排序阶段，OR 间的有向弧和无向弧是信息素的携带者，这是不同于普通蚁群算法之处，而其他与普通蚁群算法并无不同。利用两阶段蚁群算法求解工艺规划问题的流程如图 3-17 所示，流程图涉及的符号如表 3-24 所示。

表 3-24 两阶段蚁群算法中的符号含义

符号	表示	符号	表示
K	蚂蚁个数	S_k	蚂蚁 k 的可访问列表
k	蚂蚁编号，$k \in [1, K]$	V_k	蚂蚁 k 的已访问节点集
u	源节点	P_k	蚂蚁 k 获得的工艺路线
v	目标节点	L_k	蚂蚁 k 工艺路线的 TPC
τ	信息素	P_i	第 i 次迭代最优工艺路线
η	启发式信息	V_i	第 i 次迭代最优工艺路线的节点集
α	信息素 τ_{uv} 的权重	L_i	第 i 次迭代最优工艺路线的 TPC
β	启发式信息 η_{uv} 的权重	V_e	全局最优工艺路线节点集
ρ	信息素挥发率	P_e	全局最优工艺路线
E	启发式信息 η_{uv} 常数	M_{ite}	最大循环次数
Q	信息素增量 $\Delta\tau$ 常数	N_{ite}	迭代次数
τ_0	信息素初值		

根据上述流程图，针对图 3-14 所示零件 1 的工序选择阶段，确定有向加权图如图 3-18（a）所示，而在工序排序阶段，确定的有向加权图如图 3-18（b）所示，其代表的工艺路线如表 3-25 所示。

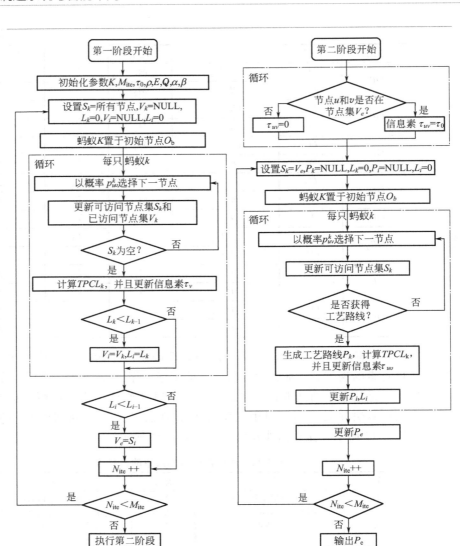

图 3-17 两阶段的蚁群算法

表 3-25 示例零件 1 的可行工艺路线

节点	O_1	O_{14}	O_{16}	O_7	O_9	O_{11}	O_{12}	O_3	O_5
工序	OP_1	OP_8	OP_9	OP_4	OP_5	OP_6	OP_7	OP_2	OP_3
机床	M_1	M_1	M_1	M_1	M_1	M_1	M_1	M_1	M_1
刀具	T_1	T_8	T_9	T_4	T_5	T_6	T_7	T_2	T_3
进刀方向	$+X$	$+X$	$+X$	$-X$	$-X$	$+Z$	$-Z$	$-Z$	$-Z$

$NMC=0, NCC=8, NSC=3, TMC=360, TTC=62, TMCC=0, TTCC=160, TSCC=240, TPC=822$

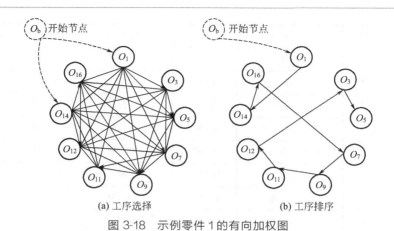

图 3-18 示例零件 1 的有向加权图

3.4.5 典型案例及分析

为了验证上述两种蚁群算法的有效性,使用参考文献 [21]、[29] 的示例零件 2 (图 3-19)。

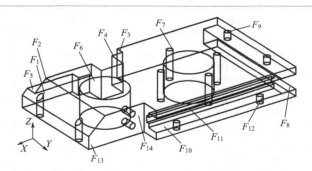

图 3-19 示例零件 2

图 3-19 的示例零件 2 具有 14 个特征、14 道工序,具体的特征和工序信息如表 3-26 所示,其工艺约束如表 3-27 所示,成本如表 3-28 所示。

表 3-26 示例零件 2 的特征、工序信息表

特征	特征描述	工序	机床	刀具	进刀方向
F_1	两个对称通孔	钻 OP_1	M_1, M_2, M_3	T_1	$+Z, -Z$
F_2	斜面	铣 OP_2	M_2, M_3	T_8	$-X, +Y, -Y, -Z$

续表

特征	特征描述	工序	机床	刀具	进刀方向
F_3	凹槽	铣 OP_3	M_2,M_3	T_5,T_6	$+Y$
F_4	凹槽	铣 OP_4	M_2	T_5,T_6	$+Y$
F_5	台阶面	铣 OP_5	M_2,M_3	T_5,T_6	$+Y,-Z$
F_6	两个对称通孔	钻 OP_6	M_1,M_2,M_3	T_2	$+Z,-Z$
F_7	四个对称通孔	钻 OP_7	M_1,M_2,M_3	T_1	$+Z,-Z$
F_8	凹槽	铣 OP_8	M_2,M_3	T_5,T_6	$+X$
F_9	两个对称通孔	钻 OP_9	M_1,M_2,M_3	T_1	$-Z$
F_{10}	凹槽	铣 OP_{10}	M_2,M_3	T_5,T_6	$-Y$
F_{11}	凹槽	铣 OP_{11}	M_2,M_3	T_5,T_7	$-Y$
F_{12}	两个对称通孔	钻 OP_{12}	M_1,M_2,M_3	T_1	$+Z,-Z$
F_{13}	台阶面	铣 OP_{13}	M_2,M_3	T_5,T_6	$-X,-Y$
F_{14}	两个对称通孔	钻 OP_{14}	M_1,M_2,M_3	T_1	$-Y$

表3-27 示例零件2的工艺约束

约束	规则	约束性质
OP_1 优先于 OP_2	①	硬约束
OP_6 优先于 OP_7	④	硬约束
OP_{10} 优先于 OP_{11}	④	硬约束
OP_{13} 优先于 OP_{14}	④	硬约束
OP_9 优先于 OP_8	⑤	软约束
OP_{12} 优先于 OP_{10}	⑤	软约束
OP_8 优先于 OP_9	⑤	软约束
OP_{10} 优先于 OP_{12}	⑤	软约束
OP_{13} 优先于 OP_{14}	⑤	软约束
OP_3 优先于 OP_4	⑤	软约束

表3-28 示例零件2的成本

编号	名称	成本(MC/TC)
M_1	钻床	10
M_2	铣床	35

续表

编号	名称	成本(MC/TC)
M_3	3轴立铣加工中心	60
T_1	麻花钻	3
T_2	麻花钻	3
T_3	扩孔刀	8
T_4	铰孔刀	15
T_5	立铣刀	10
T_6	立铣刀	15
T_7	槽铣刀	10
T_8	角度铣刀	10

针对示例零件 2 设定了两种切削条件①$\omega_1=\omega_2=\omega_3=\omega_4=\omega_5=\omega_6=1$；②不考虑刀具成本和刀具更换成本，即 $\omega_2=\omega_5=0$，$\omega_1=\omega_3=\omega_4=\omega_6=1$，根据蚁群算法，通过 Matlab 编程，求解在条件①和②下的最优工艺路线如表 3-29 所示。

表 3-29 示例零件 2 的最优工艺路线

条件①														
工序	6	1	7	9	12	5	3	4	8	10	11	13	14	2
机床	2	2	2	2	2	2	2	2	2	2	2	2	2	2
刀具	2	1	1	1	1	5	5	5	5	5	5	5	1	8
进刀方向	$-Z$	$-Z$	$-Z$	$-Z$	$-Z$	$-Z$	$+Y$	$+Y$	$+X$	$-Y$	$-Y$	$-Y$	$-Y$	$-Y$

$NMC=0$, $NTC=4$, $NSC=3$, $NPC=1$, $TMCC=0$, $TTCC=60$, $TSCC=480$, $TMC=490$, $TTC=98$, $TAPC=200$, $TPC=1328$

条件②														
工序	6	7	12	1	9	2	5	13	8	3	4	10	11	14
机床	2	2	2	2	2	2	2	2	2	2	2	2	2	2
刀具	2	1	1	1	1	5	5	5	5	5	5	5	5	1
进刀方向	$-Z$	$-Z$	$-Z$	$-Z$	$-Z$	$-Z$	$-Z$	$+X$	$+Y$	$+Y$	$-Y$	$-Y$	$-Y$	$-Y$

$NMC=0$, $NSC=3$, $NPC=1$, $TMCC=0$, $TSCC=480$, $TMC=490$, $TAPC=200$, $TPC=1170$

图 3-20 为示例零件 3，该零件具有 14 个特征，最终形成 20 道工序，具体的特征和工序信息如表 3-30 所示，其工艺约束如表 3-31 所示，成本如表 3-32 所示。

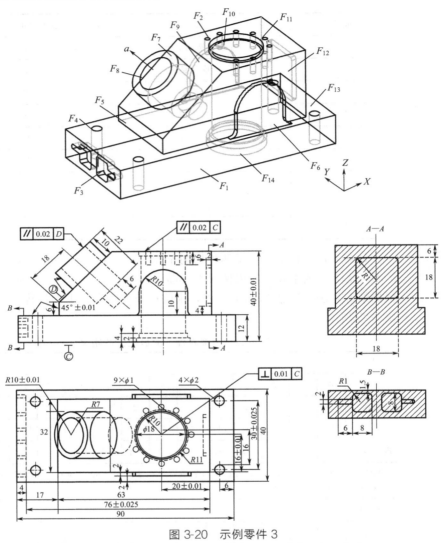

图 3-20 示例零件 3

表 3-30 示例零件 3 的特征、工序信息表

特征	特征描述	工序	进刀方向	机床	刀具
F_1	平面	铣平面(OP_1)	$+Z$	M_2, M_3	T_6, T_7, T_8
F_2	平面	铣平面(OP_2)	$-Z$	M_2, M_3	T_6, T_7, T_8
F_3	两个型腔	铣型腔(OP_3)	$+X$	M_2, M_3	T_6, T_7, T_8
F_4	四个对称通孔	钻孔(OP_4)	$+Z, -Z$	M_1, M_2, M_3	T_2
F_5	台阶面	铣台阶面(OP_5)	$+X, -Z$	M_2, M_3	T_6, T_7

续表

特征	特征描述	工序	进刀方向	机床	刀具
F_6	凸台	铣凸台(OP_6)	$+Y,-Z$	M_2,M_3	T_7,T_8
F_7	支管台	铣削(OP_7)	$-a$	M_2,M_3	T_7,T_8
F_8	沉头孔	钻孔(OP_8)	$-a$	M_1,M_2,M_3	T_2,T_3,T_4
		扩孔(OP_9)		M_1,M_2,M_3	T_9
		镗孔(OP_{10})		M_2,M_3	T_{10}
F_9	凸台	铣削(OP_{11})	$-Y,-Z$	M_2,M_3	T_7,T_8
F_{10}	沉头孔	钻孔(OP_{12})	$-Z$	M_1,M_2,M_3	T_2,T_3,T_4
		扩孔(OP_{13})		M_1,M_2,M_3	T_9
		镗孔(OP_{14})		M_3,M_4	T_{10}
F_{11}	9个均布盲孔	钻孔(OP_{15})	$-Z$	M_1,M_2,M_3	T_1
		攻丝(OP_{16})		M_1,M_2,M_3	T_5
F_{12}	凹槽	铣槽(OP_{17})	$-X$	M_2,M_3	T_7,T_8
F_{13}	台阶面	铣台阶面(OP_{18})	$-X,-Z$	M_2,M_3	T_6,T_7
F_{14}	沉头孔	扩孔(OP_{19})	$+Z$	M_1,M_2,M_3	T_9
		镗孔(OP_{20})		M_3,M_4	T_{10}

表 3-31 示例零件 3 的工艺约束

特征	工序	优先级约束	规则
F_1	铣平面(OP_1)	$F_1(OP_1)$是基准面,应该在所有特征加工之前	①
F_2	铣平面(OP_2)	$F_2(OP_2)$优先于$F_{10}(OP_{12},OP_{13},OP_{14})$、$F_{11}(OP_{15},OP_{16})$	②
F_3	铣型腔(OP_3)		
F_4	钻孔(OP_4)		
F_5	铣台阶面(OP_5)	$F_5(OP_5)$优先于$F_4(OP_4)$、$F_7(OP_7)$	④
F_6	铣凸台(OP_6)	$F_6(OP_6)$优先于$F_{10}(OP_{12},OP_{13},OP_{14})$	④
F_7	铣削(OP_7)	$F_7(OP_7)$优先于$F_8(OP_8,OP_9,OP_{10})$	④
F_8	钻孔(OP_8) 扩孔(OP_9) 镗孔(OP_{10})	OP_8优先于OP_9和OP_{10};OP_9优先于OP_{10}	③
F_9	铣削(OP_{11})	$F_9(OP_{11})$优先于$F_{10}(OP_{12},OP_{13},OP_{14})$;$OP_{12}$优先于$OP_{13}$、$OP_{14}$;$OP_{13}$优先于$OP_{14}$	④ ③
F_{10}	钻孔(OP_{12}) 扩孔(OP_{13}) 镗孔(OP_{14})	$F_{10}(OP_{12},OP_{13},OP_{14})$优先于$F_{11}(OP_{15},OP_{16})$;$F_{10}(OP_{12})$优先于$F_{14}(OP_{19},OP_{20})$	④
F_{11}	钻孔(OP_{15}) 攻螺纹(OP_{16})	OP_{15}优先于OP_{16}	③

续表

特征	工序	优先级约束	规则
F_{12}	铣槽(OP_{17})		
F_{13}	铣台阶面(OP_{18})	$F_{13}(OP_{18})$优先于OP_4、OP_{17}	②、①
F_{14}	扩孔(OP_{19}) 镗孔(OP_{20})	OP_{19}优先于OP_{20}	③

表 3-32 示例零件 3 的成本

编号	类型	成本
机床		
M_1	钻床	10
M_2	3轴立铣机床	40
M_3	数控3轴立铣机床	100
M_4	镗床	60
刀具		TC
T_1	麻花钻1	7
T_2	麻花钻2	5
T_3	麻花钻3	3
T_4	麻花钻4	8
T_5	丝锥	7
T_6	铣刀1	10
T_7	铣刀2	15
T_8	铣刀2	30
T_9	铰刀	15
T_{10}	镗刀	20

$MCC=160, SCC=100, TCC=20$

针对示例零件 3 设定了三种切削条件①$\omega_1=\omega_2=\omega_3=\omega_4=\omega_5=\omega_6=1$；②不考虑刀具成本和刀具更换成本，即$\omega_2=\omega_5=0$，$\omega_1=\omega_3=\omega_4=\omega_6=1$；③不考虑刀具成本和刀具更换成本，即$\omega_2=\omega_5=0$，$\omega_1=\omega_3=\omega_4=\omega_6=1$，同时，机床 2 和刀具 7 损坏，不能使用。根据蚁群算法，通过 Matlab 编程，求解在条件①、②、③下的最优工艺路线如表 3-33 所示。

表 3-33 示例零件 3 在条件①、②、③下的最优工艺路线

条件①																	
工序	1	3	5	6	2	18	11	12	13	17	7	8	9	19	14	20	10	4	15	16
机床	2	2	2	2	2	2	2	2	2	2	2	2	2	4	4	4	1	1
刀具	6	6	6	6	6	7	3	9	7	7	2	9	9	10	10	10	2	1	5
进刀方向	+Z	+X	+X	-Z	-Z	-Z	-Z	-Z	-Z	-X	-a	-a	-a	+Z	-Z	+Z	-a	-Z	-Z	-Z

$NMC=2, NTC=10, NSC=10, TMCC=320, TTCC=200, TSCC=1000, TMC=770, TTC=235,$
$TPC=2525$

续表

条件②																	
工序	1	2	18	11	6	12	13	19	17	3	5	7	8	9	10	20	14	4	15	16
机床	2	2	2	2	2	2	2	2	2	2	2	2	2	2	4	4	4	1	1	1
刀具	7	7	7	7	7	3	9	9	7	7	7	7	7	3	9	10	10	10	2	1	5
进刀方向	$+Z$	$-Z$	$-Z$	$-Z$	$-Z$	$-Z$	$-Z$	$-Z$	$+Z$	$-X$	$+X$	$+X$	$-a$	$-a$	$-a$	$-a$	$+Z$	$-Z$	$-Z$	$-Z$	$-Z$

$NMC=2, NSC=8, TMCC=320, TSCC=1000, TMC=770, TPC=2090$

条件③																	
工序	1	6	2	5	11	12	13	14	18	17	7	8	9	10	19	20	3	4	15	16
机床	3	3	3	3	3	3	3	3	3	3	3	3	3	3	3	3	3	1	1	1
刀具	6	6	6	6	8	2	9	10	6	8	8	2	9	10	9	10	6	2	1	5
进刀方向	$+Z$	$-Z$	$-Z$	$-Z$	$-Z$	$-Z$	$-Z$	$-Z$	$-Z$	$+Z$	$-X$	$-X$	$-a$	$-a$	$-a$	$-a$	$+Z$	$+Z$	$+X$	$-Z$	$-Z$	$-Z$

$NMC=1, NSC=6, TMCC=160, TSCC=700, TMC=1730, TPC=2590$

而两种蚁群算法和其他算法求解示例零件 2 和示例零件 3 的结果对比如表 3-34、表 3-35 所示[31]。

表 3-34 示例零件 2 求解结果对比

条件	两阶段蚁群算法 （Two-stage ACO）	蚁群算法 （ACO）	禁忌算法 （TS）	模拟退火算法 （SA）	遗传算法 （GA）
①					
平均 TPC	1329	1329.5	1342.6	1373.5	1611.0
最大 TPC	1348	1343	1378	1518.0	1778.0
最小 TPC	1328	1328	1328	1328.0	1478.0
②					
平均 TPC	1170	1170	1194	1217.0	1482.0
最大 TPC	1170	1170	1290	1345.0	1650.0
最小 TPC	1170	1170	1170	1170.0	1410.0

表 3-35 示例零件 3 求解结果对比

条件	两阶段蚁群算法 （Two-stage ACO）	混合遗传算法 （HGA）	禁忌算法 （TS）	模拟退火算法 （SA）	遗传算法 （GA）
①					
平均 TPC	2552.4	—	2606.6	2668.5	2796.0
最大 TPC	2557	—	2690	2829.0	2885.0
最小 TPC	2525	2527	2527	2535.0	2667.0
②					
平均 TPC	2120.5	—	2208.0	2287.0	2370.0
最大 TPC	2380	—	2390.0	2380.0	2580.0
最小 TPC	2090	2120	2120.0	2120.0	2220.0

续表

条件	两阶段蚁群算法（Two-stage ACO）	混合遗传算法（HGA）	禁忌算法（TS）	模拟退火算法（SA）	遗传算法（GA）
③					
平均 TPC	2600.8	—	2630.0	2630.0	2705.0
最大 TPC	2740	—	2740.0	2740.0	2840.0
最小 TPC	2590.0	—	2580.0	2590.0	2600.0

参考文献

[1] 肖伟跃. CAPP 中的智能信息处理技术[M]. 长沙：国防科技大学出版社，2002：1-2.

[2] 唐荣锡. CAD/CAM 技术[M]. 北京：北京航空航天大学出版社，1994：11-13.

[3] 孙正兴. 基于特征的零件信息研究[J]. 计算机辅助设计与制造，1995，7：34-38.

[4] 王先逵，赵杰. 智能型机械结构零件和部件工艺过程设计系统 ICAPP-MS[J]. 计算机辅助设计与制造，1995，4（3）：23-25.

[5] 许香穗，蔡建国. 成组技术[M]. 北京：机械工业出版社，1986：21-30.

[6] Wsalonons O, Houten F J A, Kalsv H J J. Review in research in feature-based design [J]. Manufacturing System, 1993, 12（2）：113-132.

[7] Wee Hock Yeo. Knowledge based feature recognizer for machining[J]. Computer Integrated Manufacturing Systems, 1994, 7（1）：29-37.

[8] Krause F L, Kimur F. Product modeling [J]. Annals of the CIRP, 1993, 42（2）：659-706.

[9] Shah J, Rogers M T. Functional requirements and conceptual design of the features based modeling system[J]. Computer Aided Engineering Journal, 1988, 5（1）：9-15.

[10] Requicha A A G, Chan S C. Representation of geometric features, tolerances, and attributes in solid modelers based on constructive geometry[J]. IEEE Robotics and Automation Magazine, 1986, 2（3）：150-156.

[11] Roy U, Liu C R. Feature based representational scheme of a solid modeler for providing dimension and tolerance information[J]. Computer in engineering, 1993, 5：1574-1582.

[12] Wickens L P. A syntax for tolerances[J]. Tobot&CIM, 1988, 4（314）：1869-1877.

[13] 杨安建，白作霖. CAPP 专家系统开发工具中的若干问题的研究与实现[J]. 计算机辅助设计与制造，1998，8：23-25.

[14] 王先逵，李志忠. 用信息元法构造 CAPP 系统框架[J]. 机械工程学报，1999，6：2-6.

[15] 乔良，李原. 基于特征的 CAD/CAPP/CAM 集成方法研究[J]. 机械工艺自动化，1999，2：13-15.

[16] 王军. 智能集成 CAD/CAPP 系统关键技

[17] 蔡颖, 薛庆, 徐弘山. CAD/CAM 原理与应用[M]. 北京: 机械工业出版社, 2007: 165-170.

[18] 常伟, 刘文剑, 许之伟, 等. 基于人工神经网络的工艺知识表示方法的研究[J]. 哈尔滨工业大学学报, 2000, 32（3）: 132-136.

[19] 高伟, 胡晓兵. 基于 CLS 的决策型工艺知识发现算法[J]. 四川大学学报（工程科学版）, 2006, 38（2）: 79-83.

[20] 肖伟跃. CAPP 中的模糊决策方法研究[J]. 机械工艺师, 2001（3）: 31-32.

[21] Li W. D., Ong S. K., Nee A. Y. C. Hybrid genetic algorithm and simulated annealing approach for the optimization of process plans for prismatic parts[J]. International Journal of Production Research, 2002, 40（8）, 1899-1922.

[22] Huang W. J., Hu Y. J., Cai L. G. An effective hybrid graph and genetic algorithm approach to process planning optimization for prismatic parts[J]. Journal of Advanced Manufacturing Technology, 2012, 62（9-12）: 1219-1232.

[23] Xiao-jun Liu, Hong Yi, Zhong-hua Ni. Application of ant colony optimization algorithm in process planning optimization[J]. Journal of Advanced Manufacturing Technology, 2013, 24（1）: 1-13.

[24] 王进峰, 吴学华, 范孝良. A two-stage ant colony optimization approach based on a directed graph for process planning[J]. International Journal of Advanced Manufacturing Technology, 2015, 80,（5-8）: 839-850.

[25] Wang Y. F., Zhang Y. F., Fuh J. Y. H. A hybrid particle swarm based method for process planning optimization[J]. International Journal of Production Research, 2012, 50（1）: 277-292.

[26] 王进峰, 康文利, 赵久兰, 等. A simulation approach to process planning using a modified particle swarm optimization[J]. Advances in Production Engineering & Management, 2016, 11（2）: 77-92.

[27] Xiao-yu Wen, Xin-yu Li, Liang Gao, et al. Honey bees mating optimization algorithm for process planning problem[J]. Journal of Intelligent Manufacturing, 2016, 25（3）: 459-472

[28] Zhang F., Zhang Y. F., Nee A. Y. C. Using genetic algorithms in process planning for job shop machining[J]. IEEE Transactions on Evolutionary Computation, 1997, 1（4）, 278-289.

[29] Li W. D., Ong S. K., Nee A. Y. C. Optimization of process plans using a constraint-based tabu search approach[J]. International Journal of Production Research, 2004, 42（10）, 1955-1985.

[30] Li X. Y., Gao L., Wen X. Y. Application of an efficient modified particle swarm optimization algorithm for process planning[J]. Journal of Advanced Manufacturing Technology, 2013, 67（5-8）: 1355-1369

[31] Wang J. F., Wu X. H., Fan X. L. A two-stage ant colony optimization approach based on a directed graph for process planning[J]. International Journal of Advanced Manufacturing Technology, 2015, 80（5-8）: 839-850.

第4章

智能制造车间及调度

4.1 智能制造车间

智能制造融合了现代传感技术、网络技术、自动化技术等先进技术，大量传感器、数据采集装置等智能设备在车间投入使用，通过智能感知、人机交互等手段，采集了车间生产过程中的大量数据。这些数据涉及产品需求设计、原材料采购、生产制造、仓储物流、销售售后等环节，包括传感器、数控机床、MES、ERP 等相关信息化应用。根据 GB/T 20720.3—2010 标准，数字化车间从功能范畴上主要包括：生产运行管理、物流运行管理、质量运行管理、维护运行管理以及执行具体任务的数字化制造和辅助设备[1]。而智能车间是在制造物联网、制造数据云的基础上具有自动感知、人工智能等特征的"智慧"车间，要实现从生产设备、工装、物料、人员、物流设备等多种生产要素，也包括生产、质检、监测、管理、控制等多项活动要素。根据智能制造系统的体系框架，智能制造车间的体系结构可总结为物联感知层—数据传输层—分析处理层—应用服务层，智能制造车间的基本架构如图 4-1 所示[2,3]。

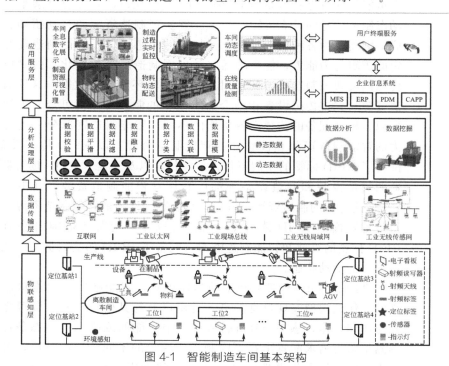

图 4-1 智能制造车间基本架构

(1) 物联感知层

制造车间中设备、工人、物料、工具、在制品等各类生产要素及组成的生产活动所产生的状态、运行、过程等实时多源数据，是生产过程优化与控制的基础，针对不同生产要素的特点和数据采集与应用需求，通过在车间现场配置 RFID、传感器、超宽带（ultra wide band，UWB）等各类感知设备，实现对各类生产要素的互联互感与数据采集，确保制造车间多源信息的实时可靠获取。用于近距离数据传输的通信技术包括蓝牙技术、红外技术、Wi-Fi 技术，以及目前较为先进的基于 ZigBee 协议的无线传感器网络[4,5]。该层负责制造过程中多源信息的采集，因此，主要需要解决两方面的问题，即传感网络的优化配置和制造资源的建模。由于制造过程涉及的制造信息存在多源、复杂的特征，如设备、工人、在制品、物料、工具等的移动信息和状态信息、工件的加工信息（工件加工的几何信息）、设备的工况信息（如机床振动）等；同时，传统的有线网络解决方案和基于无线 AP（access point）的网络解决方案由于车间场地限制、制造资源移动性强和通信盲点等问题，并不适用于复杂车间环境中动态制造信息的传输。因此，需选用具有动态自行组网和具有最大可能消除盲点特性的异构多跳网络（WSN），来实现复杂车间环境中动态制造信息的可靠传输。为了能够实现制造资源的自动感知、交叉互联，则需要为各种制造资源配备相应的传感设备，使得制造资源具有一定的逻辑行为能力，能主动感知其周围制造环境的变化，同时也能基于传感网反映该制造资源的实时运行状态和环境变化数据。这种由传统制造资源与先进传感设备相结合而组成新的制造对象，可定义为智能制造资源。根据配备的传感设备功能的不同，智能制造资源分为具有感知能力的智能制造资源和被感知的智能制造资源。以 RFID 传感设备为例，配备了 RFID 标签的车间工作人员、托盘以及安置了 RFID 读写器和传感器的测量设备和制造设备等都可看作是智能制造资源。其中，配备了 RFID 读写器的制造资源可看作是具有感知能力的智能制造资源，因为制造设备安置了 RFID 读写器，所以可以在一定距离范围内感知配备了 RFID 标签的可感知智能制造资源（配备了 RFID 标签的员工、托盘、物料等）的活动状态。

借助 Agent（代理）技术的建模思想，智能制造资源能够按照预定义的工作流模型实现自身的事务逻辑以及与其他智能制造资源之间的交互与协同工作，感知和分析制造环境中可能的或确定的动态条件。当根据测量采集需求配置出在不同制造资源上的不同传感设备后，对这些传感设备的数据采集事件的管理变得非常重要。由于 Agent 具有自治性、主动性和智能性等特点，基于 Agent 技术对每个传感设备进行管理，Agent 作为一个软件实体，用于代理安置在制造设备端的传感设备的信息操作行为（如对 RFID 设备，具有写入数据和读取数据的功能），能够按照预定义的工作逻辑实现自身的事务逻辑，以感知和分析制造车间环境中的环境变化，并主动获取制造环境的变化信息，进而加工、存储和传输获取的信息，以成为可服务于制造车间生产管理与决策层的有用信息。图 4-2 为基于 Agent 技术的智能设备管理模型，其中每个传感设备对应于一个与其行为相关的 Agent。该 Agent 采用 Web service 的体系结构，通过建立 Agent 与其所代理的传感设备在预定义工作流模型、绑定模型、驱动模型、消息模型等方面的关系，从而通过调用该 Agent 实现对此传感设备的读取信息行为进行操控，进而以 Web service 的服务方式向外部用户或第三方系统传输其采集的生产实时信息。

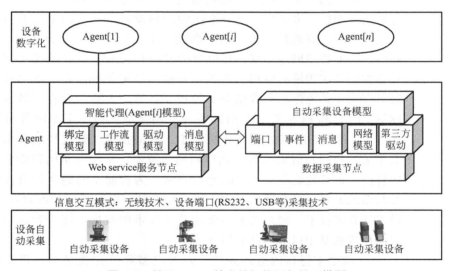

图 4-2　基于 Agent 技术的智能设备管理模型

Agent 的服务功能描述如下。

① 工作流模型　由于在制造设备端安置有多个传感设备，对于发生在该制造设备的每个制造任务（工序级任务），不同传感设备在采集实时制造信息时，具有时域、信息采集顺序等方面的差异，为灵活配置不同传感设备的协同工作流程，可通过工作流技术建立安置在制造设备端的各个传感设备的工作顺序和触发条件，以实现其对复杂实时制造信息采集的协同工作。

② 绑定模型 用于绑定传感设备与制造资源的隶属关系，为采集的实时生产信息和生产调度系统的无缝接驳奠定基础。如传感设备与制造设备，以及分配给该制造设备的制造任务（工序级任务）之间的关系。

③ 驱动模型 用于驱动传感设备的正常工作。目前采用两种模式：通过驱动标准的接口，如串口、USB 口、蓝牙等，以实现对传感设备的操控；直接通过封装传感设备的驱动，如动态链接库等，实现对该设备的操控。

④ 消息模型 采用可扩展标记语言（Extensible Markup Language，XML）标准模板对传感设备所采集的实时信息进行封装，并通过简单对象访问协议（Simple Object Access Protocol，SOAP）实现实时信息通过 Web service 的方式进行传输。

（2）数据传输层

制造车间中生产状态、物料流转、环境参数、设备运转、质量检测等数据分布广、来源多，针对不同的传感设备所具有的不同的数据传输特点与需求，有选择性地通过互联网、工业以太网、现场总线、工业局域网、工业传感网等实现感知信息的有效传递和交换，确保车间现场生产数据的稳定传输与应用。该层一方面包含采集的数据，该部分数据通过 SCADA 系统传输至数据分析处理层；另一方面包含控制数据，包括 DCS、PLC 和 FCS 系统发出的各种控制指令，传输至车间各种智能设备[6,7]。智能车间需运用计算机技术、通信技术、数控技术对车间智能装备进行联网通信完成数字化车间网络覆盖，实现对车间智能装备的集中管控。把智能装备接入车间通信网络，为智能车间的生产管理建立相互联系的通道。早期通信方式主要是基于异步串行通信的点对点型通信，随着计算机技术、网络技术和现场总线技术的发展，逐步发展起来基于现场总线和基于以太网的通信方式。

① 基于串行口的通信方式 点对点型通信方式是工业设备联网最早采用的通信方式，它是基于 RS232C/RS422 串口来实现的，拓扑结构为星形，通信速率一般为 110～9600bit/s。这种点对点的连接方式简单、成本低，由于大部分计算机和智能装备都具有串行通信接口，所以实现起来也比较方便。但是这种连接存在传输距离短、传输不够可靠、传输速率低、实时性差、系统扩展不容易等缺点。为克服以上这些缺点，人们提出了多种技术手段来满足通信联网的发展需求。第一种是通过串口扩展卡实现与多台设备的通信。第二种是通过串口服务器直接连到网络上，串口服务器在设备组网中的功能是实现底层 RS232 链路中的串口数据流与上层基于 TCP/IP 协议的以太网口数据包

之间的转化处理，相当于通过串口服务器为设备配置 IP 地址，使底层设备成为局域网的一个节点，从而确保局域网中的任何信息与设备之间的透明传输，实现资源共享。

② 基于局域网的通信方式　随着网络技术、自动化技术的发展，网络接口逐渐成为现代智能装备的标准配置，另外，通过串口服务器也可以将只具有 RS232 或 RS485 等串行接口的智能装备转换为网口进行通信，这些都为基于局域网的通信连接奠定了基础。局域网络通信是一种非集中控制的通信网，它把分散的智能装备通过一条公用的通信介质如双绞线、光纤电缆或同轴电缆连接在一起。局域网络通信具有在局部范围内高可靠性、高速率地传输信息和数据共享等特点。常见的局域网有 MAP 网、工业以太网等。由于 MAP 网在实际开发中复杂程度高、开发费用大，目前工业以太网最为流行。工业以太网是在传统以太网技术的基础上融合先进的分布式控制技术，使其能够应用于工业控制和管理的局域网技术。工业以太网的网络层和传输层以 TCP/IP 为主，该协议的特点是开放的协议标准，独立于特定的计算机硬件与操作系统，具有统一的网络地址分配方案以及标准化的高层协议，可以提供多种可靠的用户服务。在数字化车间现场通过采用工业以太网技术来构建通信网络，以满足车间各个层次的实时通信要求以及与上层企业信息集成的需要，从而实现全车间信息的完整性、通透性、一致性、开放性。

③ 基于现场总线的通信方式　出于保护自身投资利益考虑，目前工业以太网一般在控制级及以上的各级实施应用，现场级智能装备的网络连接更多仍采用现场总线。现场总线是一种多个网段、多种通信介质和多种通信速率的控制网络，主要应用于生产现场，在现场设备之间、现场设备与控制装置之间实现双向、串行、多节点、全数字通信的技术。它既可将一个现场设备的运行参数、状态信息以及故障信息等传输到控制管理层，又可将各种控制、组态命令送往各相关的现场设备，从而建立了生产现场设备和上层业务管理层之间的联系，相当于"底层"工业数据总线。现场总线拓扑结构主要采用总线式（即主从式），在通信方式上各结点之间的数据交换只允许通过主结点来实现，结点之间不直接交换数据。这样有利于简化通信、降低成本、提高可靠性。在自动化控制系统中，现场总线如 CANBUS 总线等凭借成本低、抗干扰能力强、实时性好等特点，已经广泛应用于车间底层设备互联。

在智能车间联网通信中会涉及串行通信、局域网通信、现场总线等技术。在智能车间现场联网通信结构中，底层通信网络主要使用现场总线网络。工业控制底层网络实际信息传输过程中，单个节点面向控制的信息量不大，传输任务相对比较简单，但是对信息传输的实时性、快速性要求比较高，而现场总线作为一种实时控制网络，具有高度稳定性和强抗干扰的能力特性，可以实现生产现场设备间的实时、稳定可靠、完整准确通信。因此，可考虑底层智能装备的通信联网方式采用 CANBUS 总线，各智能装备作为 CAN 节点进行通信网络连接。

上层的分析处理层与感知层的控制中心之间，存在较大数据量的状态信息上传和控制信息下达，同时应用服务层的各类业务客户端之间数据传输量大，并有可能需要进行数据的远程传输和信息的远程访问，所以对大数据量信息的实时、准确传输要求较高。因此，上层的分析处理层网络主要使用工业以太网，以其大数据量高速传输的特性，实现现场控制中心与上位机之间的大数据量快速交互，以及应用服务层与分析处理层之间的信息通信。同时工业以太网使用 TCP/IP 网络协议，采用端到端的高速数据交换，统一解决了工业网络的纵向分层和横向远程的系统问题，使信息实现从感知层设备到分析处理层和应用服务层的完全集成，以满足车间各个层次的实时通信要求。综上，智能车间现场联网通信结构如图 4-3 所示。

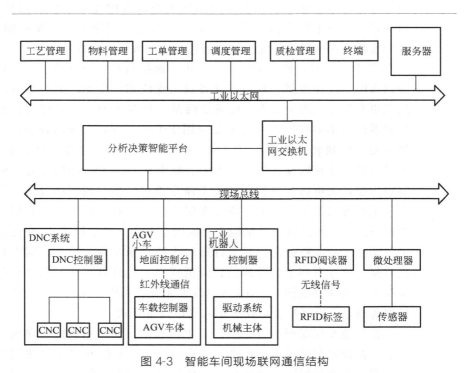

图 4-3　智能车间现场联网通信结构

分析处理层在制造执行系统（MES）中处于承上启下的位置，是上层应用服务层和底层智能装备进行数据连接和通信的枢纽。MES 业务管理层与分析处理层之间的网络通信可采用两种类型的网络交互模式，即以客户端和服务器为模型的 C/S（Client/Server）模式和以浏览器和 Web 服务器为模型的 B/S（Browser/Server）模式。C/S 网络模式是目前网络应用程序最为常用的通信模式。在 C/S 网络交互模式下客户端应用程序是针对特定任务而设计的，具有突出的专用性和软件个性化等特点，同时 C/S 结构的网络通信量只包括客户端与服务器端之间的通信量，网络通信量低，响应速度快，利于处理大量数据。而在 B/S 网络模式下系统将大多数业务逻辑放于服务器端运行，对服务器性能要求较高，并且服务器"崩溃"将导致所有客户端无法正常工作，同时系统采用开放的结构模式，其安全性只能依靠服务器上用户账户管理模块，数据安全性较差。综合分析智能装备集成平台数据传输的特点，其在数据传输过程中对系统的安全性和可靠性要求比较高，并且从车间生产底层反馈的状态信息数据量巨大，通过对网络通信模式的特点和智能装备集成平台功能需求的分析，C/S 网络模式更符合智能装备集成平台上层网络通信的要求，在 C/S 网络模式下，前台模块处理数据能力强，客户端能够实现较好的功能和复杂的用户界面，从而信息处理的速度和效率比较高。

（3）分析处理层

制造车间具有强金属干扰、遮挡与覆盖等复杂环境特性以及多品种变批量混线生产、生产工况多变、生产要素移动等复杂生产特性，由此导致制造数据的冗余性、乱序性和强不确定性，针对具有容量大、价值密度低等典型特征的制造数据进行数据校验、平滑、过滤、融合、分类、关联等处理操作，转化为可被生产与管理应用的有效数据，并进行分类存储，通过多种智能计算与分析方法实现海量数据的增值应用[8]。基于车间制造大数据信息的分析决策层是目前公认的智能车间的典型特征。基于大数据思维，将设备状态参数、计划执行情况等运行参数，以及质量、交货期等性能指标数据化，通过聚类、序列模式挖掘、关联等算法分析这些制造数据之间的关联关系；然后通过数据挖掘手段获取交货准时率、产品合格率等车间性能在设备状态、运行过程等参数影响下的演化规律，建立性能预测模型；最后基于控制理论，从演化规律中找到关键参数进行定量控制，以保证性能达到要求。在以上思路中，形成了大数据驱动的"关联＋预测＋调控"的决策新模式[9]。

① 关联指通过车间制造数据的关联分析，发现其间隐藏的关系。需要在清洗、分类与集成等制造数据预处理的基础上，构建制造数据时序

模型并挖掘序列模式，实现不同制造数据的关联分析，挖掘数据之间的影响规律。

② 预测指利用关联分析结果，描述车间制造过程与性能指标的内在关系。通过将车间性能指标数据化，建立模型，描述车间运行过程数据对性能指标数据的影响规律，实现车间性能预测。

③ 调控指基于车间性能预测模型，找到车间运行过程的关键制造参数并进行控制。通过确定影响质量控制、交货期控制等关键参数，运用规律知识建立针对产品合格率、交货准时率等性能指标的科学调控机制。

根据上述的决策新模式，利用大数据解决智能车间运行分析与决策，需要实现车间数据预处理与分析、车间运行分析与性能预测以及车间运行决策与性能优化。但是，当前车间数据处理与分析大多只针对有限的结构化数据，随着大数据环境下智能车间数据中半结构化、非结构化数据所占的比例越来越高，海量高维数据难以实现有效分类与重复利用，并且数据的时变规律呈现多尺度特征，数据之间的关联关系愈发复杂多样，车间制造数据的预处理与分析方法需要进一步细化与深入研究。而当前车间运行分析方法主要集中于排队论模型、Petri网和马尔科夫模型等精确建模方法，通过建立系统性能与参数间的因果关系实现性能预测。随着制造系统越来越复杂，这些方法开始遇到维数灾难难题，无法准确描述系统的全部特性。如何通过数据关联关系学习与建模，根据制造数据的时变特性探究车间性能的演化规律，弱化对制造系统模型的依赖，成为车间运行分析的主要任务。在车间运行决策方面，现有方法存在模型和算法复杂度过高、通用性较差等缺点，需要在车间运行分析与性能预测的基础上，建立工艺、设备、系统等数据对车间复杂运行过程的科学调控机制，实现车间性能优化。因此，"关联＋预测＋调控"的智能车间分析与决策方法通过车间制造大数据预处理方法、车间制造大数据时序分析方法与车间制造大数据关系网络建模方法实现关联，通过车间运行状态预测方法实现预测，通过车间运行决策方法实现调控。

① 车间制造大数据预处理方法　车间在运行过程中产生的制造数据具有海量、高维、多源异构、多尺度和高噪声等特性，这些数据难以直接用于运行过程的分析决策，车间制造大数据预处理方法主要针对以上特点，通过对制造数据进行清洗去噪、建模集成与多尺度分类等操作，为车间运行分析与决策提供可靠、可复用的数据资源。

② 车间制造大数据时序分析方法　车间制造大数据时序分析方法针对车间制造数据的时序特性，建立车间运行过程多维数据的时间序列模

型,设计制造数据的时间序列模式挖掘算法,揭示制造数据随时间变化的规律。

③ 车间制造大数据关系网络建模方法 产品、工艺、装备、系统运行等制造数据相互影响,使车间生产过程呈现出复杂的运行特性。车间制造大数据关系网络建模方法在对工艺参数、装备状态参数等制造数据应用关联分析等数据挖掘算法的基础上,利用复杂网络等理论描述制造数据之间的关联规则和相关系数。

④ 车间运行状态预测方法 车间运行状态预测方法针对车间运行的时变特性,根据制造数据时序模式分析车间制造系统内部结构的动态特性与运行机制,学习与运用车间性能的演化规律,完成车间性能的精确预测。

⑤ 车间运行状态决策方法 车间运行决策方法在车间运行分析的基础上,将车间性能的预测值与目标决策值进行实时比对,通过关键制造数据的科学调整实现车间性能优化,如产品质量智能决策方法和制造系统智能调度方法。

(4) 应用服务层

将感知数据用于制造车间管理与生产过程控制优化,提供车间全息数字化展示、制造资源可视化管理、制造过程实时监控、物料动态配送、生产动态调度、质量诊断与追溯等功能服务,并通过统一的数据集成接口实现与 MES、ERP、PDM 等信息系统的紧密集成,在多种可视化终端上实现制造现场的透明化、实时化和精准化管理、控制与优化[10]。

4.2 车间生产智能调度

4.2.1 调度问题描述

制造系统调度就是在一定的时间内,通过可用共享资源的分配和生产任务的排序,来满足某些制定的性能指标。具体来说,就是针对某项可以分解的工作,在一定的约束条件下,合理安排其组成部分所占用的资源、加工时间及先后顺序,以获得产品制造时间或者成本等最优[11,12]。对企业级制造系统和地域级制造系统,制造资源的综合调度一般视为供应链的调度问题,而车间级制造系统制造资源的调度,一般视为生产调度。对于车间级制造系统而言,车间调度是制造过程的重要环节,通过合理的调度方案,能够提高设备利用率,降低库存和成本,减少能耗,从而提高制造系统的整体运行效率。近 20 年来,国际生产工程学会(CIRP)总结了 40 种先进制造模式,都是以优化的生产调度为基础。而随着全球市场竞争的加剧,客户需求的多样化和个性化,企业组织生产的模式正朝着"多品种、变批量、低能耗"的方向发展,制造系统的调度问题受到日益广泛的重视。

在调度问题中,通常存在一组工件 $(J_1,J_2,\cdots,J_n)$,每个工件具有 h_i 道工序,以及一组机器 $(M_1,M_2,\cdots,M_m)$。一个调度问题常用三元组 $\alpha|\beta|\gamma$ 描述[13]:α 域描述机器环境;β 域提供加工特征和约束的细节,一个实际问题可能不包含其中任何一项,也可能有多项;γ 域描述性能指标。

α 域所描述的机器环境包括:

① 单机　单机是所有机器环境中最简单的,是所有其他环境的特例。

② 并行机　并行机具有相同的功能,可分为三类:同速机,即并行的 m 台机器具有相同的速度;恒速机,即并行的 m 台机器速度不同,但每台机器的速度为常数;变速机,即机器的速度依赖于加工的工件。

③ 流水车间　流水车间有串行的 m 台机器,每个工件必须以相同的加工路径访问所有机器。在一台机器上加工完毕后,工件进入第二台机器的缓冲区,等待加工,依次访问,直到所有工序加工完毕。如果工件的体积很小(如集成电路),机器间可以大量存放,可认为缓冲区无穷大;当工件的体积较大(如电视机),则认为机器间缓冲区有限。

④ 柔性流水车间　柔性流水车间是流水车间和并行机的综合。在柔性流水车间中,工件的加工要经过 m 个阶段,每个阶段存在多台功能相同的并行机,工件在某个阶段加工时,需从该阶段存在的多台机器中,选择一台进行加工。

⑤ 作业车间　作业车间的每个工件都要访问所有机器,但每个工件都有自己的机器访问顺序。

⑥ 开放车间　开放车间的每个工件可以在每台机器上进行多次加工,有些加工时间可以为零,对工件的加工路径没有任何限制。

β 域所描述的加工约束可能包括:

① 提交时间　提交时间是指工件到达系统的时间,也就是工件可以开始加工的最早时间。

② 与加工顺序相关的调整时间　也称分离调整时间,即不能包含在加工时间内的调整时间。

③ 中断　中断意味着不必将一个工件在其加工完成之前一直保留在

机器上，它允许调度人员在任何时间中断正在加工工件的操作，而安排机器做另外的工作（如加工其他工件或者维修等）。通常假设不允许中断，若允许中断，则该条件将出现在 β 域中。

④ 故障　机器故障意味着机器不可用。

⑤ 优先约束　优先约束是指某道工序开始之前，其他一道或多道工序必须完成。

⑥ 阻塞　如果一个流水车间在两台相邻的机器之间只有有限的缓冲区，当缓冲区变满后，上游的机器无法释放已加工完毕的工件，加工完的工件只能停留在该机器上，从而阻止了其他工件在该机器上加工。

⑦ 零等待　零等待是指不允许工件在两台机器间等待，工件的加工一旦开始，就必须无等待地访问所有机器。例如，在轧钢厂，钢板的生产就不允许等待，因为在等待过程中，钢板会变冷。关于阻塞和零等待，不一定只出现在流水车间，作业车间中也可以出现。

⑧ 再循环　同一工件可能重复访问同一机器多次。

γ 域描述中性能指标有以下几类。

1) 基于加工完成时间的指标

① 最大完成时间

$$C_{\max} = \max\{C_i\} \tag{4-1}$$

这是调度研究中最常见的指标。

② 平均完成时间

$$\overline{C} = \frac{1}{n}\sum_{i=1}^{n} C_i \tag{4-2}$$

③ 最大流经时间

$$F_{\max} = \max_{1 \leqslant i \leqslant n} F_i = \max_{1 \leqslant i \leqslant n} \{C_i - r_i\} \tag{4-3}$$

式中，C_i 为工件 J_i 的加工完成时间；r_i 为提交时间；F_i 为工件 J_i 从进入制造系统到加工完毕离开系统所经历的时间，称为流经时间。

④ 总流经时间

$$\sum_{i=1}^{n} F_i \tag{4-4}$$

⑤ 加权流经时间

$$\sum_{i=1}^{n} w_i F_i \tag{4-5}$$

⑥ 平均流经时间

$$\overline{F} = \frac{1}{n}\sum_{i=1}^{n} F_i \tag{4-6}$$

2) 基于交货期的性能指标
① 总拖后时间

$$\sum_{i=1}^{n} T_i \tag{4-7}$$

② 最大拖后时间

$$T_{\max} = \max_{1 \leqslant i \leqslant n} \{T_i\} \tag{4-8}$$

③ 平均拖后时间

$$\overline{T} = \frac{1}{n} \sum_{i=1}^{n} T_i \tag{4-9}$$

$$T_i = \max\{C_i - d_i, 0\} \tag{4-10}$$

式中，T_i 为工件 J_i 的拖后时间；d_i 为 J_i 的交货期。

平均延迟时间为 $\overline{L}$，最大延迟时间为 $L_{\max}$。

拖后工件个数 n_T 即完成时间大于交货期的工件数。

拖后目标与顾客满意度有关，也是调度问题的一类重要目标。

3) 基于库存的性能指标
① 平均已完成工件数 $\overline{N}_c$。
② 平均未完成工件数 $\overline{N}_n$。
③ 平均机器空闲时间 $\overline{I}$。
④ 最大机器空闲时间 $I_{\max}$。

4) 基于机器负荷的性能指标
① 最大机器负荷 $WL_{\max}$，即具有最大加工时间和的机器的负荷。
② 总机器负荷 WL_{tot}，即所有机器所有加工时间之和。
③ 机器负荷间的平衡，即所有机器负荷之间的方差或标准差。

4.2.2 典型调度问题

根据调度类型的特点，调度问题主要包含以下典型问题[14-17]。

(1) 作业车间调度问题 (JSSP)

JSSP 由 n 个工件和 m 台机器组成。每个工件具有一定数量的工序，其加工路径事先给定。每道工序的加工机器和加工时间事先给定，除此之外，还有一些机器和工件的约束：一个工件不能访问同一机器两次；不同工件的工序之间没有优先约束；工序加工不能被中断；一台机器不能同时加工多个工件；开工时间和交货期均未指定；不考虑工件加工的优先权；工序加工容许等待，即前一道工序未完成，则后续的工序要等待。

JSSP 的数学描述如下：

$$\min \max_{1 \leq k \leq m} \{\max_{1 \leq i \leq n} \{c_{ik}\}\} \quad (4\text{-}11)$$

$$c_{ik} - p_{ik} + M(1 - a_{ihk}) \geq c_{ih}, i=1,2,\cdots,n; h,k=1,2,\cdots,m \quad (4\text{-}12)$$

$$c_{jk} - c_{ik} + M(1 - x_{ijk}) \geq p_{ik}, i,j=1,2,\cdots,n; k=1,2,\cdots,m \quad (4\text{-}13)$$

$$c_{ik} \geq 0, i=1,2,\cdots,n; k=1,2,\cdots,m \quad (4\text{-}14)$$

$$x_{ijk} = 0 \text{ 或 } 1, i,j=1,2,\cdots,n; k=1,2,\cdots,m \quad (4\text{-}15)$$

式中，C_{ij} 为工件 J_j 在机器 M_k 上的完成时间；p_{jk} 为工件 J_j 在机器 M_k 上的加工时间；M 为大正数。

$$a_{ihk} = \begin{cases} 1, \text{如果工件 } J_i \text{ 先在机器 } M_h \text{ 上加工，后在 } M_k \text{ 上加工} \\ 0, \text{否则} \end{cases} \quad (4\text{-}16)$$

$$x_{ijk} = \begin{cases} 1, \text{如果在机器 } M_i \text{ 上，工件 } J_i \text{ 先于 } J_j \text{ 加工} \\ 0, \text{否则} \end{cases} \quad (4\text{-}17)$$

以上模型中，目标函数为最大完工时间，式(4-12)表明每个工件的工序加工顺序按事先规定的路径进行，式(4-13)表明每台机器同一时刻只能加工一个工件。

(2) 流水车间调度问题（FSSP）

FSSP一般可以描述为：n 个工件由 m 台机器加工，每个工件具有一定数量的工序，每个工件以相同的顺序访问所有机器，工件在机器上的加工时间固定，问题的目标是求所有工件的最优加工顺序，使最大完成时间最小。对FSSP常做以下假设：每个工件在机器上的加工顺序相同；每台机器在同一时刻只能加工一个工件的某道工序；一个工件不能同时在两台以上的机器加工；工序的调整时间与顺序无关，且包含在加工时间中；缓冲区容量无穷大。

FSSP是一种重要的制造系统调度问题，实际制造过程中的许多调度问题都可以简化为 FSSP，其中置换流水车间调度问题（PFSSP）就是FSSP 的一种特例，该问题不仅工件的加工路径一样，而且每台机器上工件的加工顺序也完全一样。不过，就智能优化来说，这两个问题的解决方法相似，甚至可以用相同的方法求解，以遗传调度来说，通常都采用工件排列对这两个问题的解进行编码。

(3) 开放车间调度问题（OSSP）

OSSP 具有如下特点：各工件的工序事先给定，但无加工路径约束，每道工序只能由一台机器加工。具体描述如下：n 个工件（$J_1, J_2, \cdots, J_n$）和 m 台机器（$M_1, M_2, \cdots, M_m$），工件 J_i 的释放时间和交货期为 r_i 和 d_i，一共有 h_i 道工序，每道工序的加工机器只有一台，加工过程不允许中断,一台机器同一时刻只能加工一个工件,同一工件同一时刻只能由同一台机器加工。

(4) 柔性车间调度问题(FJSP)

生产的柔性包括设备使用柔性和设备安排柔性,其中前者指设备可用于多个工件的多道工序的加工;而后者是指工件的设备加工路径不是固定和预先确定的,具有可选的路径。

这类问题包括柔性流水车间调度和柔性作业车间调度两种。在 FSSP 和 JSSP 中,每道工序只能由一台机器加工,而在柔性车间调度中,具有设备安排柔性,至少一道工序存在多台加工机器。或者至少一个工件存在多种可能的加工路径。

(5) 批处理机调度

批处理机是一类能同时加工多个工件的机器,批处理机已广泛应用于半导体制造的扩散和氧化操作、半导体测试的老化操作、金属加工的热处理、印制电路板封装以及食品、化工和制药工业等。批处理机调度突破了传统调度问题中一台机器上任何时刻只能加工一个工件的假设,具有以下特点:对工件的加工以批为单位进行,设批处理的批容量为 C,则在进行加工时,要把工件分成若干批,每批工件大小之和不能超过 C;批加工时间或者由批内工件的最大加工时间决定,或者为常数;同一批内的工件具有相同的加工开始时间和完成时间,一批工件的加工一旦开始,就不能中断;整个调度问题可以分解为工件分批和批调度两个子问题。

常见的批处理机调度形式有:①在需要加工的所有工件中,每个工件都可以和其他任何工件组成一批进行加工,批加工时间固定,且与工件类型无关;②只有一种类型工件,每个工件可以有不同的加工时间,而批加工时间等于批中工件的最大加工时间。半导体制造中的老化操作调度就是这类问题;③存在多种类型的工件,只有属于同一类型的工件才能安排在同一批中进行加工,批加工时间也由批内工件的最大加工时间决定。

根据车间构造,可分为单批处理机调度、并行批处理机调度和流水车间批处理机调度等。其中,单批处理机调度指对工件进行组批,然后由一台批处理机按一定次序进行加工;并行批处理机指功能类似的多台机器聚集在一起,共同完成相似的加工任务,如半导体制造生产线的氧化炉管,并行批处理机调度包括工件组批、加工机器分配和批调度三个子问题;流水车间批处理机调度指工件分批以相同的顺序依次访问所有批处理机。

(6) E/T 调度

E/T 调度是一类以 E/T 指标为目标函数的调度问题。E/T 调度的提出是为了适应准时制（JIT）生产模式的需要，准时制是在 20 世纪 80 年代出现的，首先在日本的制造业中得到广泛采用，并很快被西方国家的制造业所接受，其基本内涵是，从企业利润角度出发，对产品的加工以满足交货期为目标，既不能提前交货，也不能延期交货，而 E/T 指标就反映了这方面的要求，其标准形式可表为

$$\sum_j (\alpha_j E_j + \beta_j T_j) \tag{4-18}$$

式中，α_j 和 β_j 为提前交货和拖后交货的惩罚系数。

通常情况下，标准 E/T 调度问题可以分为公共交货期问题和不同交货期问题。前者指所有待加工的工件均属于同一订单，产品需在同一时间内交付给客户，即工件具有相同的交货期，而后者指不同的工件具有不同的交货期。

除了标准 E/T 指标外，还有其他形式的指标，如二次型惩罚函数 E/T 指标、待完成时间惩罚项 E/T 指标等。

(7) 动态调度

生产调度分为动态调度和静态调度两大类。静态调度是在调度环境和任务已知的前提下的事前调度方案。在实际生产过程中，虽然在调度之前进行了尽可能符合实际的预测，但由于生产过程中的诸多因素，如处理单元和物料等资源的变化难以预先精确估计，往往影响调度计划，使实际生产进度与静态调度的进度表不符，需要进行动态调整，特别是在市场经济条件下，没有一种预测方法能够完全预测制造过程的动态变化。事实上，由于市场需求变化会引起产品订单变化，如产品数量的变化和交货期的变化等，以及生产设备故障、能源的短缺和加工时间的变化等，都可能使原来的调度不符合实际要求。

为了适应实际制造过程中的不确定性和随机性，一般采用周期性调度和再调度相结合的策略。定义一些关键事件，如设备故障等，当关键事件发生时，立即重新调度；否则，周期性调度，即进行所谓动态调度或再调度。动态调度是指在调度环境和任务存在着不可预测的扰动情况下的调度方案，它不仅依赖于事前调度环境和任务，而且与当前状态有关。

动态调度有两种形式，即滚动调度和被动调度。滚动调度指调度优化随着时间推移，在一个接一个的时间段内动态进行；被动调度指当生产过程发生变化、原来的调度不再可行时，所进行的调度修正。

被动调度是在原有的静态调度的基础上进行的。它的调度目标是尽

量维持原调度水平，性能指标下降越小越好。滚动调度既可以在原有的静态调度的基础上进行，也可以直接进行，其最终目的都是在当前优化区域内得到最优或次优调度。

动态调度必须符合实时性要求，所以更关心在线计算能力问题。为了能够在有效的时间内得到一个较为合理的调度，一般希望将问题的规模减小，在一个较小时间段的问题空间内，得到一个较好解。因此，大多数采用启发式方法和基于预测的滚动优化方法。

大多数动态调度由加工时间的变化引起，少数动态调度由订单的变化和设备故障等引起。对于由加工时间的变化而引起的动态调度，由于批量和加工顺序一般是根据最早的最优（或者可行）调度设定好的，在这种情况下，一般不再需要重新分配批次和加工顺序，只是调整各加工任务的加工起始时间，尽量得到一个次优的调度，或者保持原有调度的性能指标。

4.2.3 调度问题的研究方法

调度问题的研究始于 20 世纪 50 年代。在 1954 年，Johnson 提出了解决 $n/2/F/C_{max}$ 和部分特殊的 $n/3/F/C_{max}$ 问题的有效优化算法[18]，代表经典调度理论研究的开始。不过直到 50 年代末期，研究成果仍主要是针对一些特殊情况和规模较小的单机和简单的流水车间问题提出一些解析优化方法，范围较窄。1975 年，中国科学院研究员越民义、韩继业在《中国科学》上发表了论文《n 个零件在 m 台机床上的加工顺序问题》[19]，从此揭开了国内调度理论研究的序幕。

20 世纪 60 年代，研究人员大多利用混合或纯整数规划、动态规划和分支定界法等运筹学的经典方法解决一些代表性的问题。也有人开始尝试用启发式算法进行研究，如 Gavett[20] 曾提出过不同的优先分派规则。至此，调度理论的基本框架初步成形。70 年代，学者开始对算法复杂性进行深入研究，多数调度问题被证明属于 NP（non-deterministic polynomial，非确定性多项式）完全问题或 NP 难问题，难以找到有效的多项式算法，有效的启发式算法逐渐受到关注。Panwalkar 总结和归纳出了 113 条调度规则，并对其进行了分类[21]，至此，经典调度理论趋向成熟。80 年代以后，随着计算机技术和工程科学等学科的相互交叉和相互渗透，许多跨学科的人工智能方法被应用到研究中。90 年代初涌现出大量的新方法，例如，Nowicki[22] 的约束满足技术，Foo[23] 的神经网络技术，Aarts[24] 和 Peter[25] 的模拟退火、Brandimarte[26] 的禁忌搜索、

Nakano[27] 的遗传算法等。到目前为止，这些算法都还在不断的改进和发展，使得它们在求解调度问题或者其他 NP 难问题时更加实用、高效。

从 Johnson 揭开调度问题研究的序幕以来，调度问题一直是极其困难的组合优化问题。调度模型从简单到复杂，研究方法也随着调度模型变迁，从开始的数学方法发展到启发式的智能算法。解决调度问题的方法主要分为三类：基于运筹学的方法、基于启发式规则方法和人工智能算法。运筹学方法也称为最优化方法，能够保证得到全局最优解，但只能解决较小规模的问题，而且求解速度较慢。而启发式规则和人工智能算法，可以很快地得到问题的解，但不能保证得到的是最优解。启发式的智能算法适合解决大规模问题，基本上能够满足工程实践的需求。

(1) 基于运筹学的方法

该方法将调度问题简化成数学规划模型进行求解，包括整数规划、混合整数规划、拉格朗日松弛法、分解方法和分支定界法等。数学规划中求解调度问题最常见的方法是混合整数规划。混合整数规划有一组线性约束和一个线性目标函数。该方法限制决策变量都必须是整数，因此，在运算中出现的整数个数以指数规模增长。拉格朗日松弛法和分解方法是两种较成功的数学模型方法[28]。拉格朗日松弛法用非负拉格朗日乘子对工艺约束和资源约束进行松弛，最后将惩罚函数加入目标函数中。刘学英用拉格朗日松弛法解决了车间调度问题[29]。

分支定界法（branch and bound，B&B）是用动态树结构来描述所有的可行解排序的解空间，树的分支隐含有要被搜索的可行解。Balast 在 1969 年提出的基于析取图的枚举算法是最早应用于调度问题求解的 B&B 方法[30]。B&B 非常适合解决总工序数小于 250 的调度问题，但对于大规模问题，由于它需要巨大的计算时间，限制了它的使用。

(2) 基于启发式规则的方法

基于运筹学的大部分方法在解决复杂调度问题方面有一定的局限性，例如，存在运算量大、效率低等问题。而调度规则的模糊化处理，能够解决其在大规模调度问题求解时的低效率问题，而且不仅求解效率高，其质量也较高。因此，基于启发式规则的方法在解决较大规模调度问题时具有一定的优势。常见的启发式调度规则包括优先分派规则、瓶颈移动方法和 Palmer 算法等。

优先分派规则（PDR）是最早的启发式算法。该方法是分派一个优先权给所有的被加工工序，然后选出优先权最高的加工工序最先排序，接下来按优先权次序依次进行排序。由于该方法非常容易实现，且计算复杂性低,在实际的调度问题中经常被使用。Panwalkar 和 Iskander[31]对各种不同规则进行了归纳和总结,在实际中常用的规则有 SPT、LPT、EDD、MOR 和 FCFS 等。大量该领域的研究表明:对于大规模的调度问题,多种优先分派规则组合使用更具有优势。

瓶颈移动方法(SBP)由 Adams[32]在 1988 年提出,也是第一个解决 FT10 标准测试实例的启发式算法。SBP 方法的主要贡献是提供了一种用单一机器确定将要排序的机器的排列途径。实际求解时,把问题化为多个单机器问题,每次解决一个子问题,把每个子问题的解与所有其他子问题的解比较,每个机器依解的好坏排列,有着最大下界的机器被认为是瓶颈机器。虽然 SBP 可以得到比优先分派规则法质量更好的解,但计算时间较长,而且实现比较复杂。

1965 年 Palmer 提出按斜度指标排列工件的启发式算法,称之为 Palmer 算法[33]。工件斜度指标定义为

$$s_i = \sum_{k=1}^{m}(2k-m-1)p_{ik} \tag{4-19}$$

式中,p_{ik} 为工件 J_i 在机器 M_k 上的加工时间。

按 s_i 非增的顺序排列工件,得到工件排列 $(i_1, i_2, \cdots, i_n)$,满足

$$s_{i_1} \geqslant s_{i_2} \geqslant \cdots \geqslant s_{i_n} \tag{4-20}$$

(3)人工智能

20 世纪 80 年代出现的人工智能在调度研究中占据重要的地位,也为解决调度问题提供了一种较好的途径,具体包括:约束满足、神经网络、专家系统、多智能体,以及后来人们通过模拟或揭示某些自然现象、过程和规律而发展的元启发式算法(如遗传算法、禁忌搜索算法、蚁群算法和粒子群优化算法等)。

约束满足是通过运用约束减少搜索空间的规模,这些约束限制了选择变量的次序和分配到每个变量可能值的排序。当一个值被分配给一个变量后,不一致的情况被剔除。去掉不一致的过程称为一致性检查(consistency checking),但是这需要进行修正,当所有的变量都得到分配的值并且不与约束条件冲突时约束满足问题就得到了解决[34]。

神经网络(NN)通过一个 Lyapunov 能量函数构造网络的极值,当网络迭代收敛时,能量函数达到极小,使与能量函数对应的目标函数得到优化。Foo 和 Takefuji[23]最早提出用 Hopfield 模型求解车间调度问题,之后有大量学者进行了改进性研究。除了 Hopfield 模型之外,BP 模型也较多地应用于求解车间调度问题。Remus[35]最早利用 BP 模型求解

调度问题，之后有大量学者对此模型进行研究。目前，神经网络仅能解决规模较小的调度问题，而且计算效率非常低，不能较好地求解实际大规模的调度问题。

专家系统（ES）是一种能够在特定领域内模拟人类专家思维以解决复杂问题的计算机程序。专家系统通常由人机交互界面、知识库、推理机、解释器、综合数据库和知识获取等六个部分构成。它将传统的调度方法与基于知识的调度评价相结合，根据给定的优化目标和系统当前状态，对知识库进行有效的启发式搜索和并行模糊推理，避开烦琐的计算，选择最优的调度方案，为在线决策提供支持。比较著名的专家系统有 ISIS[36]、OPIS[37]、CORTES[38]、SOIA[39] 等。

为了解决复杂问题，克服单一的专家系统所导致的知识有限、处理能力弱等问题，出现了分布式人工智能（distributed artificial intelligence，DAI）。多个智能体的协作正好符合分布式人工智能的要求，因此出现了多智能体系统（MAS）。MAS 对开放和动态的实际生产环境具有良好的灵活性和适应性，因此 MAS 在实际生产中不确定因素较多的车间调度等领域中获得越来越多的应用[40]。不过，MAS 和专家系统有相同的不足，需要丰富的调度经验和大量知识的积累等。

进化算法（EA）通常包括遗传算法（genetic algorithm，GA）[41]、遗传规划（genetic programming，GP）[42]、进化策略（evolution strategies，ES）[43] 和进化规划（evolutionary programming，EP）[44]。这些方法都是模仿生物遗传和自然选择的机理，用人工方式构造的一类优化搜索算法。其侧重点不同，GA 主要发展自适应系统，是应用最广的算法；EP 主要求解预期问题；ES 主要解决参数优化问题。1985 年，Davs 最早将 GA 应用到调度问题，通过一个简单的 20×6 的车间调度问题验证了采用 GA 的可行性。此后，Falkenauer 和 Bouffouix[45] 进一步进行了改进提高。1991 年，Nakano[46] 首先将 GA 应用到了一系列车间调度的典型问题中。Yamada 和 Nakano[47] 在 1992 年提出了一种基于 Giffler 和 Thompson 的算法 GA/GT。自 1975 年 Holland 教授提出遗传算法以来，国内对其在求解车间调度问题的文献非常多，其中清华大学的王凌和郑大钟较好地对遗传算法及其在调度问题中的应用进行了分析和总结[48]。

蚁群优化（ACO）算法是意大利学者 Dorigo 等人于 1991 年提出的[49]。模拟蚂蚁在寻找食物过程中发现路径的行为。蚂蚁在寻找食物过程中，会在它们经过的地方留下一些化学物质"外激素"或"信息素"。这些物质能被同一蚁群中后来的蚂蚁感受到，并作为一种信号影响后来者的行动，而后来者也会留下外激素对原有的外激素进行修正，如此反复循环下去，外激素最强的地方形成一条路径。Colorni 等[50] 首先用蚁群算法求解车间调度问题。

粒子群优化（PSO）算法是由 Eberhart 博士[51] 和 Kennedy 博士[52] 在 1995 年提出的，源于对鸟群捕食行为的模拟研究。在 PSO 算法中，系统初始化为一组随机解，称为粒子。每个粒子都有一个适应值表示粒子的位置，还有一个速度来决定粒子飞翔的方向和距离。在每一次迭代中粒子通过两个极值来更新自己，一个极值是粒子自身所找到的最优解，称为个体极值，另一个极值是整个种样目前找到的最优解，称为全局极值。国内关于 PSO 算法在车间调度中的应用研究较多，华中科技大学的高亮等人[53,54] 在 PSO 算法应用方面做了大量工作。

局部搜索（LS）是将人们从生物进化、物理过程中受到的启发应用于组合优化问题，从早期的启发式算法变化而来的。LS 以模拟退火（SA）、禁忌搜索（TS）为代表[55,56]，应用广泛。LS 必须依据问题设计优良的邻域结构以产生较好的邻域解来提高算法的搜索效率和能力。

除了上述方法以外，还有很多种方法可以对调度问题进行求解，如文化算法（cultural algorithm）、Memetic 算法、分散搜索（scatter search）等。由于各种调度算法都不同程度地存在各自的优缺点，近来许多学者开始将各种元启发式算法或最优化算法进行组合应用研究，弥补各自的缺点，发挥各自的优势，以达到高度次优化的目标[57]。目前，解决调度问题最先进的算法一般是混合算法，如 GA+TS[58]，PSO+SA 等。

4.3 柔性作业车间调度问题

4.3.1 柔性作业车间调度建模

柔性作业车间调度（FJSP）问题可描述如下：m 台机床 $\{W_1, W_2, \cdots, W_m\}$ 完成 n 个作业 $\{J_1, J_2, \cdots, J_n\}$，其中每个作业 J_i 的由 p 道工序 $\{O_{i1}, O_{i2}, \cdots, O_{ip}\}$ 组成，每个作业的工序数目和顺序一定。每道工序可由多台机床完成，加工时间随机床不同而不同。调度目标是安排 n 个作业任务的每一道工序（$n \times p$）在相应的机床加工，确定每台机床相应工序的最佳顺序和开工时间，使所有作业的完工时间最小。基于问题描述的需要和工程的实际情况，FJSP 还需引入以下假设条件：

① 完成工序 O_{ij} 的机床 W_k 可选，某道工序指定机床的加工时间 T_{ijk} 已知，其中 $\{O_{ij} \in O, W_k \in W, i=1,2,\cdots,n; j=1,2,\cdots,p; k=1,2,\cdots,m\}$；

② 某个时刻每台机床 W_k 只能处理一个作业 J_i，同一作业 J_i 的两道工序不能同时加工，且工序 O_{ij} 一经开始就不能中断；

③ 机器调整设置时间和作业的运输时间忽略不计；

④ 不考虑作业的取消、机器的崩溃和其他随机性因素。

因此，FJSP 可表示为

$$S = \{O_{111}, \cdots, O_{11k}, O_{121}, \cdots, O_{12k}, \cdots, O_{1jk}, \cdots, O_{2jk}, \cdots, O_{ijk}\}$$

(4-21)

式中，S_{ijk} 表示第 i 个作业的第 j 道工序在第 k 个机床加工。

表 4-1 是 6×6 柔性作业车间调度问题实例，该实例由 6 道作业任务构成，每道作业任务由 3 道工序组成，6 道作业任务的 18 道工序安排到 6 个机床进行加工完成。表中的数据表示每道工序在相应机床进行加工时的加工时间（单位，s），"X"表示某道工序不能在某个机床进行加工。例如，工序 O_{11} 可由 W_1、W_2、W_4、W_5、W_6 四台机床完成，加工时间分别为 2s、3s、5s、2s、3s。

表 4-1　6×6 柔性作业车间调度问题实例

作业	工序	机床					
		W_1	W_2	W_3	W_4	W_5	W_6
1	O_{11}	2	3	X	5	2	3
	O_{12}	4	3	5	X	3	X
	O_{13}	2	X	5	4	X	4
2	O_{21}	3	X	5	3	2	X
	O_{22}	4	X	3	3	X	5
	O_{23}	X	X	4	5	7	9
3	O_{31}	5	6	X	4	X	4
	O_{32}	X	4	X	3	5	4
	O_{33}	X	X	11	X	9	13
4	O_{41}	9	X	7	9	X	6
	O_{42}	X	7	X	5	6	5
	O_{43}	2	3	4	X	X	4
5	O_{51}	X	4	5	3	X	4
	O_{52}	4	4	6	X	3	5
	O_{53}	3	4	X	5	6	X
6	O_{61}	X	3	7	4	5	X
	O_{62}	6	2	X	4	3	X
	O_{63}	5	4	3	X	X	4

进行柔性作业车间调度研究，主要目的是工序排序和机床选择。针对不同的加工要求，最终优化目标略有差异。通常情况下，FJSP 问题的性能指标包括以下几类：基于所有加工任务完工时间的指标、基于交货期的指标、基于成本的指标、基于机床负荷的指标。

（1）基于加工任务完工时间的指标

每一个作业任务的最后一道工序的完成时间，称为该作业任务的完工时间，所有作业任务的最迟完工时间，即为最大完工时间（makespan），最大完工时间最小化是提高作业任务加工效率的最终目标，是 FJSP 问题最重要的指标。通常情况下，以式（4-22）作为基于完工时间的评价指标。

$$f_1 = \min(C_{\max}) \tag{4-22}$$

式中，$C_{\max} = \max(C_J)$，C_J 表示作业任务 J_i 的完工时间。

（2）基于交货期的指标

目前，多品种、变批量生产模式逐渐成为企业组织生产的主要形式。在此模式下，如何减少库存、降低成本成为制造企业普遍关注的问题。JIT 生产模式强调低库存、高质量的生产组织形式，在此模式下，订单的交货期是其考虑的主要性能指标，即订单的完工时间越接近交货期，产品库存就越低，存储、搬运成本就越低。因此，作为 FJSP 问题的性能指标，加工任务的完工时间越接近交货期，说明其交货期性能越好。一般用最大提前期指标 E_J 和最大拖期指标 T_J 衡量其交货期性能指标。

$$E_J = \max(d_J - C_J, 0) \tag{4-23}$$

$$T_J = \max(C_J - d_J, 0) \tag{4-24}$$

式中，d_J 表示作业任务 J 的交货期，E_J 为非负值。

因此，以最大提前期 E_J 和最大拖期 T_J 最小化作为调度方案的优化目标。即

$$f_2 = \min(E_{\max}) \tag{4-25}$$

$$f_3 = \min(T_{\max}) \tag{4-26}$$

式（4-25）中，$E_{\max} = \max(E_J)$；式（4-26）中，$T_{\max} = \max(T_J)$。

（3）基于机床负荷的指标

机床负荷主要指的是机床的工作运行时间。机床负荷指标反映了企业资源的利用水平。按照约束理论的思想，瓶颈机床的产出决定着企业的最终产出，为了提高生产效率，调度的目标应该尽可能地减少瓶颈机床的负荷，即，使机床的最大负荷最小化。为了判断制造车间机床整体的利用率，所有机床的总负荷也是评价指标之一。另外，保证生产均衡

进行，要求机床整体负荷较为均衡，因此，最大负荷机床和最小负荷机床的负荷差值也是评价指标之一。因此，机床负荷成为衡量车间调度的重要指标，式(4-27)表示机床 k 的负荷情况。

$$L_k = \sum_{i=1}^{n} \sum_{j=1}^{p} T_{ijk} X_{ijk} \tag{4-27}$$

式中，T_{ijk} 为作业任务 J_i 的工序 O_{ij} 在机床 W_k 上的加工时间；X_{ijk} 为调整系数，具体为

$$X_{ijk} = \begin{cases} 1 & \text{当工序 } O_{ij} \text{ 在机床 } W_k \text{ 加工时} \\ 0 & \text{当工序 } O_{ij} \text{ 不在机床 } W_k \text{ 加工时} \end{cases}$$

以机床负荷作为车间调度的性能指标主要有三个：

① 最大负荷机床负荷最小化，即

$$f_4 = \min(L_{\max}) \tag{4-28}$$

式中，$L_{\max} = \max(L_k)$。

② 总机床负荷最小化，即

$$f_5 = \min\left(\sum_{k=1}^{m} L_k\right) \tag{4-29}$$

③ 最大负荷机床与最小负荷机床的负荷差值最小化，即

$$f_6 = \min(L_{\max} - L_{\min}) \tag{4-30}$$

式中，$L_{\min} = \min(L_k)$。

(4) 基于成本的指标

生产成本指标直接反映调度决策对企业经济效益的影响。生产成本可根据性质分为不变成本和可变成本。不变成本与加工任务的多少无关，包括专用机床、专用工艺设备的维护折旧费，以及与之有关的调整费等。可变成本与加工任务的多少有关，包括材料费、工人工资等等费用。生产过程中产生的产品成本通常由以下几部分构成。

生产成本：由加工时间、对刀引导时间、装拆零件，开停机床等耗费时间所产生的成本。

拖期惩罚成本：零件晚于交货期完工时，产生的一次性罚金和与拖期时间长短相关的罚款。

存储成本：半成品等待加工时的存储和搬运成本、产品提前完工又不能提前发货时，需要消耗的存储和搬运成本。

由于在基于交货期的指标中已经考虑了拖期或提前完工对调度决策的影响，因此，基于成本的指标考虑生产成本和存储成本。

① 生产成本　由于调度方案的形成与加工任务所耗费的时间密切相

关，因此，为了将生产成本转化为成本指标，统一将生产成本分为动态成本和静态成本。

动态成本指与所有作业任务相关的机床工作时，单位时间内所耗资源的总费用。该费用可通过式(4-31)表示

$$C^{v} = \sum_{k=1}^{m} \Big(\sum_{i=1}^{n} \sum_{j=1}^{p} T_{ijk} X_{ijk} \Big) F_{k}^{v} \qquad (4-31)$$

式中，C^v 为动态成本；F_k^v 为机床 W_k 的动态费率；式中其他参数同式(4-27)。

静态成本指作业所关联的设备处于就绪状态下单位时间内所必须消耗的总费用。该费用可通过式(4-32)表示

$$C^{s} = \sum_{k=1}^{m} \Big(T^{*} - \sum_{i=1}^{n} \sum_{j=1}^{p} T_{ijk} X_{ijk} \Big) F_{k}^{s} \qquad (4-32)$$

式中，C^s 为静态成本；F_k^s 为机床 W_k 的静态费率；T^* 为调度决策的完成时间；式中其他参数同式(4-27)。

因此，基于生产成本的调度决策指标如式(4-33)所示

$$f_7 = \min(C^p) = \min(C^v + C^s) \qquad (4-33)$$

式中，C^p 为调度决策总生产成本。

② 存储成本 影响存储成本的因素有三个：零件当前价值、存储成本比例系数和存储时间。零件当前价值是半成品在等待加工时本身的价值。由作业任务模型可知，零件的加工过程就是原材料价值增加的过程，零件经过每个作业后价值增加，即零件产生了另外的附加值，即零件的价值随着加工过程的进行而增加。存储成本比例系数是指半成品在等待加工时，其所耗用的存储成本（包括保管费、占用的空间费以及资金积压的机会成本等）占总价值的百分比；积压时间是从开始等待到开始加工这一段时间的长度。因此，存储成本可以通过式(4-34)所示：

$$C^{w} = \sum_{i=1}^{n} \Big(\sum_{j=1}^{p} \big((C_i^m + \sum_{j=1}^{p} \big(\sum_{k=1}^{m} T_{i(j-1)k} X_{i(j-1)k} F_k^v \big) \big)$$
$$\eta_{ij} \big(ST_{ij} - (ST_{i(j-1)} + \sum_{k=1}^{m} T_{i(j-1)k} X_{i(j-1)k}) \big) \big) \Big) \qquad (4-34)$$

式中 C^w——存储成本；

C_j^m——作业任务 J_i 的原材料成本；

η_{ij}——作业任务 J_i 加工到 O_{ij} 工序时存储成本占到此时零件总价值的比例，简称存储比例系数；

ST_{ij}——作业任务 J_i 的工序 O_{ij} 的开工时间。

式中其他参数同式(4-31)。

由式(4-34)所示公式，基于存储成本的调度决策评价指标可通过式(4-35)表示

$$f_8 = \min(C^w) \tag{4-35}$$

4.3.2 利用遗传算法求解柔性作业车间调度问题

现在以表 4-1 中 6×6 FJSP 问题为例，说明遗传算法求解 FJSP 问题的一般过程。

(1) 基因编码

基因编码是 GA 解决 FJSP 问题的第一步，也是关键一步。通过将 FJSP 问题转化为合理高效的染色体表达方案，对于进一步的遗传操作有重要的影响。如前节所述，FJSP 问题的本质是为了解决两个问题：一是为加工任务的每道工序选择合适的机床，二是确定加工任务每道工序的顺序安排和开工时间。针对上述两个子问题，解决 FJSP 问题时，基因编码方式主要有集成式和分段式两种方式：集成式编码方式中，染色体中的每一个基因 (j, h, i) 代表一个工序任务，表示零件 j 的第 h 道工序在机床 i 上加工。分段式编码方式中染色体分为两部分，一部分是表示工序选择的机床，一部分表示工序的顺序安排。由于分段式编码方式表达 FJSP 问题直观明了，而且遗传操作容易设计，因此，近些年，分段式基因编码方式研究较多。

本书根据分段式基因编码方式设计染色体结构，对染色体种群初始化、选择、交叉、变异等操作进行了改进。染色体由两部分构成：

① 机床基因编码　该部分基因编码代表每个作业任务中每道工序的加工机床编号，和工序顺序基因编码中的工序一一对应。

② 工序顺序基因编码　该部分基因编码由加工任务编号构成，根据某加工任务编号出现的先后次序，分别代表该加工任务的第一道工序、第二道工序、第 n 道工序等。

例如，表 4-2 所示的染色体 A 是针对表 4-1 所示的 6×6 柔性作业调度问题生成的一条合理染色体。

表 4-2 染色体 A

工序基因	1	2	3	4	5	6	4	1	5	2	1	4	6	5	2	6	3	3
代表工序	O_{11}	O_{21}	O_{31}	O_{41}	O_{51}	O_{61}	O_{42}	O_{12}	O_{52}	O_{22}	O_{13}	O_{43}	O_{62}	O_{53}	O_{23}	O_{63}	O_{32}	O_{33}
机床基因	1	5	4	4	2	6	5	5	4	1	2	1	1	2	3	3	4	5

表 4-2 中染色体 A 工序基因第 1 个基因 1 代表工序 O_{11}，所属机床基因 1，表示所选机床为 W_1，活动调度方案中为第 1 顺序位。工序基因第 18 个基因 3 代表工序 O_{33}，所属机床基因 5，表示所选机床为 W_5，活动调度方案中为第 18 顺序位。

上述染色体所代表的调度方案可用式(4-36) 表示

$$S=\{O_{111},O_{215},O_{314},O_{416},O_{514},O_{612},O_{426},O_{125},O_{525}, \quad (4-36)$$
$$O_{224},O_{131},O_{431},O_{622},O_{531},O_{233},O_{633},O_{324},O_{335}\}$$

调度方案甘特图如图 4-4 所示。

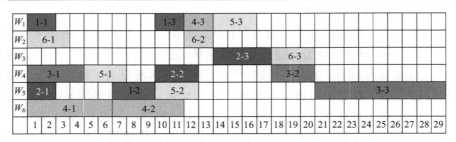

图 4-4　染色体 A 对应甘特图

通过上述染色体表达方案，既能够表示每道工序的加工机床，又能确定每道工序的顺序安排。但是每道工序在相应机床的开工时间需要另外确定。

(2) 种群初始化

染色体初始种群包含了进行遗传操作的原始染色体，初始种群的大小由 FJSP 问题的规模决定。大部分的文献对 FJSP 问题种群初始化时采用随机初始化方法，这种方法的好处是简单明了，但是往往也会造成各种困难。例如，由于初始化种群搜索空间过大，导致算法收敛速度变慢、加工机床的负荷不均衡等问题。

本节种群初始化方法建立在分配时间表的基础上。考虑到机床的负荷和种群的多样性，初始化种群采用全局选择最少加工时间的 GMT 方法及工序和机床随机选择的 RS 方法。

GMT 方法的工作流程如下。

第一步：在全部工序和机床范围内，选择加工时间最小的工序 O_{ij} 及其机床 W_k，并记录其加工时间 T_{ijk}。

第二步：在机床负荷表中，相应机床的所有工序的加工时间相应增加，即 $T'_{dfk}=T_{dfk}+T_{ijk}$，其中 $d \notin i$、$f \notin j$。

第三步：重复上述步骤，直到确定所有工序的加工机床，并记录其加工时间。

以表 4-1 所示数据为例说明上述过程。通过 GMT 方法确定机床基因部分的过程如表 4-3 所示。

表 4-3　GMT 法机床基因部分的确定过程

工序	W_1	W_2	W_3	W_4	W_5	W_6	W_1	W_2	W_3	W_4	W_5	W_6	W_1	W_2	W_3	W_4	W_5	W_6
O_{11}	2	3	X	5	**2**	3	2	3	X	5	**2**	3	**4**	3	X	5	2	3
O_{12}	4	3	5	X	3	X	4	3	5	X	**5**	X	**6**	3	5	X	5	X
O_{13}	2	X	5	4	X	4	**2**	X	5	4	**X**	4	**2**	X	5	4	X	4
O_{21}	3	X	5	3	2	X	3	X	5	3	**4**	X	**5**	X	5	3	4	X
O_{22}	4	X	3	3	X	5	4	X	3	3	**X**	5	**6**	X	3	3	X	5
O_{23}	X	X	4	5	7	9	X	X	4	5	**9**	9	**X**	X	4	5	9	9
O_{31}	5	6	X	4	X	4	5	6	X	4	**X**	4	**7**	6	X	4	X	4
O_{32}	X	4	X	3	5	4	X	4	X	3	**7**	4	**X**	4	X	3	7	4
O_{33}	X	X	11	X	9	13	X	X	11	X	**11**	13	**X**	X	11	X	11	13
O_{41}	9	X	7	9	X	6	9	X	7	9	**X**	6	**11**	X	7	9	X	6
O_{42}	X	7	X	5	6	5	X	7	X	5	**8**	5	**X**	7	X	5	8	5
O_{43}	2	3	4	X	X	4	2	3	4	X	**X**	4	**4**	3	4	X	X	4
O_{51}	X	4	5	3	X	4	X	4	5	3	**X**	4	**X**	4	5	3	X	4
O_{52}	4	4	6	X	3	5	4	4	6	X	**5**	5	**6**	4	6	X	5	5
O_{53}	3	4	X	5	6	X	3	4	X	5	**8**	X	**5**	4	X	5	8	X
O_{61}	X	3	7	4	5	X	X	3	7	4	**7**	X	**X**	3	7	4	7	X
O_{62}	6	2	X	4	3	X	6	2	X	4	**5**	X	**8**	2	X	4	5	X
O_{63}	5	4	3	X	X	4	5	4	3	X	**X**	4	**7**	4	3	X	X	4
工序	W_1	W_2	W_3	W_4	W_5	W_6	W_1	W_2	W_3	W_4	W_5	W_6	W_1	W_2	W_3	W_4	W_5	W_6
O_{11}	4	**5**	X	5	2	3	4	5	X	**8**	2	3	4	5	**X**	8	2	3
O_{12}	6	**5**	5	X	5	X	6	5	5	**X**	5	X	6	5	**8**	X	5	X
O_{13}	2	**X**	5	4	X	4	2	X	5	**7**	X	4	2	X	**8**	7	X	4
O_{21}	5	**X**	5	3	4	X	5	X	5	**3**	4	X	5	X	**8**	3	4	X
O_{22}	6	**X**	3	3	X	5	6	X	3	**6**	X	5	6	X	**6**	6	X	5
O_{23}	X	**X**	4	5	9	9	X	X	4	**8**	9	9	X	X	**7**	8	9	9
O_{31}	7	**8**	X	4	X	4	7	8	X	**7**	X	4	7	**X**	7	X	4
O_{32}	X	**6**	X	3	7	4	X	6	X	**6**	7	4	X	**X**	6	7	4
O_{33}	X	**X**	11	X	11	13	X	X	11	**X**	11	13	X	**14**	X	11	13
O_{41}	11	**X**	7	9	X	6	11	X	7	**12**	X	6	11	**10**	12	X	6
O_{42}	X	**9**	X	5	8	5	X	9	X	**8**	8	5	X	**9**	X	8	8	5
O_{43}	4	**5**	4	X	X	4	4	5	4	**X**	X	4	4	**7**	4	X	X	4
O_{51}	X	**6**	5	3	X	4	X	6	5	**6**	X	4	X	**8**	5	6	X	4
O_{52}	6	**6**	6	X	5	5	6	6	6	**X**	5	5	6	**9**	6	X	5	5
O_{53}	5	**6**	X	8	X	X	5	6	X	**8**	8	X	5	**X**	X	8	8	X
O_{61}	X	**5**	7	4	7	X	X	5	7	**4**	7	X	X	**5**	10	7	7	X
O_{62}	8	**2**	X	4	5	X	8	2	X	**7**	5	X	8	**X**	X	7	5	X
O_{63}	7	**6**	3	X	X	4	7	6	3	**X**	X	4	7	**6**	3	X	X	4

表 4-3 中，在全局范围内，搜索加工时间最小的工序与机床。O_{11} 在机床 W_5、W_1 上的加工时间为 2s，O_{13} 在机床 W_1 上的加工时间为 2s，O_{21} 在机床 W_5 上的加工时间为 2s，O_{43} 在机床 W_1 上的加工时间为 2s，O_{62} 在机床 W_2 上的加工时间为 2s，以上工序和机床都满足要求，随机选择 O_{11} 在机床 W_5 上加工，则 W_5 上除了 O_{11} 外所有工序的加工时间增加 O_{11} 在机床 W_5 上的加工时间，即 2s，如表 4-3 中加粗数字显示。同理，在全局范围内，继续搜索负荷或加工时间最小的工序，O_{13} 在机床 W_1 上的加工时间为 2s，O_{62} 在机床 W_2 上的加工时间为 2s，上述两个工序都满足要求，随机选择 O_{13} 在机床 W_1 上加工，则机床 W_1 上除了 O_{13} 外所有工序的加工时间增加 O_{13} 在机床 W_1 上的加工时间，即 2s，如表 4-3 中加粗数字显示。循环执行上述操作，直到所有工序的加工机床确定完毕，详细的计算过程见附录 A。

通过 GMT 方法可以确定各个工序的加工机床，如表 4-4 所示。

表 4-4 GMT 法确定的各工序加工机床

作业	工序	机床					
		W_1	W_2	W_3	W_4	W_5	W_6
1	O_{11}	2	3	X	5	2	3
	O_{12}	4	3	5	X	3	X
	O_{13}	2	X	5	4	X	4
2	O_{21}	3	X	5	3	2	X
	O_{22}	4	X	3	3	X	5
	O_{23}	X	X	4	5	7	9
3	O_{31}	5	6	X	4	X	4
	O_{32}	X	4	X	3	5	4
	O_{33}	X	X	11	X	9	13
4	O_{41}	9	X	7	9	X	6
	O_{42}	X	7	X	5	6	5
	O_{43}	2	3	4	X	X	4
5	O_{51}	X	4	5	3	X	4
	O_{52}	4	4	6	X	3	5
	O_{53}	3	4	X	5	6	X
6	O_{61}	X	3	7	4	5	X
	O_{62}	6	2	X	4	3	X
	O_{63}	5	4	3	X	X	4

工序顺序则随机安排，由此获得的染色体 B 如表 4-5 所示。

表 4-5 染色体 B

工序基因	1	2	3	4	5	6	3	5	2	6	1	3	4	5	1	6	4	2
代表工序	O_{11}	O_{21}	O_{31}	O_{41}	O_{51}	O_{61}	O_{32}	O_{52}	O_{22}	O_{62}	O_{12}	O_{33}	O_{42}	O_{53}	O_{13}	O_{63}	O_{43}	O_{23}
机床基因	5	4	6	4	6	2	4	5	3	2	2	6	5	1	1	3	1	3

RS 工作流程如下。

第一步：为工序排列中第一道工序 O_{ij} 选择加工时间的机床 W_k，并记录其加工时间 T_{ijk}。

第二步：在机床负荷表中，相应机床的工序 O_{ij} 后所有工序的加工时间相应增加，即 $T'_{dfk} = T_{dfk} + T_{ijk}$，其中 $d > i$、$f > j$。

第三步：为工序排列中第二道工序 O'_{ij} 选择加工时间的机床 W'_k，并记录其加工时间 T'_{ijk}。

第四步：在机床负荷表中，相应机床 O'_{ij} 的工序后所有工序的加工时间相应增加，即 $T'_{dfk} = T_{dfk} + T'_{ijk}$，其中 $d > i$、$f > j$。

第五步：重复上述步骤，直到确定所有工序的加工机床，并记录其加工时间。

将表 4-1 所示 6×6 FJSP 问题的工序顺序随机排序，但是由于同一工作任务的相关工序必须按照先后次序加工，例如工序 O_{11} 的加工必须在工序 O_{12} 和工序 O_{13} 之前进行，因此，对工序顺序随机排序应满足上述要求。以表 4-6 所示数据为例说明上述过程。

表 4-6 RS 法机床基因部分的确定过程

工序	W_1	W_2	W_3	W_4	W_5	W_6	W_1	W_2	W_3	W_4	W_5	W_6	W_1	W_2	W_3	W_4	W_5	W_6
O_{11}	2	3	X	5	**2**	3	2	3	X	5	**2**	3	2	3	X	5	2	3
O_{21}	3	X	5	3	2	X	3	X	5	**3**	**4**	X	3	X	5	**3**	4	X
O_{31}	5	6	X	4	X	4	5	6	X	4	**X**	4	5	6	X	**7**	X	**4**
O_{41}	9	X	7	9	X	6	9	X	7	9	**X**	6	9	X	7	**12**	X	6
O_{51}	X	4	5	3	X	4	X	4	5	3	**X**	4	X	4	5	**6**	X	4
O_{61}	X	3	7	4	5	X	X	3	7	4	**7**	X	X	3	7	**7**	7	X
O_{42}	X	7	X	5	6	5	X	7	X	5	**8**	5	X	7	X	**8**	8	5
O_{12}	4	3	5	X	3	X	4	3	5	X	**5**	X	4	3	5	**X**	5	X
O_{52}	4	4	6	X	3	5	4	4	6	X	**5**	5	4	4	6	**X**	5	5
O_{22}	4	X	3	3	X	5	4	X	3	3	**X**	5	4	X	3	**6**	X	5
O_{13}	2	X	5	4	X	4	2	X	5	4	**X**	4	2	X	5	**7**	X	4
O_{43}	2	3	4	X	X	4	2	3	4	X	**X**	4	2	3	4	**X**	X	4
O_{62}	6	2	X	4	3	X	6	2	X	4	**5**	X	6	2	X	**7**	5	X
O_{53}	3	4	X	5	6	X	3	4	X	5	**8**	X	3	4	X	**8**	8	X
O_{23}	X	X	4	5	7	9	X	X	4	5	**9**	9	X	X	4	**8**	9	9
O_{63}	5	4	3	X	X	X	5	4	3	X	**X**	X	5	4	3	**X**	X	X
O_{32}	X	4	X	5	2	X	X	4	X	5	**7**	X	X	4	X	**6**	7	X
O_{33}	X	X	11	X	9	13	X	X	11	X	**11**	13	X	X	11	**X**	11	13
工序	W_1	W_2	W_3	W_4	W_5	W_6	W_1	W_2	W_3	W_4	W_5	W_6	W_1	W_2	W_3	W_4	W_5	W_6
O_{11}	2	3	X	5	2	3	2	3	X	5	2	3	2	3	X	5	2	3
O_{21}	3	X	5	3	4	X	3	X	5	3	4	X	3	X	5	3	4	X
O_{31}	5	6	X	7	X	**4**	5	6	X	7	X	4	5	6	X	7	X	4

续表

工序	W_1	W_2	W_3	W_4	W_5	W_6	W_1	W_2	W_3	W_4	W_5	W_6	W_1	W_2	W_3	W_4	W_5	W_6
O_{41}	9	X	7	12	X	10	9	X	7	12	X	10	9	X	7	12	X	6
O_{51}	X	4	5	6	X	8	X	**4**	**12**	6	X	8	X	**4**	5	6	X	4
O_{61}	X	3	7	7	7	X	X	3	**14**	7	7	X	X	**7**	7	7	7	X
O_{42}	X	7	X	8	8	9	X	7	X	8	8	9	X	**11**	X	8	8	5
O_{12}	4	3	5	X	5	X	4	3	**12**	X	5	X	X	**7**	5	X	5	X
O_{52}	4	4	6	X	X	9	4	4	**13**	X	5	9	4	**8**	6	X	5	5
O_{22}	4	X	3	6	X	9	X	X	**10**	X	X	9	4	**X**	3	6	X	5
O_{13}	2	X	5	7	X	8	2	X	**12**	X	X	8	2	**X**	5	7	X	4
O_{43}	2	3	4	X	X	8	2	3	**11**	X	X	8	2	**7**	4	X	X	4
O_{62}	6	X	X	7	5	X	6	2	**X**	7	5	X	6	**6**	X	7	5	X
O_{53}	3	4	X	8	8	X	3	4	**X**	X	8	X	3	**8**	X	8	8	X
O_{23}	X	X	4	8	9	13	X	X	**11**	X	9	13	X	**X**	4	8	9	9
O_{63}	5	4	3	X	X	8	5	4	**10**	X	X	8	5	**8**	3	X	X	4
O_{32}	X	4	X	6	7	8	X	**X**	X	6	7	8	X	**8**	X	6	7	4
O_{33}	X	X	11	X	11	17	X	X	**18**	X	11	17	X	**X**	11	X	11	13

表 4-6 中，首先为第一道工序 O_{11} 搜索加工时间最小的机床 W_1、W_5，二者的加工时间都为 1s，本例中选择 W_5，在 W_5 上除了第一道工序 O_{11} 外的所有工序加工时间增加第一道工序 O_{11} 在 W_5 上的加工时间，即 1s，如表 4-6 中加粗数字显示。同理，第二道工序 O_{21} 搜索加工时间最小的机床 W_1、W_5，二者加工时间都为 3s，本例中选择 W_4，W_4 上除了第一道工序 O_{11}、第二道工序 O_{21} 外的所有工序加工时间增加第二道工序 O_{21} 在 W_4 上的加工时间，即 3s，如表 4-6 中加粗数字显示。逐行执行上述操作，直到所有工序的加工机床确定完毕。循环执行上述操作，直到所有工序的加工机床确定完毕，详细的计算过程见附录 B。

通过 RS 方法可以确定各个工序的加工机床，如表 4-7 所示。

表 4-7　RS 法确定的各工序加工机床

作业	工序	机床					
		W_1	W_2	W_3	W_4	W_5	W_6
1	O_{11}	2	3	X	5	2	3
	O_{12}	4	3	5	X	3	X
	O_{13}	2	X	5	4	X	4
2	O_{21}	3	X	5	3	2	X
	O_{22}	4	X	3	3	X	5
	O_{23}	X	X	4	5	7	9
3	O_{31}	5	6	X	4	X	4
	O_{32}	X	4	X	3	5	4
	O_{33}	X	X	11	X	9	13

续表

作业	工序	机床					
		W_1	W_2	W_3	W_4	W_5	W_6
4	O_{41}	9	X	7	9	X	6
	O_{42}	X	7	X	5	6	5
	O_{43}	2	3	4	X	X	4
5	O_{51}	X	4	5	3	X	4
	O_{52}	4	4	6	X	3	5
	O_{53}	3	4	X	5	6	X
6	O_{61}	X	3	7	4	5	X
	O_{62}	6	2	X	4	3	X
	O_{63}	5	4	3	X	X	4

工序顺序则随机安排，由此获得的染色体 C 如表 4-8 所示。

表 4-8 染色体 C

工序基因	1	2	3	4	5	6	4	1	5	2	1	4	6	5	2	6	3	3
代表工序	O_{11}	O_{21}	O_{31}	O_{41}	O_{51}	O_{61}	O_{42}	O_{12}	O_{52}	O_{22}	O_{13}	O_{43}	O_{62}	O_{53}	O_{23}	O_{63}	O_{32}	O_{33}
机床基因	5	4	6	3	2	5	4	1	6	3	2	5	2	4	1	6	5

(3) 复制、交叉、变异

求解 FJSP 时存在多个评价指标，根据上述评价指标，FJSP 问题是一个多目标的优化问题。本节重点说明基于模拟退火算法的混合遗传算法求解 FJSP 问题的机理与过程，限于篇幅，对于基于多目标优化的柔性车间调度问题不予深入讨论，因此，本节讨论的 FJSP 问题以最大完工时间 C_{max} 最小化作为优化目标。据此，确定适应度函数如式(4-37) 所示

$$F(x) = \max(C_{max}) - C_{max} \tag{4-37}$$

式中，C_{max} 代表种群中所有调度方案完工时间中最大值。

正如 3.3.2 节的说明，本节在此处也采用锦标赛选择方法，每次从种群中选择一定数量的个体进行适应度值的比较，适应度值较高的个体按照一定的概率直接进入下一代种群。由于本节采用分段式基因编码方式，将染色体分为机床基因编码和工序顺序基因编码两部分，因此，针对这两部分分别进行交叉操作。

工序顺序基因部分采用双点交叉操作，具体的算法流程如下。

步骤 1：对种群中所有染色体以事先设定的交叉概率判断是否进行交叉操作，确定进行交叉操作的两个染色体 B、C。

步骤 2：随机产生两个交叉位置点 p、q。

步骤 3：在其中一个染色体 B 的工序顺序基因部分取出两个交叉点

p、q 之间的基因,交叉点外的基因保持不变。

步骤 4:在另一个父代染色体 C 的工序顺序基因部分找第一个染色体 B 工序顺序基因部分交叉点外缺少的基因。按照 C 原来的排列顺序插入到 B 两个交叉点之间的位置,形成一个新的染色体 D 的工序顺序基因部分。

步骤 5:将父代染色体 B 中相应工序所选择机床填入到子代染色体 D 交叉点之间的相应工序位置处。

以表 4-5 的染色体 B、表 4-8 的染色体 C 为例说明双点交叉算法的流程,取染色体 B 的交叉点为 8 和 13 两个基因位,经过交叉运算,形成新的子代染色体 D,算法执行过程如图 4-5 所示,染色体 D 如表 4-9 所示。

染色体 B	工序基因	1	2	3	4	5	6	3	5	2	6	1	3	4	5	1	6	4	2
	代表工序	O_{11}	O_{21}	O_{31}	O_{41}	O_{61}	O_{32}	O_{52}	O_{22}	O_{62}	O_{12}	O_{33}	O_{42}	O_{53}	O_{13}	O_{63}	O_{43}	O_{23}
	机床基因	5	4	6	4	6	2	5	3	2	2	6	5	1	1	3	1	3
染色体 D	工序基因	1	2	3	4	5	6	3	4	1	5	2	6	3	5	1	6	4	2
	代表工序	O_{11}	O_{21}	O_{31}	O_{41}	O_{51}	O_{61}	O_{32}	O_{42}	O_{12}	O_{52}	O_{22}	O_{62}	O_{33}	O_{53}	O_{13}	O_{63}	O_{43}	O_{23}
	机床基因	5	4	6	4	6	2	5	5	2	5	3	2	6	1	1	3	1	3
染色体 C	工序基因	1	2	3	4	5	6	4	1	5	2	1	4	6	5	2	6	3	3
	代表工序	O_{11}	O_{21}	O_{31}	O_{41}	O_{51}	O_{61}	O_{42}	O_{12}	O_{52}	O_{22}	O_{13}	O_{43}	O_{62}	O_{53}	O_{23}	O_{63}	O_{32}	O_{33}
	机床基因	5	4	6	3	2	5	4	1	1	6	3	2	2	5	2	4	1	3

图 4-5 工序基因部分两点交叉算法

表 4-9 两点交叉后的染色体 D

工序基因	1	2	3	4	5	6	3	4	1	5	2	6	3	5	1	6	4	2
代表工序	O_{11}	O_{21}	O_{31}	O_{41}	O_{51}	O_{61}	O_{32}	O_{42}	O_{12}	O_{52}	O_{22}	O_{62}	O_{33}	O_{53}	O_{13}	O_{63}	O_{43}	O_{23}
机床基因	5	4	6	4	6	2	4	5	2	5	3	2	6	1	1	3	1	3

同理,取染色体 C 的交叉点为 8 和 13 基因位,经过交叉运算,形成新的子代染色体 E 如表 4-10 所示。

表 4-10 两点交叉后的染色体 E

工序基因	1	2	3	4	5	6	4	5	2	1	4	6	5	2	6	3	3
代表工序	O_{11}	O_{21}	O_{31}	O_{41}	O_{51}	O_{61}	O_{42}	O_{52}	O_{22}	O_{12}	O_{43}	O_{13}	O_{62}	O_{53}	O_{23}	O_{63}	O_{32}	O_{33}
机床基因	5	4	6	3	2	5	4	1	6	1	2	3	5	2	4	1	6	5

机床基因部分采用均匀交叉算法。由于受到工序允许加工机床的限制，采用两点交叉，可能会导致机床基因部分的交叉操作失败。因此，机床基因部分采用均匀交叉操作。交叉算法流程如下。

步骤1：选择上述工序基因部分执行了交叉操作生成的染色体D和E。

步骤2：随机产生两个交叉点p、q，代表准备进行交叉操作的作业编号，$p\in(1,n)$，$q\in(1,n)$。

步骤3：保持工序基因部分不变，将染色体D中作业p和q所有工序选择的机床和染色体E中作业p和q所有工序选择的机床相互交叉，替换相应工序的机床基因部分。

以表4-9染色体D、表4-10染色体E为例，进行交叉运算。染色体D交叉位置选3和4，经过交叉运算形成新的子代染色体，算法执行过程如图4-6所示，获得染色体F如表4-11所示，染色体E交叉位置选2和5，经过交叉运算，形成新的染色体G如表4-12所示。

染色体 D	工序基因	1	2	3	4	5	6	3	4	1	5	2	6	3	5	1	6	4	2
	代表工序	O_{11}	O_{21}	O_{31}	O_{41}	O_{51}	O_{61}	O_{32}	O_{42}	O_{12}	O_{52}	O_{22}	O_{62}	O_{33}	O_{53}	O_{13}	O_{63}	O_{43}	O_{23}
	机床基因	5	4	6	4	6	2	4	5	2	5	3	2	6	1	1	3	1	3
染色体 F	工序基因	1	2	3	4	5	6	3	4	1	5	2	6	3	5	1	6	4	2
	代表工序	O_{11}	O_{21}	O_{31}	O_{41}	O_{51}	O_{61}	O_{32}	O_{42}	O_{12}	O_{52}	O_{22}	O_{62}	O_{33}	O_{53}	O_{13}	O_{63}	O_{43}	O_{23}
	机床基因	5	4	6	3	6	2	6	4	2	5	3	2	5	1	1	3	2	3
染色体 E	工序基因	1	2	3	4	5	6	4	5	2	1	4	1	6	5	2	6	3	3
	代表工序	O_{11}	O_{21}	O_{31}	O_{41}	O_{51}	O_{61}	O_{42}	O_{52}	O_{22}	O_{12}	O_{43}	O_{13}	O_{62}	O_{53}	O_{23}	O_{63}	O_{32}	O_{33}
	机床基因	5	4	6	3	2	5	4	1	6	1	2	3	5	2	4	1	6	5

图4-6 机床基因部分均匀交叉算法

表4-11 均匀交叉后的染色体F

工序基因	1	2	3	4	5	6	3	4	1	5	2	6	3	5	1	6	4	2
代表工序	O_{11}	O_{21}	O_{31}	O_{41}	O_{51}	O_{61}	O_{32}	O_{42}	O_{12}	O_{52}	O_{22}	O_{62}	O_{33}	O_{53}	O_{13}	O_{63}	O_{43}	O_{23}
机床基因	5	4	6	3	6	2	6	4	2	5	3	2	5	1	1	3	2	3

表4-12 均匀交叉后的染色体G

工序基因	1	2	3	4	5	6	4	5	2	1	4	1	6	5	2	6	3	3
代表工序	O_{11}	O_{21}	O_{31}	O_{41}	O_{51}	O_{61}	O_{42}	O_{52}	O_{22}	O_{12}	O_{43}	O_{13}	O_{62}	O_{53}	O_{23}	O_{63}	O_{32}	O_{33}
机床基因	5	4	6	3	6	4	4	5	3	1	2	3	5	1	3	1	6	5

变异操作的主要目的包含两个。一是使遗传算法具有局部的随机搜索能力。当遗传算法通过交叉操作已接近最优解邻域时，利用变异操作的这种局部随机搜索能力可以加速向最优解收敛。显然，此种情况下的变异概率应取较小值，否则，接近最优解的染色体会因变异而遭到破坏。二是使遗传算法可维持群体多样性，以防止出现未成熟收敛现象。由于采用了分段式基因编码方式，与交叉操作相似，变异操作也针对两部分基因编码执行不同的遗传操作，针对工序基因部分执行变异操作的算法流程如下。

步骤1：对种群中所有染色体以事先设定的变异概率判断是否进行变异操作，确定进行变异操作的两个染色体B、C。

步骤2：随机产生两个变异位置点p、q，将p，q两个位置点的基因互换。

步骤3：检查互换位置的工序基因部分是否满足要求，即后一道工序只有在前一道工序加工结束进行，如果不满足要求，返回步骤2。

步骤4：将互换的p、q两个位置点工序的所属机床互换。

因此，针对表4-5中的染色体B，取变异点为6和12，经检验，如果将6和12两点的工序基因进行交换，那么会导致工序O_{33}安排在工序O_{32}之前，显然这不符合实际的工序约束条件。因此，取变异点4和9，经过变异运算获得的染色体H如表4-13所示。

表4-13 变异后生成的染色体H

工序基因	1	2	3	2	5	6	3	5	4	6	1	3	4	5	1	6	4	2
代表工序	O_{11}	O_{21}	O_{31}	O_{22}	O_{51}	O_{61}	O_{32}	O_{52}	O_{41}	O_{62}	O_{12}	O_{33}	O_{42}	O_{53}	O_{13}	O_{63}	O_{43}	O_{23}
机床基因	5	4	6	3	6	2	4	5	4	2	2	6	5	1	1	3	1	3

同理，针对表4-8中的染色体C，取变异点为6和12，经检验，如果将6和12两点的工序基因进行交换，那么会导致工序O_{43}安排在工序O_{42}之前，显然，这不符合实际的工序约束条件。因此，取变异点6和9，经过变异运算获得的染色体I如表4-14所示。

表4-14 变异后生成的染色体I

工序基因	1	2	3	4	5	5	4	1	6	2	1	4	6	5	2	6	3	3
代表工序	O_{11}	O_{21}	O_{31}	O_{41}	O_{51}	O_{52}	O_{42}	O_{12}	O_{61}	O_{22}	O_{13}	O_{43}	O_{62}	O_{53}	O_{23}	O_{63}	O_{32}	O_{33}
机床基因	5	4	6	3	2	1	4	1	5	6	3	2	5	4	1	6	5	

针对机床基因部分执行变异操作的算法流程如下。

步骤1：随机选择上述工序基因部分执行了变异操作生成的染色体

H 和 I。

步骤 2：随机产生两个变异点点 p、q，代表准备进行变异操作的机床编号，$p \in (1, n)$，$q \in (1, n)$。

步骤 3：判断选择 p 机床加工的所有工序，是否能够在 q 机床进行加工，如果不满足要求，返回步骤 2。

步骤 4：判断选择 q 机床加工的所有工序，是否能够在 p 机床进行加工，如果不满足要求，返回步骤 2。

步骤 5：保持工序基因部分不变，将机床 p 和机床 q 进行交换。

针对表 4-13 中的染色体 H，取变异点为 2 和 5，经过变异操作，形成新的子代染色体 J 如表 4-15 所示。

表 4-15 变异后生成的染色体 J

工序基因	1	2	3	2	5	6	3	5	4	6	1	3	4	5	1	6	4	2
代表工序	O_{11}	O_{21}	O_{31}	O_{22}	O_{51}	O_{61}	O_{32}	O_{52}	O_{41}	O_{62}	O_{12}	O_{33}	O_{42}	O_{53}	O_{13}	O_{63}	O_{43}	O_{23}
机床基因	2	4	6	3	6	5	4	2	4	5	5	6	2	1	1	3	1	3

针对表 4-14 中的染色体 I，取变异点为 1 和 3，经过变异操作，形成新的子代染色体 K 如表 4-16 所示。

表 4-16 变异后生成的染色体 K

工序基因	1	2	3	4	5	5	4	1	6	2	1	4	6	5	2	6	3	3
代表工序	O_{11}	O_{21}	O_{31}	O_{41}	O_{51}	O_{52}	O_{42}	O_{12}	O_{61}	O_{22}	O_{13}	O_{43}	O_{62}	O_{53}	O_{23}	O_{63}	O_{32}	O_{33}
机床基因	5	4	6	1	2	3	4	3	5	6	1	2	5	2	4	3	6	5

（4）基因解码

基因解码指的是将染色体表示为具体的调度方案。如前文图 4-4 所示，调度方案表示为具体的甘特图。根据上述基因编码方式和遗传操作求解最优调度方案的过程，可以确定基因解码最关键的问题是确定每道工序的开工时间。由于机床基因部分已经确定了每道工序的加工机床，那么该工序的加工时间也已确定，工序基因部分只确定了每道工序开工的先后次序，但是，没有确定每道工序具体的开工时间。确定每道工序的开工时间，需要考虑两个时间节点，即当前任务上一道工序的完工时间和本道工序所选择机床的最后一道工序的完工时间。因此，工序 O_{ij} 在机床 W_k 上的开工时间 ST_{ijk} 可用式（4-38）表示：

$$ST_{ijk} = \max(ST_{ij-1} + T_{ij-1}, SE_k) \tag{4-38}$$

式中，ST_{ij} 为作业任务 J_i 的 O_{ij} 工序的开工时间；其中 $ST_{i0} = 0$，$T_{i0} = 0$。

SE_k 为机床 W_k 最后一道工序完工时间，可用式(4-39)表示：

$$SE_k = \begin{cases} 0 & L_k = 0 \\ ST_{ij-1k} + T_{ij-1k}X_{ij-1k} & L_k \neq 0 \end{cases} \quad (4\text{-}39)$$

式中 L_k ——机床 W_k 的工作负荷；

X_{ijk} ——调整系数，$X_{ij-1k} = \begin{cases} 1 & \text{当工序} O_{ij-1} \text{在机床} W_k \text{加工时} \\ 0 & \text{当工序} O_{ij-1} \text{不在机床} W_k \text{加工时} \end{cases}$。

基因解码算法流程见图 4-7。

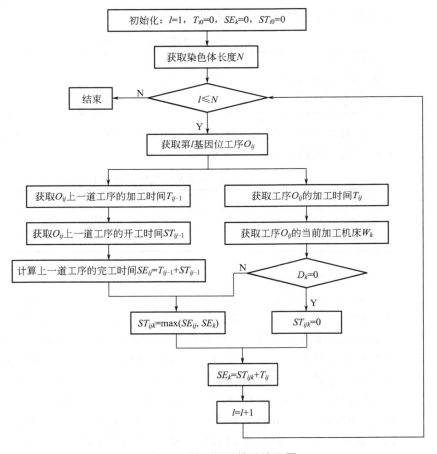

图 4-7　基因解码算法流程图

以表 4-14 中染色体 I 为例说明各工序的开工时间的计算过程，如表 4-17 所示，并以此为基础生成该染色体的甘特图，如图 4-8 所示。

表 4-17 染色体 I 解码表

工序	T_{ij}	$T_{ij.1}$	$ST_{ij.1}$	SE_k	ST_{ijk}					
					W_1	W_2	W_3	W_4	W_5	W_6
O_{11}	2	0	0	0					0	
O_{21}	3	0	0	0				0		
O_{31}	4	0	0	0						0
O_{41}	7	0	0	0			0			
O_{51}	4	0	0	0	0					
O_{52}	4	4	0	0	4					
O_{42}	5	7	0	3				7		
O_{12}	4	3	0	8	8					
O_{61}	5	0	0	2					2	
O_{22}	5	3	0	4						4
O_{13}	5	4	8	7		12				
O_{43}	3	5	7	0		12				
O_{62}	3	5	2	7					7	
O_{53}	4	4	4	15		15				
O_{23}	5	5	7	9				12		
O_{63}	5	3	7	12	12					
O_{32}	3	4	0	9						9
O_{33}	9	3	9	10					12	

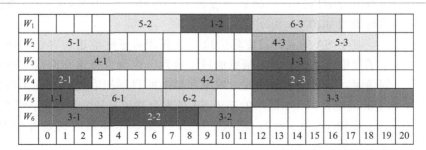

图 4-8 染色体 I 对应甘特图

4.3.3 基于混合遗传算法的柔性作业车间调度方法研究

本质上 GA 是一种全局搜索算法,即针对优化问题,随机产生可能解,并采用概率分布的方式自动获取新的搜索空间,并且能够自适应地调整搜索方向。在应用 GA 解决类似 FJSP 等组合优化问题时,经常会遇到以下两个问题。

① 染色体"早熟"现象　由于 GA 采用适应度值判断可能解的优劣性,那么可能来自于同一种群,或者采用同一种机制产生的染色体可能拥有相近的适应度值,同时,在同一代进化中,其适应度较大,那么这些染色体可能被大量复制选择,造成近亲繁殖,从而造成算法的局部收敛,即"早熟"现象。此时获得染色体可能陷入了"局部最优",而不是"全局最优",甚至和全局最优背道而驰。

② 搜索效率较低　GA 采用的全局随机搜索算法,所以,在确保较广搜索空间的前提下,影响了算法的收敛速度。通常情况下,GA 算法的终止条件包括两种,一种是迭代次数达到规定的次数,另一种是染色体适应度值趋近于某个值,则终止算法。第一种终止方法会出现染色体"早熟"现象,当采用第二种终止方法,由于在搜索的过程中,随机产生染色体,缺乏对子代种群最优染色体的局部搜索,则导致算法收敛速度慢,搜索效率低。

在解决 FJSP 问题时,为了避免由于局部收敛导致的调度方案"局部最优",通常情况下,采用混合遗传算法。将 GA 和局部搜索算法相结合,提高 GA 的局部搜索能力。本节采用将 GA 和 SA 相结合的方法,提高算法的收敛速度,避免"早熟"现象。

本节的基于 SA 的混合遗传算法指的是在遗传算法交叉、变异操作结束后,对具有较高适应度值的新染色体再一次模拟退火操作,以便能够在其邻域内搜到更高适应度的新染色体。基于 SA 的混合遗传算法的执行流程如图 4-9 所示。

基于 SA 的混合遗传算法执行流程相对于标准遗传算法的最大区别在于子代染色体的形成机制更加科学合理。该混合算法在解决某些组合优化问题时,具有非常高的搜索效率和精准的目标搜索能力,而不仅仅局限于 FJSP 问题。图 4-9 所示的基于 SA 的混合遗传算法的具体执行步骤如下。

步骤 1:令 $k=0$,随机产生 N 个初始个体构成初始种群 $P(0)$,并设定初始温度 T_0。

步骤 2:评价 $P(k)$ 中各个体的适应度值(fitness value),令 $T=T_0$。

步骤 3:判断算法收敛准则是否满足。如果满足则输出搜索结果;否则执行以下步骤。

步骤 4:令 $m=0$。

步骤 5:根据适配值大小以一定方式执行复制操作来从 $P(k)$ 中选取两个个体 $P_1(k)$、$P_2(k)$。

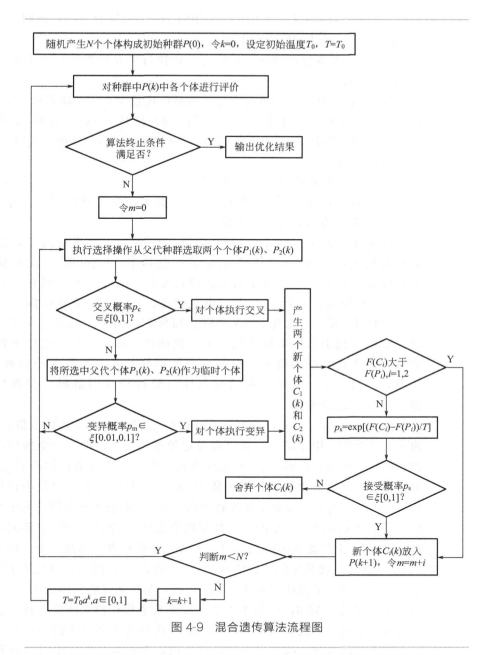

图 4-9 混合遗传算法流程图

步骤 6：若交叉概率 $p_c > \xi[0,1]$，则对选中个体执行交叉操作来产生两个新个体 $C_1(k)$、$C_2(k)$，否则将所选中父代个体作为临时个体。

步骤 7：计算父、子两代染色体的适应度值 $F(P_i)$ 和 $F(C_i)$，$i=$

1，2，如果 $F(C_i)$ 大于 $F(P_i)$，则用 $C_i(k)$ 代替 $P_i(k)$，否则，以概率 $\exp[(F(C_i)-F(P_i))/T]$ 接受 $C_i(k)$。

步骤 8：按变异概率 p_m 对临时个体执行变异操作产生两个新个体 $C_1(k)$、$C_2(k)$。

步骤 9：计算父、子两代染色体的适应度值 $F(P_i)$ 和 $F(C_i)$，$i=1,2$，如果 $F(C_i)$ 大于 $F(P_i)$，则用 $C_i(k)$ 代替 $P_i(k)$，否则，以概率 $\exp[(F(C_i)-F(P_i))/T]$ 接受 $C_i(k)$。将接受的新染色体放入 $P(k+1)$，并令 $m=m+i$。

步骤 10：若 $m<N$，则返回步骤 5。

步骤 11：若 $m \geqslant N$，则令 $k=k+1$，降温，令 $T=T_0 a^k$，a 为一个 $[0,1]$ 之间的常数，并返回步骤 2。

具体针对表 4-1 所示的 FJSP 问题，按照 4.3.2 小节所示，进行种群初始化，按照 GMT 方法生成了染色体 B，按照 RS 方法生成了染色体 C，按照 4.3.2 节中的方法进行复制、交叉、变异操作，对染色体 B、C 交叉操作后，生成了染色体 F、G，经过变异操作后生成了染色体 J、K。上述基于 SA 的混合遗传算法流程表明经过交叉、变异生成的子代染色体不能直接进入子代种群，而要根据其适应度值计算其进入子代种群的概率，根据概率大小判断其是否进入子代种群。因此，经过交叉、变异生成的染色体需要进行基因解码，获得甘特图，计算其适应度值。

由公式(4-37)可知，最大完工时间 $C_{\max}$ 值越大，其适应度值越大。由于本算例中，限于篇幅，并没有设定种群规模，也没有完全进行种群的初始化，因此，$\max(C_{\max})$ 无法获得，所以，用各染色体的 $C_{\max}$ 代替适应度，计算其他数值。染色体 F 的 $C_{\max}$ 为 20，比其父代染色体 B 的 $C_{\max}$ 值 27 要小，根据上述流程中的步骤 7，染色体 F 直接进入子代种群。染色体 G 的 $C_{\max}$ 为 22，比其父代染色体 C 的 $C_{\max}$ 值 21 要大，因此，染色体 G 以概率 $\exp(22-21)/T$ 进入子代种群。同理，染色体 J 的 $C_{\max}$ 值为 24，比其父代染色体 B 的 $C_{\max}$ 值 27 小，因此，染色体 J 直接进入子代种群，染色体 K 的 $C_{\max}$ 值为 21，与其父代染色体 C 的 $C_{\max}$ 值 21 相同，根据步骤 9，染色体 J 也直接进入子代种群。依此类推，连续进行复制、交叉、变异操作，直到整个子代种群达到规定的染色体个数 N，或者迭代次数，或者染色体适应度值，上述流程算法中以达到规定的染色体个数 N 作为本次迭代结束的标志。

更新退火温度，使 $T=T_0 a^k$，进行第三代种群的遗传操作。按照上述步骤，进行下一代种群的生成。直至退火温度降为 0 度或者规定终止温度。为了提高算法的执行效率，并获得全局最优解。设定合适的退火温度 T_0 和衰减系数 a，非常重要。

针对表 4-1 所示 FJSP 问题，参数设置如下：100 条染色体构成初始种群，复制概率 10%，交叉概率 80%，变异概率 3%，初始温度 10，终止温度 0.05，衰减系数 0.95。最终获得的最优调度方案如式（4-40），甘特图如图 4-10 所示。

$$S=\{O_{111},O_{612},O_{413},O_{314},O_{215},O_{516},O_{122},O_{324},O_{525}, \quad (4\text{-}40)$$
$$O_{131},O_{622},O_{223},O_{424},O_{335},O_{531},O_{636},O_{233},O_{432}\}$$

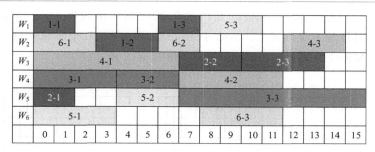

图 4-10　最优调度方案甘特图

4.3.4　典型案例及分析

关于 FJSP 问题的测试数据可从网址 http://www.idsia.ch/~monaldo/fjsp.html 下载。

标准的测试数据中，其数据组成如下。

每组数的第一行包含 3 个数字，第一个数字表示零件数；第二个数字表示机器数；第三个不是必需的，表示每一道工序平均可选择的加工机器数。

每二行表示一个工件，第一个数字表示此工件的总工序数，第二个数字表示加工第一道工序的可选机器数，接着会有可选机器数的个数的一组数据（机器号、加工时间）。然后是第二道工序的可选机器数，及其可选机器数的一组数据，依次类推。例如：

2 4 4
2 2 1 4 4 2 1 3 4
3 4 1 3 2 4 3 2 4 3 1 2 3 3 1 4 3 2 2 4

第一行表示该 FJSP 问题由 2 个零件、4 个机器组成，每个工序的备选机床为 4 台。

第二行表示该零件有 2 道工序，第 1 个工序可有两台机床加工。第 1 个工序可由机床 1 加工，时间为 4s，也可由机床 2 加工，时间为 3s，第 2 个工序可由 1 台机床加工，由机床 3 的加工时间为 4s。

第三行表示该零件有 3 道工序，第 1 个工序有 4 台机床加工，其中机床 1 的加工时间为 3s，机床 2 的加工时间为 4s，机床 3 的加工时间为 2s，机床 4 的加工时间为 3s，第 2 个工序由 1 台机床加工，机床 2 的加工时间为 3s，第 3 道工序可由 3 台机床加工，机床 1 的加工时间为 4s，机床 3 的加工时间为 2s，机床 2 的加工时间为 4s。

现以 Brandimarte 提出的测试问题实例说明 FJSP 问题的求解[26]，具体细节见附录 C。来自于 Brandimarte 的 10 个测试问题中的 MK06 和 MK01 的调度甘特图如图 4-11 和图 4-12 所示。

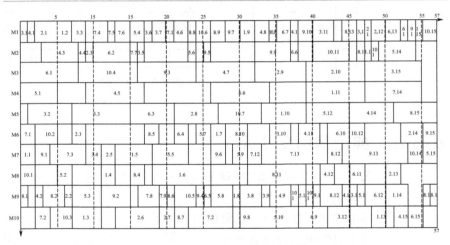

图 4-11　MK06 调度甘特图[58]

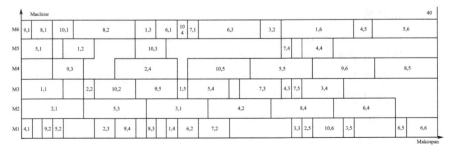

图 4-12　MK01 调度甘特图[57]

4.4 成批生产车间调度问题

无论是作业车间调度,还是流水车间调度,其基本假设之一就是:任何机器在任何时刻最多只能同时加工一个工件。但是在实际的工业生产中,有很多机器可以同时加工多个工件,这类机器称为批处理机,这类机床组织生产时需要解决两个问题:①组批;②将组好的批量工件安排到相应的批处理机上,这个过程称为批处理机调度问题,简称批调度(batch-processing machine,BPM)问题。

4.4.1 成批生产调度问题建模

对于批调度问题,同样可采用提出的三元组符号 $\alpha|\beta|\gamma$ 描述来定义批调度问题的研究类型,其分别从机器加工环境、工件特性和加工性能指标三方面来描述调度问题。BMP 问题用三参数法来表示时在第二个参数处加入 B 来表示该问题是批调度问题。例如 $1|B|C_{\max}$ 表示机器容量有限的、目标为极小化 $C_{\max}$ 的单机批调度问题。

α 域代表机器加工环境,以描述机器的数量和类型。主要包括:

1:单机环境。即只有一台机器,每个工件也仅包含一个操作,是最简单的机器加工环境,也是多机加工环境的特例。

P_m:同速机。机器加工环境为 m 台完全相同的并行机。工件 j 为单工序,可在 m 台机器上的任意一个平行机上加工,即对任意机器,工件的加工速度保持不变。

Q_m:恒速机。机器加工环境为 m 台加工速度不同的并行机,工件在机器上加工的速度是常数,不依赖于被加工的工件。v_i 代表机器 i 的加工速度,则工件 j 在机器 i 上的加工时间 $p_{ij}=p_j/v_i$,如果所有机器具有相同的加工速度,也就是对于所有机器 i,都有 $v_i=1$,则有工件加工时间 $p_{ij}=p_j$,此时等同于同型机。

R_m:变速机。机器加工环境为 m 台加工速度互不相干的并行机,工件在机器上加工的速度依赖于被加工的工件。这是更为一般的平行机情况,v_{ij} 代表工件 j 在机器 i 上的加工速度,则工件 j 在机器 i 上的加工时间 $p_{ij}=p_i/v_{ij}$。如果所有机器的加工速度独立于待加工工件,也就是对于所有机器 i 和工件 j,都有 $v_{ij}=v_j$,此时等同于同类机。

以上加工环境中每个工件仅包含一个工序,其中,P、Q、R 统称为平行机。还有一类多操作的加工环境，即每个工件包含多个工序。

F_m：流水作业机。机器加工环境为 m 台流水作业机器，每个工件必须在所有 m 台机器上加工且工件具有相同的加工顺序。如果流水车间中各机器上工件有相同的加工顺序，则称之为置换流水作业机。

J_m：异序作业机。机器加工环境为 m 台机器，工件有多工序，且每个工件有自己独立的固定加工顺序。如果作业车间允许工件多次被同一机器加工，则称之为可重异序作业机。

O_m：自由作业机。机器加工环境为 m 台机器，工件有多工序，且每个工件有任意的加工顺序。

β 代表工件的加工特性，可有多项或为空。常见的特性有：

r_j：表示工件有到达时间约束，即工件 j 不能在到达时间 r_j 之前开始加工。若 $r_j=0$，则在 β 域中不出现该符号。不同于到达时间特性，交货期约束不需在 β 域中单独指出，通过目标函数的类型可知工件是否含有该约束。

prmp：表示工件加工可中断，即工件在加工过程中，可在任意时刻被中断加工，之后可在原机器或其他机器上继续加工，且只需完成剩余的加工时间。若加工不允许中断，则在 β 域中不出现该符号。

prec：表示工件间有优先关系。常出现在单机或平行机环境中。

S_{jk}：表示工件间有安装时间，即加工不同工件需要有一定的转换时间。若工件间的安装时间依赖于机器，则记为 s_{ijk}。若假设工件间的安装时间为零或将其隐含在工件加工时间中，则在 β 域中不出现该符号。

fmls：表示 n 个工件被划分为 F 个工件簇。同一工件簇的工件可能有不同的加工时间，但他们在同一个机器上连续加工时不需要安装时间。若是不同工件簇的加工，则机器转换过程中需要一定的安装时间。若安装时间同时依赖于两个工件簇 g 和 h，记为 S_{gh}。若安装时间仅依赖于某一个工件簇，则记为 S_h，若不依赖于任何一个工件簇，则记为 S。

M_j：常出现在平行机（P_m）环境中，表示只有集合 M_j 中的机器才允许加工工件 j。若允许任意机器加工工件 j，则在 β 域中不出现该符号。

prmu：常出现在流水作业（F_m）环境中，表示机器上的工件安装以先进先出的顺序加工，即工件在所有机器上保持同样的加工顺序。

Recrc：常出现在异序作业（J_m）或柔性异序作业环境中，表示一个工件有可能多次在同一个机器中加工。

γ 域表示加工目标函数，其含义与 FJSP 问题的加工目标基本相同。对于基于完工时间的指标可以细化至加权总提前期 $\sum(\omega_j)E_j$、加权总拖

期 $\sum(\omega_J)T_J$、加权完工时间 $\sum(\omega_J)C_J$。

4.4.2 利用蚁群算法求解成批生产调度问题

本节以单机批处理调度问题为研究对象，以最小化总完工时间为调度目标为例说明蚁群算法求解批调度问题($1|B|\sum C_j$)的方法。

基本前提：假设零件集合为 $J=\{1,2,\cdots,n\}$，零件 j 加工时间记为 p_j，工件尺寸为 s_j，且所有工件同时到达；任意批 b 的加工时间为 P^b，等于该批中所有工件的最大加工时间，即 $P^b=max\{p_j|j\in B^b\}$；批处理机最大容量为 B，任一批中工件尺寸和不得超过最大容量，即 $\sum_{j=1}^{|B^b|}S_j \leqslant B$；组批结束后，每个批有一个完工时间 C^b，等于前一批的完工时间与当前批加工时间之和，即 $C^b=C^{b-1}+P^b$；设所有零件是相容的，即满足容量约束的任意两个零件件均可放入同一批中进行加工。批的加工不允许中断，同时也不允许在批加工过程中放入新的零件，优化目标是最小化总完工时间 $\sum C_j$。

数学模型如下：

$$\text{Minimize} \sum C_j$$

$$\sum_{b=1}^{k} X_{jb}=1 \quad j=1,\cdots,n \tag{4-41}$$

$$\sum_{j=1}^{n} X_{jb}s_j \leqslant B \quad b=1,\cdots,k \tag{4-42}$$

$$P^b \geqslant X_{jb}p_j \quad j=1,\cdots,n;b=1,\cdots,k \tag{4-43}$$

$$\sum C_j = \sum_{b=1}^{k}(k-b+1)P^b|B^b| \tag{4-44}$$

$$X_{jb} \in \{0,1\} \quad j=1,\cdots,n;b=1,\cdots,k \tag{4-45}$$

$$\left\lceil \sum_{j=1}^{n} \frac{s_j}{B} \right\rceil \leqslant k \leqslant n \tag{4-46}$$

式(4-41)保证了每个工件只能被安排在一个批中；式(4-42)约束批中所有工件尺寸和不能超过批处理机的最大容量限制；式(4-43)表示批的加工时间为批的最大工件加工时间；式(4-44)为总完工时间，其值和批中工件数量相关；式(4-45)是决策变量，确保工件不会被分配到空批，X_{jb} 表明零件 j 被安排在批 b 中；式(4-46)为批数量限制，k 为总批数，$\left\lceil \sum_{j=1}^{n} \frac{s_j}{B} \right\rceil$ 是最小批数，n 为最大批数。

(1) 编码

基于问题特性的编码方式能够更好地提高算法的优化性能，对于 $1|B|\sum C_j$ 问题，采用基于批序列的编码方式。

直接分批的编码方式：首先每个蚂蚁 a 随机选择一个初始零件，由于机器有容量限制 B，定义可行集 $N_{B^b}^a$ 为满足约束（未被调度且尺寸不大于当前批 k 剩余容量）的零件集合，按状态转移概率 p_{kj}^a 从可行集 $N_{B^b}^a$ 中选择下一个零件 j 放入当前批 k。当可行集 $N_{B^b}^a$ 为空时，另构造新批，并随机选择一个未访问的零件 j 放入新批，继续从可行集 $N_{B^b}^a$ 中选择零件，直至所有的零件被访问到，形成一个批序列。

(2) 信息素和启发式信息

根据编码方式的特点，信息素 $\tau_{i,j}$ 为零件 i 和 j 安排在同一批的期望度。由于求解目标是极小化总完工时间，因此该类问题的优化，不仅要考虑批的数目，同时还要考虑每批中的零件数目，因此不能使用目标为 $C_{\max}$ 的启发式信息。

批权重 ω^b 与批加工时间 P^b 成正比，与批零件数目 $|B^b|$ 成反比。批权重小，即零件数目多且加工时间短的批应优先加工。因此批权重对目标函数的优化效果起着重要的作用。在构建批的过程中，随着零件的不断加入，批权重随之变化，不同的零件加工时间可使批权重增大或变小，而保持其稳定在一定水平可获得较优解。下面的定理证明了零件加工时间对批权重变化的影响。

定理 设当前批为 k，满足批容量约束的零件 j，如果零件 j 的加工时间 p_j 满足如下约束条件时，批权重 ω^b 减小，反之增大。

$$0 < p_j < \left(1 + \frac{1}{|B^b|}\right) P^b \tag{4-47}$$

证明：设零件 j 放入批 k 后，批加工时间为 $P^{b'}$，批零件数量为 $|B^{b'}| = |B^b| + 1$，批权重为 $\omega^{b'}$。已知批加工时间等于批中最长零件的加工时间，那么当 $p_j > P^b$ 时，$P^{b'} = P^b$；当 $p_j \leq P^b$ 时，$P^{b'} = p_j$。因此，根据 p_j 和 P^b 大小不同分别考虑这两种情况进行证明。

1) 当 $0 < p_j < P^b$ 时，$P^{b'}$ 不变，即 $P^{b'} = P^b$

$$\omega^{b'} = \frac{P^{b'}}{|B^{b'}|} = \frac{P^b}{|B^b| + 1} \leq \frac{P^b}{|B^b|} = \omega^b \tag{4-48}$$

2) 当 $P^b < p_j < \left(1 + \frac{1}{|B^b|}\right) P^b$ 时，$P^{b'}$ 变大，即 $P^{b'} = p_j$

$$\omega^{b'}=\frac{P^{b'}}{|B^{b'}|}=\frac{p_j}{|B^b|+1}<\frac{(1+|B^b|)P^b}{|B^b|+1}=\frac{P^b}{|B^b|}=\omega^b \quad (4\text{-}49)$$

综合两种情况可知，当 $0<p_j<\left(1+\dfrac{1}{|B^b|}\right)P^b$ 时，批权重减小反之，当 $p_j>\left(1+\dfrac{1}{|B^b|}\right)P^b$ 批权重增大，得证。

根据上述定理，设计 BSAS 的启发式信息计算公式如下

$$\eta_{kj}=\frac{1}{1+\left|p_j-\left(1+\dfrac{1}{|B^b|}\right)P^b\right|}(j\in N_{B^b}^a) \quad (4\text{-}50)$$

（3）状态转移概率

对于本算法，设蚂蚁 a 当前所在批为 k，$N_{B^b}^a$ 是满足批容量大小的可行零件集合。蚂蚁 a 使用下面的状态转移概率选择零件 j 加入到当前批 k 中加工。

$$P_{kj}^a=\begin{cases}\dfrac{\tau_{kj}\eta_{kj}^\beta}{\sum_{l\in N_{B^b}^a}\tau_{kl}\eta_{kl}^\beta}, & j\in N_{B^b}^a \\ 0, & \text{其他}\end{cases} \quad (4\text{-}51)$$

（4）信息素更新与初始化

已知的信息素 τ_{ij} 是两零件安排在同一批的期望度，因此其更新也是对同一批中两两零件的信息素进行更新，如公式(4-52)、(4-53) 所示。

$$\tau_{ij}=(1-\rho)\tau_{ij}+m_{ij}\sum_{a=1}^M\Delta\tau_{ij}^a \quad (4\text{-}52)$$

$$\Delta\tau_{i,j}^a(t)=\frac{Q}{\sum C_i^a} \quad (4\text{-}53)$$

在信息素更新规则中增加了变量 m_{ij}，它代表零件 i 和 j 在本次迭代中出现在同一批的次数。m_{ij} 越大，则零件 i 和 j 下次被选中在同一批的可能性就越大。这种信息素更新规则要求所有蚂蚁都完成批序列的构建后才能进行信息素的更新。这样能够充分利用蚁群算法的并行计算优势，增强蚂蚁间的信息交互，提高算法的收敛速度。

由于状态转移概率对算法的全局优化性能有着重要的影响。而由于启发式信息在迭代的过程中是相对稳定的，因此，影响状态转移概率的主要因素是信息素的变化程度。而这种变化主要来自信息素释放量和信息素初始值之间的差距。如果信息素释放量远大于信息素初始值，搜索

区域很快就会集中到蚂蚁最初生成的几条路径中，导致搜索陷入较差的局部空间中。反之，如果信息素释放量远小于信息素初始值，算法最初的许多次迭代都会被白白浪费掉，直至信息素逐渐挥发，并减少到足够小时，蚂蚁释放的信息素才开始发挥指引搜索偏向性的作用。因此，信息素初始值和信息素释放量的差距不能过大或过小。合理的信息素初始值应略高于每次迭代蚂蚁释放信息素的期望值。

已知信息素 τ_{ij} 代表两个零件安排在同一批的期望度，由于批处理机容量是强约束，两个尺寸之和大于 B 的零件不能放在同一批加工。因此，对不满足该约束的 τ_{ij} 初始化为 0，对零件尺寸和小于 B 的初始化公式如下：

$$\tau_{ij}(0) = \begin{cases} \dfrac{Mn}{\sum C^{nn}}, & s_i + s_j \leqslant B \\ 0, & s_i + s_j > B \end{cases} \quad (4\text{-}54)$$

传统蚁群算法在信息素初始化阶段，对信息素矩阵中初始值的设置都是完全一样的。考虑到编码方式，根据问题的分批特性以及机器容量约束，设置不同的初始值，以便减少算法的计算量，提高了算法优化性能。

(5) 局部优化策略

针对批序列的编码方式与目标函数的特点，对已经得到的批序列采用如下的局部搜索策略进行优化。

步骤 1：设 $b_1 = 0$；m 为批序列解中批的数量。按批加工时间非递减排序；

步骤 2：b_1++；若 $b_1 = m$，则结束；

步骤 3：设 $b_2 = b_1 + 1$，若 $b_2 > m$，则转步骤 2；

步骤 4：寻找 b_2 批中加工时间小于 b_1 批加工时间的零件，放入集合 N。n 为 N 中零件数量。设 $j = 0$；若 N 为空集，转步骤 3；

步骤 5：j++，若 $j > n$，转步骤 3；

步骤 6：零件 j 和 b_1 批中加工时间最长的零件交换。如果交换后仍然满足批容量约束，则进行交换，并更新 b_1 批加工时间，转步骤 4；若不满足交换约束条件，转步骤 5。

4.4.3 典型案例及分析

变速箱齿轮是汽车等运输工具的重要部件，其在工作时受到较高的冲击载荷和交变载荷。因此，变速箱齿轮通常要求具备两种性能，即：

表面具有良好的耐磨性、抗疲劳特性和抗弯强度；芯部有足够的强度和冲击韧性。为此，通常情况下，汽车变速箱齿轮采用强度和冲击韧性较高的低合金钢制造，而其制造过程一般包括：锻坯、预先热处理、切削加工、渗碳淬火、精密加工等多道工序。其中渗碳淬火工序是保证齿轮表面具有较好表面层力学性能的主要工序，其热处理工序包括排气调整碳势、强渗、扩散、预冷、保温等[59]。

目前，汽车制造一般采用流水线式的生产组织模式，而渗碳淬火作为齿轮加工中最重要的一道热处理工序，是典型的批量生产模式。其生产模式的主要特征是，采用多台连续式的热处理设备，在满足其尺寸和质量限制的条件下，进行齿轮的批量渗碳淬火。同时，不同规格的齿轮进行热处理时所耗费的时间也不相同[60]。如何将不同规格的齿轮安排在相同的热处理设备上批量完成渗碳淬火关系到齿轮生产的效率，直接影响到齿轮加工的后续工序。因此，研究齿轮渗碳淬火的生产调度问题，对于提高齿轮的制造效率和质量具有重要的现实意义。

由于汽车制造属于大批量生产，其变速器箱齿轮的生产也属于大批量生产。所以，为了适应整个汽车制造的生产节拍，渗碳淬火工段往往拥有一定数量的相同型号的热处理设备。该热处理设备具有固定的且有限的容量（齿轮质量）。进入渗碳淬火工段的齿轮根据其热处理工序特点，分为不同的作业组。具有相似热处理时间的齿轮，无论其材质、尺寸、质量、结构是否相同，归为同一个作业组，同一个组的齿轮可以同时在热处理设备内渗碳淬火，不同的作业组的齿轮则不能同时在热处理设备内渗碳淬火。由于在某一时间段内相同组的齿轮作业往往存在多个，因此，当多个相同组的齿轮作业容量（质量）大于热处理设备的容量时，允许对某个作业进行拆解。因此，齿轮渗碳淬火的生产调度问题可归为多批处理机变零件尺寸的批调度问题。针对齿轮渗碳淬火工序，建立的批处理调度模型如下。

① 在某一时间段内，所有齿轮到达渗碳淬火工段已经完成作业组划分，等待热处理。

② 完成组划分的所有作业具有相似的容量（质量），且不能超过热处理设备的容量。

③ 所有热处理设备的容量是相同的，并且一旦启动，不考虑故障等原因导致的停机问题。

④ 不属于同一组的作业不能同时在同一台热处理设备渗碳淬火。

⑤ 并行机批处理调度以齿轮最小化拖期惩罚作为优化目标。

为了便于描述该模型，定义符号和变量如下。

1) 符号定义

J 为齿轮作业集合 $J=\{1,2,3,\cdots,N\}$，j 为齿轮作业编号，且 $j\in J$。
F 为齿轮作业组集合 $F=\{1,2,3,\cdots,M\}$，f 为齿轮组编号，且 $f\in F$。
K 为热处理设备集合 $K=\{1,2,3,\cdots,I\}$，k 为热处理设备编号，且 $k\in K$。
C_j 为齿轮作业 j 的完成日期。
D_j 为齿轮作业 j 的交货日期。
T_j 为齿轮作业 j 的拖期，$T_j=C_j-D_j$。
w_j 为齿轮作业 j 的优先级权重。
v_j 为齿轮作业 j 的容量（质量）。
B 为热处理设备的容量（质量）。
R_f 为齿轮组 f 的渗碳淬火时间。
S 为齿轮批次集合 $S=\{1,2,3,\cdots,L\}$，b 为热处理设备编号，且 $b\in S$。
P_b^k 为第 b 批次齿轮在热处理设备 k 的热处理时间。
C_b^k 为第 b 批次齿轮在热处理设备 k 的完工时间。
C^k 为热处理设备 k 的完工时间。

2) 变量定义

$$X_{jbk}=\begin{cases}1,\text{如果作业 } j \text{ 以第 } b \text{ 批在热处理炉 } k \text{ 上完成}\\0,\text{否则}\end{cases} \quad (4\text{-}55)$$

$$Y_{fbk}=\begin{cases}1,\text{如果齿轮组 } f \text{ 以第 } b \text{ 批在热处理炉 } k \text{ 上完成}\\0,\text{否则}\end{cases} \quad (4\text{-}56)$$

$$Z_{jf}=\begin{cases}1,\text{如果作业 } j \text{ 隶属于齿轮组 } f\\0,\text{否则}\end{cases} \quad (4\text{-}57)$$

3) 数学模型

$$\text{Minimize } TT=\sum_{j=1}^{n}w_jT_j \quad (4\text{-}58)$$

Subject to： (4-59)

$$\sum_{f=1}^{M}Y_{fbk}\leqslant 1 \quad b=1,2,\ldots,n;\forall k\in K$$

$$\sum_{f=1}^{M}Y_{fzk}\geqslant\sum_{f=1}^{M}Y_{fbk} \quad b=2,\ldots,n;z=b-1;\forall k\in K \quad (4\text{-}60)$$

$$P_b^k\geqslant\sum_{f=1}^{M}R_fY_{fbk} \quad b=1,2,\ldots,n;\forall k\in K \quad (4\text{-}61)$$

$$C_b^k\geqslant P_b^k \quad b=1,2,\ldots,n;\forall k\in M \quad (4\text{-}62)$$

$$X_{jbk}Z_{jf}\leqslant Y_{fbk} \quad \forall j\in J;\forall f\in F;b=1,2,\ldots,n;\forall k\in K \quad (4\text{-}63)$$

$$\sum_{j=1}^{N} X_{jbk} a_{jf} \geqslant Y_{fbk} \quad \forall f \in F; b=1,2,\ldots,n; \forall k \in K \quad (4\text{-}64)$$

目标函数式(4-58)表示最小加权生产拖期。约束式(4-59)表示热处理的齿轮批次最多允许一个齿轮组。约束式(4-60)组批是连续的，只有当前齿轮批次组合完毕，才能组合下一批次。约束式(4-61)表示某批次齿轮的热处理时间不少于构成该批的某个齿轮组的任何齿轮的热处理时间。约束式(4-62)表示某批次齿轮的完工时间大于该批次齿轮的热处理时间。约束式(4-63)确保组批内的隶属于同一齿轮组的每个作业都能完成渗碳淬火。约束式(4-64)确保组批时某个齿轮组的至少包含一个作业。

齿轮渗碳淬火工序是多齿轮组热处理任务在多台相同的热处理设备上调度。主要解决两个方面的问题：组批和批调度。对于齿轮组批问题，采用经典的加权拖期惩罚成本最小的 ATC 原则。计算每个齿轮作业的加权拖期惩罚参数，根据其参数值大小，决定齿轮作业组批的优先级。因此，隶属于齿轮组 f 的齿轮作业 j 在时间 t 的组批优先级参数计算方法如下：

$$r_j = \frac{w_j}{p_f} \exp\left(\frac{-\max(D_j - p_f - t, 0)}{s\bar{p}}\right) \quad (4\text{-}65)$$

式中，r_j 为齿轮作业 j 的组批优先级参数；s 是调整因子，与问题的规模有关，一般为 $1.5 < s < 4.5$；$\bar{p}$ 为所有齿轮作业在对应热处理设备上的平均加工时间。

组批后，需要将相应的批次安排到对应的热处理设备进行渗碳淬火。本章通过蚁群算法解决该问题。蚁群算法解决该问题主要分为两步，一是选择热处理设备，二是将相应批次的齿轮作业安排到该热处理设备。蚁群按照一定的概率选择热处理设备，对某个蚂蚁 w 而言，其选择热处理设备的规则如下：

$$i = \begin{cases} \max_{\forall k \in K} \{\eta_k\}, & q_m \leqslant q_{m0} \\ K, & q_m > q_{m0} \end{cases} \quad (4\text{-}66)$$

式中，q_{m0} 是预设的设备选择概率，q_m 是随机整数，q_{m0}、$q_m \in [0, 1]$。i 反映的是选择不同的热处理设备时的概率大小，对蚁群算法而言，该概率大小实际上反映了不同设备的启发式信息。当 $q_m \leqslant q_{m0}$ 时，该信息可通过下式获得：

$$\eta_k = \frac{F}{C^k}, k \in K \quad (4\text{-}67)$$

式(4-67)中 C^k 表示设备 k 上已调度的所有作业的完工时间。显然，完工越早的热处理设备，下一次被蚂蚁选中的概率就越大。

而对于 $q_m > q_{m0}$ 时，热处理设备 k 被蚂蚁 w 选中的概率通过下式获得：

$$P_k = \frac{\eta_k}{\sum_{k=1}^{I} \eta_k} \qquad (4-68)$$

当热处理设备确定后，需要将组批的齿轮安排到相应的热处理设备渗碳淬火。除了要考虑热处理设备的启发式信息外，还有考虑组批和相应的热处理设备连接上信息素。因此，组批 b 安排到热处理设备 k 的概率可通过下式计算：

$$P_{kb} = \begin{cases} \dfrac{(\eta_k)^\alpha (\tau_{kb})^\beta}{\sum\limits_{r \in S}(\eta_k)^\alpha (\tau_{kr})^\beta}, & b \in S \\ 0, & b \notin S \end{cases} \qquad (4-69)$$

式中 η_k 是热处理设备 k 的启发式信息，α 是其权重系数。τ_{ib} 是组批 b 安排到热处理设备 k 的信息素，β 是其权重系数。初始状态下信息素 $\tau_{ib} = \tau_0$，一旦蚂蚁选择了将组批 b 安排到热处理设备 k，其上则产生信息素，其值可按下式更新：

$$\tau_{kb} = (1-\rho)\tau_{kb} + \rho \Delta \tau_{kb} \qquad (4-70)$$

其中 $\Delta \tau_{kb}$ 属于信息素增量，它与目标函数，即生产拖期有关，可通过下式计算：

$$\Delta \tau_{kb} = \begin{cases} \dfrac{Q}{TT^w}, & \text{蚂蚁 } w \text{ 将第 } b \text{ 批次安排到热处理设备 } k \\ 0, & \text{蚂蚁 } w \text{ 没有安排第 } b \text{ 批次到热处理设备 } k \end{cases} \qquad (4-71)$$

式中 TT^w 是蚂蚁 w 形成的批调度方案的加权生产拖期。

河北省某汽车制造企业的齿轮热处理车间，热处理设备有 3 种，分别是 3 台、4 台、5 台；组批数量为 4 批/台或者 8 批/台，和作业的尺寸（质量）和热处理炉的尺寸（质量）有关；齿轮组有 3 组。每个齿轮组的作业数为 60、80、100；齿轮组的批处理时间分别是 10 小时、14 小时、6 小时；齿轮作业 j 优先级权重 w_j 在 $[0,1]$ 之间分布。

齿轮作业 j 的交货日期设置如下：

$$d_j = \xi R_{f_j} \qquad (4-72)$$

其中，$\xi \in [1,3]$ 或者 $\xi \in [1,5]$。

针对此算例，使用 ACO 算法进行计算仿真，以验证算法在齿轮渗碳淬火作业批调度中的应用。上述参数组合的结果将会出现 $3 \times 2 \times 3 \times 2 = 36$ 种类型的批调度问题，为了保证结果的相对稳定性，每个问题随机组合运算 10 次，计算其加权拖期的平均值，作为参考指标。由于算法所涉及的参数较多，因此，前期进行了大量的重复性试验，最终确定的算法参数如下：调整因子 $s=3$，蚁群规模 $ant=50$，$q_{m0}=0.9$，启发式信息权重 $\alpha=4$，信息素权重 $\beta=5$，挥发系数 $\rho=0.5$，信息素初值 $\tau_0=0$，常数 $Q=200$，迭代次数 $ite=500$。在此参数条件下，针对上述算例的计算结果与文献[61]所得计算结果对比如表 4-18 所示。

表 4-18 相对于 ATC-BATC 的对比实验结果

参数		ATC-BATC	ATC-BATC-swap	ATC-GA	ATC-GA-swap	ATC-ACO
热处理设备	3	1	0.96	1.27	0.96	0.96
	4	1	0.98	1.25	0.94	0.95
	5	1	0.96	1.23	0.93	0.95
组批数量	4	1	0.97	1.29	0.95	0.96
	8	1	0.97	1.22	0.93	0.94
齿轮组作业数	60	1	0.95	1.20	0.93	0.95
	80	1	0.98	1.28	0.95	0.95
	100	1	0.97	1.28	0.95	0.95

表 4-18 中第二列到第五列的批调度方法在文献[61]中可查阅，第六列是本书设计的方法。表中标题各个方法的含义包含两部分，即组批方法和批调度方法。允许相同齿轮组的作业在不同批次热处理中互换的方法称为 swap 方法。表中的数据指的是对比数据，例如第六列的 8 个值表示的是 $\dfrac{TT_{ATC-ACO}}{TT_{ATC-BATC}}$，它的含义是 ATC-ACO 方法在某种条件下的最小拖期与 ATC-BATC 方法在相同条件下的最小拖期的比值。

参考文献

[1] 王成城, 丁露. 工信部智能制造专项《数字化车间术语及通用技术要求标准研究和试验验证》项目进展情况[J]. 中国仪器仪表, 2017（04）: 30-32.

[2] 杜宝瑞, 王勃, 赵璐, 等. 智能制造系统及其层级模型 [J]. 航空制造技术, 2015（13）: 46-50.

[3] 黄少华, 郭宇, 查珊珊, 等. 离散车间制造物联网及其关键技术研究与应用综述[J]. 计算机集成制造系统, 2019, 25（02）: 284-302.

[4] 张映锋, 赵曦滨, 孙树栋, 等. 一种基于物联技术的制造执行系统实现方法与关键技术[J]. 计算机集成制造系统, 2012, 18

（12）：2634-2642.

[5] 张映锋，江平宇，黄双喜，等. 融合多传感技术的数字化制造设备建模方法[J]. 计算机集成制造系统，2010，16（12）：2583-2588.

[6] 陈轩. 面向MES的离散制造车间SCADA系统设计开发[D]. 南京：南京理工大学，2017.

[7] 胡松松. 离散制造数字化车间基于MES的智能装备集成平台研究与设计[D]. 重庆：重庆大学，2015.

[8] 闵陶，冷晟，王展，等. 面向智能制造的车间大数据关键技术[J]. 航空制造技术，2018，61（12）.

[9] 张洁，高亮，秦威，等. 大数据驱动的智能车间运行分析与决策方法体系[J]. 计算机集成制造系统，2016，22（05）：1220-1228.

[10] 晁翠华. 智能制造车间生产过程实时跟踪与管理研究[D]. 南京：南京航空航天大学，2016.

[11] 邵新宇，饶运清. 制造系统运行优化理论与方法[M]. 北京：科学出版社，2010.

[12] 王万良，吴启迪. 生产调度智能算法及其应用[M]. 北京：科学出版社，2007.

[13] 雷德明. 现代制造系统智能调度技术及其应用[M]. 北京：中国电力出版社，2011.

[14] 王爱民. 制造执行系统（MES）实现原理与技术[M]. 北京：北京理工大学出版社，2014.

[15] 刘民，吴澄. 制造过程智能化调度算法及其应用[M]. 北京：清华大学出版社，2003.

[16] 王凌. 车间调度及其遗传算法[M]. 北京：清华大学出版社，2000.

[17] 雷德明，严新平. 多目标智能优化算法及其应用[M]. 北京：科学出版社，2009.

[18] Johnson S. Optimal two and three stage production schedules with setup times included[J]. Naval Research Logistics Quarterly, 1954, 1: 61-68.

[19] 越民义，韩继业. n个零件在m台机床上加工顺序问题[J]. 中国科学，1975，5: 462-470.

[20] Gavett J W. Three heuristic rules for sequencing jobs to a single production facility [J]. Management, 1965, 11（8）: 166-176.

[21] Panwalker S S, Iskander W A. A survey of scheduling[J]. Operations Research, 1977, 25（1）: 45-61.

[22] Nowicki E, Smutnicki C. A decision support system for the resource constrained project scheduling problem[J]. European Journal of Operational Research, 1994, 79: 183-195.

[23] Foo S Y, Takefuji Y. Stochastic neural networks for solving job shop scheduling: Part 1. Problem representation[C]. IEEE International Conference on Neural Networks, San Diego, 1988, 2: 275-282.

[24] Aarts E H L, van Laarhoven P J M, Lenstra J K, et al. A computational study of local search algorithms for job shop scheduling[J]. ORSA Journal on Computing, 1994, 6（2）: 118-125.

[25] Peter J M, Emile H L, Jan K L. Job shop scheduling by simulated annealing[J]. Operations Research, 1992, 40（1）: 113-125.

[26] Brandimarte P. Routing and scheduling in a flexible job shop by tabu search. Annals of Operations Research[J], 1993, 41: 57-183.

[27] Nakano R, Yamada T. Conventional genetic algorithm for job shop problems [C]. Proceeding of the Fourth International Conference on Genetic Algorithms, San Diego, 1991: 474-479.

[28] Chu C, Portmann M C, Proth J M. A splitting-up approach to simplify job-shop scheduling problems[J]. International Journal of Production Research, 1992, 30（4）: 859-870.

[29] 刘学英. 拉格朗日松弛法在车间调度中的应用研究[D]. 上海: 上海交通大学, 2006.

[30] Balas E. Machine scheduling via disjunctive graphs An implicit enumeration algorithm [J]. Operations Research, 1969, 17: 941-957.

[31] Panwalker S S, Iskander W A. A survey of scheduling [J]. Operations Research, 1977, 25 (1): 45-61.

[32] Adams I, Balas E, Zawack D. The shifting bottleneck procedurc for job shop scheduling [J]. Management Science, 1988, 34: 391-401.

[33] Palmer D. Sequencing jobs through a multi-stage process in the minimum total time-a quick method of obtaining a near optimum [J]. Operation Research Quarterly, 1965, 16: 101-107.

[34] Pesch E, Tetzlall U A W. Constraint propagation based scheduling of job shops[J]. Informs Journal on computing, 1996, 8 (2): 144-157.

[35] Remus W. Neural net work models of managerial judgment [C]. 23rd Annual Hawaii International Conference on System Science, Honolulu. 1990: 340-344.

[36] Fox MS, Smith S F. ISIS: A knowledge-based system for factory scheduling[J]. Expert System, 198, 41 (1): 25-41.

[37] Smith S F, Fux M S, Ow P S. Constructing and maintaining detailed production plans: Investigations into the development of knowledge-based factory scheduling systems [J]. AI Magazine, 1986, 7 (4): 5-61.

[38] Fox M S, Sadeh N. Why is scheduling difficult? A CSP perspective [C]. Proceedings of the 9th European Conference on Artificial Intelligence, Stockholm, 1990: 754-767.

[39] Lepapc C. SOIA: A daily workshop scheduling system [J]. Expert System, 1985, 85: 95-211.

[40] 戴涛. 基于多智能体的代产调度方法与应用[D]. 武汉: 武汉理工大学, 2006.

[41] Holland J H. Adaptation in Natural and Artificial Systems [M]. Ann Arbor: The University of Michigan Press. 1975.

[42] Koza R. Genetic: Programming: On the Programming of Computers by Means of Natural Selection [M]. Cambridge: MIT Press, 1992.

[43] Beyer H G, Schwefel H P. Evolution strategies-A comprehensive introduction [J]. Natural Computing, 2002, 1 (1): 3-52.

[44] Fogel L J, Owens A, Walsh M J. Artificial Intelligence Through Simulated Evolution [M]. New York: John Wiley and Sons, 1966.

[45] Falkenauer E, Bouffouix S. A genetic algorithm for the job-shop [C]. Proceedings of the IEEE International Conference on Robotics and Automation, Sacremento, 1991: 1-10.

[46] Nakano R. Conventional genetic algorithms for job shop problems [C]. Proceedings of the Fourth International Conference On Genetic Algorithms, San Matco: Morgan Kaufman, 1991: 474-479.

[47] Yamada T, Nakano R. A genetic algorithms applicable to large-scale job-shop problems [C]. Proceedings of the Second International Workshop on parallel Problem Solving from Nature, Brussels, 1992: 281-290.

[48] 王凌. 车间调度及其遗传算法[M]. 北京: 清华大学出版社, 2003.

[49] Dorigo M, Maniezzo V, Colorni A. Ant system: Optimization by a colony of cooperating agents [J]. IEEE Transac-

tions on SMC, 1996, 26(1): 8-41.
[50] Colorni A, Dorigo M, Maniezzo V. Ant colony system for job-shop scheduling [J]. Belgian Journal of Operations Research, 1994, 34(1): 39-53.
[51] Kennedy J, Eberhart R C. Particle Swarm Optimization[C]. Proceeding of IEEE International Conference on Neutral Networks, Perth, 1995: 1942-1948.
[52] Eberhart R C, Kennedy J. A new optimizer using particle swarm theory[C]. Proceedings of Sixth International Symposium on Micro Machine and Human Science, Nagoya, 1995: 39-43.
[53] 高亮, 高海兵, 周驰. 基于粒子群优化的开放式车间调度[J]. 机械工程学报, 2006, 42(2): 129-134.
[54] 彭传勇. 高亮, 邵新宇, 等. 求解作业车间调度问题的广义粒子群优化算法[J]. 计算机集成制造系统, 2006, 12(6): 911-917.
[55] Kirkpatrick S, Gelatt C D, Vecchi M P. Optimization by simulated annealing [J]. Science, 1983, 220(4598): 671-680.
[56] Nowicki E, Smutnicki C. A fast taboo search algorithm for the job shop problem[J]. Management Science, 1996, 42(6): 262-275.
[57] K Z Gao, P N Suganthan, Q K Pan, et al. Pareto-based grouping discrete harmony search algorithm for multi-objective flexible job shop scheduling[J]. Information Sciences, 2014, 289(24): 76-90.
[58] Xinyu Li, Liang Gao. An effective hybrid genetic algorithm and tabu search for flexible job shop scheduling problem [J]. International Journal of Production Economics, 2016, 174: 93-110.
[59] 陈德顺, 彭晓东, 易鸿宇, 等. 汽车前桥锥齿轮渗碳淬火工艺分析与研究[J]. 热加工工艺, 2014, 43(20): 125.
[60] 陈晖, 周细应. 汽车齿轮热处理工艺的研究进展[J]. 材料导报, 2010, 24(7): 93.
[61] Balasubramanian H, Mönch L, Fowler J, et al. Genetic algorithm based scheduling of parallel batch machines with incompatible job families to minimize total weighted tardiness[J]. International Journal Production Research, 2004, 42(8): 1621.

第5章

工艺规划与车间调度智能集成

5.1 工艺规划与车间调度智能集成建模

5.1.1 研究背景

工艺规划与车间调度集成的研究始于20世纪80年代中期。Chryssolouris 和 Chan[1,2] 在80年代中期第一次提出了工艺规划与车间调度集成的构想。R. Meenakshi[3] 等人强调了工艺规划与调度集成在提高生产力方面具有较大的潜力。Hitoshi[4] 等人根据人机交互与不同规划人员协同工作的原理，将工艺规划和调度集成到流水车间不同类型的产品生产中。Zhang[5] 第一次提出了一种分布式的集成模型，和以往的非线性或者可替换工艺规划不同，这种模型建立在车间可用制造资源和车间生产实时反馈的基础上，主要包括三个模块：工艺规划模块、生产调度模块和决策生成模块，在一定程度上体现了分层规划的思想。国内较早提出工艺规划和调度集成思想的主要有西北工业大学的李言[6,7]、华中科技大学的李培根[8,9]。Zijm[10] 针对小批量零件生产的特点，提出了一种新的工艺规划和调度集成的方法。Brandimarte[11] 等提出了一种分层式工艺规划与调度集成的模型，认为每个作业有多道工艺路线，每个工艺路线有多个工序组成，每个工序可由多个机床完成加工，该模型为柔性工艺规划和车间调度集成的研究开辟了新的途径。Kempenaers[12] 提出的基于协作模式的工艺规划和调度集成方法是建立在非线性工艺规划基础上，在考虑了制造资源约束的条件下，实现了工艺规划和调度的实时反馈，从而实现动态工艺规划与调度。Usher[13] 等人把动态工艺规划的计划任务按照功能划分成两个阶段：静态规划阶段和动态规划阶段，并着重讨论了静态规划阶段。Kim[14] 提出了混合整数规划法来解决作业车间的工艺规划和调度问题。Saygin[15] 等人讨论了在柔性制造系统中工艺规划和调度集成的重要性，提出了一种基于离线调度的柔性工艺规划方法，该方法为了减小最大完工时间，采用了四种策略，即机床柔性选择、工艺规程柔性选择、调度和重调度。Kim[16] 描述了具有多个柔性工艺规划的多个零件的车间调度问题，即基于柔性作业车间的工艺规划和调度模型，对比了预处理算法和迭代算法在解决工艺规划和调度集成方面的仿真结果。Yang[17] 提出了一种基于零件特征和机床负荷的多工艺路线规划方法，根据零件几何造型中提取的制造特征、制造资源库中的机床能力、工装设备能力和工艺知识规则，设计多工艺路线，并考虑到机床的负荷情况为每条工艺路线的各个工序分配加工时间，以交货期拖期和提前期为目标，优化调度方案。Thomalla[18] 提出了一种优化算法来求解准时制（JIT）生产环境下，基于可选工艺路线的车间调度问题。以作业任务加权拖期之和最小化作为优化目标，通过拉格朗日松弛法快速地获得了最优解或者接近最优解。Wu[19] 提出了在分布式虚拟制造环境下工艺规划与生产调度的并行集成模型，该模型在系统实现上采用多智能体的形式并行计算，通过价值函数完成分布式环境下最优协作企业的选择，针对该解决方案建立了仿真，结果表明该模型和方法能够降低产品成本，提高产品质量，缩短交货期。Zhang[20] 提出了一个面向批量制造车间的工艺规划和调度集成模型，将工艺规划和调度两个模块通过一个智能"代理体"建立通信协调关系，通过两个模块的各自优化，并通过中间的智能"代理体"协调反馈，不断地对较优解进行优化。Kim[21] 通过共生式的进化算法解决工艺规划与调度集成问题，采用局部交叉、复制、随机共生、组合选择和其他的遗传算子等优化策略，并与传统的分层式算法和其他的协同进化算法进行了比较。Moon[22] 提出多个工厂间的工艺规划和调度集成模型，根据该数据模型，采用了一种类似于遗传算法的进化算法求解工艺规划和调度集成问题，仿真结果表明，针对某些算例，该算法具有较高的搜索效率。

近些年来，随着工艺规划和调度集成问题研究的深入，大量基于元启发式算法的技术应用于该问题的研究，归纳起来，主要包括以下几种技术。

(1) 遗传算法

Morad[23] 等第一次提出采用基于 GA 解决工艺规划和调度集成问题，通过采用对多个优化目标加权的处理方法进行多目标的工艺规划和调度集成优化。Lee[24] 提出了基于遗传算法的非线性工艺规划模型，通过仿真模块，计算组合工艺规划的各个性能评价指标，并通过遗传算法优化这些指标，以获得较好的调度方案，实验结果表明该算法可以大大地减少调度时间和订单拖期。Moon[25] 提出了一个基于多工厂供应链的工艺规划与调度集成模型，为实现优化目标，调度各企业资源，以订单拖期最小为优化目标，通过基于遗传算法的启发式算法解决 IPPS 问题。华中科技大学的李新宇在遗传算法解决工艺规划和调度集成问题上进行了卓有成效的研究，发表了多篇研究成果[26-31]。Wong[32] 将机器故障等车间动态信息建模到 IPPS 问题中，利用遗传算法解决动态 IPPS 问题。

(2) 蚁群算法

应用蚁群算法解决工艺规划和调度集成问题的文献较少，Kumar[33] 第一次试图应用蚁群算法解决工艺规划和调度集成问题。Leung[34] 提出了基于 AND/OR 图的工艺规划和调度集成模型,以最小完工时间为优化目标,将蚁群搜索机制和多智能体相结合,求解工艺规划和调度问题。Wang[35] 改进了基于 AND/OR 图的 IPPS 问题模型,并利用蚁群算法求解 IPPS 问题。Leng[36] 建立了基于有向加权图的柔性工艺规划和车间调度模型,通过动态调整信息素更新,避免蚁群算法收敛过慢和局部收敛的缺陷。Wong[37] 在之前文献[34] 的基础上,改进了蚁群算法,通过两个阶段的蚁群算法求解工艺规划和调度问题,即工序选择和工序排序两个阶段。蚁群算法由于在应用过程中需要设置大量的参数,在求解大规模的工艺规划和调度集成问题方面有一定的局限性,例如参数设置复杂、搜索速度慢等问题。

(3)粒子群算法

Guo[38] 改进了粒子群算法,针对工艺规划和调度集成问题,设计了几类粒子移动策略,既扩展了搜索空间,又有效地避免了局部最优。Guo[39] 在上述研究[38] 的基础上进一步改进,针对车间生产的实时性,设计了重规划策略,以应对车间生产的动态变化。Wang[40] 应用粒子群算法对工艺规划和调度问题进行多目标优化,算法引入了一种新的基于离散搜索空间的解的表达方案,为了改进解的质量,通过局部搜索算法存储局部最优解,从而提高全局最优解的搜索效率。Sahraian[41] 提出了针对多个工厂间的工艺规划和调度集成问题,提出了一种混合整数线性规划模型。Dong[42] 针对柔性作业车间的特点,建立了基于多目标优化和约束机制的工艺规划和调度集成模型,为了提高搜索效率,避免无效解的出现,提出了一种改进的分段编码方式,为了增加算法搜索的随机性和多向性,提出了动态参数调整和自适应搜索空间的改进策略,实验结果表明该算法能够比较有效地处理柔性作业车间的工艺规划和调度集成问题。应用粒子群算法求解工艺规划和调度集成问题的研究文献不多,最近几年,部分研究人员较倾向于将局域搜索算法与粒子群算法相结合求解工艺规划和调度集成问题。Zhao[43,44] 将粒子群优化算法和模糊推理机制相结合用于解决作业车间的工艺规划和调度集成问题。

除了上述 3 种方法外,还有 TS、数学规划法等方法被用于解决工艺规划和车间调度问题。Kis[45] 提出了基于柔性工艺的车间调度系统,应用 TS 算法对其进行求解基于柔性工艺的车间调度问题。Tan[46] 采用数学规划法求解工艺规划和调度集成问题。董朝阳[47] 采用免疫遗传算法求解工艺设计与调度集成问题。Moreno[48] 采用基于约束满足的混合进化算法求解规划和调度集成问题。Ueda[49] 利用人工神经网络技术求解工艺规划和调度集成问题。Li[50] 采用模拟退火算法求解工艺规划和调度集成问题。Mishra[51] 提出了一种基于混沌理论的 TS 与 SA 混合算法来求解工艺规划和调度集成问题。

5.1.2 工艺规划与车间调度集成建模

工艺规划和车间调度在车间制造系统中存在着众多的共性。工艺规划要确定定位基准、加工阶段、工序顺序、制造资源等内容,而在生产任务执行中涉及车间制造资源的调度。要实现二者的集成,必须将二者共性的内容综合考虑,才能达到二者的最优化。基于本书第三章内容,工艺规划是建立在零件特征建模技术基础上,由零件模型中的特征作为工艺规划的数据源,由于零件的每一个加工特征可有多种工艺方案表达,所以每种零件存在多种工艺路线,每种工艺路线的工序数目和工序顺序都存在着差异,而每种工艺路线每一道工序一般可由多个加工机床完成,从而使零件的工艺方案存在着多种表达形式,具有较高的柔性。按照这种基于零件加工特征的工艺规划形式,在充分考虑制造资源的利用率、生产任务的交货期等因素的条件下能够制定出科学合理的车间调度方案。因此,工艺规划和车间调度在制造资源等方面存在的共性因素,为二者的集成提供了理论基础。

而实际上关于工艺规划和车间调度集成问题(IPPS)的研究始于20世纪80年代。到现在为止关于 IPPS 问题的研究主要基于三种模式:非线性式工艺规划(NLPP)、闭环式工艺规划(CLPP)及分布式工艺规划(DPP)。

非线性工艺规划(nonlinear process planning,NLPP)模型将 IPPS 问题分为前后衔接的两个阶段。第一阶段进行工艺规划,首先,假定制造车间是平稳运行的,即进行工艺规划时掌握了当前制造车间的每一制造资源的运行状态,以当前制造车间资源的运行状态为依据,制定每个零件所有可行的工艺路线,设定该零件工艺规划的多种优化目标,如加工时间最短、换刀次数最少等,并根据多种优化目标为每个可选工艺路线赋予一定的优先级。第二阶段进行车间调度,赋予了一定优先级的各种工艺路线进入调度系统,由车间调度系统根据车间的具体资源状况选择最优的工艺路线。

闭环式工艺规划(closed process planning,CLPP)是面向车间调度的动态工艺规划系统,它将车间制造资源的实时信息反馈给工艺规划系统,实时优化工艺路线,使工艺路线能够根据车间实际生产情况进行动态的修改和调整,从而提高工艺方案的柔性和可行性。工艺规划将 ERP 系统的生产计划编制、生产调度系统集成在一起,形成工艺路线自动调整的闭环回路。这种带有自动反馈功能,生产计划、工艺规划、生产调度集成的动态系统既可提高工艺规划系统的实时性、指导性与可操作性,又可以提高工艺规划系统工艺路线的利用率。

分布式工艺规划(distributed process planning, DPP),区别于第一种模型,在此模型中工艺规划和车间调度是同步完成的,根据完成内容,此模型将工艺规划和调度计划分成两个阶段,即初步规划阶段和详细规划阶段。初步规划阶段主要是分析生产任务,包括批量、生产类型、零件特征、特征与特征之间的关系等信息,根据生产类型和零件的特征信息确定初步的工艺路线,同时对加工资源(如原材料、工装设备等)进行初步的预处理;详细规划阶段把车间加工设备信息和生产任务信息进行匹配,同时生成完整的工艺路线和调度方案。

本章采用的研究方法是基于 NLPP 集成模型的思想。该模型的优点是生成了所有可能的工艺路线,从而扩大了车间调度的优化空间,有利于找到最优的工艺路线;其缺点是当 NLPP 集成模型规模较大时,将面临组合爆炸问题,导致求解难度和时间大大增加。NLPP 模型关于 IPPS 问题的描述如下。

m 台机床 $\{W_1, W_2, \cdots, W_m\}$ 完成 n 个零件作业 $\{J_1, J_2, \cdots, J_n\}$ 的加工。每个零件作业 J_i 最多可形成 p 道工序 $\{O_{i1}, O_{i2}, \cdots, O_{ip}\}$,并形成由 p 道工序按照一定规则构成的 q 道可选工艺路线 $\{L_{i1}, L_{i2}, \cdots, L_{iq}\}$。根据确定的 q 道可选工艺路线 $\{L_{i1}, L_{i2}, \cdots, L_{iq}\}$ 作为已知条件,输入到调度系统中,作为调度系统的数据源,依据柔性车间调度系统调度策略,确定每个零件作业的工艺路线,并输出最优调度方案。在此模型中采用的是作业车间调度,因此,在第 4 章中关于柔性作业车间调度问题中的假设描述,在此依然需要。

IPPS 问题最终的优化目标主要是基于车间制造资源和生产效率,因此,IPPS 问题的评价指标同 FJSP 问题,主要包括四大指标:基于加工任务完工时间、基于交货期、基于机床负荷、基于成本。

本章研究基于 NLPP 集成模型的 IPPS 优化问题,因此,优化策略主要分为两个阶段。

第一阶段:根据不同的优化目标,分别确定不同零件作业的多条工艺路线,即定位基准、加工阶段、工序顺序、工序数量、工装设备、切削用量等要素。

第二阶段:根据第一阶段确定的每个零件作业的多条工艺路线,进行车间资源调度,确定制造资源。

基于 NLPP 集成模型的 IPPS 优化策略如图 5-1 所示。

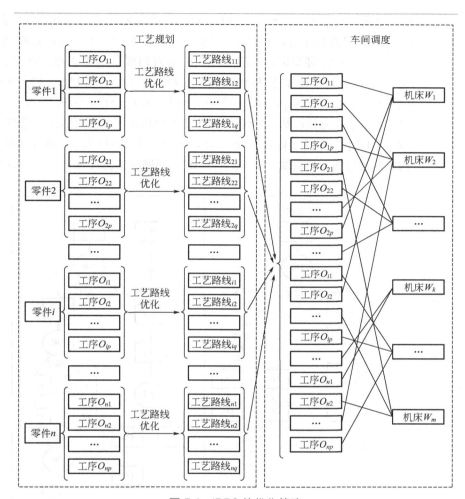

图 5-1 IPPS 的优化策略

关于 IPPS 问题的表述方法有很多种，本章采用的 IPPS 表述方法是基于 AND/OR 图的表达方法（见图 5-2）。

图 5-2 中表示的是两个零件的可选工艺路线。图中主要包括节点、有向弧、AND/OR 关系三大要素。节点表示的零件的工序，有向弧表示的是工序之间的先后次序，AND/OR 表示某道工序或者某些工序之间的关系。图中零件 1 包含了 11 道工序。第一道工序为 O_{11}，第二道工序有两种选择，即或者为 O_{12}，或者为 O_{14}，因为此处存在 OR 关系，选择 O_{12} 就不能同时选择 O_{14}，二者代表着两条不同工艺路线，如果选择工序 O_{11}，则下一道工序为 O_{12}，工序 O_{11} 和 O_{12} 之间的有向弧代表着工序 O_{11} 必须安排在工序

O_{12} 之前。$O_{11} \rightarrow O_{12} \rightarrow O_{13} \rightarrow O_{19} \rightarrow O_{110}$ 代表着零件 1 的可选工艺路线 OL_{11}。如果选择 O_{14}，选择下一道工序时存在 AND 关系，意味着 O_{15}、O_{16}、O_{17}、O_{18} 都要选，同理工序之间的有向弧代表着工序之间的优先关系，形成两条可选工艺路线 OL_{12} 和 OL_{13}，OL_{12} 即 $O_{11} \rightarrow O_{14} \rightarrow O_{15} \rightarrow O_{16} \rightarrow O_{17} \rightarrow O_{18} \rightarrow O_{111}$，$OL_{13}$ 即 $O_{11} \rightarrow O_{14} \rightarrow O_{17} \rightarrow O_{18} \rightarrow O_{15} \rightarrow O_{16} \rightarrow O_{111}$。因此，从上述分析可知，零件 1 由 11 道工序构成了 3 条可选工艺路线 OL_{11}、OL_{12}、OL_{13}。零件 2 包含 13 道工序，包含一个 AND 关系、两个 OR 关系，构成 6 道可选工艺路线。图 5-2 所示 IPPS 问题的工艺路线如表 5-1 所示。

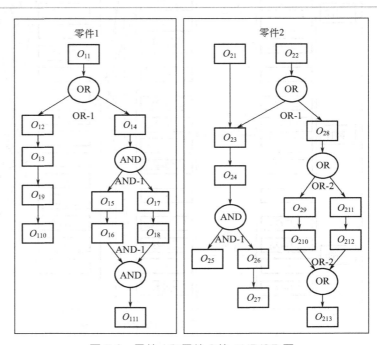

图 5-2 零件 1 和零件 2 的 AND/OR 图

表 5-1 示例 IPPS 问题的工艺路线

零件	工艺路线代码	工艺路线名称	工艺路线内容
零件 1	1	OL_{11}	$O_{11} \rightarrow O_{12} \rightarrow O_{13} \rightarrow O_{19} \rightarrow O_{110}$
	2	OL_{12}	$O_{11} \rightarrow O_{14} \rightarrow O_{15} \rightarrow O_{16} \rightarrow O_{17} \rightarrow O_{18} \rightarrow O_{111}$
	3	OL_{13}	$O_{11} \rightarrow O_{14} \rightarrow O_{17} \rightarrow O_{18} \rightarrow O_{15} \rightarrow O_{16} \rightarrow O_{111}$
零件 2	1	OL_{21}	$O_{21} \rightarrow O_{23} \rightarrow O_{24} \rightarrow O_{25} \rightarrow O_{26} \rightarrow O_{27}$
	2	OL_{22}	$O_{21} \rightarrow O_{23} \rightarrow O_{24} \rightarrow O_{26} \rightarrow O_{27} \rightarrow O_{25}$
	3	OL_{23}	$O_{22} \rightarrow O_{23} \rightarrow O_{24} \rightarrow O_{25} \rightarrow O_{26} \rightarrow O_{27}$

续表

零件	工艺路线代码	工艺路线名称	工艺路线内容
零件 2	4	OL_{24}	$O_{22} \to O_{23} \to O_{24} \to O_{26} \to O_{27} \to O_{25}$
	5	OL_{25}	$O_{22} \to O_{28} \to O_{29} \to O_{210} \to O_{213}$
	6	OL_{26}	$O_{22} \to O_{28} \to O_{211} \to O_{212} \to O_{213}$

由于在实际生产中，对于零件而言，除了工艺路线是"柔性"外，完成某道工序的机床也是"柔性"的。因此，需要在 AND/OR 图增加每道工序的备选机床及该工序在相应机床的加工时间。对图 5-2 所示两个零件的 AND/OR 图进行改进，改进后的 AND/OR 图见图 5-3。

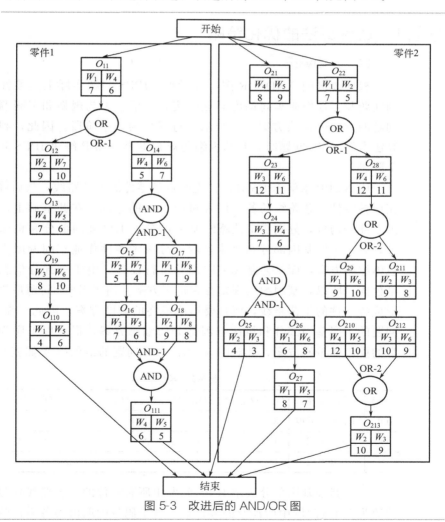

图 5-3 改进后的 AND/OR 图

因为 IPPS 问题归根到底是一类工艺路线不确定的多零件的柔性作业车间的调度问题，因此，IPPS 问题的性能指标与 FJSP 问题是基本类似的。其性能指标包括基于所有零件完成时间的指标、基于交货期的指标、基于成本的指标和基于机床负荷的指标，各指标的具体定义参考第 4 章内容。

5.2 利用遗传算法求解工艺规划与车间调度集成问题

5.2.1 遗传算法的优化策略

（1）基因编码

根据改进的 AND/OR 图，可看出，IPPS 问题实际上是柔性工艺规划问题和柔性作业车间调度问题的集合。根据工艺规划和车间调度集成问题的 NLPP 解决方案，整个求解过程分为两个阶段。因此，利用遗传算法求解 IPPS 问题时，其基因编码规则参考 NLPP 解决 IPPS 问题的两个阶段。

用 NLPP 求解 IPPS 时，首先确定各零件的工艺路线，然后确定用来完成各零件工艺路线的各工序及机床资源的分配。在此基础上，染色体由三部分构成，分别是工艺路线基因部分、工序基因部分和机床基因部分，其中工序基因部分和机床基因部分参考柔性作业车间调度方案的染色体编码方案，而工艺路线基因部分另行设计。由于三部分信息组成了染色体，所以，基因编码规则存在很多方案。由于 IPPS 问题最终不仅要形成各零件的工艺路线，而且要形成最终的调度方案，因此，参考 FJSP 问题的工序基因部分和机床基因部分的编码方案，形成以工序为基本信息的染色体编码方案，针对图 5-3 的 IPPS 问题的染色体 A 如表 5-2。

表 5-2 染色体 A

代码	代表工序	O_{11}	O_{21}	O_{14}	O_{17}	O_{23}	O_{24}	O_{18}	O_{26}	O_{15}	O_{27}	O_{25}	O_{16}	O_{111}
OL	工艺路线基因	3	2											
OP	工序基因	1	2	1	2	1	2	1	2	1	2	1	1	
M	机床基因	1	4	6	8	6	3	2	1	2	5	2	3	5

工艺路线基因部分表示 IPPS 问题中所有零件的工艺路线代号，其码位数为 IPPS 问题中所涉及的零件数，各个码位的取值为各零件的工艺路

线代号。在本例中，工艺路线基因部分包含两个码位，分别代表零件 1 和零件 2 的工艺路线代号，根据表 5-1，第 1 码位备选码为 {1，2，3}，第 2 码位备选码为 {1，2，3，4，5，6}。在本例中工艺路线基因部分的第 1 码位的"3"代表零件 1 的第 3 条工艺路线，第 2 码位的"2"代表零件 2 的第 2 条工艺路线。

工序基因部分包含的码位数为该 IPPS 问题所有零件的所选工艺路线包含的所有工序数。对于染色体 A 来说，因为零件 1 的第 3 条工艺路线包含 7 道工序，零件 2 的第 2 条工艺路线包含 6 道工序。所以，染色体 A 的工序基因部分包含 13 个码位，各个码位的取值为该零件的编号，即零件 1 的 7 道工序全部取 1，零件 2 的 6 道工序全部取 2，而整个染色体的工序基因由 7 个"1"和 6 个"2"组成。依次表示零件 1 的第 3 条工艺路线所包含的所有工序。

机床基因部分则为工序基因部分所代表工序的机床代码。如工序基因部分的第 1 码位取 3，代表的零件 1 的第 3 条工艺路线中的工序 O_{11}，其机床基因部分该码位取"1"，根据图 5-3 发现，该工序可以由两台机床加工，分别为 W_1 和 W_4，其加工时间分别为 7s 和 6s。同理，工序基因部分的第 11 码位为"2"，代表的是工序 O_{25}，其机床码位为"2"，表示的是该工序的加工机床是 W_2。

（2）种群初始化

因为染色体由 3 部分基因组成，因此，针对这 3 部分基因编码规则，分别进行初始化，初始化的流程如下。

① 首先，根据 IPPS 问题，生成各零件所有工艺路线的代码表 T_l、工序代码表 T_o、机床代码表 T_m。

② 根据 IPPS 问题的 AND/OR 图及工序代码表，更新各工序的工序代码表 T_o。

③ 根据工艺路线代码表，按照零件顺序，随机生成一个 1 到 n（各零件工艺路线数为 n）的随机数，形成工艺路线基因部分。

④ 根据第③步所选工艺路线，及工序代码表 T_{ov}，随机生成工序基因部分。

⑤ 根据第④步生成的工序基因部分和机床代码表 T_m，随机生成机床基因部分。

其中，工序代码表 T_m 和工艺路线代码表 T_l 分别如表 5-3 和表 5-4 所示，而在迭代过程中形成工艺路线代码表需要记录动态访问工序，如表 5-5 所示。

表 5-3 工序代码表 T_m

数据类型	变量	描述
Int	Op_id	工序编号
Int[]	M_id[]	该工序的候选机床
Dec[]	M_t[]	该工序候选机床的加工时间
Int()	Op_id[]	可访问工序
Int()	Op_tp[]	访问类型,取值为-1、0、1,分别代表 OR/直接/AND

表 5-4 工艺路线代码表 T_l

数据类型	变量	描述
Int	Pt_id	零件编号
Int	Ol_id	工艺路线编号
Int[]	Op_id	构成该条工艺路线的所有工序

表 5-5 访问工序代码表

数据类型	变量	描述
Int	Op_id	工序编号
Int	M_id	机床编号
Dec	M_t	加工时间
Int()	Op_id_next	访问工序

(3) 复制

与求解 CAPP 和 FJSP 问题类似,对于复制操作,本章采用锦标赛选择方法,每次从种群中选择一定数量的个体进行适应度值的比较,将适应度值较高的个体插入到交叉池中,为了避免陷入局部最优,对于精英染色体(种群中适应度最高的染色体)中适应度值相同或者接近的染色体设置复制概率,一般为 10%~20%,使下一代种群既保留了精英染色体,又避免了陷入局部最优。

(4) 交叉

为了能够较为简明清楚地说明交叉和变异操作,依然以图 5-3 中由两个零件构成的 IPPS 问题为例进行说明,构建染色体 B 如表 5-6 所示。

表 5-6 染色体 B

代码	代表工序	O_{11}	O_{21}	O_{14}	O_{15}	O_{16}	O_{17}	O_{18}	O_{23}	O_{24}	O_{26}	O_{27}	O_{111}	O_{25}
OL	工艺路线基因	3	2											
OP	工序基因	1	2	1	1	1	1	1	2	2	2	2	1	2
M	机床基因	4	5	4	2	3	8	8	6	4	1	5	5	3

由于本章对于 IPPS 问题的基因编码方案采用的是三段式,即工艺路线基因部分、工序基因部分和机床基因部分,因此,交叉操作针对三个

部分分别设计交叉算法。

1) 工艺路线基因部分

该部分的交叉较为特殊，本章采用的是以工序为基本信息的染色体编码方案，因此，为了能够实现工序和机床的交叉操作，必须保证选择的两个染色体方案具有相同的工序和机床码位。在此前提下，用以进行交叉操作的两个染色体，其工艺路线基因部分各码位则不能随意确定。因此工艺路线基因部分的交叉操作流程如下：

步骤 1：判断 IPPS 问题中零件的个数 N，如果 $N<3$，则不执行工艺路线基因部分的交叉操作，否则，执行下一步。

步骤 2：随机选择用以进行交叉操作的染色体 A，确定该染色体包含的各零件工艺路线编号，并检查工艺路线各工序的变量 Op_tp[] 是否存在等于 1 的情况，如果不存在，则以一定的概率选择的染色体 B 必须具有和染色体 A 相同工序数量的工艺路线基因部分。如果存在等于 1 的情况，则执行下一步。

步骤 3：以一定的概率选择和染色体 A 具有相同的 AND 选项的其他染色体 B。

2) 工序基因部分

步骤 1：随机产生两个交叉位置点 p、q。

步骤 2：在其中一个染色体 A 的工序顺序基因部分取出两个交叉点 p、q 之间的基因，交叉点外的基因保持不变。

步骤 3：在另一个父代染色体 B 的工序顺序基因部分找第一个染色体 A 工序顺序基因部分交叉点外缺少的基因。按照 B 原来的排列顺序插入到 A 两个交叉点之间的位置，形成一个新的染色体 C 的工序顺序基因部分。

步骤 4：将父代染色体 A 中相应工序所选择机床填入到子代染色体 C 交叉点之间的相应工序位置处。

以表 5-5 的染色体 A、表 5-6 的染色体 B 为例，说明双点交叉算法的流程，取染色体 A 的交叉点为 4 和 8 两个基因位，经过交叉运算，形成新的子代染色体 C，算法执行过程如图 5-4 所示，染色体 C 如表 5-7 所示。

表 5-7 两点交叉后的染色体 C

代码	代表工序	O_{11}	O_{21}	O_{14}	O_{17}	O_{18}	O_{23}	O_{24}	O_{26}	O_{15}	O_{27}	O_{25}	O_{16}	O_{111}
OL	工艺路线基因	3	2											
OP	工序基因	1	2	1	1	1	2	2	2	1	2	2	1	1
M	机床基因	1	4	6	8	2	6	3	1	2	2	3	5

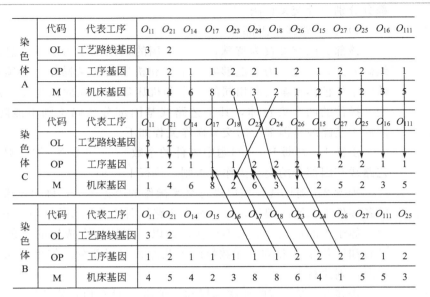

图 5-4 工序基因部分两点交叉算法

类似的操作,以染色体 B 为基础,按照上述交叉流程,可以生成染色体 D,如表 5-8 所示。

表 5-8 染色体 D

代码	代表工序	O_{11}	O_{21}	O_{14}	O_{17}	O_{23}	O_{18}	O_{15}	O_{16}	O_{24}	O_{26}	O_{27}	O_{111}	O_{25}
OL	工艺路线基因	3	2											
OP	工序基因	1	2	1	1	2	1	1	1	2	2	2	1	2
M	机床基因	4	5	4	8	6	2	2	3	4	1	5	5	3

3) 机床基因部分

由于受到工序允许加工机床的限制,采用两点交叉,可能会导致机床基因部分的交叉操作失败。因此,机床基因部分采用均匀交叉操作。交叉算法流程如下:

步骤 1:选择上述工序基因部分执行了交叉操作生成的染色体 C 和 D。

步骤 2:随机产生两个交叉点 p、q,代表准备进行交叉操作的工艺路线编号。

步骤 3:保持染色体 C 工序基因部分不变,将染色体 C 中工艺路线 p 和 q 所有工序选择的机床和染色体 D 中工艺路线 p 和 q 所有工序选择的机床相互交叉,替换相应工序的机床基因部分。

以表 5-7 的染色体 C、表 5-8 的染色体 D 为例,进行交叉运算。对于本例来说，因为只存在两个零件，所以交叉位置只有 3 和 2，即将染色体 C 经过交叉运算形成新的子代染色体，算法执行过程如图 5-5 所示，获得染色体 E 如表 5-9 所示。同理，将染色体 D 进行交叉运算，形成新的染色体 F 如表 5-10 所示。

染色体	代码	代表工序	O_{11}	O_{21}	O_{14}	O_{17}	O_{18}	O_{23}	O_{24}	O_{26}	O_{15}	O_{27}	O_{25}	O_{16}	O_{111}
染色体 C	OL	工艺路线基因	3	2											
	OP	工序基因	1	2	1	1	1	2	2	2	1	2	2	1	1
	M	机床基因	1	4	6	8	2	6	3	1	2	5	2	3	5
染色体 E	OL	工艺路线基因	3	2											
	OP	工序基因	1	2	1	1	1	2	2	2	1	2	2	1	1
	M	机床基因	4	5	4	8	2	6	4	1	2	5	3	3	5

染色体	代码	代表工序	O_{11}	O_{21}	O_{14}	O_{17}	O_{23}	O_{18}	O_{15}	O_{16}	O_{24}	O_{26}	O_{27}	O_{111}	O_{25}
染色体 D	OL	工艺路线基因	3	2											
	OP	工序基因	1	2	1	1	2	1	1	2	2	2	1	1	2
	M	机床基因	4	5	4	8	6	2	2	4	3	5	3	5	3

图 5-5　机床基因部分均匀交叉算法

表 5-9　染色体 E

代码	代表工序	O_{11}	O_{21}	O_{14}	O_{17}	O_{18}	O_{23}	O_{24}	O_{26}	O_{15}	O_{27}	O_{25}	O_{16}	O_{111}
OL	工艺路线基因	3	2											
OP	工序基因	1	2	1	1	1	2	2	2	1	2	2	1	1
M	机床基因	4	5	4	8	2	6	4	1	2	5	3	3	5

表 5-10　染色体 F

代码	代表工序	O_{11}	O_{21}	O_{14}	O_{17}	O_{23}	O_{18}	O_{15}	O_{16}	O_{24}	O_{26}	O_{27}	O_{111}	O_{25}
OL	工艺路线基因	3	2											
OP	工序基因	1	2	1	1	2	1	1	2	2	2	1	1	2
M	机床基因	1	4	6	8	6	2	2	3	3	1	5	5	2

（5）变异

同样，因为 IPPS 染色体部分包含了工艺路线基因部分、工序基因部分和机床基因部分。变异操作也针对三部分分别设计变异操作算法。

1）工艺路线基因部分

步骤1：判断IPPS问题中零件的个数N，如果$N<2$，则不执行工艺路线基因部分的交叉操作，否则，执行下一步。

步骤2：一定的概率选择用以进行变异操作的染色体A，随机选择两个用以进行变异操作的变异点p、q，表示发生变异的零件编号。

步骤3：保证染色体A中不发生变异的零件工序基因不变，将发生变异的零件新工艺路线包含的工序，按照原来的工序基因空位补充到染色体A中，空位不够，按照顺序排列到染色体的最末位置。

步骤4：保证染色体A中不发生变异的零件其机床基因不变，发生变异的零件当其工序已补充到染色体A的基因空位时，将随机确定机床编号。

以表5-2中的染色体A为例，说明变异操作。染色体A只有两个零件，所以p、q分别为1、2。假定工艺路线基因部分第1码位和第2码位分别变异为2、4，变异后的染色体G如表5-11所示。

表5-11 染色体G

代码	代表工序	O_{11}	O_{22}	O_{14}	O_{15}	O_{23}	O_{24}	O_{16}	O_{26}	O_{17}	O_{27}	O_{25}	O_{18}	O_{111}
OL	工艺路线基因	2	4											
OP	工序基因	1	2	1	1	2	2	1	2	1	2	2	1	1
M	机床基因	1	2	6	7	6	4	3	1	1	5	2	2	4

2）工序基因部分

步骤1：对种群中所有染色体以事先设定的变异概率确定进行变异操作的染色体A。

步骤2：随机产生两个变异位置点p、q，将p、q两个位置点的基因互换。

步骤3：检查互换位置的工序基因部分是否满足要求，即后一道工序只能在前一道工序加工结束进行，如果不满足要求，返回步骤2。

步骤4：将互换的p、q两个位置点工序的所属机床互换。

因此，针对表5-2中的染色体A，取变异点为3和8，经检验，如果将3和8两点的工序基因进行交换，即工序O_{14}与工序O_{26}位置交换，那么会导致工序O_{17}和工序O_{18}安排在工序O_{14}之前，且工序O_{26}安排在工序O_{23}和工序O_{24}之前，显然这不符合实际的工序约束条件。因此，取变异点11和13，经过变异运算获得的染色体H如表5-12所示。

表 5-12 变异后生成的染色体 H

代码	代表工序	O_{11}	O_{21}	O_{14}	O_{17}	O_{23}	O_{24}	O_{18}	O_{26}	O_{15}	O_{27}	O_{111}	O_{16}	O_{25}
OL	工艺路线基因	3	2											
OP	工序基因	1	2	1	1	2	2	1	2	1	2	2	1	1
M	机床基因	1	4	6	8	6	3	2	1	2	5	3	3

3) 机床基因部分

步骤 1：随机选择上述工序基因部分执行了变异操作生成的染色体 H 和 G。

步骤 2：随机产生两个变异点 p、q，代表准备进行变异操作的机床编号。

步骤 3：保持工序基因部分不变，变异点 p、q 所属工序的机床更换为该工序的其他机床编号。

因此，针对表 5-12 中的染色体 H，取变异点为 3 和 8，将工序 O_{14} 与工序 O_{26} 的所属机床，分别由机床 6 和机床 1 变更为机床 4 和机床 6，变异以后的染色体 I 如表 5-13 所示。

表 5-13 变异后生成的染色体 I

代码	代表工序	O_{11}	O_{21}	O_{14}	O_{17}	O_{23}	O_{24}	O_{18}	O_{26}	O_{15}	O_{27}	O_{111}	O_{16}	O_{25}
OL	工艺路线基因	3	2											
OP	工序基因	1	2	1	1	2	2	1	2	1	2	2	1	1
M	机床基因	1	4	4	8	6	3	2	6	2	5	5	3	3

（6）适应度函数

适应度函数要保证优化目标最好的工艺路线集合具有最大的适应度值。因此，根据优化目标不同，适应度函数则不同。例如，如果以完工时间最小为优化目标，无论是以最大完工时间最小化，还是以总完工时间最小化，其适应度函数可取完工时间的倒数，保证完工时间最小的工艺路线集合具有最大的适应度值。如果优化目标为最大生产效率，则适应度函数可直接用生产率作为优化目标。

综上，利用遗传算法求解 IPPS 问题的流程如下。

步骤 1：遗传算法初始化，包括种群规模、最大迭代次数、交叉点、变异点等。

步骤 2：为每个零件进行初始种群初始化，形成工艺路线代码表、工序代码表、机床代码表。

步骤 3：从每个零件工艺路线的初始化种群中，按照一定的比例，随机组合、初始化，形成 IPPS 问题的初始种群。

步骤4：利用遗传算法进行IPPS问题求解。

步骤4.1：计算初始种群中，每个染色体的适应度值。

步骤4.2：判断遗传算法是否达到系统设定的最大迭代次数，如果达到则转到步骤5，如果没有，则继续执行。

步骤4.3：执行复制、交叉、变异操作，产生新一代种群。

步骤4.4：迭代次数增加1次，继续执行步骤4.1。

步骤5：更新最优染色体，获得求解方案。

5.2.2 典型案例及分析

韩国的Kim教授，在2003年发表在 *Computers & Operations Research* 上的一篇论文"A symbiotic evolutionary algorithm for the integration of process planning and job shop scheduling"中发布了一套较为完整的IPPS问题典型案例[21]。该案例由18个零件组成了24个标准的IPPS测试问题。关于该问题的具体细节可参阅文献，其24个问题见表5-14。

表5-14 24个标准IPPS测试问题[21]

问题	零件数	工序数	零件编号
1	6	79	1→2→3→10→11→12
2	6	100	4→5→6→13→14→15
3	6	121	7→8→9→16→17→18
4	6	95	1→4→7→10→13→16
5	6	96	2→5→8→11→14→17
6	6	109	3→6→9→12→15→18
7	6	99	1→4→8→12→15→17
8	6	96	2→6→7→10→14→18
9	6	105	3→5→9→11→13→16
10	9	132	1→2→3→5→6→10→11→12→15
11	9	168	4→7→8→9→13→14→16→17→18
12	9	146	1→4→5→7→8→10→13→14→16
13	9	154	2→3→6→9→11→12→15→17→18
14	9	151	1→2→4→7→8→12→15→17→18
15	9	149	3→5→6→9→10→11→13→14→16
16	12	179	1→2→3→4→5→6→10→11→12→13→14→15
17	12	221	4→5→6→7→8→9→13→14→15→16→17→18
18	12	191	1→2→4→5→7→8→10→11→13→14→16→17
19	12	205	2→3→5→6→9→11→12→15→17→18
20	12	195	1→2→4→6→7→9→10→12→14→15→17→18
21	12	201	2→3→5→6→9→10→11→13→14→16→18
22	15	256	2→3→5→6→8→9→10→11→12→13→14→16→17→18
23	15	256	1→4→5→6→7→9→11→12→14→15→16→17→18
24	18	300	1→2→3→4→5→6→7→8→9→10→11→12→13→14→15→16→17→18

利用遗传算法求解上述调度标准测试问题的运行结果见图5-6与图5-7。

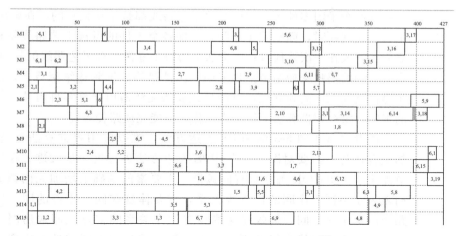

图 5-6 标准测试问题 1 调度甘特图[31]

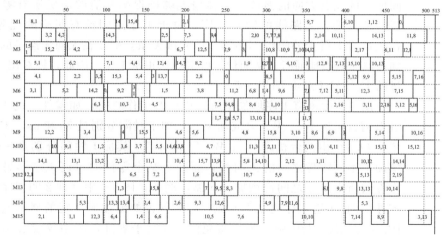

图 5-7 标准测试问题 22 调度甘特图[30]

5.3 利用蚁群算法求解工艺规划与车间调度集成问题

5.3.1 蚁群算法的优化策略

应用蚁群算法解决组合优化问题，一般建立在基于 AND/OR 图的基础上。图 5-3 中的 AND/OR 图表示了零件 1 和零件 2 的 IPPS 问题，但是该图中的两个子图零件 1 和零件 2 的工艺路线都是相互独立的，在解决 IPPS 组合优化问题时，面临着 1 个问题，即各个零件的可选工艺路线是相互独立的，蚂蚁在一次迭代过程中无法遍历每个零件可选工艺路线的每道工序，当蚁群中的蚂蚁从初始节点出发时，虽然最终能够到达结束节点，但是由于零件之间工序的独立性，可能导致算法无法遍历全部零件可选工艺路线的工序，最终蚁群算法无法正常工作，不能完成路径寻优。

因此，基于图 5-3 的 IPPS 表达方法，难以应用蚁群算法进行 IPPS 的组合优化，需要对图 5-3 的 IPPS 表达方法进行进一步改进。在原有的节点集、AND/OR 关系、有向弧集三大要素的基础上增加无向弧集。有向弧表示不同工序间的优先级关系，主要体现在同一零件的同一道工艺路线内部工序之间，蚂蚁在这些具有优先关系的节点之间遍历时，必须遵循他们之间的优先级关系，而无向弧指的是在不同零件的任意工序之间增加的没有方向的弧段，该弧段能够确保蚂蚁能够遍历所有零件的任意一条可选工艺路线的所有工序，由于工序之间没有明确的优先关系，在该弧段上行走的蚂蚁不必遵守优先级关系，蚂蚁在无向弧连接的节点之间可以无阻碍地通行，从而保证蚁群算法正常工作。因此，针对图 5-3，改进的零件 AND/OR 图如图 5-8 所示。

图 5-8 中每道工序增加了可选机床及工作时间，如零件 1 的工序 O_{11} 可由两台机床 W_1、W_4 完成加工，其加工时间分别是 7s 和 6s。零件 2 的工序 O_{21} 可由两台机床 W_4、W_5 完成加工，其加工时间分别是 8s 和 9s。增加了不同零件之间的无向弧，原则上某个零件的每道工序和另外其他零件的所有工序之间都增加无向弧，例如，图 5-8 中零件 2 的工序 O_{21} 和零件 1 的 11 道工序建立无向弧，能够保证蚂蚁按照一定的概率遍历整个 IPPS 的 AND/OR 图，为了避免图 5-8 过于零乱，图中仅仅表示了工序 O_{21} 与其他工序间的无向弧。

基于上述改进的 IPPS 表达方法，蚁群算法在解决 IPPS 问题时，主要面临两个问题：①选择下一道的工序，即 AND/OR 图中的节点；②选择通往下一道工序（节点）的路径。因此，基于改进 AND/OR 图的蚁群算法在解决 IPPS 问题时分为两个阶段：

① 工序选择阶段　处在当前节点（工序）的蚂蚁 k，根据一定的概率，选择下一道工序，此时节点的特性是选择的主要依据，当蚂蚁 k 第一次迭代时，一般根据工序在相应机床的加工时间作为主要的选择依据，在后续的蚂蚁迭代中，根据加工时间和蚁群在以前迭代中残留在节点的信息素进行节点（工序）的选择，蚁群中的其他蚂蚁按照同样原理进行迭代。

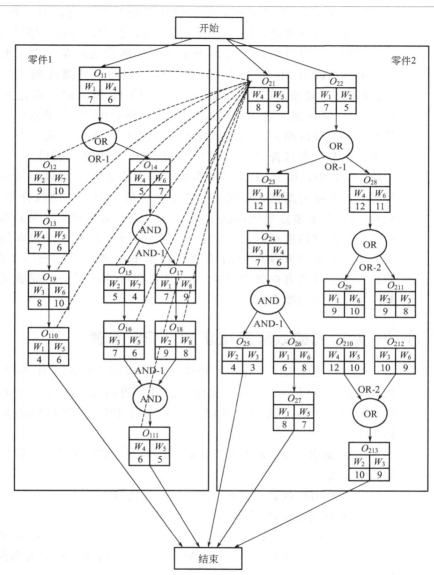

图 5-8 改进的两个零件的 AND/OR 图

② 路径选择阶段 当蚁群确定了零件的可选工艺路线后,蚂蚁 k 和蚁群其他蚂蚁在后续迭代中,只访问工序选择阶段确定了的工序。此时节点和有向弧/无向弧的特性是选择的依据,即蚂蚁在此阶段迭代时,根据节点的加工时间和蚁群在以前迭代中残留在弧段的信息素进行路径选择(有向弧和无向弧)的选择。

针对图 5-8，蚁群中的某只蚂蚁从开始节点，选择第一道工序时，此时蚂蚁有三种选择，即 O_{11}、O_{21}、O_{22}，其中，每道工序可由两台机床完成加工。假设蚂蚁当前处于工序 O_{23} 所代表的某个节点时，选择下一道工序时有 12 种选择，包括零件 2 当前工艺路线的下一道工序 O_{24}（通过有向弧进行），也包括零件 1 的 11 道工序（通过无向弧进行），蚂蚁可按照一定的概率从 12 个工序所属的 24 个节点中选择某个节点。当蚂蚁按照一定的方式选择完节点后，能够形成一个合理的节点集，该节点集包含了 AND/OR 图中所有零件的某道可行工艺路线。譬如图 5-8 中，该 AND/OR 图中包含了两个零件，假设经过第一阶段蚁群所有蚂蚁的迭代，形成了零件 1 和零件 2 的工艺路线分别是 OL_{11} 和 OL_{21}，那么节点集则包括了 OL_{11} 和 OL_{21} 的所有工序及其加工机床和时间。在路径选择阶段，蚂蚁只需要遍历节点集中所包含的所有节点，对于不属于节点集中的其他节点则不需考虑，按照一定的概率，选择蚂蚁途径的有向弧和无向弧，规划合理的路径，形成满足一定性能评价指标的调度方案。

5.3.2 两段式的蚁群算法求解 IPPS 问题

蚁群算法在工序选择和路径选择两个阶段完成的工作不同，因此，其算法执行流程不同。节点选择、信息素更新等策略也略有差异，应用本书提出的两段式的标准蚁群算法解决 IPPS 问题具体的算法流程如下。

① 初始化，设置最大重复次数 $MaxRpt$，蚁群规模 m，信息素量 τ_0 初值等参数。

② 将所有蚂蚁置于初始节点，置重复次数 $NumRpt=0$。

③ 所有蚂蚁选择下一个节点。

④ 判断所选节点是否为结束节点，如果否，转到③，如果是，转到⑤。

⑤ 更新节点信息素量，形成蚂蚁 k 节点访问列表 S_k，并判断生成迭代节点访问列表 S_{ib}。

⑥ 判断连续两次迭代最优节点列表是否相同，如果是，$NumRpt++$，如果否，$NumRpt=0$。

⑦ 判断是否达到最大重复次数 $MaxRpt$，如果否，转到第③步，如果是，输出 S_{gb}，并转到第⑧步。

⑧ 将所有蚂蚁置于初始节点，$NumRpt=0$。

⑨ 所有蚂蚁从第 7 步形成的列表 S_{gb} 中选择下一个节点。

⑩ 判断所选节点是否为结束节点，如果否，转到第⑨步，如果是，转到⑫步。

⑪ 更新弧段信息素量，形成蚂蚁 k 弧段访问列表 X_k，并判断生成迭代弧段访问列表 X_{ib}。

⑫ 判断是否达到最大迭代次数 $MaxRpt$，如果否，$NumRpt++$，转到第⑨步，如果是，输出 X_{gb}，算法结束。

(1) 工序选择阶段

1) 初始化

设置如下参数：蚁群规模 m；最大重复次数 $MaxRpt$（maximum repeation）；初始信息素量 τ_0；信息素挥发系数 ρ；能见度影响系数 E；信息素增量系数 Q；信息素权重系数 α；能见度权重系数 β；访问列表 $aces[k]$ 置空；蚁群一次迭代最优节点列表 S_{ib}；蚁群最终最优节点列表 S_{gb}。

2) 迭代

蚁群中的所有蚂蚁置于开始节点，置迭代次数 $NumIte=0$，蚂蚁 k 开始按照一定的概率选择下一个节点。标准的蚁群算法中，当蚂蚁置于开始节点时，AND/OR 图中的所有节点都有可能成为蚂蚁访问的下一个节点，但是由于工艺路线中工序之间的优先级关系，所以，蚂蚁在选择下一个节点时，需要严格遵守此约束关系。并且，由于选中了某个节点，也就确定了该道工序，相应的工艺路线也就确定了，那么该零件的其他工艺路线中的工序节点将被排除到下一个节点列表之外。因此，有必要构建蚂蚁当前所处节点的下一个节点访问列表。例如，图 5-8 中，当蚂蚁处于开始节点时，其可访问列表为 O_{11}、O_{21}、O_{22} 三道工序的 6 个节点，蚂蚁按照一定的节点选择规则选择下一个节点，当蚂蚁选择了工序 O_{21} 的 W_1 节点时，此时零件 2 的可选工艺路线由 6 条变成了 2 条，即 OL_{21} 和 OL_{22}，理论上其下一步可访问工序为零件 1 的 11 道工序和零件 2 的工序 O_{23}，其节点列表为 12 个工序的 24 个节点。但是由于零件 1 工序之间的先后次序，其下一步可访问工序只有零件 1 的工序 O_{11} 和零件 2 的工序 O_{23}，其节点访问列表为工序 O_{11} 和 O_{23} 的 4 个节点，当蚂蚁选择了工序 O_{11} 的 W_2 节点，工序 O_{14} 的 W_3 节点时，零件 1 的可选工艺路线由 3 条变为 2 条，即 OL_{12} 和 OL_{13}，蚂蚁下一步的访问工序为 O_{15}、O_{17} 和 O_{23}，可访问节点列表为 O_{15}、O_{17} 和 O_{23} 的 6 个节点。依此类推，当蚂蚁确定了当前访问节点后，其可访问节点列表即可确定。从以上分析可知，确定蚂蚁当前访问列表 $aces[k]$ 主要考虑以下几点。

① 相同零件的可替换工艺路线　即如果确定了某零件的某一道或某

几道工序,该零件的工艺路线基本确定,而该零件的可替换工艺路线的其他工序则不能进入当前节点的访问列表。

② 不同零件工序之间的工艺约束　不同零件工序之间的无向弧可令蚂蚁在不同零件的工序之间自由寻优,但是由于零件工艺路线的工序之间存在先后次序,所以构建当前节点的访问列表时,需考虑工序间的先后次序。

在此阶段的目的是为了形成蚂蚁的访问节点列表,因此,AND/OR图中节点是蚂蚁寻优过程中信息素的携带者。当前节点的蚂蚁选择根据一定的概率访问下一节点,该选择概率的大小主要取决于两方面,一是下一访问节点的能见度 η_{uv},二是蚂蚁在迭代过程中遗留在节点的信息素 τ_{uv}。该选择概率如式(5-1)所示。

$$p_{uv}^k = \begin{cases} \dfrac{\tau_{uv}^\alpha \eta_{uv}^\beta}{\sum_{s \in \text{aces}[k]}[\tau_{uv}^\alpha \eta_{uv}^\beta]} & v \in \text{aces}[k] \\ 0 & v \notin \text{aces}[k] \end{cases} \quad (5-1)$$

式(5-1)中,u 为源节点,v 为目标节点,η_{uv} 为从源节点 u 看目标节点 v 的能见度,τ_{uv} 为蚂蚁 k 从源节点 u 到节点 v 遗留在节点 v 的信息素,α 为能见度的权重系数,β 为信息素的权重系数,$\text{aces}[k]$ 为蚂蚁 k 在节点 u 的节点访问列表。当各个蚂蚁进行初始迭代时,其访问概率大小取决于能见度大小,与信息素无关,此时 $\alpha=1$,$\beta=0$。

当蚁群第一次迭代时,下一节点的能见度主要取决于节点工序在相应机床的加工时间。通常情况下,节点工序加工时间越短,蚂蚁选择该节点的概率越大。因此,节点 v 的能见度如式(5-2)所示。

$$\eta_{uv} = \frac{E}{T_{ijk}} \quad (5-2)$$

式(5-2)中,T_{ijk} 为工序 O_{ij} 在机床 W_k 的加工时间;E 为能见度影响系数,为正值、常数,其取值大小取决于 T_{ijk}。从式(5-2)可看出,节点 v 的能见度与 T_{ijk} 成反比,T_{ijk} 越小,蚂蚁选择该节点的概率越高。

蚂蚁在每次迭代过程中,在其访问节点中都会堆积信息素,该信息素随着时间历程会逐渐消退。最终堆积在各个节点的信息素将引导蚂蚁选择相应的节点。堆积在各个节点的信息素主要由两部分构成:本次迭代前各个节点的信息素量和本次迭代后蚂蚁在各个节点堆积的信息素量。各个节点的信息素 τ_{uv} 如式(5-3)所示。

$$\tau_{uv(\text{new})} = (1-\rho)\tau_{uv(\text{old})} + \Delta\tau_k \quad (5-3)$$

式(5-3)中,$\tau_{uv(\text{new})}$ 为蚂蚁 k 迭代后堆积在节点 v 上的信息素,ρ

为信息素挥发系数，$\tau_{uv(\text{old})}$ 为蚂蚁 k 迭代前节点 v 上的信息素，$\Delta\tau_k$ 为蚂蚁 k 本次迭代结束后，节点 v 的信息素增量。其中，该增量大小与蚂蚁 k 完成本次节点迭代后的时间历程有关。因此，节点 v 的信息素增量 $\Delta\tau_k$ 如式(5-4)所示。

$$\Delta\tau_k = \frac{Q}{C_k} \tag{5-4}$$

式(5-4)中，Q 为信息素增量系数，为正值、常数，其取值与 C_k 有关。C_k 为蚂蚁 k 完成本次迭代后的时间历程，其取值可由式(5-5)计算。

$$C_k = \sum_{i=1}^{n}\sum_{j=1}^{p} T_{ijk} X_{ijk} \tag{5-5}$$

式(5-5)中 T_{ijk}——作业任务 J_i 的工序 O_{ij} 在机床 W_k 上的加工时间；

X_{ijk}——调整系数，$X_{ijk} = \begin{cases} 1, & \text{当选择节点工序 } O_{ij} \text{ 时;} \\ 0, & \text{当没有选择节点工序 } O_{ij} \text{ 时。} \end{cases}$

当蚁群中的所有蚂蚁完成一次迭代后，AND/OR 图中相应的访问节点则堆积了一定的信息素。当蚂蚁第一次迭代时，各节点设定信息素初值 τ_0，该值大小与需要综合考虑多种因素。当蚁群中的蚂蚁经过多次迭代后，最终在 AND/OR 图中形成一条相对固定的较优路径，该路径为所有作业任务选择了唯一一条可行工艺路线，因此，该路径包含了上述选择的每一条工艺路线的所有节点，该节点列表 S_{gb} 即为工序选择阶段的输出结果，也是第二阶段调度方案形成阶段的输入结果。

以图 5-8 所示改进的 AND/OR 图表示的 IPPS 问题为例，验证算法的有效性。设定初始参数如下：$m = 8$，$MaxRpt = 5$，$\tau_0 = 1.0$，$\rho = 0.65$，$E = 20$，$Q = 100$，$\alpha = 2.0$，$\beta = 1.0$。经过上述算法后，确定了各个节点工序，形成了节点列表 S_{gb}，原 AND/OR 则转变为图 5-9 所示的 AND/OR 图。

(2) 路径选择阶段

当第一阶段工序选择阶段完成节点列表 S_{gb} 的构建，第二阶段则根据 S_{gb} 列表完成各工序排序。

1) 初始化

设置参数如下：蚁群规模 m；最大重复次数 $MaxRpt$；初始信息素量 τ_0；信息素挥发系数 ρ；能见度影响系数 E；信息素增量系数 Q；信息素权重系数 α；能见度权重系数 β；局部收敛判断指标 $StdRpt$；访问列表 aces[k] 置空；蚁群一次迭代最优弧段列表 X_{ib}；蚁群最终最优弧段列表 X_{gb}。

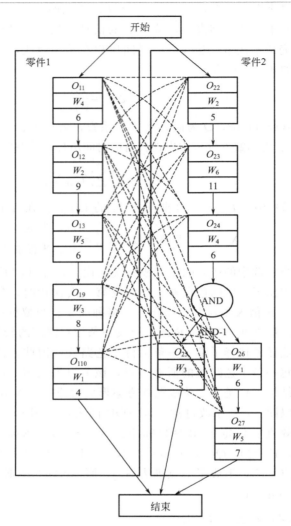

图 5-9　工序选择后的 AND/OR 图

2）迭代

本阶段蚁群只需要访问第一阶段所形成节点列表中的节点即可，与第一阶段相同，在本阶段为了提高蚂蚁的访问速度，也需要对每只蚂蚁构建其当前节点的可访问节点列表 $aces[k]$。区别于第一阶段，本阶段目的是形成弧段访问列表，最终的结果是调度方案，因此，AND/OR 图中的有向弧和无向弧是信息素的携带者，而不是节点。当前某一节点的蚂蚁，按照一定的概率选择下一节点。该选择概率主要取决于弧段的信息素量，而与节点集的能见度关系不大。因此，该选择概率如式（5-6）所示。

$$p_{uv}^k = \begin{cases} \dfrac{\tau_{uv}^\alpha \eta_{uv}^\beta}{\sum_{s \in \text{aces}[k]} [\tau_{uv}^\alpha \eta_{uv}^\beta]} & v \in \text{aces}[k] \\ 0 & v \notin \text{aces}[k] \end{cases} \quad (5\text{-}6)$$

式（5-6）与式（5-1）相同，但是在执行过程中略有区别，主要体现在蚁群的第一次迭代。在本阶段，蚁群中所有蚂蚁的第一次迭代能见度权重系数 β 设置为 1，而信息素权重系数 α 设置为 0，即第一次迭代时，所有蚂蚁的路径选择依据节点的能见度，同时设置各弧段信息素初始值 τ_0。

式（5-6）中节点 v 能见度如式（5-2）所示，节点 u 到节点 v 之间弧段的信息素如式（5-3）所示，其中式（5-3）中信息素增量 $\Delta \tau_k$ 如式（5-7）所示。

$$\Delta \tau_k = \frac{Q}{C_k} \quad (5\text{-}7)$$

其中 Q 为信息素增量系数，为正值、常数，其取值与 C_k 有关。C_k 为蚂蚁 k 完成本次迭代后形成调度方案的最大完工时间，显然 C_k 越小，调度方案越优。

确定 C_k 的关键是确定每道工序的开工时间，而确定每道工序的开工时间，需要考虑两个时间节点，即当前任务上一道工序的完工时间和本道工序所选择机床的最后一道工序的完工时间。因此，工序 O_{ij} 在机床 W_k 上的开工时间 ST_{ij}，可用式（5-8）表示：

$$ST_{ij} = \max(ST_{ij-1} + t_{ij-1}, C_k) \quad (5\text{-}8)$$

式（5-8）中，ST_{ij} 为作业任务 J_i 的 O_{ij} 工序的开工时间；其中，$ST_{i0} = 0$，$t_{i0} = 0$。

C_k：最大完工时间，可用式（5-9）表示。

$$C_k = ST_{ij-1} + t_{ij-1k} X_{ij-1k} \quad (5\text{-}9)$$

式（5-9）中，X_{ijk} 为调整系数，$X_{ij-1k} = \begin{cases} 1, & \text{当工序} O_{ij-1} \text{在机床} W_k \text{加工时;} \\ 0, & \text{当工序} O_{ij-1} \text{不在机床} W_k \text{加工时。} \end{cases}$

在图 5-9 所示的 AND/OR 图中，应用上述第二阶段蚁群算法，进行路径寻优。设定初始参数如下：$m = 8$，$MaxRpt = 5$，$\tau_0 = 1.0$，$\rho = 0.65$，$E = 10$，$Q = 100$，$\alpha = 2.0$，$\beta = 1.0$。获得的最优路径 X_{gb} 如图 5-10 所示，最优调度方案为 $O_{22} \to O_{11} \to O_{23} \to O_{12} \to O_{13} \to O_{24} \to O_{19} \to O_{26} \to O_{27} \to O_{110} \to O_{25}$，输出调度方案甘特图如图 5-11 所示。

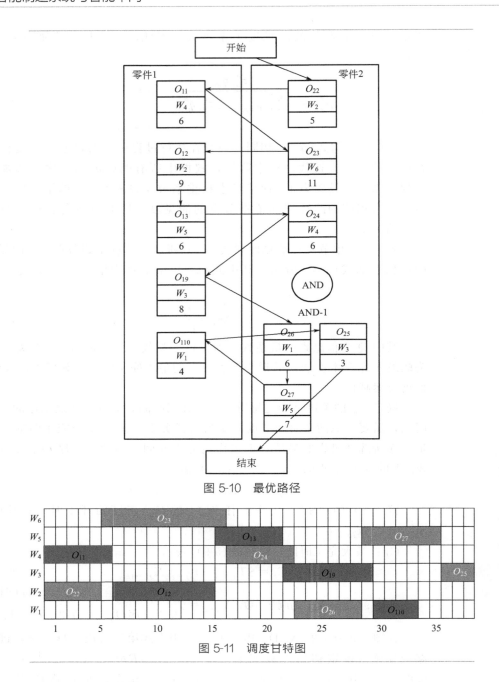

图 5-10 最优路径

图 5-11 调度甘特图

5.3.3 改进的蚁群算法访问策略

在应用标准蚁群算法解决路径寻优问题时,经常遇到两种极端情况,即收敛过慢和局部收敛情况。收敛过慢导致算法搜索最优方案的时间变长，而所谓的局部收敛，通常指的是当连续几代蚁群搜索的最优路径完全相同，并且明显该解不是最优解时，则蚁群算法陷入了局部收敛。对于本例中，如果连续几代蚁群输出的节点列表 S_{ib} 或弧段列表 X_{ib} 相同，一般认为蚁群算法陷入了局部收敛，局部收敛的后果会导致蚁群最终输出的节点集 S_{lb} 或弧段列表 X_{lb} 并不是最优的结果，甚至相去甚远，因此，有必要对算法在执行过程中出现的收敛过慢和局部收敛问题进行研究，并予以纠正。从蚁群算法在工序选择阶段的迭代过程可分析出，影响算法陷入收敛过慢和局部收敛的因素包括两个，即工序节点的能见度和工序节点或弧段上的信息素，因此，解决局部收敛问题，主要从影响能见度和信息素的各个因素入手，进行分析并采取相应措施，而大量的试验表明，蚁群算法的收敛过慢是由结果相对较优的节点或弧段信息素堆积较慢导致的。局部收敛问题则相反，大部分情况是由于信息素的非正常快速堆积导致的，因此，提高较优节点或弧段的信息素量，能够加速蚁群算法的收敛，而避免信息素的快速堆积，是令蚁群算法跳出局部收敛的关键。为了判断是否存在局部收敛，设置局部收敛判断指标 $StdRpt$。在蚁群算法执行过程中，当连续 $NumRpt$ 代蚁群输出相同的节点列表 S_{ib} 或弧段列表 X_{ib} 时，则系统判断存在局部收敛，系统启动自适应动态访问策略。自适应动态访问策略主要包括以下几个方面。

(1) 能见度影响系数 E

当 S_{lb} 或 X_{lb} 的重复次数 $NumRpt$ 大于局部收敛判断指标 $StdRpt$ 时，则算法陷入局部收敛，导致局部收敛的原因是由于某些节点或弧段的信息素非正常的快速增加，因此，在访问概率 p_{uv}^k 中增加节点能见度影响，而降低节点信息素影响。使能见度影响系数 E 随重复次数 $NumRpt$ 的增加而增大，自适应能见度影响系数 E 如式(5-10)所示：

$$E=\begin{cases} E_0 & NumRpt \leqslant StdRpt \\ E_0 \dfrac{NumRpt}{StdRpt} & NumRpt > StdRpt \end{cases} \quad (5\text{-}10)$$

式(5-10)中，E_0 是能见度影响系数 E 的初值；$NumRpt$ 是重复次数；$StdRpt$ 是局部收敛的指标次数，与求解问题的规模有关。

(2) 信息素挥发系数 ρ

与上述相似，由于某些节点或弧段的信息素非正常地快速增加，导致了局部收敛，通过加快其信息素的挥发速度，降低节点或弧段的信息素量，即，令信息素挥发系数 ρ 随 $NumRpt$ 的增大而增大，如式(5-11)所示：

$$\rho = \begin{cases} \rho_0 & NumRpt \leqslant StdRpt \\ 1 - \dfrac{1-\rho_0}{NumRpt - StdRpt} & NumRpt > StdRpt \end{cases} \quad (5\text{-}11)$$

式(5-11)中，ρ_0 为信息素挥发系数的初值。

(3) 信息素增量系数 Q

同样的道理，当蚁群算法陷入局部收敛时，也可通过减少信息素的增量 $\Delta\tau$ 控制相应节点或弧段上堆积的信息素，如式(5-12)所示：

$$Q = \begin{cases} Q_0 & NumRpt \leqslant StdRpt \\ -Q_0 \dfrac{NumRpt}{StdRpt} & NumRpt > StdRpt \end{cases} \quad (5\text{-}12)$$

式(5-12)中，Q_0 为信息素增量系数 Q 的初值。

(4) 信息素更新策略

经过上述的改进，使蚁群算法能够及时地从局部收敛的状态中跳出，从而能够避免非预期的结果，但是根本的问题是避免局部收敛的出现，也就是避免某些节点或弧段信息素的快速堆积，因此，需要对信息素的更新策略进行调整。式(5-3)~式(5-5)是标准的蚁群算法信息素更新策略，如上述所述，该种策略能够引导蚁群进行路径寻优，但是会出现收敛过慢和局部收敛两种极端情况。因此，需要对信息素更新策略进行调整，改进的信息素更新策略采用全局更新和局部更新两种手段。

信息素全局更新采用式(5-3)~式(5-5)所示的公式进行更新，当每个蚂蚁 k 完成从开始节点到终止节点的路径寻优后，对路径中的每个节点或者弧段进行如式(5-3)~式(5-5)的信息素更新。

大量的实验数据证明，仅仅采用全局更新，易使蚁群算法收敛过慢，因此，结合局部更新策略，对节点或弧段上的信息进行再次更新，该局部更新策略针对的是一次迭代最优的节点列表或者弧段列表，称之为局部更新策略1，如式(5-13)所示：

$$\tau^{ib}_{uv(\text{new})} = \tau^{ib}_{uv(\text{old})} + \Delta\tau^{ib} \quad (5\text{-}13)$$

式(5-13)中，$\tau^{ib}_{uv(\text{new})}$ 为更新前节点或者弧段上累积的信息素；$\tau^{ib}_{uv(\text{old})}$ 为更新后节点或者弧段上累积的信息素；$\Delta\tau^{ib}$ 为一次迭代最优节点列表 S_{ib} 或一次迭代最优弧段列表 X_{ib} 在各节点或弧段的信息素增量，其值如式(5-14)所示：

$$\Delta\tau^{ib} = \frac{Q}{C^{ib}} \quad (5\text{-}14)$$

当连续 $NumRpt$ 代蚁群输出相同的节点列表或弧段列表，超过了局部

收敛判断指标 $StdRpt$ 时，则表明算法陷入了局部收敛，则需要采用局部更新策略，此时局部更新策略的更新对象则是发生了局部最优的节点列表或弧段列表，称之为局部更新策略 2，此时，节点能见度如式(5-15)所示：

$$\eta_{uv}^{\mathrm{lb}} = \frac{E^{\mathrm{lb}}}{T_{ijk}} \tag{5-15}$$

式(5-15)中，能见度系数 E^{lb} 如式(5-16)所示：

$$E^{\mathrm{lb}} = E_0 \frac{NumRpt}{StdRpt} \tag{5-16}$$

式(5-16)中，E_0 是能见度影响系数 E 的初值；$NumRpt$ 是重复次数；$StdRpt$ 是局部收敛的指标次数，与求解问题的规模有关。

各个节点的信息素 τ_{uv}^{lb} 如式(5-17)所示：

$$\tau_{uv(\mathrm{new})}^{\mathrm{lb}} = (1-\rho^{\mathrm{lb}})\tau_{uv(\mathrm{old})}^{\mathrm{lb}} + \Delta\tau^{\mathrm{lb}} \tag{5-17}$$

式(5-17)中，ρ^{lb} 为信息素挥发系数；$\Delta\tau^{\mathrm{lb}}$ 为蚁群单次迭代结束后，节点或弧段的信息素增量。ρ^{lb} 如式(5-18)所示，$\Delta\tau^{\mathrm{lb}}$ 如式(5-19)所示。

$$\rho^{\mathrm{lb}} = 1 - \frac{1-\rho_0}{NumRpt - StdRpt} \tag{5-18}$$

式(5-18)中，ρ_0 为信息素挥发系数的初值。

$$\Delta\tau^{\mathrm{lb}} = \frac{Q^{\mathrm{lb}}}{C^{\mathrm{lb}}} \tag{5-19}$$

式(5-19)中，C^{lb} 如式(5-5)、式(5-9)所示；Q^{lb} 如式(5-20)所示：

$$Q = -Q_0 \frac{NumRpt}{StdRpt} \tag{5-20}$$

式(5-20)中，Q_0 为信息素增量系数 Q 的初值。

应用上述策略，进行节点或者弧段信息素更新，既能够解决算法收敛过慢，又能够解决局部收敛的问题。在算法执行初期采用全局更新和第一种局部更新策略，引导蚂蚁在较优的路径上完成信息素的快速堆积，从而加速蚁群算法的收敛过程。经过蚁群的多次迭代后，由于某些原因，个别的节点或路径上出现信息素的非正常快速堆积，连续多代蚁群收敛于同一解，该解不是预期的最优解，表明蚁群算法陷入了局部收敛，此时则需要采用第二种局部更新策略，只更新局部最优解的节点或路径上的信息素。通过加大信息素的挥发系数，加快局部最优解节点或路径上信息素的挥发速度。将信息素增量系数设置为负值，降低局部最优节点或路径上的信息素量，从而将局部最优节点或者路径上的信息素量降低为正常值，从而使蚁群算法跳出局部收敛。

经上述改进后的蚁群算法解决 IPPS 问题的流程如下。

① 初始化,设置最大迭代次数 $MaxIte$,局部收敛判断指标 $StdRpt$,蚁群规模 m,信息素量 τ_0 初值等参数。

② 将所有蚂蚁置于初始节点,置重复次数 $NumRpt=0$。

③ 迭代:

a. 所有蚂蚁选择下一个节点;

b. 判断所选节点是否为结束节点,如果否,转到 a.;如果是,转到 c.;

c. 用全局更新策略来更新节点信息素量,形成蚂蚁 k 节点访问列表 S_k;

d. 判断是否为本次迭代最优节点列表,如果是,则运用局部更新策略 1 更新本次迭代最优节点列表信息素,生成本次迭代节点访问列表 S_{ib}。

④ 生成局部迭代最优节点列表 S_{lb},并判断其与本次迭代节点访问列表 S_{ib} 是否相同,如果是,$NumRpt++$;如果否,$NumRpt=0$。

⑤ 判断重复次数 $NumRpt$ 是否超过局部收敛判断指标 $StdRpt$,如果是,则运用局部更新策略 2 更新局部最优节点列表的信息素。

⑥ 判断是否达到最大迭代次数 $MaxIte$,如果否,转到第③步;如果是,输出 S_{gb},转到第⑦步。

⑦ 将所有蚂蚁置于初始节点,$NumIte=0$,$NumRpt=0$。

⑧ 迭代:

a. 所有蚂蚁从第⑥步形成的列表 S_{gb} 中选择下一个节点;

b. 判断所选节点是否为结束节点,如果否,转到 a.;如果是,转到 c.;

c. 用全局更新策略来更新弧段信息素量,形成蚂蚁 k 弧段访问列表 X_k;

d. 判断是否为本次迭代最优弧段列表,如果是,则运用局部更新策略 1 更新本次迭代最优弧段列表信息素,生成本次迭代弧段访问列表 X_{ib}。

⑨ 生成局部迭代最优弧段列表 X_{lb},并判断其与本次迭代弧段访问列表 X_{ib} 是否相同,如果是,$NumRpt++$,如果否,$NumRpt=0$。

⑩ 判断重复次数 $NumRpt$ 是否超过局部收敛判断指标 $StdRpt$,如果是,则运用局部更新策略 2 更新局部最优节点列表的信息素。

⑪ 判断是否达到最大迭代次数 $MaxIte$,如果否,转到第⑧步;如果是,输出 X_{gb},算法结束。

上述算法流程图如图 5-12、图 5-13 所示。

第二阶段调度方案形成阶段的流程图如图 5-13 所示,在此阶段进行搜索时,只需在第一阶段的输出结果 S_{gb} 进行搜索即可。

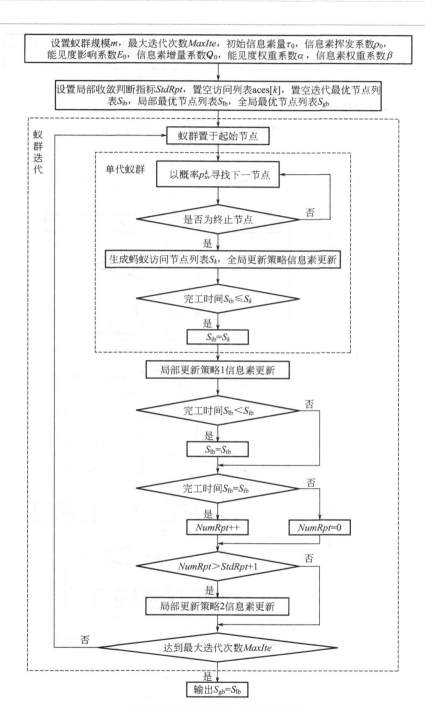

图 5-12 改进的第一阶段流程图

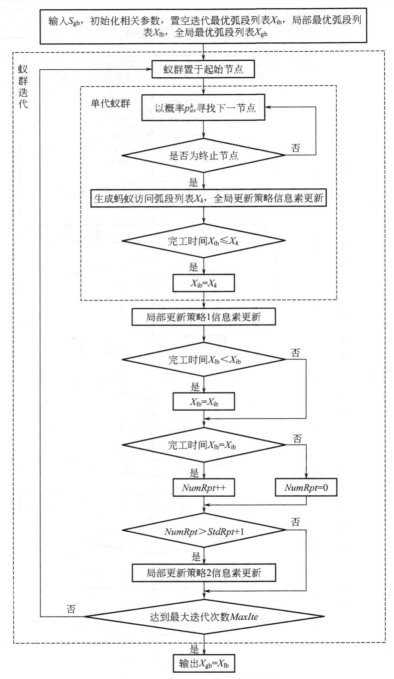

图 5-13 改进的第二阶段流程图

5.3.4 典型案例及分析

此处依然使用 5.2.2 节韩国的 Kim 教授的 IPPS 问题标准案例。得出的甘特图见图 5-14、图 5-15。

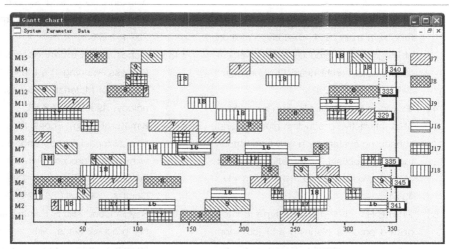

图 5-14 标准测试问题 3 的调度甘特图[35]

图 5-15 标准测试问题 24 的调度甘特图[37]

参考文献

[1] Chryssolouris G, Chan S, Cobb W. Decision making on the factory floor: an integrated approach to process planning and scheduling[J]. Robotics and Computer-Inte-

grated Manufacturing, 1984, 1 (3-4): 315-319.

[2] Chryssolouris G, Chan S. An integrated approach to process planning and scheduling[J]. Annals of the CIRP, 1985, 34 (1): 413-417.

[3] R. Meenakshi Sundaram, Fu Sh Sh. Process planning and scheduling-a method of integration for productivity improvement [J]. Computers and Industrial Engineering, 1988, 15: 296-301.

[4] Tsubone H, Anzai M, Sugawara M, et al. Interactive production planning and scheduling system for a flow-type manufacturing process[J]. International Journal of Production Economics, 1991, 22 (1): 43-51.

[5] Zhang H C. IPPM-a prototype to integrated process planning and job shop scheduling functions [J]. Annals of the CIRP, 1993, 42 (1): 513-518.

[6] 李言, 彭炎午, 张晓冲. 工艺计划和生产计划调度集成的研究[J]. 中国机械工程, 1994, 5 (6): 44-45.

[7] 李言, 徐跃飞, 张晓坤, 等. 工艺设计与调度集成数据库的概念模式[J]. 机械科学与技术, 1995, 2: 63-86.

[8] 邓超, 李培根, 罗滨. 车间作业计划与工艺设计集成研究[J]. 华中理工大学学报, 1997, 25 (3): 16-17.

[9] 邓超, 李培根, 蔡力钢, 等. 基于多工艺方案的车间作业计划方法研究[J]. 华中理工大学学报, 97, 25 (3): 14-15.

[10] Zijm WHM, Kals HJJ. Integration of process planning and shop floor scheduling in small batch part manufacturing[J]. CIRP Annals-Manufacturing Technology, 995, 44 (1): 429-432.

[11] Brandimarte P, Calderini M. A hierarchical bicriterion approach to integrated process plan selection and job shop scheduling[J]. International Journal of Production Research, 1995, 33: 161-181.

[12] Kempenaers Jan, Pinte Jos, Detand Jan, et al. Collaborative process planning and scheduling system [J]. Advances in engineering software, 1996, 25 (1): 3-8.

[13] Usher J M, Fernandes K J. Dynamic Process Planning-The Static Phase[J]. Journal of Materials Processing Technology, 1996, 61: 53-58.

[14] Kim Kun-Hyung, Egbelu Pius J. Mathematical model for job shop scheduling with multiple process plan consideration per job [J]. Production Planning and Control, 1998, 9 (3): 250-259.

[15] Saygin Can, Kilic S. E. Integrating flexible process plans with scheduling in flexible manufacturing systems[J]. International Journal of Advanced Manufacturing Technology, 1999, 15 (4): 268-280.

[16] Kim KH, Egbelu PJ. Scheduling in a production environment with multiple process plans per job[J]. International Journal of Production Research, 1999, 37: 2725-2753.

[17] Yang Y N, Parsaei H R, Leep H R. A Prototype of a Feature-based Multiple-Alternative Process Planning System with Scheduling Verification[J]. Computers and Industrial Engineering, 2001, 39: 109-124.

[18] Thomalla C. Job Shop Scheduling with Alternative Process Plans[J]. International Journal of Production Economics, 2001, 74: 125-134.

[19] Wu S H, Fuh J Y H, Nee A Y C. Concurrent Process Planning and Schedu-

ling in Distributed Virtual Manufacturing [J]. IIE Transactions, 2002, 34: 77-89.

[20] Zhang Y F, Saravanan A N, Fuh J Y H. Integration of process planning and scheduling by exploring the flexibility of process planning [J]. 2003, 41 (3): 611-628.

[21] Kim Y, Park K, Ko J. A Symbiotic Evolutionary Algorithm for the Integration of Process Planning and Job Shop Scheduling [J]. Computers and Operations Research, 2003, 30: 1151-1171.

[22] Moon C, Seo Y. Evolutionary Algorithm for Advanced Process Planning and Scheduling in a Multi-plant [J]. Computers and Industrial Engineering, 2005, 48: 311-325.

[23] Morad Norhashimah, Zalzala Ams. Genetic algorithms in integrated process planning and scheduling [J]. Journal of Intelligent Manufacturing, 1999, 10 (2): 169-179.

[24] Lee H, Kim S. Integration of Process Planning and Scheduling Using Simulation Based Genetic Algorithms [J]. International Journal of Advanced Manufacturing Technology, 2001, 18: 586-590.

[25] Moon C, Kim J, Hur S. Integrated Process Planning and Scheduling with Minimizing Total Tardiness in Multi-Plants Supply Chain [J]. Computers and Industrial Engineering, 2002, 43: 331-349.

[26] Shao X Y, Li X Y, Gao L, et al. Integration of process planning and scheduling-a modified genetic algorithm-based approach [J]. Computers and Operations Research, 2009, 36 (6): 2082-2096.

[27] Li X Y, Zhang Ch Y, Gao L, et al. An agent-based approach for integrated process planning and scheduling [J]. Expert Systems with Applications, 2010, 37 (2): 1256-1264.

[28] Li X Y, Gao L, Shao X Y, et al. Mathematical modeling and evolutionary algorithm-based approach for integrated process planning and scheduling [J]. Computers and Operations Research, 2010, 37 (4): 656-667.

[29] Li X Y, Shao X Y, Gao L, et al. An effective hybrid algorithm for integration of process planning and scheduling [J]. International Journal of Production Economics, 2010, 126: 289-298.

[30] Li Xinyu, Gao Liang, Shao Xinyu. An active learning genetic algorithm for integrated process planning and scheduling [J]. Expert Systems with Applications, 2012, 39 (8): 6683-6691.

[31] Hao Xia, Li Xinyu, Gao Liang. A hybrid genetic algorithm with variable neighborhood search for dynamic integrated process planning and scheduling [J]. Computer & Computer Industrial Engineering, 2016, 102 (1): 99-112.

[32] Zhang L P, Wong T N. An object-coding genetic algorithm for integrated process planning and scheduling [J]. European Journal of Operation Research, 2015, 244: 434-444.

[33] Kumar R, Tiwari M K, R Shankar. Scheduling of flexible manufacturing systems: an antcolony optimization approach [J]. Proceedings of the Institution of Mechanical Engineers, Part B: Journal of Engineering Manufacture, 2003, 217, 10: 1443-1453.

[34] Leung C W, Wong T N, Mak K L, et al. Integrated process planning and scheduling by an agent-based ant colony optimi-

[35] Wang J F, Fang X L, Zhang C W, et al. A graph-based Ant Colony Optimization Approach for Integrated Process Planning and Scheduling, 2014, 22: 748-753.

[36] Leng S h, Wei X B, Zhang W Y. Improved aco schduling algorithm based on flexible process[J]. Transactions of Nanjing University of Aeronautics and Astronautics, 2006, 23(2): 154-159.

[37] Wong T N, Zhang Sch, Wang G, et al. Integrated process planning and scheduling—multi-agent system with two-stage ant colony optimisation algorithm[J]. International Journal of Production Research, 2012, 50(21): 6188-6201.

[38] Guo Y W, Li W D, Mileham A R, et al. Applications of particle swarm optimization in integrated process planning and scheduling[J]. Robotics and Computer Integrated Manufacturing, 2009, 25: 280-288.

[39] Guo Y W, Li W D, Mileham A R, et al. Optimisation of integrated process planning and scheduling using a particle swarm optimisation approach[J]. International Journal of Production Research, 2009, 47(4): 3775-3796.

[40] Wang Y F, Zhang Y F, Fuh J Y H. A PSO based multi-objective optimization approach to the integration of process planning and scheduling[C]. In: Proceeding of 8th IEEE International Conference on Control and Automation, China, 2010. 214-219.

[41] Sahraian R, Haghighi A K, Ghasemi E. A multi-objective optimization model to the integrating flexible process planzation[J]. Computers and Industrial Engineering, 2010, 59(1): 166-180.

ning and scheduling based on modified particle swarm optimization algorithm (MPSO)[J], World Academy of Science, Engineering and Technology, 2011, 79. 85-692.

[42] Dong Q Y, Lu J Sh, Gui Y K. Integrated optimization of production planning and scheduling for flexible job-shop[J]. International Review on Computers and Software, 2012, 7(3): 1273-1282.

[43] Yang Y H, Zhao F Q, Hong Y, et al. Integration of process planning and production scheduling with particle swarm optimization (PSO) algorithm and fuzzy inference systems[C]. In: Proceedings of SPIE-The International Society for Optical Engineering, China, 2005, 421.

[44] Zhao, F Q, Zhu A H, Yu D M, et al. A hybrid Particle Swarm Optimization (PSO) algorithm schemes for integrated process planning and production scheduling[C]. In: Proceedings of the World Congress on Intelligent Control and Automation (WCICA). China, 2006, 6772-6776.

[45] Kis T. Job shop scheduling with processing alternatives[J]. European Journal of Operational Research, 2003, 151: 307-332.

[46] Tan W, Khoshnevis B. A linearized polynomial mixed integer programming model for the integration of process planning and scheduling[J]. Journal of Intelligent Manufacturing, 2004, 15: 593-605.

[47] 董朝阳，孙树栋. 基于免疫遗传算法的工艺设计与调度集成[J]，计算机集成制造系统，2006，12(11)：1807-1813.

[48] Moreno M D R, Oddi A, Borrajo D, et al. IPSS: A Hybrid Approach to Plan-

ning and Scheduling Integration [J]. IEEE Transactions on Knowledge and Data Engineering, 2006, 18 (12): 1681-1695.

[49] Ueda K, Fuji N, Inoue R. An Emergent Synthesis Approach to simultaneous process planning and scheduling [J]. Annals of the CIRP, 2007, 56 (1): 463-466.

[50] Li W D, McMahon C. A simulated annealing-based optimization approach for integrated process planning and scheduling [J]. International Journal of Computer Integrated Manufacturing, 2007, 20 (1): 80-95.

[51] Mishra N, Choudhary A K, Tiwari M K. Modeling the planning and scheduling across the outsourcing supply chain: a Chaos-based fast tabu-SA approach[J]. International Journal of Production Research, 2008, 46 (13): 3683-3715.

第6章

智能制造系统案例分析

6.1 汽车行业典型零部件智能车间案例

汽车行业在典型零部件的制造过程中大量应用了智能制造技术，主要包括制造执行系统（MES）、自动导引车（AGV）、数据采集与监视控制系统（SCADA）以及安灯（Andon）系统的使用。企业通过智能工厂的建设，可以有效提升工厂的可视化程度，打破"工厂黑箱"，提升生产效率。

6.1.1 MES 系统

（1）汽车制造企业的装配 MES 共性需求

在汽车制造企业实施 MES，需解决以下共性需求。

① 针对准时制（JIT）生产和混流装配的要求，通过高级计划排程，制定优化的总装上线顺序，以此拉动物料准备，并生成涂、焊、冲等车间的生产计划。

② 实现生产过程实时数据的采集和生产现场的透明化管控，包括在制品位置、缓冲区信息、质量状态、关键重要零件档案等。

③ 实现物流过程的精益化管理，针对不同的物料类型，采用不同的物流配送方式，通过 RFID、条码等手段实现物流过程跟踪，确保物料准时、正确地送达生产现场，并对库存进行有效的管理。

④ 实现生产现场无纸化和可视化，通过工作流下发生产指令，通过数据采集手段自动获取生产进度，通过物联网技术实现质量档案信息的收集，通过物料看板防止漏装、错装，通过电子化看板展示生产进度和绩效信息。

（2）陕西重型汽车有限公司 MES 的应用实施内容

陕西重型汽车有限公司（以下简称：陕重汽）是在国内外有着重大影响的汽车厂商，是中国企业 500 强之一，公司产品范围覆盖重型军用越野车、重型卡车、大中型客车、中轻型卡车、重型车桥、康明斯发动机及汽车零部件等，现已达到年产重型卡车 10 万辆、中型卡车 2 万辆、大客车 1500 辆及中型车桥 35 万根的能力。

2012 年 1 月起，华中科技大学和陕重汽合作实施 MES。2013 年 8 月，MES 系统通过验收并上线应用于公司的车身厂、车架厂、特种车事业部、总装厂和下属通汇物流公司。

陕重汽产品型号多、结构复杂、零部件和材料产品繁多，工艺过程复杂，涉及的生产环节多，制造难度大，各环节配套要求高，且现场由于客户需求等各种因素造成更改频繁，产品的装配过程等环节采用人工管理的模式，相对于生产制造部门及生产业务部门的电子化管理来说依然是暗箱，随着车间生产管理信息化建设的推进，这种制造现场手工管理模式与整个企业高效的主生产计划之间的矛盾越来越突出。

生产管理围绕的核心都是生产计划的管理及生产计划的执行，同时辅助相应的质量检验、物料管控等业务流程，因此，结合陕重汽的实际情况以及陕重汽的生产特点，以计划、监控、物料为主线，结合整车关键件质量数据采集功能将车间内外的主体业务贯穿起来。

陕重汽 MES 系统流程主要包括 8 个功能范围：
① 生产计划与控制（民品、军品、试制、配件、专项改制等类）；
② 总装上线序列；
③ 质量监控（关键件与 VIN 匹配）；
④ 数据采集（车身厂、车架厂和总装厂）；
⑤ 在制品跟踪；
⑥ 缓冲区库存管理（车架缓冲区和驾驶室缓冲区）；
⑦ 物料管理（物料接收和物料需求发布）；
⑧ 统计与报表。

陕重汽 MES 应用实施的内容如下。

① 生产计划与控制　采用高级计划排程技术，形成了整车装配到车身、车架等子公司及零部件的协同计划排产模式，对无法自产的零部件自动生成对应的外协计划，实现了跨系统、多层级计划级联调整。具体功能包括订单管理、生产计划编制、上线顺序排序、上线计划发布、外协计划、计划调整、计划看板等。

② 物流管控和在制品跟踪　根据总装上线顺序和 BOM 发布物料需求。实现了物料配送和物料跟踪管理。通过对车架、车身厂缓冲区、第三方物流公司仓库的实时管控，实现了以整车装配拉动物流执行过程。支持整车装配过程中对车身、车架库位的自动监控，实现了车身、车架的按需接收和出库。通过 RFID、条码等手段实现总装线上在制品进度的跟踪。

③ 实时数据采集与监控　包括实时信息采集与处理平台构建、缓冲区实时信息采集等。并通过移动终端对各种主要零部件质量数据进行采集，对现场质量异常数据进行实时反馈与可视化提醒，以完整的电子质量档案替代原有的纸质档案，生产状况通过可视化看板的形式进行展示。

实现对生产过程的可视化监控以及关键件追溯。

多级计划流程见图 6-1。

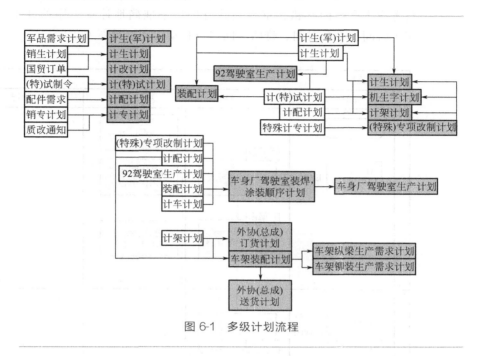

图 6-1 多级计划流程

(3) 江淮汽车乘用车三厂 MES 应用实施内容

安徽江淮汽车股份有限公司（简称"江淮汽车"），是一家集商用车、乘用车及动力总研发、制造、销售和服务于一体的综合型汽车厂商，是中国企业 500 强之一。公司具有年产 63 万辆整车、50 万台发动机及相关核心零部件的生产能力，实现了连续 22 年以来平均增长速度达 40% 的超快发展。

华中科技大学自 2012 年 1 月起为江淮汽车乘用车三厂定制开发并实施了跨平台、跨部门的制造执行系统（MES），于 2013 年 6 月通过上线验收，目前已成功应用于焊接、涂装、总装等生产线。通过使用传感器、RFID 和智能设备来自动处理生产过程中的相关信息，运用精益化管理的思想进行流程的优化，形成了一套基于物联网技术的 MES 系统，实现了对从订单下达到产品完成整个生产过程的优化管理。通过在车间现场实现低级规划和生产线优化，提高了生产率，降低了成本，并满足了企业变化的需求。

江淮汽车乘用车三厂 MES 应用实施的内容如下。

① 计划模块 根据优先级、工作中心能力、设备能力、均衡生产等方面对工序级、设备级的作业计划进行调度。基于有限能力的调度并通过考虑生产中的交错、重叠和并行操作来准确地计算工序的开工时间、完工时间、准备时间、排队时间以及移动时间（见图 6-2）。

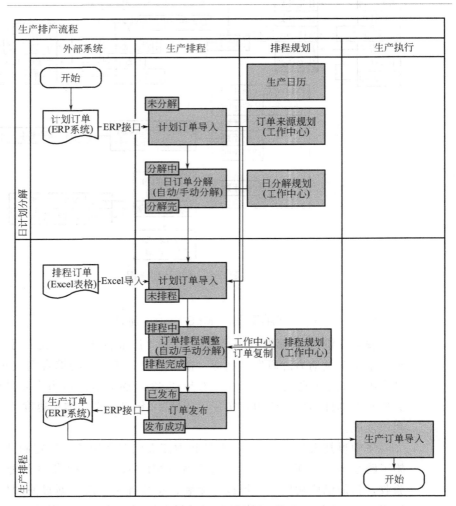

图 6-2 生产计划排程流图

② 精益物流执行模块 运用 JIT 理论，建立起覆盖装配生产、仓储、物流配送的全方位生产运作体系，搭建供应商平台，降低了在制品库存，减少了生产周期；同时与 Andon、AGV 系统集成，实现智能化拣货、配送和 AGV 小车自动送料。物流配送模式与流程如图 6-3 所示。

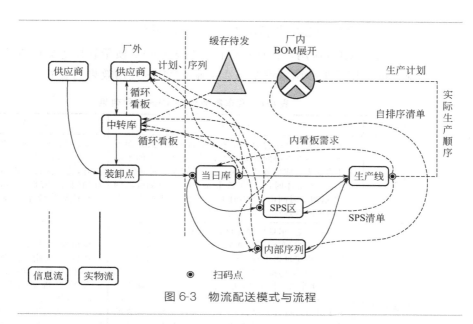

图 6-3 物流配送模式与流程

③ 质量管理模块　基于全面质量管理，采用 PDCA 动态循环理论，研发了质量数据采集终端，实现了车辆生产过程中缺陷数据的快速采集、直方图与关联图可视化分析、多角度报表统计等功能；通过条码扫描、扫码枪导入导出等多种类多场景的方式达到了安全件防错追溯的效果。质量数据录入流程如图 6-4 所示。

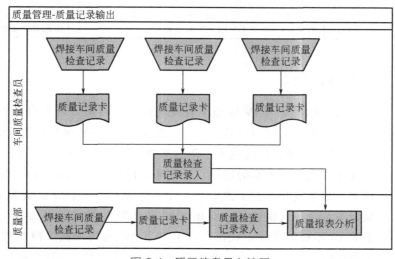

图 6-4 质量信息录入流程

(4) 汽车制造企业装配 MES 应用效果分析

通过 MES 应用，在计划管控、物流管控、质量管控等方面都产生了显著的应用效果。两家汽车制造企业的 MES 应用效果见表 6-1。

表 6-1　汽车制造企业 MES 应用效果

MES 模块	陕重汽	江淮汽车
计划排程	通过高级计划排程形成了整车装配到车身、车架等子公司及零部件协同计划排产模式，无法自产的零部件自动生成对应的外协计划，装配计划编制时间由 12 小时缩短至 2 小时；实现了跨系统、多层级计划级联调整，计划调整时间由 12 小时缩短为 2 秒；排产中考虑库存约束因素，使得车间库存降低 10% 以上	通过 MES 计划管理的调度，作业计划可执行性显著提升，装配执行过程与装配计划偏离度降低 36%，装配线整体运行效率提升 10% 以上
物流优化	通过对车架、车身厂缓冲区以及第三方物流公司仓库的实时监控，实现了以整车装配拉动物流执行过程；支持整车装配过程中对车身、车架库位的自动指导，实现了车身、车架的按需接收和出库；实施前操作工需花费 10 多分钟来寻找车架，实施上上述时间基本减少为 0，驾驶室出库时间由 6 分钟缩短为现在的 5 分钟，装配线整体运行效率提升 20%；缓冲区库存从原来的 12 小时更新一次变为实时更新，减少了驾驶室缓冲区台账维护人员 2 人；通过车间资源状况实时监控，取代了原来的人工统计方式，实现了车身及驾驶室的自动齐套保障，齐套保障时间由 2 小时缩短为 10 秒并减少了车身及车架保障人员各 2 人	应用 MES 精益物流执行模块后，总装线生产节拍从 76 秒提升至 60 秒；总装车间年物料资金占用降低 35.4%，物料配送准时率提高 34%，配套零部件的库存降低 9.6%，在制品资金占用降低 22.5%；本项成果可为公司每年产生超过 2000 万的经济效益
数据采集和质量管控	通过移动终端对各种主要零部件质量数据进行采集，并对现场质量异常数据进行实时反馈与可视化提醒；以完整的电子质量档案替代原有的纸质档案，实时提供整车质量信息及零部件装配信息，降低关键零部件追溯时间 80% 以上；通过移动终端对装配过程信息进行采集，减少了车间质量信息录入人员 2 人	通过质量录入终端，质检效率大幅提升，错检、漏检率降低 20%，检测人员工时减少 20%，建立了完整的电子质量档案，装配质量问题追溯时间缩短 25% 以上

6.1.2　AGV 小车

汽车行业是 AGV 应用率较高的行业。目前，世界汽车行业对 AGV 的需求仍占主流地位（约 57%）。在我国，AGV 最早应用于汽车行业是在 1992 年。随着目前汽车工业的蓬勃发展，为了提高自动化水平，同时实现少人化、低成本的目标，近年来，已有许多汽车制造厂应用了 AGV 技术，如东风日产、上汽通用、上汽大众、东风汽车、武汉神龙及北汽福田等企业。武汉通畅汽车电子照明有限公司（以下简称：武汉通畅）于 2015 年底建成并正式投产，主要为上汽通用和武汉神龙两大汽车厂商配套供应汽车灯具。武汉通畅智慧工厂的建设是以 MES 系统为主线，借助 AGV、SCADA、Andon 等设备或技术，实现智能化生产。武汉通畅公司应用 AGV 小车实现了从零部件和自制件到装配成品，从生产车间到成品仓库的自动运输，并通过自动化立体仓库和仓库管理系统，实现了自动存取成品，不仅减少了物流人员的配置，还提升了工作效率。

当有班组需要物料时，装配线上的物料员就会报单给立体仓库，配送系统会根据班组提供的信息，迅速找到放置该物料的容器，并向 AGV 发出取货指令。AGV 小车在接到取货指令后，自动行驶至立体仓库取货。取完货后，AGV 小车通过布置在地面的 RFID 标签进行导引，从而在厂区内实现 AGV 小车的自动运动。

AGV 小车的工作流程包括：

① 利用探感物联配置符合要求的 AGV 专用 RFID 设备和节点识别专用 RFID 标签、车间地面上的 RFID 标签。

② 规划好 AGV 的移动路线，制定 RFID 标签安装节点，形成节点位置与 RFID 标签 ID 的一一对应。

③ 为 AGV 安装专用的 RFID 设备，实现对 RFID 标签 ID 号的识别。

④ AGV 根据设定好的规则，对行进路线上的关键节点进行识别，并自动引导准确移动。

⑤ AGV 停车后，生产线两侧的机械或人工可对台车上的配件进行组装加工。

⑥ 当该流程加工完成后，AGV 自动牵引台车进入下一个流程进行加工，以此类推。

⑦ 当 AGV 牵引台车运行完生产线上的所有加工流程后，小车将会牵引已经加工完成的成品，运回到成品卸载区。

⑧ AGV 完整地完成任务后，继续前往配件装载区进行装载，或者到充电区进行充电，或者更换电池。

采用 AGV，具有以下优势：

① 工作效率高　相比于需要人工驾驶的叉车和拖车，AGV 小车无须人工驾驶，是自动化物料搬运设备，可在一两分钟内完成电池更换，或者自动充电，实现近乎 24 小时的满负荷作业，具有人工作业无法比拟的优势。

② 成本费用较低　近年来随着 AGV 技术的发展与成熟，AGV 的购置费用已降低到与叉车比较接近的水平，而人工成本却在不断上涨。两者相比较，少人化、无人化的工业转型升级优势日益明显。

③ 节省管理精力　叉车或拖车司机作为一线操作人员，通常劳动强度大、收入不高，员工的情绪波动较大，离职率也比较高，给企业管理带来较大的难度。而 AGV 可有效规避管理上的风险，特别是近年来频现

的用工荒现象。

④ 可靠性高 相对于叉车及拖车行驶路径和速度的未知性，AGV 的导引路径和速度是非常明确的，且定位停车精准。因此，大大提高了物料搬运的准确性；同时，AGV 还可做到对物料的跟踪监控，可靠性得到极大提高。

⑤ 避免产品损坏 AGV 可大大减少叉车工技术上的失误或者野蛮操作对产品本身及包装箱的损伤风险。

⑥ 较好的柔性和系统拓展性 AGV 控制系统可允许最大限度地更改路径规划，具有较好的灵活性。同时，AGV 系统已成为工艺流程中的一部分，可作为众多工艺连接的纽带，因此，具有较高的可扩展性。

⑦ 成熟的控制系统管制 AGV 系统可控制规划小车运行路线，分配小车任务，对小车运行路线进行交通管理。在减轻对员工的管理负担的同时，又对场内生产环境进行管理，避免叉车以及员工进行工作时缺乏规划，导致交通堵塞、物料堆放杂乱等现象。

⑧ 安全性高 AGV 小车通常采用了光电防护声光预警、信号灯、声光报警等多级硬件与软件的安全措施，从而保证小车运行过程中自身、现场人员及各类设备的安全。

6.1.3 SCADA 系统

SCADA 系统主要包括三部分：主站端、通信系统和远程终端单元。企业通过应用 SCADA 系统，实现对设备、人员以及生产线相关数据的实时采集与监控，进行相应的数据分析，发现问题并及时改善，不断对生产线进行优化。

SCADA 的主站一般采用先进的计算机，有着良好的图形支持，现在采用 PC 和 Windows 操作系统居多。一个主站可能的分站数量从几十到几百、几千个不等。主站系统一般包括：①通信前置系统，主要负责解析各种不同的规约，完成通信接口数据处理，数据转发。包括前置计算机、串口池或者 MODEM 池、机架、防雷措施和网络接口。②实时数据库系统，主要包括运行实时数据库的服务器。③工程师工作站，负责系统的组态、画面制作和系统的各种维护。④生产调度工作站是监控系统的主要用户，可显示画面，画面浏览，实现各种报警等。⑤各种监控工作站，主要用于特别庞大，几个人已经无法监控的情况，这时会根据需要，设立各种监控工作站，每个工作站有人员工作。⑥历史数据库服务器，是 SCADA 系统保存历史数据的服务器。⑦网站服务器，可以通过用户浏览器软件访问相关数据。⑧上层应用工作站，主要用于实时数据和历史数据的挖掘工作。作为 SCADA 主站系统，大的系统可能有几十个上百个工作站、多个服务器。为了保证系统的可靠性，采用双前置系统，多服务器系统，两个网络。但是对于简单的 SCADA 主站系统可能就只有一台计算机，运行一套软件。

  SCADA 的通信系统非常复杂，包括有线、无线以及网络通信三类方式。有线通信方式包括：音频电缆、架空明线、载波电缆、同轴电缆、光纤和电力载波等。有线传输大体分为基带传输和调制传输，基带传输在介质上传输的是数字信号，可能也要经过信号变化。调制传输是需要经过模拟数字变换的传输。很多介质既可以作为基带传输也可以作为调制传输。无线通信方式主要包括：电台、微波、卫星、光线和声波等。网络通信方式是通过架构在计算机网络的方式进行通信，比如帧中继、ATM 和 IP 网，可能是有线的也可能是无线的，甚至多次跨越无线和有线，例如通过 GPRS 网络或者 CDMA 传输 SCADA 系统数据。

  远程终端单元的品种也很多，大的系统由很多机柜组成，小的系统可能就是一个小盒子。远程终端单元由通信处理单元、开关量采集单元、脉冲量采集单元、模拟量采集单元、模拟量输出单元、开关量输出单元和脉冲量输出单元等构成。远程终端单元除了完成本身的数据采集工作和协议处理之外，还要完成各种智能电子设备（intelligent electronic device，IED）的接口和协议转换工作。其通信处理单元的能力越来越强大，而相应的采集工作却在逐渐地弱化，由各种 IED 设备代替了。

  在车灯框架注塑车间，每个注塑机台旁边的架子上都放了若干个类似于电脑主机的设备，这些设备利用各种管线与注塑机连接在一起，上面有很多指示灯在闪烁。当注塑机工作，机台里面的水路和油路也在发生各种改变，通过 SCADA 系统，将采集到的注塑机生产过程的温度、压力以及流量等各种数据收集起来，通过线路传输到客户端的人机交互界面进行监控。当参数发生异常的时候，相应的工程技术人员到现场进行及时处理。在某时段如果发现产品质量问题，还可以通过数据记录对问题进行追溯。该 SCADA 系统还可以远程操控注塑机台。

6.1.4 Andon 系统

  Andon 系统是实现准时制（JIT）生产的一个核心管理工具，可以对生产线问题快速响应，采集生产岗位、设备、品质、物料信息，实时记录生产管理过程中产生的基础数据，实现生产线上的实时无线呼叫、无线调度和可视化管理。Andon 系统采用现场总线技术，主要包括现场终端软件、电子看板、网页管理端和信息接收端四个主要的功能模块，如图 6-5 所示。

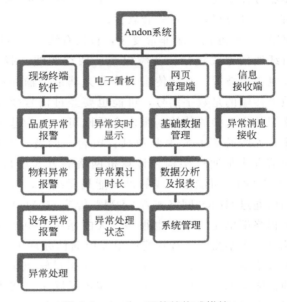

图 6-5　Andon 系统的构成模块

现场终端软件包括品质异常报警、物料异常报警、设备异常报警和异常处理。生产出现质量问题时，提前预警通知质量管理人员分析质量问题；工序缺料时，提前预警通知上一工序提供物料，如物料堆积较多时，通知下一工序过来取料；若生产线出现错料、产品测试、设备故障等异常，将实时通报相关人员。

电子看板包括异常实时显示、异常累积时长、异常处理状态。目前开发了按钮、触摸屏、拉线、无线遥控等多种成熟的 Andon 装置，能够通过电子看板实时显示所出现的异常、异常的累积时长以及异常处理的状态，针对长时间没有处理的异常，发出预警，敦促相关人员尽快解决。

网页管理端包括基础数据管理、数据分析及报表和系统管理。数据可通过各工序的 PC 端录入，或通过手动条码扫描、红外线等方式收集并显示；生产过程各类运行数据可以通过智能算法进行分析，并进行归类；系统管理用于对整个 Andon 系统的账户、安全、数据等信息进行管理。

信息接收端用于接收异常信息，通过跟踪异常处理过程，督促相关人员及时处理。

在汽车行业，Andon 系统已成为进行综合性信息管理和控制系统的行业标准，能够有效提高产品产量和质量，在其他行业的应用也越来越广泛。在生产现场可以看到，Andon 系统的指示灯分为红、黄、蓝、绿四种颜色，当工位或生产线处在不同的生产状态时（如正常生产、质量异常以及设备维修等），灯会显示不同的颜色，同时在异常状态时也会发出报警声。通过这套 Andon 系统可为工厂带来如下好处：

① 当工位或生产线上有异常状况（如品质、设备、物料等问题）产生时，即时发出报警信息，附近的技术工作人员接收到信息后，会赶到现场及时处理故障情况。

② 推动管理层和支持部门通过"巡视"发现生产线上的问题并采取行动。

③ 系统采集数据，识别问题发生最多的地方，供技术人员分析并进行改善。

④ 系统跟踪异常状况的发生到问题解决的整个进度，促使问题解决流程的实施。

⑤ 传递各工位或生产线的实时状态信息，建立透明化的生产现场。

6.2 航空发动机典型零部件智能制造车间案例

航空发动机被誉为工业之花，它是现代工业皇冠上最璀璨的明珠，现已成为衡量一个国家科技水平、工业基础和综合国力的重要标志。零部件制造车间作为整个企业的效益源泉，是保证零部件高效、均衡和平稳生产的基础环节。为此，本节将以某航空发动机集团有限公司（以下简称：某航发公司）机匣优良制造中心成功实施智能制造、数字化生产线的实践进行案例讲解。

6.2.1 航空发动机产品及其生产特点

航空发动机是为航空器提供动力、推进航空器前进的动力装置，其直接影响和决定着飞机的性能、安全、寿命、可靠性和经济性等。作为一种高度复杂的精密动力机械装置，航空发动机有数以万计的零部件集成在一个尺寸和质量都受到严格限制的机体内，并在高温、高压、高速、高载荷等条件下进行着高可靠性的长期工作；另外，航空发动机还需要满足性能、适用性和环境等多方面的特殊要求。

目前,航空发动机的制造特点表现为:

① 为在激烈的市场竞争中保持竞争优势,需要加快航空发动机的新型号研制速度,因此,航空发动机制造必须适应多品种、小批量的生产特点。相对于大规模生产方式而言,航空发动机生产企业运作管理的复杂度、困难度显著增加。

② 航空发动机产品的零部件数量多、配套关系复杂,为了产品保质保量按期交付,对部件和产品配套的齐套性要求极高。

③ 航空发动机整机生产涉及多单位、多部门的协同工作,而且各个零部件承制单位之间的协作关系紧密,上游生产单位零部件能否及时交付对下游生产单位影响较大。

④ 航空发动机零部件类别多,包含如轴类、复杂壳体类、机匣、涡轮盘和叶片等,它们的生产过程涉及锻/铸等毛料生产、粗加工、热处理、精加工、表面处理、理化处理、喷丸和无损探伤等多个生产环节,由此导致零部件加工周期长,且涉及多个车间的协作生产,因此,零部件成品的按期交付依赖于对大量中间工序加工进度的有效控制。

⑤ 航空发动机零部件生产涉及大量的专用工装、专用刀具和专用量具,对这类专用工具的加工进度管控,是保障零部件按期生产及交付的前提和基础。

⑥ 航空发动机类零部件原材料大多采用高温合金、合金钢和钛合金等贵重金属,因此,发动机生产企业的原材料、在制品库存占用资金普遍较大。提升生产单位在制品流速,科学控制生产单位投料,对于减少企业的原材料库存、在制品资金积压具有十分重大的现实意义。

6.2.2　机匣产品及其工艺特点分析

沿航空发动机轴向来看,机匣可以分为前后两端。前端与压气机其他部件连接,装配各种尺寸较大的静力涡轮叶片;后端是复杂的法兰盘结构,除了复杂的孔系之外,还有沿环周分布的气孔。

机匣类零件材料多为高温合金(GH4169、GH188、GH536 等)、钛合金(T60、TC40 等)等难加工材料,并且多为薄壁环形件,呈悬臂结构及对开结构。组合方法多数采用焊接,少数采用装配。另外,机匣类零件普遍精孔较多,尤其是在安装边、法兰等装配精度较高的部位。此类零件加工难点主要体现在以下方面。

① 零件的变形控制　机加工、焊接等工艺方法都会对零件造成不同程度的变形。因此,应采用设计合理的工装夹具,合理安排加工顺序,

以及在精加工之前安排专门的平基准工序等办法进行零件变形控制。

② 精密尺寸的测量难度　公差要求在 0.1mm 以内的直径尺寸、尖点尺寸、特征点尺寸都属于难测量尺寸，位置度、同轴度等几何公差只能采用三坐标测量仪进行测量，在加工过程中只能采用专用测量工具进行测量。

③ 多组孔之间孔位置度的保证　由于每一个机匣类零件都有多组精孔和大量孔组，并且各组孔相互之间存在复杂的角向关系，使其加工中的装夹、找正等任何加工因素都会导致孔位置度的偏差。为最大限度地消除各种影响孔位置度的因素，在加工中必须尽量采用五坐标加工中心来实现零件孔组的一次装夹、一次找正、一次测量。

④ 异种合金焊接难度　当一个组件由两种不同材料的零件焊接组成时，就对焊接工艺提出了巨大考验。必须根据零件装配时的受力情况，选择合理的径向和端面定位位置，并确定合理的焊接参数和焊接方法。

6.2.3　机匣车间的管理现状及存在问题

车间是整个企业的效益源泉，而工艺设计和现场生产是一个车间的两大主要业务。近年来，随着集团公司科研生产任务的日益增长，机匣车间原有的技术准备和现场生产管理暴露出以下诸多问题。

（1）技术准备阶段存在的主要问题

① 在工艺设计方面：a. 由于上游设计院所没有提供二维以及三维的电子图纸，在进行工艺模型建立时，需要重新输入零件设计信息，导致生产准备期较长；b. 在进行工艺编制的时候，对利用工艺设计软件已经形成的典型工艺缺乏有效管理，对积累的工艺知识没有可行方法进行重用；c. 车间的加工设备、工艺装备、典型工艺等工艺资源信息缺乏有效管理；d. 产品结构工艺性审查、工艺方案设计、工艺设计路线或车间分工明细表、专用装备设计、工艺规程设计、编制材料定额及工艺的校对审核、批准等活动的信息传递质量与效率很低；e. 工装的申请及管理过程没有对工装任务派制单利用信息化软件进行发放及管理，导致工装申请滞后，延误生产周期，并会出现重复向工具厂发放派制单的情况。

② 在工装设计方面：通用工装设计以二维为主，三维设计技术还未全面推广应用。产品的工艺、工装属于串行设计模式，待工艺完成审签后才开始工装设计，生产准备周期 3～6 个月，时间较长。

③ 在数控程序编制方面：数控程序编制周期较长，质量亟待提高。没有实现 CAD、CAM、CAPP 软件的有效集成；数控代码的管理混乱；

数控加工仿真技术仅在科研课题、关键件加工中验证应用，还未正式纳入到工艺设计流程。

④ 在技术资料管理方面：技术资料管理信息不详尽，缺乏预警机制。查找、追溯都受到限制，存在资料丢失、泄密隐患。

(2) 制造执行阶段存在的主要问题

① 计划管理缺乏准确的经验数据支撑，致使计划的可执行性较低。生产调度不能把握全局，随意性强，均衡性差。

② 计划管理缺乏一定的柔性，当生产过程中出现意外情况时，计划不能很快响应。

③ 由于计划管理均衡性差，使得物料管理被动、混乱。

④ 工具管理相对粗放，没有把工具的领用、消耗、检定与计划之间的关系进行精细化管理，用高库存来保证生产消耗，工具库存占用资金庞大。

⑤ 生产现场质量数据的采集主要以手工采集为主，信息采集的随意性较强。质量控制以事后检验作为主要手段，事前预防与事中控制的力度较小。

⑥ 由于生产状态监控缺乏科学有效的手段，不能对主轴转速、生产准备、开工时间、完工时间等标准进行精确的跟踪记录，影响计划派工的准确性。

⑦ 生产成本缺乏控制。以按期交付为生产目标，为了按期交付往往不计成本地进行生产，造成设备负荷不均衡，加班加点，生产成本高。

⑧ 车间上各部门的信息都是局部的、分散的，很难显现问题源头，对于决策层而言，已经初步出现了"数据丰富，信息贫乏"的局面。

针对机匣车间存在的上述问题，某航发公司提出从生产组织方式和信息化支撑技术两方面进行变革。在生产组织方式改进方面，将优良制造中心这种新型车间组织方式引进来；在信息化支撑技术方面，实施以信息化、数字化为特征的智能制造工程。

6.2.4 机匣 COE 生产组织方式及运作流程

优良制造中心（center of excellence，COE）是一种全新的车间生产组织方式，它将企业中的多产品、多机种生产线，按照零部件对象进行划分，并与企业技术、生产、工艺、质量等部门协调发展，形成企业内相对独立又不孤立存在的制造单元。COE 对该单元产品的全生命周期负责，具有工艺设计、采购、制造、检测和交付所需的全部功能。

(1) 机匣 COE 内部组织结构

某航发公司机匣 COE 始建于 2007 年。机匣中心现有职工近 300 人，厂房面积一万多平方米，拥有各类机械加工、精密测量、焊接及特种加工设备 70 多台（套），90% 以上设备为精密数控设备，具有较高的加工复杂航空发动机机匣和零部件的能力。

机匣 COE 的组织机构如图 6-6 所示。整个 COE 包含生产科、技术科、质检科和综合科，另外根据"专业化、小流水"的产线划分原则，依据机匣整体结构，将传统的生产工段划分为 7 条专业化柔性制造单元，每个制造单元负责机匣产品中的某类零部件，各单元在完成各自加工零部件任务后，再装配成机匣成品，并交付总装车间进行航空发动机整机装配。

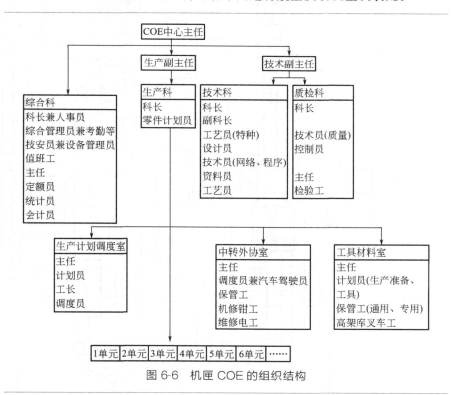

图 6-6 机匣 COE 的组织结构

(2) 机匣 COE 内外部业务逻辑关系

图 6-7 描述了机匣 COE 内部各科室之间的业务划分，以及 COE 中心与某航发公司其他相关职能部门和车间的业务关系。从图中可以看出：整个 COE 中心类似于一个独立、专业化的小型工厂，涵盖计划调度、工艺设计、质量检验、制造单元、物料/工具供应和财务管理等多个业务功能。

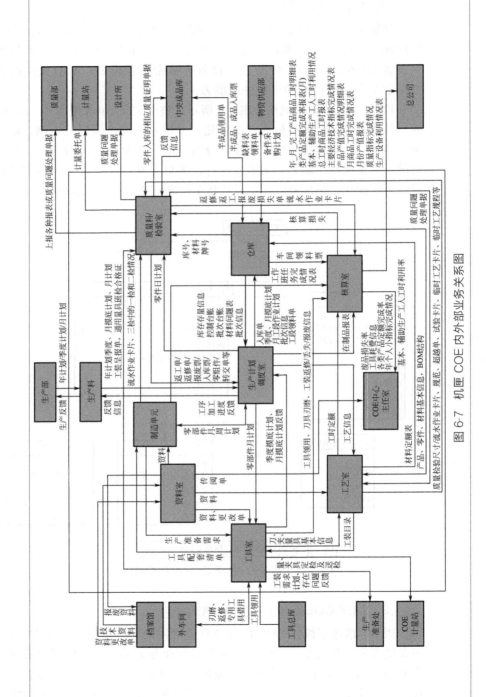

图 6-7 机匣 COE 内外部业务关系图

在整个 COE 日常运行过程中，其中的生产计划调度室处于核心和龙头地位，它负责接收上级生产部门下发的物料需求计划（material requirement planning，MRP）订单任务，安排 COE 内部的月、周、日作业计划与调度，以此来推动整个 COE 内部的毛料、工具、设备、技术资料等部门的生产准备，同时也是制定、安排和协调各制造单元生产任务、班产派工、加工进度和问题处理的核心和枢纽。

6.2.5　机匣 COE 实施智能制造的主要内容

某航发公司机匣 COE 在实施智能制造工程时，以数字化、信息化为主攻方向，以工艺设计、制造执行为两轮驱动，以数字化生产线为落脚点，以期实现生产运行过程的"物料流、信息流、控制流、资金流"的一体化集成管理，并能够满足不同产品类型、不同制造阶段的需求，具有快速动态响应和柔性制造的特点。

某航发公司机匣 COE 在具体实施智能制造工程时以技术准备、生产过程仿真、制造执行三个阶段为主要抓手（图 6-8）。零部件制造前端包括工艺设计、工装设计、NC 编程、切削仿真等主要阶段，通过技术准备应用系统的支撑，实现技术准备阶段的数字化和并行化；在技术准备完成后到正式投入现场生产前，通过生产线过程仿真、加工路线仿真与优化等数字化手段，改进和优化技术准备阶段的工艺设计方法；在零部件制造执行阶段，通过合理的计划排产和物料工装准备等手段，实现人、机、料、法等制造资源的优化配置和高效利用，并在制造执行过程中对生产质量过程进行严格控制、对设备运行状态和生产进度进行实时监控。以下具体对技术准备、生产过程仿真、制造执行三个阶段的主要实施内容进行详细说明。

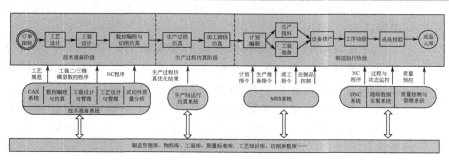

图 6-8　机匣 COE 实施智能制造的三个主要阶段及内容

(1)技术准备阶段的主要实施内容

作为零部件生产制造的前端环节,机匣 COE 的技术准备阶段实施内容如图 6-9 所示。主要包括:数字化工艺设计、数字化工装设计、数控编程与仿真和试切件质量分析四个子系统。各系统通过基于产品数据管理(PDM)的 CAD/CAM/CAPP/CAFD 工具集成、信息共享完成产品上线生产前的技术准备工作。

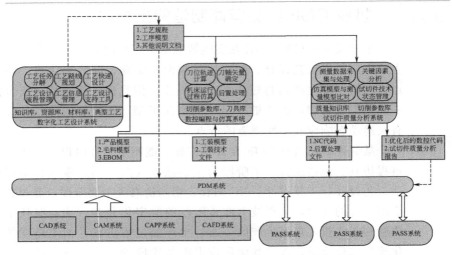

图 6-9 机匣 COE 技术准备阶段的主要实施内容

数字化工艺设计系统作为机匣 COE 技术准备系统的重要部分,主要完成工艺规程的设计、工艺审批流程和任务管理、工艺资源管理、系统管理并作为工艺设计支持工具;数字化工装设计系统承担零部件加工所需要的工艺装备(刀具、夹具、量具、模具、各种辅助工具等)的设计、工装设计过程的管理等功能,同时构建工装模板库、工装设计知识库等资源库。

通过对 CAD/CAM 软件系统的功能整合,利用工艺主模型,进行刀位轨迹计算、刀轴矢量获取,实现高效复杂零件多轴数控编程;在此基础上,进行数控程序仿真以验证数控代码的有效性和正确性,并利用切削参数库进行参数优化;通过 PDM 系统实现数控程序技术状态管理,并构建 PDM 系统与 DNC 系统集成接口,实现数控程序管理与发送。

试切件质量分析系统在零件正式上线生产前通过试切对关键工序的工艺进行事前分析,根据试切件质量分析,进行工艺方法(包括工步顺序、装卡方法等)、数控程序以及制造资源的评价、修正,保证零件正式上线生产过程的稳定运行。同时,进行试切件技术状态管理,以降低试切成本,提高生产效率。

(2) 生产过程仿真阶段的主要实施内容

生产过程仿真是在数字化条件下根据给定的生产工艺,对从毛料到成品的产品生产过程进行仿真、检验、分析和优化的技术,它是保证产品、零部件按时保质完成的关键环节之一。通过生产过程仿真技术的应用,有助于改变目前生产流水线缺乏数字化检验工具、生产现场没有数字化描述、新工艺实施风险大、物流路径控制缺乏有效手段等现状;通过生产过程仿真,可以事先充分暴露生产中的问题,并及时分析问题、优化工艺、消除瓶颈,以提高流水线的生产效率,降低生产成本,规避风险。同时,生产线的生产能力也可以通过仿真手段进行评估,从而为领导层的决策提供数字化的模型支持。某航发公司机匣 COE 生产过程仿真阶段的主要实施内容如图 6-10 所示,具体解释如下。

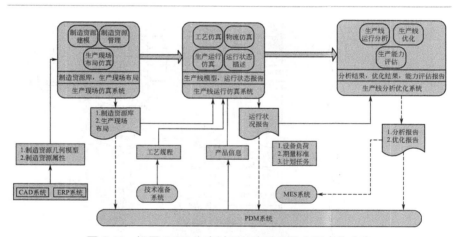

图 6-10 机匣 COE 生产过程仿真阶段的主要实施内容

生产过程仿真通过与技术准备系统和 MES 系统的数据共享,对生产过程进行仿真。主要通过生产现场仿真和生产线运行仿真,对生产线的运行状态进行分析和优化、对工艺规范和生产线进行验证,从而保证工艺规范的可行性。

采用 CAD 软件建立制造资源的几何模型,并建立几何模型和相关属性的关联,同时在 PDM 平台中构建制造资源库,对制造资源进行管理。通过对生产现场布局的仿真,建立一个数字化的虚拟运行环境。

根据技术准备系统和MES系统提供的工艺规范、制造资源及其状态、计划任务和期量标准等,规划生产物流,对生产过程进行仿真,验证工艺方案的可行性,并给出反映生产运行状态的各种统计数据和结果。

生产线分析优化流程是根据生产线运行仿真结果对生产过程进行分析优化,消除瓶颈,平衡生产节拍,合理安排工序,缩短周转和生产时间,提高生产效率,并对优化流水线的生产能力做出评价,为公司领导层提供决策支持。

(3) 制造执行阶段的主要实施内容

在制造执行阶段,机匣COE主要实施了制造执行系统(MES)、现场数据采集与质量管理系统,如图6-11所示。其中制造执行系统以计划拉动库房物料、工具室工装工具、资料室软件资料和生产现场设备等制造资源生产准备为主线,采用车间月份计划、周计划和工序日计划的三级作业计划控制模式,指导生产现场作业调度。

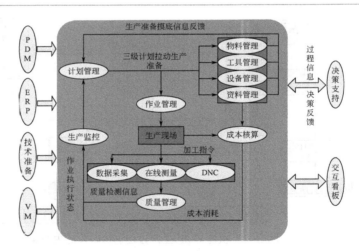

图6-11 机匣COE制造执行阶段的主要实施内容

采用条码扫描技术、在线智能测量设备,通过集成分布式数控(DNC)系统进行现场生产过程动态信息的数据采集;发挥成本核算质量管理和生产监控系统的控制功能,确保车间制造资源消耗、不合格率控制和生产过程问题处理,由事后控制转化为事前预防,从而提高车间有效产出;通过对决策支持系统统计分析具有重要指导意义的车间期量标准,对现场加工过程问题进行主动预警提示,通过交互看板功能打通领导层与生产一线之间的数据传输通道，使车间管理人员能在第一时间获悉现场生产问题，提高决策效率。

6.2.6 机匣 COE 实施智能制造的技术支撑体系

某航发公司机匣 COE 实施智能制造工程，主要通过硬件设备、标准规范、管理制度、企业文化、应用系统和数字化工具等重要内容的建设和完善，为机匣产品生产提供强有力的技术支撑，同时也为在航空发动机的叶片、盘轴、盘环类等关键件推广实施智能制造工程奠定了坚实基础。机匣 COE 实施智能制造的技术支撑体系如图 6-12 所示，具体说明如下。

① 硬件支撑层　以数控机床、柔性制造单元、自动化立体仓库、数据采集、在线测量、可视化显示、基础网络为建设内容，最终形成数字化、网络化、可视化的数字化生产线硬件支撑平台。

② 标准规范层　以车间的规范、制度和文化建设为主，从编码体系、工艺规范、检验规范、管理规范、制度规范和车间文化等方面进行综合建设，从制度和机制上保证数字化生产线的规范运营。

③ 数据库层　以零部件制造所需的制造资源工艺参数、期量标准为重点，从加工装备、原材料、备品备件、刀具工装、切削参数、期量标准等方面构建支撑数据库，以支撑和保障数字化生产线应用系统的正常运行。

④ 应用系统层　以信息化工具为手段，构建涵盖零部件生产的技术准备、运行模拟仿真、制造过程管理、质量检验和现场数据采集与过程监控等的完整信息化支撑工具，为数字化生产线物流、控制流和信息流的高效、顺畅、有序流动提供工具支持。

⑤ 功能层　通过相关的应用系统，在技术准备阶段以工艺优化为突破口，提供包括工艺/工装数字化设计、NC 编程与仿真、试切件质量分析、生产线运行仿真和分析等功能，在制造执行阶段以过程优化为突破口，提供包括计划排产、生产准备、作业调度、在制品管理、成本管理、检测与质量控制、现场数据采集、设备状态监控、辅助决策支持等功能，以期实现零部件制造的工艺优化和过程管理精益化。

⑥ 应用平台层　构建集成异地协同、数字化设计、数字化工艺、数字化仿真模拟、数字化过程管理、数字化质量控制和数据采集与过程监控为一体的数字化协同支撑平台。

⑦ 制造单元层　通过机匣 COE 整个智能制造工程的建设与实施，为航空发动机机匣产品及其相关零部件的均衡生产、高效产出、低成本运营提供使能技术支撑。

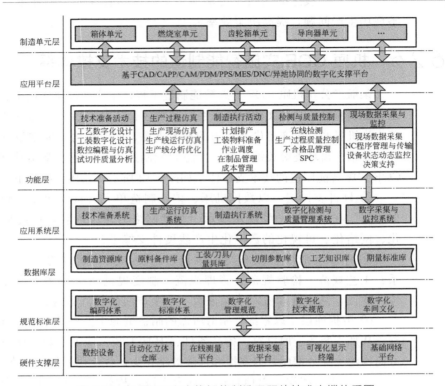

图 6-12 机匣 COE 实施智能制造工程的技术支撑体系图

6.2.7 机匣 MES 软件的设计及实施

智能制造是一项复杂庞大的系统工程，除了研发并行化、装备智能化之外，零部件生产过程中的智能化管控是智能制造工程落地的一个重要切入点，而智能化生产管控的主体是制造执行系统（MES）。

美国制造执行系统协会对 MES 的定义：MES 能通过信息传递对从订单下达到产品完成的整个生产过程进行优化管理。当工厂发生实时事件时，MES 能对此及时做出反应、报告，并用当前的准确数据对它们进行指导和处理。这种状态变化的迅速响应使 MES 能够减少企业内部没有附加值的活动，有效地指导工厂的生产运作过程，从而使其既能提高工厂的及时交货能力，改善物流的流通性能，又能提高生产回报率。MES 还通过双向的直接通信在企业内部和整个产品供应链中提供有关产品行为的关键任务信息。

2010年，以西北工业大学开发的 Workshop Manager 22.0 制造执行系统软件为基础，在结合某航发公司机匣 COE 的组织机构、管理现状、业务流程、工艺特点等综合分析的基础上，研制并成功实施了机匣 MES 软件。在机匣 MES 软件设计与实施过程中，遵循以计划为核心、以流程为驱动、以绩效为根本的生产线整体运行管控理念，并采用月/周/日三级作业计划拉动工具、材料、设备、人员和技术资料的并行化准备，实现了整个车间的"人、机、料、法、环"高效协同运作。

(1) 月/周/日三级工序作业计划调度驱动下的机匣 MES 运作流程

图 6-13 所示为一个完整的月/周/日三级工序作业计划驱动的机匣 MES 软件运作流程。从图中可以看出：机匣 MES 包含从接收上级生产部门的 MRPI 计划任务开始，直至机匣成品检验入库的完整信息化解决方案。其中，计划调度主线作为整个 COE 运作的龙头和驱动，依次采用车间级工序月作业计划、制造单元级工序周作业计划、班组级工序日作业计划三级控制方式，对机匣订单任务进行了逐级分解和逐步细化。

① 面向车间层的工序月作业计划　由机匣 COE 中心计划员具体负责编制和优化，其计划任务来源于粗粒度的机匣成品订单任务。计划员根据 COE 内部库存账目、在制品加工进度、投料情况等，对该订单任务进行调整和修订，然后进行组合件 BOM 分解、零件按工艺路线分解、作业计划编制，经过多次预平衡、预模拟和预评估，最终形成指导整个机匣 COE 的月份正式生产计划任务，并将此计划结果下发至机匣 COE 内部的相关科室和各制造单元，以根据计划数量和时间节点进行毛料、备件、技术资料和外协等的生产准备。

② 面向制造单元级的工序周作业计划。各制造单元在接收到中心计划员下发的月份生产计划任务，并完成实际领料作业后，根据其制造单元内部的在制品进度、加工能力、工具台账等，再结合计划任务中的交付时间节点要求，进行本制造单元内部的工序周作业计划编制。依据该周作业计划结果中的零件生产数量和时间节点要求，工具室事先准备，并主动配送零部件加工所需的刀具、夹具、模具和测具等。

③ 面向班组的工序日作业计划。班组是机匣 COE 内部的最底层单位，同时也是加工任务的具体承担者，班组管理、生产派工更贴近生产现场且时效性更强。因此，各班组在接收到单元计划员下发的工序周作业计划任务后，结合班组内的人员出勤情况、工序加工进度等因素，编制以日甚至以班次为计算单位的工序日作业计划，形成班组作业任务甘特图，从而进行班组内的生产派工、工序加工等日常作业活动。

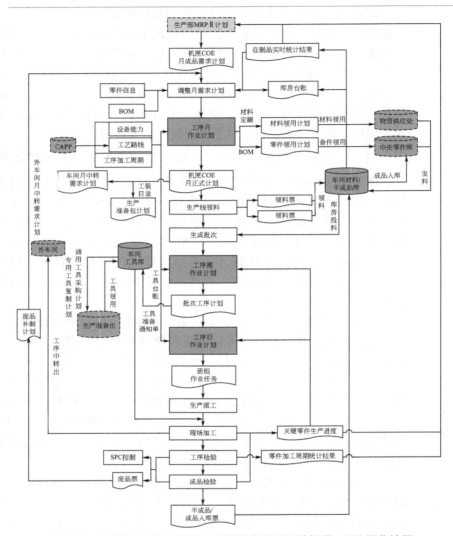

图 6-13　月/周/日三级工序作业计划调度驱动下的机匣 MES 运作流程

(2) 机匣 MES 软件的系统功能及外部信息集成

机匣 MES 软件采用 B/S（Browser/Server）运行架构，基于微软公司的 .NET 平台。上述三级计划调度以 Visual Studio Oracle Database 作为后台数据库，以工具室、质量室、资料室和驱动为主线，其管理范围覆盖 COE 主任室、计调室、材料室以及制造单元等所有部门和业务。该软件为机匣 COE 提供从订单任务接收到成品交付的 COE 全生产过程的信息化解决方案。

机匣 MES 主要由计划管理、作业调度、生产监控、库存管理、质量管理、工具管理、设备管理、成本管理、资料管理、决策支持、交互看板、工人门户、基础数据管理和系统管理共 14 个子系统组成（图 6-14）。

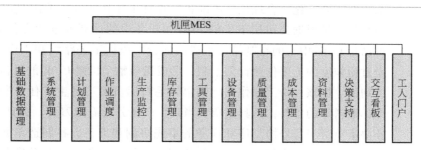

图 6-14　机匣 MES 软件的系统功能

整个系统以零件号为索引，实现了零件任务接收、计划下达、投料控制、工装准备、工序加工、在制品流转、成品入库和统计分析等生产过程的一条龙管理，同时提供与某航发公司的 ERP、PDM 以及生产准备、物资供应、中央成品库等部门的信息集成接口（图 6-15）。

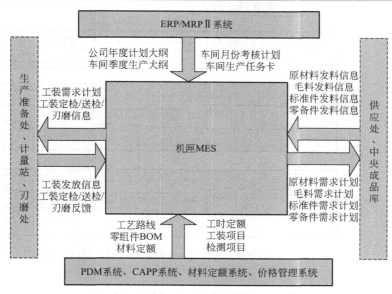

图 6-15　机匣 COE 与外部系统的信息集成

(3) 机匣 MES 的三级计划拉动生产准备模式

在整个机匣 MES 软件内部，三级不同对象、不同粒度和不同时期的计划调度是整个机匣 MES 的主线和核心。图 6-16 展示了月/周/日三级工序作业计划的层级划分、时间周期和拉动对象。通过这三级计划调度来拉动机匣 COE 内部的毛料、备件、刀具、夹具、量具、模具、设备、人员、技术资料等并行化、合理化生产准备。在月工序作业计划编制时,机匣 COE 中心计划员根据公司层下发的 MRP Ⅱ 任务中的计划数量和交付节点要求,再结合 COE 中心的在制品和半成品数量,依据工艺路线和工序加工周期,经过粗粒度的工序作业计划编制,形成指导整个机匣 COE 的月份工序作业计划稿。据该月份工序作业计划稿,毛料库负责当月生产任务所需的零备件、毛料等的备料;工具室负责当月生产任务所需的刀具、夹具等的准备;外协室负责当月外协工序和任务的事先协调和准备。各制造单元负责编制本单元内的周工序作业计划,并依据工艺技术文件,编制并准备下周零部件加工所需的工具清单;同时,材料室也依据该计划任务,准备下周加工所需的零部件和毛料。各制造单元内部包含若干个生产班组,班组调度员根据本周的计划任务,再结合工艺路线、设备能力、工人出勤等因素,制定出日工序作业计划,并由此形成派工单来指导每天生产。

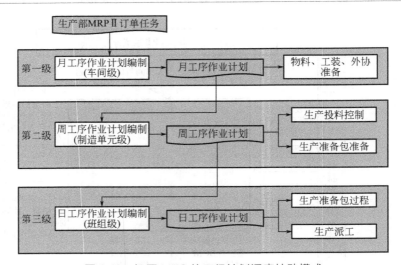

图 6-16 机匣 MES 的三级计划调度拉动模式

(4) 机匣 MES 的工序作业计划编制方法

在机匣 MES 软件中,月/周/日的三级工序作业计划是核心和指挥棒。工序作业计划(scheduling,也称为作业调度)是 MRP Ⅱ 计划分解和细化到具体工序的执行计划。它是根据零部件工艺路线、工序周期,并按照在制品进展情况和实际生产能力进行编制的,该计划具体规定了各个工序开工和完工的时间与数量。

实际上,工序作业计划是实现公司、机匣中心最为关键、最为具体的末端环节。其每天、每周任务完成的好坏不仅影响着机匣 COE 月份工序作业计划任务的完成,也直接关系着 MRP Ⅱ 系统各个件号计划的顺利执行。因此,只有工段和制造单元任务完成得好,才能确保公司产品按时交付。由于车间现场生产的动态性、随机性和复杂性,因此工序作业计划的合理编制是一件非常复杂的事情,同时也是 MES 软件最难、也最能发挥作用的环节。

目前,国内学术界解决工序作业计划(或调度)问题主要采用数学规划、智能优化和排序规则三大类方法。数学规划方法虽然在理论上能保证获得最优解,但对问题建模要求高,仅适用于小规模问题;智能优化方法依据作业调度问题特性来设计特征模型和邻域结构,通过迭代搜索和智能优化等手段来获得满意解;排序规则是依据某一指标对待加工工序集进行优先级排序,可以快速获得可行解,但解的优化性较差。

机匣 COE 属于典型的多品种、小批量生产类型,其生产任务多、产品型号多、工艺路线长、加工周期长、现场例外情况频发,数学规划和智能优化这两种方法不大适用,因此选择了简单实用的排序规则方法。另外,航空发动机生产涉及多车间协作,它对各个零部件承制车间的交付节点要求很严。因此,在机匣 MES 软件的三级工序作业计划编制时,采用了一种基于工序时差的排序规则方法;这三级作业计划的区别是时间粒度不同、计划粗细程度存在差异,但其内核都采用了基于工序时差的排序方法。下面以日工序作业计划编制为例进行说明。

随着生产进程前移的变化,一个零件不可能永远是优先级,它的每道工序也不可能永远是优先级。因此,在这里所指的优先级是特指某个零件的某道工序,优先级是在不断变化和转移的。计算和判定的依据就是工序时差,即依据工序时差值的大小来对所有等待加工的工序进行优先级排序,然后依据该优先级先后顺序安排加工。

某零组件工序时差=零组件完工交货期-当前日期-零组件待加工工序周期之和,即工序时差=剩余时间-剩余工作量。

另外,在编制日工序作业计划时,还需要考虑以下诸多因素。

① 车间月份作业计划书(即 MRP Ⅱ 计划任务书)。

② 工艺路线。

③ 工序加工周期。

④ 设备能力。

⑤ 工装、材料、设备等的准备情况。
⑥ 在制品数量和日加工进度。
⑦ 单台设备排产。
⑧ 设备加班情况。
⑨ 采用人机交互方法解决现场突发情况。

图 6-17 展示了机匣 MES 软件在编制日工序作业计划时的处理逻辑。

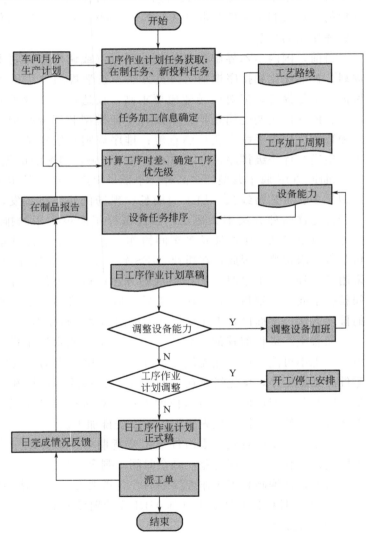

图 6-17　机匣 MES 编制日工序作业计划的处理逻辑

(5) 机匣 MES 软件的实施应用效果

机匣 MES 自 2010 年正式上线以来,以上述三级工序作业计划拉动生产准备并行化为主线,管理范围涵盖机匣 COE 所有科室和单元,而且将信息流延伸至生产现场的设备端,由此将一线的操作工人和加工设备纳入到整个 COE 的信息化框架内,从而实现了全科室、全单元、全人员的信息化覆盖。同时,机匣 MES 与某航发公司的 PDM、ERP 两大信息平台实现了无缝集成。以下展示部分实际应用效果。

① 机匣 MES 的主要实施模块 机匣 MES 以计划调度、生产准备、质量检验和配套监控四个核心业务为实施应用重点,计划调度主要以三级工序作业计划为主核心;生产准备以毛料库、备件库、工具库为实施重点;质量检验以工序检验、不合格品管理和员工质量档案为重点;配套监控以在制品加工进度、配套缺件、缺件进度跟踪等为实施重点。

② 机匣 MES 的实际应用场景 设备端的工人门户、触摸屏数据采集、条形码扫描是 MES 的应用亮点。工人门户贯通了整个大型企业信息流的最末端,将一线操作工人和加工设备纳入整个信息化管理体系中;通过奖惩制度、工时绑定等多种有效手段,激发了一线员工的积极性。另外,再结合条形码、触摸屏等数据采集终端,在最根本、最基础的环节保证了生产过程数据采集的及时性和准确性,从而保证了各级计划编制和信息统计的正确性。

③ 生产过程动态监控 根据机匣 MES 软件的月/周/日三级工序作业计划与调度任务安排,以及来源于加工设备端的采集数据,可以动态掌控机匣 COE 内的各类计划任务完成情况,从而为新计划编制、遗留问题协调处理等提供决策数据支持。

6.3 企业 WIS 案例

6.3.1 背景

WIS(workshop information system,车间信息系统)是一套工厂数字化制造运营系统,为企业提供生产运行、维护运行、质量运行和库存运行等通用生产管理模块,同时可提供面向制造企业车间执行层的生产信息化管理系统。实施 WIS 系统作为国内某模具公司(以下简称:企业)提高车间生产管理水平、改善产品质量最有效的方法,以基础资源数据为依据,遵循生产过程管理及控制的思想和要求，结合企业信息化发展规划，以先进的信息集成及过程集成软件技术为支撑，实现设备数据采集、生产任务管理、车间计划管理、现场作业管理和生产设备管理，并通过生产看板对生产的综合运行情况进行展示与监控，实现工厂透明化管理。

6.3.2 企业 WIS 总体规划

（1）总体规划

根据企业的实际需求，并结合企业现状和未来发展趋势，企业适宜应用 WIS 系统的混合云模式，即采用 WIS 的云端部署和本地部署两地模式。混合云 WIS 需要开通企业的 iSESOL 云 WIS 账户，成为云 WIS 的一个租户并应用车间管理服务；混合云模式将设备日常运行、生产业务的汇总数据及 app 服务部署在云端，方便设备监控和管理，并减少投资，同时将订单数据、生产计划、仓储数据、生产过程明细数据、质检数据、工艺程序等安全敏感高的数据部署在本地（企业）应用。

iSESOL WIS 混合云模式一方面是应用部署在云端设备上的 WIS 系统，可享受方便管理、利于监控、实施快速、维护便利、节省开支的益处，同时在另一方面，可通过应用部署在本地的服务，更好地保障安全性要求高的数据安全。采用这种模式，对于实施来说，要求高、实施周期较长，并需要购买服务器和存储设备，存在一定的投入和维护成本。

企业混合云模式的总体规划如图 6-18 所示。

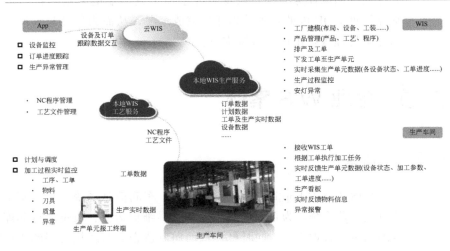

图 6-18　混合云模式规划图

从总体上看，混合云模式下的 WIS 系统分成两个部分，一是部署在本地的 WIS 系统，二是部署在云端的 WIS 系统。具体如下。

① WIS 本地系统　企业通过 WIS 本地系统完成工厂生产的基础信息配置和维护，实现设备管理、订单管理、生产排程、仓储管理、生产管理、质量管理、工艺管理、质检管理及生产看板等功能，将安全性较高的敏感数据（如工艺数据、NC 程序等）放置在本地进行管理。

② WIS 云端系统　企业通过部署在云端 WIS，并通过 APP 完成对设备的实时监控、销售订单进度跟踪以及查看生产异常报警等管理功能。

WIS 本地系统与 WIS 云端服务在物理上隔离。

（2）功能架构

WIS 提供包括制造数据基础建模、生产任务管理、计划排产、NC 程序管理、质量管理、生产管理、设备管理、现场管理、生产看板、设备数据集成、与本地信息系统接口等管理模块，可为生产企业打造一个智能、高效的制造协同管理平台。

企业 WIS 在混合云模式下的功能架构如图 6-19 所示。

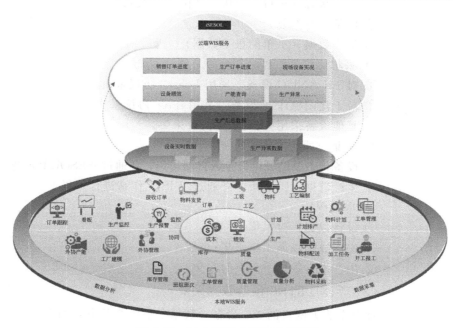

图 6-19　混合云模式 WIS 功能架构

6.3.3 车间数据采集方案

为满足企业统一信息系统架构的要求,需实现工厂信息的自动化传输与采集。集成 NC 设备接口,可以实时采集设备运行参数与设备状态,自动采集生产设备的生产报工信息,获取设备实时运行的状况。所有运行状态信号的设备以方便的方式直观显示。设备数据自动采集功能的实现,使管理者可实时掌握生产进度、监控设备运行情况。

WIS 系统在实施过程中,需要与车间现场设备进行有效的集成才能更好地发挥作用,对现行设备的调研主要关注设备数据的部署情况、采集模式、是否提供服务接口、与现行系统的对接方式等内容。

(1) 有网口的 NC 加工设备数据采集

针对企业现有 CNC 设备,设备类型如加工中心、数控车床、车削中心、数控钻床、精雕、铣床、等离子等,CNC 系统如 Fanuc、Mazak、i5、北京精雕、台湾新代、北京 KND 等,有网口的 NC 加工设备数据采集内容及方式如下。

1) 采集内容

① 设备状态(运行、停机、故障、待机);

② 设备运行参数;

③ 生产数据(工单的报工数据)。

2) 采集协议

① 对于 FANUC 设备,采用 Focas2 协议采集;

② 对于沈阳机床 i5 设备,采用 iPort 协议采集;

③ 其他设备采用 OPC UA 协议采集。

3) 采集方式

① 设备状态及设备运行参数自动采集,并通过 iSESOL Box 进行采集;

② 生产数据人工采集,并通过 WIS 工作站进行采集。

4) 采集频率

① 设备数据实时采集;

② 生产数据按派工单采集;

③ 生产异常数据手工实时采集。

(2) 无网口的 NC 设备数据采集

针对企业无网口的 NC 设备,数据采集内容及方式如下。

1) 接入协议

采用工业以太网 ModBus 协议进行接入设备,并采集设备数据。

2) 采集内容

采集机床的开关机状态、设备运行状态（运行、停机）和故障状态。并根据采集的数据进行汇总分析，监控机床的利用率、空闲率以及机床绩效的信息。

3) 采集卡

采用数字量采集卡与 NC 加工设备的三色灯信号连接，采集机床状态。在企业车间可采用的数字量采集卡为 2～4 路数字量输入（DI）和网口输出（DO）采集控制设备接口。采用标准的 Modbus TCP 通讯协议，可以通过 TCP/IP 网络远程采集模拟量数据。

(3) 检测设备数据采集

针对企业规划的检测设备，采集内容及方式如下：

1) 采集内容

① 派工单与检测工件；

② 检测结果数据。

2) 采集协议　蓝牙。

3) 采集方式

① 通过数据采集接口，直接自动将检测结果采集并导入到 WIS 中；

② 生产数据人工采集。

4) 采集频率　检测数据实时采集。

WIS 采用 WIS 工作站（触摸屏一体机）人工采集生产过程数据，WIS 工作站配置在各个加工中心上。生产过程数据采集的内容及方式如下。

(1) 加工数据采集

① 派工单与加工设备关联信息；

② 报工信息（加工时间、加工中心、派工单、工序、操作员、派工单进度、物料编码、实作工时、合格数、不合格数、工废数量、料废数量）；

③ 物料接收（物料编码、物料描述、接收数量、单位、接收时间、接收人），包括生产物料的接收和工装接收；

④ 换产信息（换产设备、换产开始时间、换产完成时间）。

(2) 报警数据采集

① 缺料报警（工位、物料、数量、时间、操作员）；

② 工装工具报警（工位、工装工具、数量、时间、操作员）；

③ 设备故障报警（工位、设备、故障说明、时间、操作员）；

④ 设备点检（设备、点检人、本次点检时间段、本次点检结果）；

⑤ 设备维修（设备、维修人、本次维修时间段）；

⑥ 设备保养（设备、本次保养时间段、保养人）。

（3）生产异常信息采集

WIS 可实现生产报警，建立生产异常情况的预警模型，包括预警级别、报警接收人、报警方式等，并结合生产数据触发预警。预警功能包括：

① 生产任务延期报警；

② 生产订单延期报警；

③ 销售订单延期报警。

注：如有些异常不能建立预警模型，可通过 WIS 客户端进行人工触发报警。

触发报警后，完成报警信息跟踪管理，包括报警信息处理、报警信息消除等。

6.3.4 WIS 系统建设方案

企业可利用云端架设的 WIS 服务器和厂区内 WIS 服务器，在局域网内（如车间办公室内的控制终端电脑），通过打开网页并输入指定网址，进入显示以下内容及模块功能。

（1）销售部门

销售部门可通过 WIS 系统完成对销售订单的管理，以及对销售订单执行情况的跟踪，更好地掌握生产进度，为用户提供更为准确合理的生产信息（见图 6-20）。

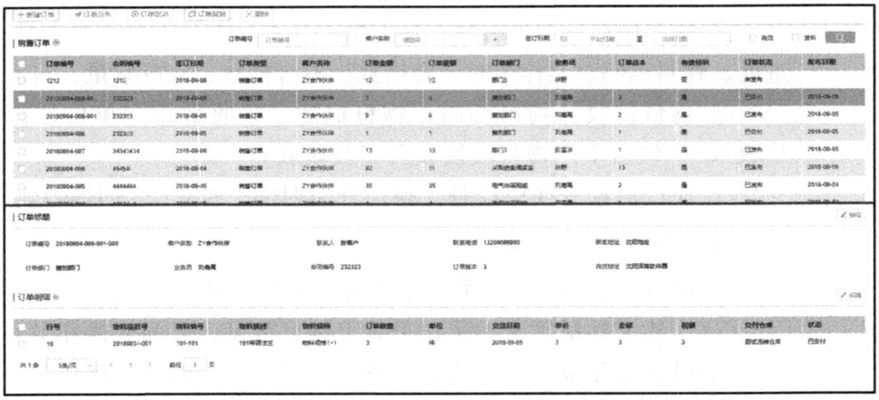

图 6-20 销售订单管理

销售订单发布并进入订单的生产后，销售人员可实时查询该销售订单的生产进度。如图 6-21 所示。

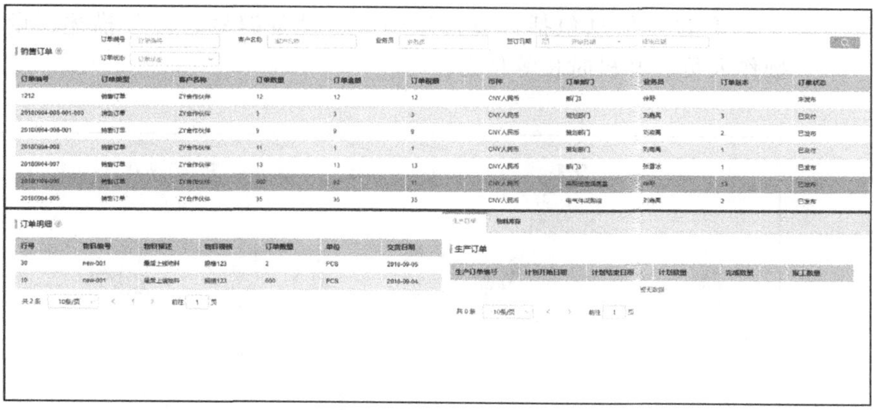

图 6-21　销售订单进度

销售订单进度包括：生产订单编号、计划开始日期、计划结束日期、计划数量、完成数量、报工数量等。

（2）设备管理部门

设备管理部门通过 WIS 系统完成工厂内所有设备的日常管理和实时监控，最大程度上保障设备正常运行，对 NC 加工设备建立设备台账，实现 NC 加工设备的日常点检管理、精度点检管理、保养管理和维修管理功能，实现点检、保养任务提醒（见图 6-22）。

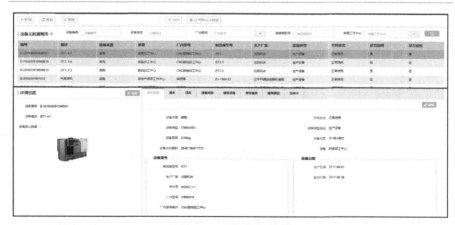

图 6-22　设备数据概览

设备状态监控显示工厂全部联网监控设备列表（见图 6-23）。对工厂设备的状态和运行参数进行实时监控（见图 6-24）。显示的信息包括：

① 设备各类状态（运行、空闲、急停、故障、停机和未联机）；

② 设备信息包括：设备序列号、设备编号、设备描述、设备型号、操作人员、开机时长等信息。

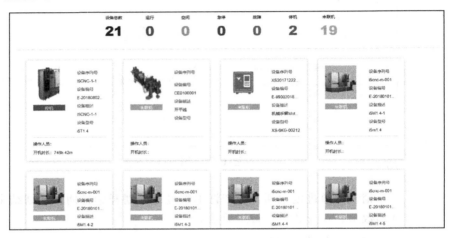

图 6-23　监控设备列表

图 6-24　设备实时监控

（3）仓储管理

仓储管理负责企业生产过程中物料在库房的所有出入库操作，包括毛坯、产成品的出库、入库和冻结，以及物料在库房存放状态的查询和库存报告。仓储管理实现工厂物料的全面管理,并通过一些用户灵活定义及系统预设功能,实现物料仓储业务管理(见图 6-25)。

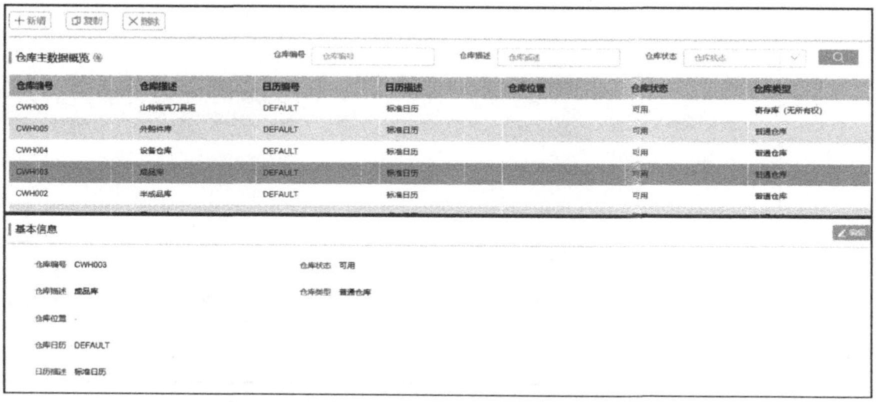

图 6-25 仓储管理

(4) 工艺管理

企业的工艺设计部门可在 WIS 工艺管理模块中维护物料清单、物料的标准工艺、工艺流程和 NC 程序(见图 6-26)。对于物料、工艺和 NC 程序,采用用户自定义的树形目录进行组织和管理,这样操作起来更加清晰直观。其中,工艺设计的数据包括工序信息、以及排产所需的上下序关系、工序的工时、批量以及作业指导书文件等。

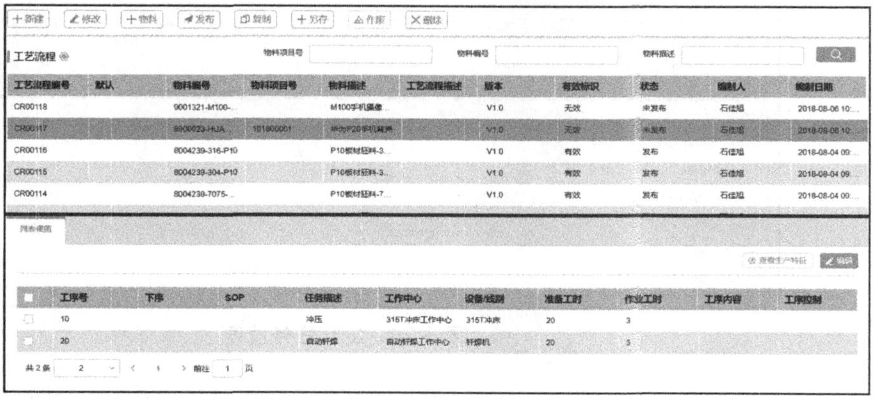

图 6-26 工艺管理

WIS 支持对 NC 程序目录的自定义管理功能（见图 6-27）。用户可根据使用要求对物料相关的 NC 程序进行目录式管理。NC 程序发布后，可下发至绑定的设备。

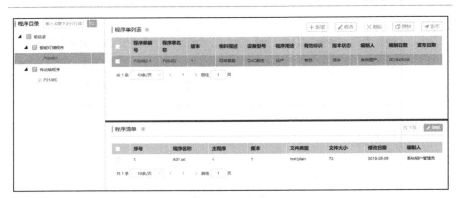

图 6-27　NC 程序管理

（5）生产管理部门

企业的生产管理部门根据销售订单制订生产计划，安排生产，通过借助 WIS 系统，进行计算机辅助排程，更加合理地安排生产，并进行生产调度（见图 6-28）。

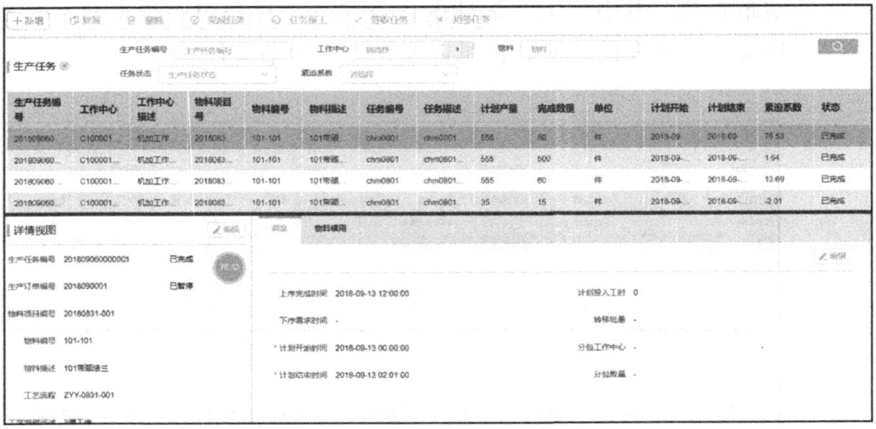

图 6-28　生产任务管理

生产派工用于班组长对生产任务的安排工作，实现了对生产任务的实际生产管理，确定生产设备和生产人员以及生产工艺的过程。WIS 系统支持对生产任务手工派工的操作（见图 6-29）。

图 6-29　生产派工

(6) 生产工作站

生产工作站是管理过程中在生产车间部署并应用的子系统（见图 6-30），生产工作站系统面对生产操作工及质检等一线操作人员，通过简单易用的页面，帮助操作工完成物料接收、生产的开工与报工、报警、查看工艺图纸等常用操作。

图 6-30　生产工作站

(7) 质检

针对企业的现状，采用无线方式的智能化质检设备进行产品在线测量，并将测量结果实时传送到 WIS。具体流程见图 6-31。

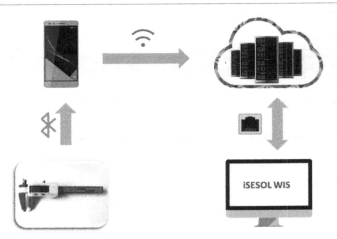

图 6-31　智能化在线质检流程 1

手机 app（应用）完成的功能包括：
① 通过 WIS 应用获取质检任务；
② 使用与 app 相同的账号进行登录，可查询到对应量具提交的测量值。

如图 6-32 所示，具体流程如下：
① 手机 app 登录 WIS 系统（选择质检任务）及手机 app 连接量具；
② 使用量具测量工件；
③ 量具提交测量值；

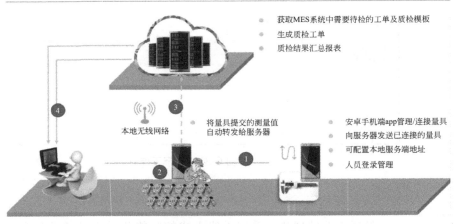

图 6-32　智能化在线质检流程 2

④ WIS 页面显示量具发送的测量值，并将其与已选质检项自动提交为项目测量结果。

质检信息如图 6-33 所示。

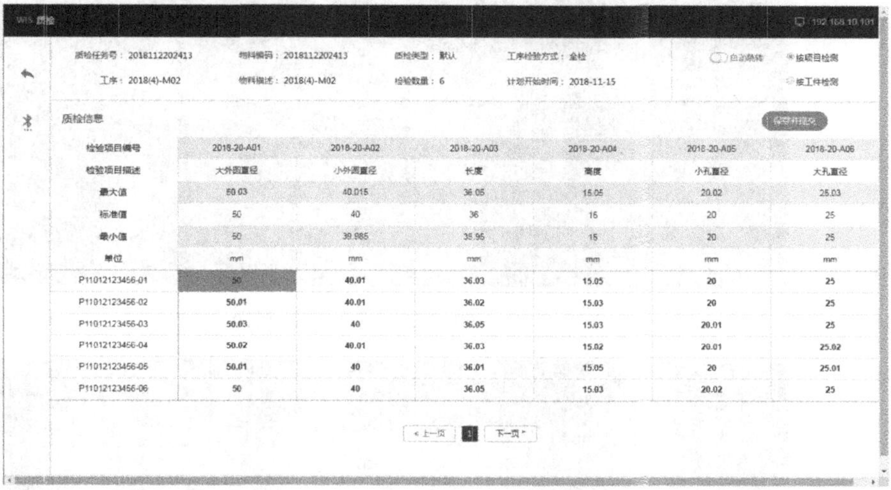

图 6-33　质检信息

通过智能化在线质检方案，能够实现的功能包括：
① 通过 WIS 获取质检任务；
② 支持大批量零件按批质检；
③ 支持手动创建待检样本；
④ 零件质检状态提醒（合格/不合格/待检）；
⑤ 量具使用跟踪（量具号/通过手动输入）；
⑥ 实时获取已连接量具的测量数据。

(8) 管理层

以生产统计为基础，定义企业生产相关的关键绩效指标（KPI），实现企业的生产过程信息查询与统计，并以图表及看板形式进行展现（见图 6-34）。实时监控整个车间的生产过程，包括设备运行状况、生产过程质量、物料缺料情况、工具工装信息以及生产进度等。宏观了解整个生产车间的生产线的生产情况、生产进度以及生产中发生的不良原因等。

在车间大屏或办公区域上，显示车间布局看板（见图 6-35），布局看板显示车间设备布局图，实时查看设备状态及生产相关信息。

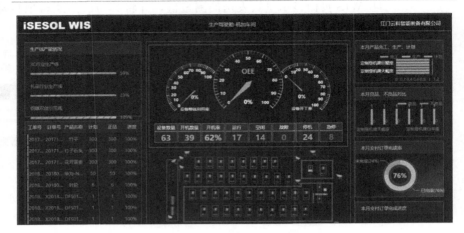

图 6-34 车间总体看板

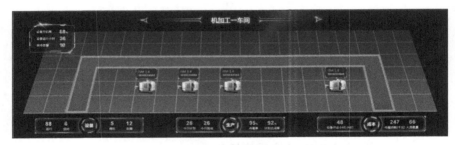

图 6-35 车间布局看板

6.3.5 建设后使用效果

① 销售部门通过 iSESOL WIS 系统,创建销售订单,WIS 根据订单生成生产任务。可实时查询生产产品加工种类、库存数量等。

② 生产管理部门实现企业生产相关设备的信息采集及生产过程要素的采集。

③ 仓库要实现企业仓库信息化管理,包括原材料、产品等物料出入库操作,实时掌握物料库存情况。

④ 生产管理部门利用计算机排产算法,实现工序级自动排产功能,最大程度上减轻生产管理部门和车间的排产工作量,提高工作效率。

⑤ 优化各生产部门派工以及作业管理,促进快速响应、合理利用生产资源。实现简便、实用的看板系统,浏览设备加工状态、生产任务进度等信息。

⑥ 设备管理部门实现现有车间设备管理功能，实现设备日常点检管理、设备精度点检管理及设备维护保养计划的信息化。

⑦ 质检检测部门实现蓝牙智能化在线检测设备的检测数据自动化，减轻质检人员工作量。

⑧ 满足企业管理层对于订单生产的透明化管理，实时掌握企业生产现状，并通过生产数据能及时发现存在的问题。

6.4 基于大数据的生产系统预测性维护与机床体检相关案例

基于 iSESOL 的机床体检通过云端向机床端下发体检指令，使机床运行特定程序同时采集数据，数据由本地采集后，经由数据采集器传输至云端或直接传输至云端，由云端将采集到的数据进行分析存档，并形成"体检报告"，用户通过查看机床"体检报告"对机床性能进行判断并作出维护决策（见图 6-36）。同时可以通过云端保存的历史体检结果，分析机床的性能变化曲线，进一步查找问题。

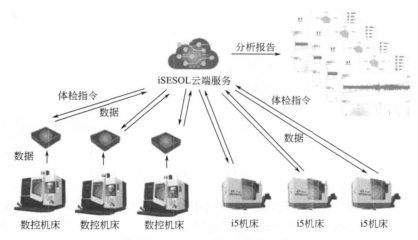

图 6-36　iSESOL 机床体检示意图

目前 iSESOL 的机床体检主要包括主轴激励特性、动态精度、阻尼特性、响应特性及波动特性五项。其中，主轴激励特性测试中使进给轴静止，主轴按照一定规律旋转，在主轴旋转过程中采集各进给轴的速度波动，通过对各进给轴的速度波动分析主轴的机械性能。当主轴机械性能较差（如径向跳动较大）时，各进给轴的速度波动会明显变大，同时导致被加工表面出现较密振纹。通过对比同类型机床的主轴激励特性测试结果，可以发现主轴机械性能较差的设备，并对其进行相应处置。图 6-37 为主轴激励特性示意图。

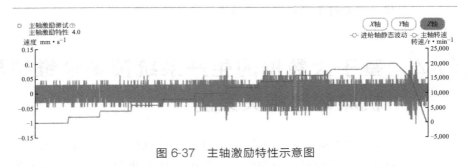

图 6-37　主轴激励特性示意图

动态精度测试中使主轴静止，两进给轴做圆弧联动，采集运动过程中两轴反馈位置值，绘制圆误差图谱，分析在圆误差图谱中的最大误差，用此作为评价机床动态精度的指标。该项指标越差说明机床的动态精度越差，在加工联动圆弧时，会出现凸起或凹陷。图 6-38 为动态精度测试示意图。

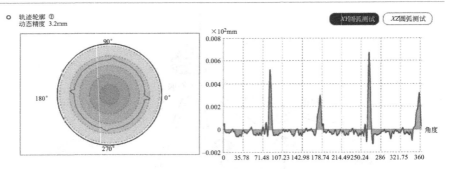

图 6-38　动态精度测试示意图

阻尼特性中使各进给轴在正负限位中匀速运动，采集过程中的进给轴输出电流。对于装配良好的进给轴，其行程中各处电流值应均匀一致。示意图见图 6-39。

响应特性中使各进给轴进行加速运动，采集其加速过程中的理论与反馈速度信号，通过分析反馈速度与理论速度的偏差及反馈速度中的波动，判断该轴的响应特性。该项指标低说明机床机电特性匹配较差。示意图见图 6-40。

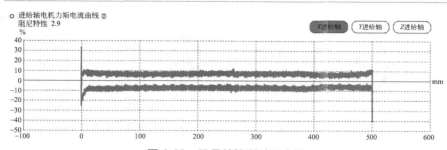

图 6-39　阻尼特性测试示意图

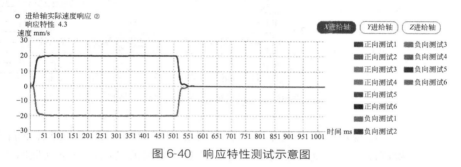

图 6-40　响应特性测试示意图

波动特性中使进给轴在正负限位中匀速运动，采集运动过程中的理论速度与反馈速度的偏差，即运动过程中的波动情况。如波动较大，则进给轴可能出现机械故障。示意图见图 6-41。

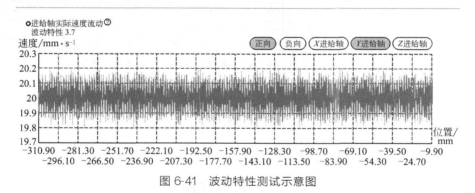

图 6-41　波动特性测试示意图

在获得上述各项测试的结果后，综合各项指标对机床进行综合评分（见图 6-42），以此作为机床性能评价依据。

下面通过某次维修案例介绍机床体检在设备预维护中的使用。在某次定期体检中，发现某机床波动特性检测结果很差只有 2.4 分，从报告中查看具体结果发现其 y 轴在匀速运动时有极大的周期波动，如图 6-43 所示。

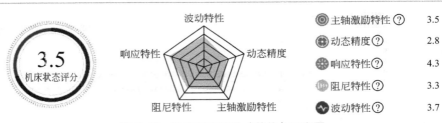

图 6-42　机床状态评分（整体）示意图

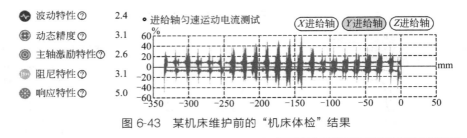

图 6-43　某机床维护前的"机床体检"结果

经现场检修发现 y 轴丝杠螺母座中有异物，进行清洗后重新进行体检可以发现波动特性得分上升，其对应图形波动明显减小（见图 6-44）。

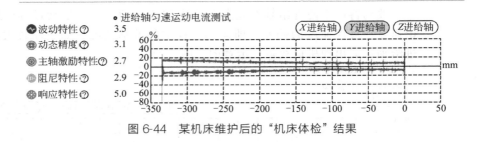

图 6-44　某机床维护后的"机床体检"结果

参考文献

[1] 张映锋. 智能物联制造系统与决策[M]. 北京：机械工业出版社，2018.

[2] 王芳，赵中宁. 智能制造基础与应用[M]. 北京：机械工业出版社，2018.

[3] 谭建荣. 智能制造：关键技术与企业应用[M]. 北京：机械工业出版社，2017.

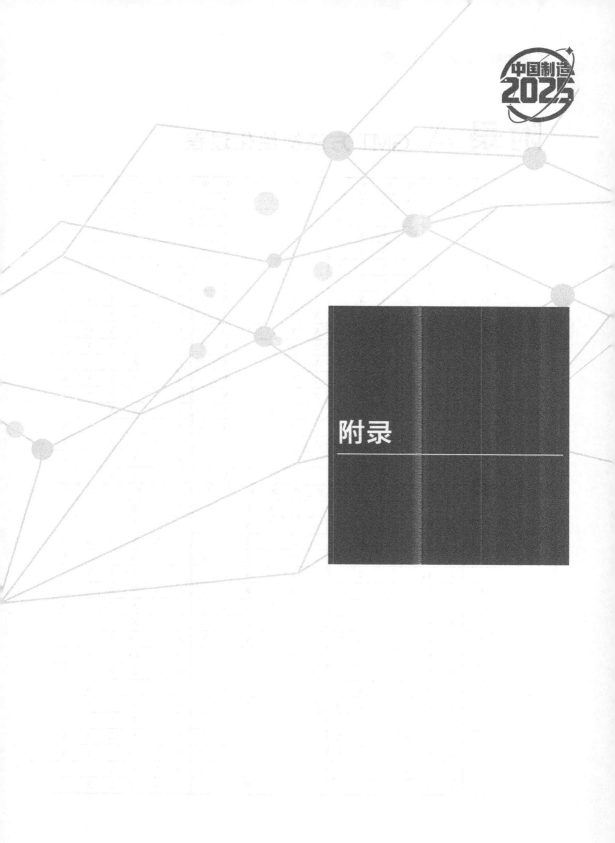

附录

附录 A GMT方法初始化过程

工序	W_1	W_2	W_3	W_4	W_5	W_6	W_1	W_2	W_3	W_4	W_5	W_6	W_1	W_2	W_3	W_4	W_5	W_6
O_{11}	2	3	X	5	2	3	2	3	X	5	2	3	4	3	X	5	2	3
O_{12}	4	3	5	X	3	X	4	3	5	X	5	X	6	3	5	X	5	X
O_{13}	2	X	5	4	X	4	2	X	5	4	X	4	2	X	5	4	X	4
O_{21}	3	X	5	3	2	X	3	X	5	3	4	X	5	X	5	3	4	X
O_{22}	4	X	3	3	X	5	4	X	3	3	X	5	6	X	3	3	X	5
O_{23}	X	X	4	5	X	9	X	X	4	5	9	9	X	X	4	5	9	9
O_{31}	5	6	X	4	X	4	5	6	X	4	X	4	7	6	X	4	X	4
O_{32}	X	4	X	3	5	4	X	4	X	3	7	4	X	4	X	3	7	4
O_{33}	X	X	11	X	9	13	X	X	11	X	11	13	X	X	11	X	11	13
O_{41}	9	X	7	9	X	6	9	X	7	9	X	6	11	X	7	9	X	6
O_{42}	X	7	X	5	6	5	X	7	X	X	8	5	X	7	X	X	8	5
O_{43}	2	3	3	X	X	4	2	3	4	X	X	4	4	3	4	X	X	4
O_{51}	X	4	5	3	X	4	X	4	5	X	X	4	X	4	5	X	X	4
O_{52}	4	4	6	X	3	5	4	4	6	X	5	5	6	4	6	X	5	5
O_{53}	3	4	X	5	6	X	3	4	5	X	8	X	5	4	X	5	8	X
O_{61}	X	3	7	4	5	X	X	3	7	X	7	X	X	3	7	4	7	X
O_{62}	6	2	X	4	3	X	6	2	X	X	5	X	8	2	X	4	5	X
O_{63}	5	4	3	X	X	4	5	4	3	X	X	4	7	4	3	X	X	4
工序	W_1	W_2	W_3	W_4	W_5	W_6	W_1	W_2	W_3	W_4	W_5	W_6	W_1	W_2	W_3	W_4	W_5	W_6
O_{11}	4	5	X	5	2	3	4	5	X	8	2	3	4	5	X	8	2	3
O_{12}	6	5	5	X	5	X	6	5	5	X	5	X	6	5	8	X	5	X
O_{13}	2	X	5	4	X	4	2	X	5	7	X	4	2	X	8	7	X	4
O_{21}	5	X	5	3	4	X	5	X	5	3	4	X	5	X	8	3	4	X
O_{22}	6	X	3	3	X	5	6	X	3	6	X	5	6	X	6	6	X	5
O_{23}	X	X	4	5	9	9	X	X	4	8	9	9	X	X	7	8	9	9
O_{31}	7	8	X	4	X	4	7	8	X	7	X	4	7	8	X	7	X	4
O_{32}	X	6	X	3	7	4	X	6	X	6	7	4	X	6	X	6	7	4
O_{33}	X	X	11	X	11	13	X	X	11	X	11	13	X	X	14	X	11	13
O_{41}	11	X	7	9	X	6	11	X	7	12	X	6	11	X	10	12	X	6
O_{42}	X	9	X	5	8	5	X	9	X	8	8	5	X	9	X	8	8	5
O_{43}	4	5	4	X	X	4	4	5	4	X	X	4	4	5	7	X	X	4
O_{51}	X	6	5	3	X	4	X	6	6	X	X	4	X	6	8	X	X	4
O_{52}	6	6	6	X	5	5	6	6	X	X	5	5	6	6	9	X	5	5
O_{53}	5	6	X	5	8	X	5	6	X	8	8	X	5	6	X	8	8	X
O_{61}	X	5	7	4	7	X	X	5	7	7	7	X	X	5	10	7	7	X
O_{62}	8	2	X	4	5	X	8	2	X	7	5	X	8	2	X	7	5	X
O_{63}	7	6	3	X	X	4	7	6	3	X	X	4	7	6	3	X	X	4

续表

工序	W_1	W_2	W_3	W_4	W_5	W_6	W_1	W_2	W_3	W_4	W_5	W_6	W_1	W_2	W_3	W_4	W_5	W_6
O_{11}	4	5	X	8	2	7	8	5	X	8	2	7	8	**10**	X	8	2	7
O_{12}	6	5	8	X	5	**X**	**10**	**5**	8	X	5	X	10	**5**	8	X	5	X
O_{13}	2	X	8	7	X	8	**6**	X	8	7	X	8	6	**X**	8	7	X	8
O_{21}	5	X	8	3	4	**X**	**9**	X	8	3	4	X	9	**X**	8	3	4	X
O_{22}	6	X	6	6	X	9	**10**	X	6	6	X	9	10	**X**	6	6	X	9
O_{23}	X	X	7	8	9	**13**	**X**	X	7	8	9	13	X	**X**	7	8	9	13
O_{31}	7	8	X	7	X	4	**11**	8	X	7	X	4	11	**13**	X	7	X	4
O_{32}	X	6	X	6	7	**8**	**X**	6	X	6	7	8	X	**11**	X	6	7	8
O_{33}	X	X	14	X	11	**17**	**X**	X	14	X	11	17	X	**X**	14	X	11	17
O_{41}	11	X	10	12	X	**10**	**15**	X	10	12	X	10	15	**X**	10	12	X	10
O_{42}	X	9	X	8	8	9	**X**	9	X	8	8	9	X	**14**	X	8	8	9
O_{43}	**4**	5	7	X	X	8	**4**	5	7	X	X	8	4	**10**	7	X	X	8
O_{51}	X	6	8	6	X	**8**	**X**	6	8	6	X	8	X	**11**	8	6	X	8
O_{52}	6	6	9	X	5	9	**10**	6	9	X	5	9	10	**11**	9	X	**5**	9
O_{53}	5	6	X	8	8	**X**	**9**	6	X	8	8	X	9	**11**	X	8	8	X
O_{61}	X	5	10	7	7	**X**	**X**	5	10	7	7	X	X	**10**	10	7	7	X
O_{62}	8	2	X	7	5	**X**	**12**	2	X	7	5	X	12	**7**	X	7	5	X
O_{63}	7	6	3	X	X	**8**	**11**	6	3	X	X	8	11	**11**	3	X	X	8
工序	W_1	W_2	W_3	W_4	W_5	W_6	W_1	W_2	W_3	W_4	W_5	W_6	W_1	W_2	W_3	W_4	W_5	W_6
O_{11}	8	10	X	8	**7**	7	8	10	**X**	8	7	7	8	10	X	**14**	7	7
O_{12}	10	5	8	X	**10**	X	10	5	**14**	X	10	X	10	5	14	**X**	10	X
O_{13}	6	X	8	7	**X**	8	6	X	**14**	7	X	8	6	X	14	**13**	X	8
O_{21}	9	X	8	3	**9**	X	9	X	**14**	3	9	X	9	X	14	**9**	9	X
O_{22}	10	X	**6**	6	**X**	9	10	X	**6**	6	X	9	10	X	6	**12**	X	9
O_{23}	X	X	7	8	**14**	13	X	X	**13**	8	14	13	X	X	**13**	14	14	13
O_{31}	11	13	X	7	**X**	4	11	13	**X**	7	X	4	11	13	X	**13**	X	4
O_{32}	X	11	X	6	**12**	8	X	11	**X**	6	12	8	X	11	X	**6**	12	8
O_{33}	X	X	14	X	**16**	17	X	X	**20**	X	16	17	X	X	20	**X**	16	17
O_{41}	15	X	10	12	**X**	10	15	X	**16**	12	X	10	15	X	16	**18**	X	10
O_{42}	X	14	X	8	**13**	9	X	14	**X**	8	13	9	X	14	X	**14**	13	9
O_{43}	4	10	7	X	**X**	8	4	10	**13**	X	X	8	4	10	13	**X**	X	8
O_{51}	X	11	8	6	**X**	8	X	11	**14**	6	X	8	X	11	14	**12**	X	**8**
O_{52}	10	11	9	X	**5**	9	10	11	**15**	X	10	9	10	11	15	**X**	10	9
O_{53}	9	11	X	8	**13**	X	9	11	**X**	8	13	X	9	11	X	**14**	13	X
O_{61}	X	10	10	7	**12**	X	X	10	**16**	7	12	X	X	10	16	**13**	12	X
O_{62}	12	7	X	7	**10**	X	12	7	**X**	7	10	X	12	7	X	**13**	10	X
O_{63}	11	11	3	X	**X**	8	11	11	**9**	X	X	8	11	11	9	**X**	X	8
工序	W_1	W_2	W_3	W_4	W_5	W_6	W_1	W_2	W_3	W_4	W_5	W_6	W_1	W_2	W_3	W_4	W_5	W_6
O_{11}	8	10	X	14	7	**15**	**17**	10	X	14	7	15	17	**20**	X	14	7	15
O_{12}	10	5	14	X	10	**X**	**19**	5	14	X	10	X	19	**15**	14	X	10	X
O_{13}	6	X	14	13	X	**16**	**15**	X	14	13	X	16	15	**X**	14	13	X	16

续表

工序	W_1	W_2	W_3	W_4	W_5	W_6	W_1	W_2	W_3	W_4	W_5	W_6	W_1	W_2	W_3	W_4	W_5	W_6
O_{21}	9	X	14	9	9	**X**	18	X	14	9	9	X	18	**X**	14	9	9	X
O_{22}	10	X	6	12	**X**	17	19	X	6	12	X	17	19	**X**	6	12	**X**	17
O_{23}	X	X	13	14	14	21	**X**	X	13	14	14	21	X	**X**	13	14	14	21
O_{31}	11	13	X	13	**X**	12	20	13	X	13	X	12	20	**23**	X	13	X	12
O_{32}	X	11	X	6	12	**16**	**X**	11	X	6	12	16	X	**21**	X	6	12	16
O_{33}	X	X	20	X	16	**25**	**X**	X	20	X	16	25	X	**X**	20	X	16	25
O_{41}	15	X	16	18	X	**18**	24	X	16	18	X	18	24	**X**	16	18	X	18
O_{42}	X	14	X	14	13	17	**X**	14	X	14	13	17	X	**24**	X	14	13	17
O_{43}	4	10	13	X	X	16	13	10	13	X	X	16	13	**20**	13	X	X	16
O_{51}	X	11	14	12	X	**8**	**X**	11	14	12	X	8	X	**21**	14	12	X	8
O_{52}	10	11	15	X	10	17	**19**	11	15	X	10	17	19	**21**	15	X	10	17
O_{53}	9	11	X	14	13	**X**	9	11	X	14	13	X	9	**21**	X	14	13	X
O_{61}	X	10	16	13	12	**X**	**X**	10	16	13	12	X	X	**10**	16	13	12	X
O_{62}	12	7	X	13	10	**X**	**21**	7	X	13	10	X	21	**17**	X	13	10	X
O_{63}	11	11	9	X	X	16	**20**	11	9	X	X	16	20	**21**	9	X	X	16
工序	W_1	W_2	W_3	W_4	W_5	W_6	W_1	W_2	W_3	W_4	W_5	W_6	W_1	W_2	W_3	W_4	W_5	W_6
O_{11}	17	20	**X**	14	7	15	17	20	X	14	**20**	15	17	20	X	**32**	20	15
O_{12}	19	15	**27**	X	10	X	19	15	27	X	**23**	X	19	15	27	**X**	23	X
O_{13}	15	X	**27**	13	X	16	15	X	27	13	**X**	16	15	X	27	**31**	X	16
O_{21}	18	X	**27**	9	9	X	18	X	27	9	**22**	X	18	X	27	**27**	22	X
O_{22}	19	X	**19**	12	X	17	19	X	19	12	**X**	17	19	X	19	**30**	X	17
O_{23}	X	X	13	14	14	21	X	X	13	14	**27**	21	X	X	13	**32**	27	21
O_{31}	20	23	**X**	13	X	12	20	23	X	13	**X**	12	20	23	X	**31**	X	12
O_{32}	X	21	**X**	6	12	16	X	21	X	6	**25**	16	X	21	X	**24**	25	16
O_{33}	X	X	**33**	X	16	25	X	X	33	X	**29**	25	X	X	33	**X**	29	25
O_{41}	24	X	**29**	18	X	18	24	X	29	18	**X**	18	24	X	29	**18**	X	18
O_{42}	X	24	**X**	14	13	17	X	24	X	14	**13**	17	X	24	X	**32**	13	17
O_{43}	13	20	**26**	X	X	16	13	20	26	X	**X**	16	13	20	26	**X**	X	16
O_{51}	X	21	**27**	12	X	8	X	21	27	12	**X**	8	X	21	27	**30**	X	8
O_{52}	19	21	**28**	X	10	17	19	21	28	X	**23**	17	19	21	28	**X**	23	17
O_{53}	9	21	**X**	14	13	X	9	21	X	14	**26**	X	9	21	X	**32**	26	X
O_{61}	X	10	**29**	13	X	X	X	10	29	13	**25**	X	X	10	29	**31**	25	X
O_{62}	21	17	**X**	13	10	X	21	17	X	13	**23**	X	21	17	X	**31**	23	X
O_{63}	20	21	**22**	X	X	16	20	21	22	X	**X**	16	20	21	22	**X**	X	16

附录 B RS方法初始化过程

工序	W_1	W_2	W_3	W_4	W_5	W_6	W_1	W_2	W_3	W_4	W_5	W_6	W_1	W_2	W_3	W_4	W_5	W_6
O_{11}	2	3	X	5	**2**	3	2	3	X	5	**2**	3	2	3	X	5	2	3
O_{21}	3	X	5	3	2	X	3	X	5	**3**	**4**	X	3	X	5	**3**	**4**	X
O_{31}	5	6	X	4	X	4	5	6	X	**4**	X	4	5	6	X	**7**	X	**4**
O_{41}	9	X	7	9	X	6	9	X	7	9	**X**	6	9	X	7	**12**	X	6
O_{51}	X	4	5	3	X	4	X	4	5	3	**X**	4	X	4	5	**6**	X	4
O_{61}	X	3	7	4	5	X	X	3	7	4	**7**	X	X	3	7	**7**	7	X
O_{42}	X	7	X	5	6	5	X	7	X	5	**8**	5	X	7	X	**8**	8	5
O_{12}	4	3	5	X	3	X	4	3	5	X	**5**	X	4	3	5	**X**	5	X
O_{52}	4	4	6	X	3	5	4	4	6	X	**5**	5	4	4	6	**X**	5	5
O_{22}	4	X	3	3	X	5	4	X	3	3	**X**	5	4	X	3	**6**	X	5
O_{13}	2	X	5	4	X	4	2	X	5	4	**X**	4	2	X	5	**7**	X	4
O_{43}	2	3	4	X	X	4	2	3	4	X	**X**	4	2	3	4	**X**	X	4
O_{62}	6	2	X	4	3	X	6	2	X	4	**5**	X	6	2	X	**7**	5	X
O_{53}	3	4	X	5	6	X	3	4	X	5	**8**	X	3	4	X	**8**	8	X
O_{23}	X	X	4	5	7	9	X	X	4	5	**9**	9	X	X	4	**8**	9	9
O_{63}	5	4	3	X	X	4	5	4	3	X	**X**	4	5	4	3	**X**	X	4
O_{32}	X	4	X	3	5	4	X	4	X	3	**7**	4	X	4	X	**6**	7	4
O_{33}	X	X	11	X	9	13	X	X	11	X	**11**	13	X	X	11	**X**	11	13
工序	W_1	W_2	W_3	W_4	W_5	W_6	W_1	W_2	W_3	W_4	W_5	W_6	W_1	W_2	W_3	W_4	W_5	W_6
O_{11}	2	3	X	5	2	3	2	3	X	5	2	3	2	3	X	5	2	3
O_{21}	3	X	5	3	4	X	3	X	5	3	4	X	3	X	5	3	4	X
O_{31}	5	6	X	7	X	**4**	5	6	X	7	X	4	5	6	X	7	X	4
O_{41}	9	X	**7**	12	X	**10**	9	X	**7**	12	X	10	9	X	7	12	X	10
O_{51}	X	4	5	6	X	**8**	X	**4**	**12**	6	X	8	X	**4**	12	6	X	8
O_{61}	X	3	7	7	7	**X**	X	**14**	7	7	7	X	X	**7**	**14**	7	7	X
O_{42}	X	7	X	8	8	**9**	X	7	**X**	8	8	9	X	**11**	X	8	8	9
O_{12}	4	3	X	5	**X**	X	4	3	**12**	X	5	X	4	**7**	12	X	5	X
O_{52}	4	4	6	X	5	**9**	4	4	**13**	X	5	9	4	**8**	13	X	5	9
O_{22}	4	X	3	6	X	**9**	4	X	**10**	6	X	9	4	**X**	10	6	X	9
O_{13}	2	X	5	7	X	**8**	2	X	**12**	7	X	8	2	**X**	12	7	X	8
O_{43}	2	3	4	X	X	**8**	2	3	**11**	X	X	8	2	**7**	11	X	X	8
O_{62}	6	2	X	7	5	X	6	2	**X**	7	5	X	6	**6**	X	7	5	X
O_{53}	3	4	X	8	8	**X**	3	4	**X**	8	8	X	3	**8**	X	8	8	X
O_{23}	X	X	4	8	9	**13**	X	X	**11**	8	9	13	X	**X**	11	8	9	13
O_{63}	5	4	3	X	X	**8**	5	4	**10**	X	X	8	5	**8**	10	X	X	8
O_{32}	X	4	X	6	7	**8**	X	4	**X**	6	7	8	X	**8**	X	6	7	8
O_{33}	X	X	11	X	11	**17**	X	X	**18**	X	11	17	X	**X**	18	X	11	17

续表

工序	W_1	W_2	W_3	W_4	W_5	W_6	W_1	W_2	W_3	W_4	W_5	W_6	W_1	W_2	W_3	W_4	W_5	W_6
O_{11}	2	3	X	5	2	3	2	3	X	5	2	3	2	3	X	5	2	3
O_{21}	3	X	5	3	4	X	3	X	5	3	4	X	3	X	5	3	4	X
O_{31}	5	6	X	7	X	4	5	6	X	7	X	4	5	6	X	7	X	4
O_{41}	9	X	7	12	X	10	9	X	7	12	X	10	9	X	7	12	X	10
O_{51}	X	4	12	6	X	8	X	4	12	6	X	8	X	4	12	6	X	8
O_{61}	X	7	14	7	**7**	X	X	7	14	7	7	X	X	7	14	7	7	X
O_{42}	X	11	X	**8**	15	9	X	11	X	**8**	15	9	X	11	X	8	15	9
O_{12}	4	7	12	X	**12**	X	**4**	7	12	**X**	12	X	**4**	7	12	X	12	X
O_{52}	4	8	13	X	**12**	9	4	8	13	**X**	12	9	**8**	8	13	X	12	9
O_{22}	4	X	10	6	**X**	9	4	X	10	**14**	X	9	**8**	X	10	14	X	9
O_{13}	2	X	12	7	**X**	8	2	X	12	**15**	X	8	**6**	X	12	15	X	8
O_{43}	2	7	11	X	**X**	8	2	7	11	**X**	X	8	**6**	7	11	X	X	8
O_{62}	6	6	X	7	**12**	X	6	6	X	**15**	12	X	**10**	6	X	15	12	X
O_{53}	3	8	X	8	**15**	X	3	8	X	**16**	15	X	**7**	8	X	16	15	X
O_{23}	X	X	11	8	**16**	13	X	X	11	**16**	16	13	**X**	X	11	16	16	13
O_{63}	5	8	10	X	**X**	8	5	8	10	**X**	X	8	**9**	8	10	X	X	8
O_{32}	X	8	X	6	**14**	8	X	8	X	**14**	14	8	**X**	8	X	14	14	8
O_{33}	X	X	18	X	**18**	17	X	X	18	**X**	18	17	**X**	X	18	X	18	17
工序	W_1	W_2	W_3	W_4	W_5	W_6	W_1	W_2	W_3	W_4	W_5	W_6	W_1	W_2	W_3	W_4	W_5	W_6
O_{11}	2	3	X	5	2	3	2	3	X	5	2	3	2	3	X	5	2	3
O_{21}	3	X	5	3	4	X	3	X	5	3	4	X	3	X	5	3	4	X
O_{31}	5	6	X	7	X	4	5	6	X	7	X	4	5	6	X	7	X	4
O_{41}	9	X	7	12	X	10	9	X	7	12	X	10	9	X	7	12	X	10
O_{51}	X	4	12	6	X	8	X	4	12	6	X	8	X	4	5	6	X	8
O_{61}	X	7	14	7	7	X	X	7	14	7	7	X	X	7	7	7	7	X
O_{42}	X	11	X	8	15	9	X	11	X	8	15	9	X	11	X	8	15	9
O_{12}	4	7	12	X	12	X	4	7	12	X	12	X	4	7	5	X	12	X
O_{52}	**8**	8	13	X	12	9	8	8	13	X	12	9	8	8	6	X	12	9
O_{22}	**16**	X	10	14	X	**9**	16	X	10	14	X	**9**	8	X	9	14	X	9
O_{13}	**14**	X	12	15	X	8	14	X	**12**	15	X	**17**	14	X	**12**	15	X	17
O_{43}	**14**	7	11	X	X	8	14	7	11	X	X	**17**	14	7	**23**	X	X	17
O_{62}	**18**	6	X	15	12	X	18	6	X	15	12	**X**	18	6	**X**	15	12	X
O_{53}	**15**	8	X	16	15	X	15	8	X	16	15	**X**	15	8	X	16	15	X
O_{23}	X	X	11	16	16	13	X	X	11	16	16	**22**	X	X	**23**	16	16	22
O_{63}	**17**	8	10	X	X	8	17	8	10	X	X	**17**	17	8	**22**	X	X	17
O_{32}	**X**	8	X	14	14	8	X	8	X	14	14	**17**	X	8	**X**	14	14	17
O_{33}	**X**	X	18	X	18	17	X	X	18	X	18	**26**	X	X	**30**	X	18	26
工序	W_1	W_2	W_3	W_4	W_5	W_6	W_1	W_2	W_3	W_4	W_5	W_6	W_1	W_2	W_3	W_4	W_5	W_6
O_{11}	2	3	X	5	2	3	2	3	X	5	2	3	2	3	X	5	2	3
O_{21}	3	X	5	3	4	X	3	X	5	3	4	X	3	X	5	3	4	X
O_{31}	5	6	X	7	X	4	5	6	X	7	X	4	5	6	X	7	X	4

续表

工序	W_1	W_2	W_3	W_4	W_5	W_6	W_1	W_2	W_3	W_4	W_5	W_6	W_1	W_2	W_3	W_4	W_5	W_6
O_{41}	9	X	7	12	X	10	9	X	7	12	X	10	9	X	7	12	X	10
O_{51}	X	4	5	6	X	8	X	4	5	6	X	8	X	4	5	6	X	8
O_{61}	X	7	7	7	7	X	X	7	7	7	7	X	X	7	7	7	7	X
O_{42}	X	11	X	8	15	9	X	11	X	8	15	9	X	11	X	8	15	9
O_{12}	4	7	5	X	12	X	4	7	5	X	12	X	4	7	5	X	12	X
O_{52}	8	8	6	X	12	9	8	8	6	X	12	9	8	8	6	X	12	9
O_{22}	8	X	9	14	X	9	8	X	9	14	X	9	8	X	9	14	X	9
O_{13}	14	X	12	15	X	17	14	X	12	15	X	17	14	X	12	15	X	17
O_{43}	14	7	23	X	X	17	14	7	23	X	X	17	14	7	23	X	X	17
O_{62}	18	**13**	X	15	**12**	X	18	13	X	15	**12**	X	18	13	X	15	12	X
O_{53}	15	**15**	X	16	15	X	15	**15**	X	16	**27**	X	15	**15**	X	16	27	X
O_{23}	X	**X**	23	16	16	22	X	X	23	16	**28**	22	X	**X**	23	**16**	28	22
O_{63}	17	**15**	22	X	X	17	17	15	22	X	**X**	17	17	**30**	22	X	X	17
O_{32}	X	**15**	X	14	14	17	X	15	X	14	**26**	17	X	**30**	X	14	26	17
O_{33}	X	**X**	30	X	18	26	X	X	30	X	**30**	26	X	**X**	30	X	30	26

工序	W_1	W_2	W_3	W_4	W_5	W_6	W_1	W_2	W_3	W_4	W_5	W_6	W_1	W_2	W_3	W_4	W_5	W_6
O_{11}	2	3	X	5	2	3	2	3	X	5	2	X	2	3	X	5	2	3
O_{21}	3	X	5	3	4	X	3	X	5	3	4	X	3	X	5	3	4	X
O_{31}	5	6	X	7	X	4	5	6	X	7	X	4	5	6	X	7	X	4
O_{41}	9	X	7	12	X	10	9	X	7	12	X	10	9	X	7	12	X	10
O_{51}	X	4	5	6	X	8	X	4	5	6	X	8	X	4	5	6	X	8
O_{61}	X	7	7	7	7	X	X	7	7	7	7	X	X	7	7	7	7	X
O_{42}	X	11	X	8	15	9	X	11	X	8	15	9	X	11	X	8	15	9
O_{12}	4	7	5	X	12	X	4	7	5	X	12	X	4	7	5	X	12	X
O_{52}	8	8	6	X	12	9	8	8	6	X	12	9	8	8	6	X	12	9
O_{22}	8	X	9	14	X	9	8	X	9	14	X	9	8	X	9	14	X	9
O_{13}	14	X	12	15	X	17	14	X	11	15	X	8	14	X	11	15	X	8
O_{43}	14	7	23	X	X	17	14	7	10	X	X	16	14	7	10	X	X	16
O_{62}	18	13	X	15	12	X	18	13	X	15	12	X	18	13	X	15	12	X
O_{53}	15	15	X	16	27	X	15	15	X	16	27	X	15	15	X	16	27	X
O_{23}	X	X	23	**16**	28	22	X	X	23	16	28	21	X	X	21	16	28	21
O_{63}	**17**	30	22	**X**	X	17	**17**	30	22	X	X	17	17	30	20	X	X	17
O_{32}	X	30	X	**30**	26	17	**X**	30	X	30	26	17	X	30	X	30	26	**17**
O_{33}	X	X	30	**X**	30	26	**X**	X	30	X	30	26	X	X	30	X	30	**41**

附录 C FJSP 问题测试数据

```
MK01 10×6 问题
10  6   2
6   2 1 5 3 4 3 5 3 3 5 2 1 2 3 4 6 2 3 6 5 2 6 1 1 1 3 1 3 6 6 3 6 4 3
5   1 2 6 1 3 1 1 1 2 2 2 6 4 6 3 6 5 2 6 1 1
5   1 2 6 2 3 4 6 2 3 6 5 2 6 1 1 3 3 4 2 6 6 6 2 1 5 5
5   3 6 5 2 6 1 1 1 2 6 1 3 1 3 5 3 3 5 2 1 2 3 4 6 2
6   3 5 3 3 5 2 1 3 6 5 2 6 1 1 1 2 6 2 1 5 3 4 2 2 6 4 6 3 3 4 2 6 6 6
6   2 3 4 6 2 1 1 2 3 3 4 2 6 6 6 1 2 6 3 6 5 2 6 1 1 2 1 3 4 2
5   1 6 1 2 3 4 2 3 3 4 2 6 6 6 3 2 6 5 1 1 6 1 3 1
5   2 3 4 6 2 3 3 4 2 6 6 6 3 6 5 2 6 1 1 1 2 6 2 2 6 4 6
6   1 6 1 2 1 1 5 5 3 6 6 3 6 4 3 1 1 2 3 3 4 2 6 6 6 2 2 6 4 6
6   2 3 4 6 2 3 3 4 2 6 6 6 3 5 3 3 5 2 1 1 6 1 2 2 6 4 6 2 1 3 4 2

MK02 10×6 问题
10  6   3.5
6   6 3 3 4 5 1 3 6 6 2 2 5 3 2 6 5 3 4 6 1 1 5 6 3 3 4 3 2 6 6 5 1 2 6 2 6 3 5 6 3 3 2 2 1 5 4
6   5 6 1 5 6 1 3 2 4 4 2 2 6 3 5 6 1 5 2 2 2 4 3 3 3 3 2 2 1 5 4 6 3 3 4 5 1 3 6 6 2 2 5   3 6 6 1 1 5
6   3 3 4 3 2 6 6 5 6 5 3 4 6 2 4 6 6 3 6 1 2 3 3 2 2 1 5 4 5 3 5 1 4 2 3 6 3 5 2 6 4 1 1 5 2 4 5 5 3 3
6   3 5 6 3 1 4 4 6 3 6 5 3
6   5 3 5 1 4 2 3 6 3 5 2 5 6 1 5 6 1 3 2 4 4 2 1 2 6 6 1 1 5 6 3 3 4 3 2 6 6 5 5 1 4 4 5 2 3 6 3 5 4 6
4   1 1 5 2 4 5 5 3 3 6 3
6   6 5 3 4 6 2 4 6 6 3 6 1 2 5 1 4 4 5 2 3 6 3 5 4 1 4 3 5 6 3 1 4 4 6 3 6 5 3 5 6 1 5 6 1 3 2 4 4 2 2
4   3 3
6   5 6 3 1 4 4 6 3 6 5 3 2 6 5 3 4 5 3 5 1 4 2 3 6 3 5 2 6 5 3 4 6 2 4 6 6 3 6 1 2 1 2 6 5 6 1 5 6 1 3
2   4 4 2
5   6 4 1 1 5 2 4 5 5 3 3 6 3 1 5 2 6 5 3 4 6 2 4 6 6 3 6 1 2 6 3 3 4 5 1 3 6 6 2 2 5 3 5 6 3 1 4 4 6 3
6   5 3
6   2 2 4 3 3 5 3 1 4 2 3 6 3 5 2 6 5 3 4 6 2 4 6 6 3 6 1 2 5 6 3 1 4 4 6 3 6 5 3 5 1 4 4 5 2 3 6 3 5
4   5 6 1 5 6 1 3 2 4 4 2
5   1 2 6 2 6 5 3 4 5 6 1 5 6 1 3 2 4 4 2 5 1 4 4 5 2 3 6 3 5 4 2 2 4 3 3
6   1 4 3 6 5 3 4 6 2 4 6 6 3 6 1 2 5 6 3 1 4 4 6 3 6 5 3 6 4 1 1 5 2 4 5 5 3 3 6 3 2 6 3 5 6 5 6 1 5 6
1   3 2 4 4 2

MK03 15×8 问题
15  8   3
10  4 7 15 8 11 4 5 5 19 2 3 18 4 5 4 8 18 7 3 6 11 3 16 4 5 7 2 1 7 2 3 19 2 5 6 6 3 3 4 5 5 2 8 18
15  2 11 1 17 5 5 10 2 10 1 12 8 5 3 14 3 7 15 6 2 8 19
10  4 8 18 7 3 6 11 3 16 1 1 17 2 2 1 4 13 5 5 10 2 10 1 12 8 5 3 14 5 4 11 1 9 2 18 6 18 3 13 2 6
15  7 13 4 7 15 8 11 4 5 5 19 4 5 7 2 1 7 2 3 19 2 4 4 11 1 7 6 13 8 3 7 15 6 2 8 19
10  2 3 3 5 5 4 5 7 2 1 7 2 3 19 2 3 18 4 5 2 5 6 6 3 4 4 11 7 6 13 8 3 3 7 15 6 2 8 19 5 4 11 1 9
2   18 6 18 3 13 3 4 5 5 2 8 18 1 1 17 2 2 1 4 13
```

续表

MK03 15×8 问题
10 2 3 18 4 5 2 3 3 5 5 5 4 11 1 9 2 18 6 18 3 13 4 4 11 1 7 6 13 8 3 2 6 15 7 13 4 5 7 2 1 7 2 3 19 15 2 4 8 18 7 3 6 11 3 16 1 1 17 2 5 6 6 3
10 2 6 15 7 13 3 7 15 6 2 8 19 15 2 4 7 15 8 11 4 5 5 19 5 4 11 1 9 2 18 6 18 3 13 4 5 7 2 1 7 2 3 19 3 4 5 5 2 8 18 2 5 6 6 3 2 3 3 5 5 5 5 10 2 10 1 12 8 5 3 14
10 2 2 1 4 13 2 6 15 7 13 2 3 18 4 5 4 8 18 7 3 6 11 3 16 5 4 11 1 9 2 18 6 18 3 13 5 5 10 2 10 1 12 8 5 3 14 4 4 11 1 7 6 13 8 3 4 7 15 8 11 4 5 5 19 2 5 6 6 3 2 3 3 5 5
10 5 5 10 2 10 1 12 8 5 3 14 4 4 11 1 7 6 13 8 3 2 2 1 4 13 1 1 17 2 6 15 7 13 4 5 7 2 1 7 2 3 19 15 2 5 4 11 1 9 2 18 6 18 3 13 2 3 18 4 5 3 7 15 6 2 8 19
10 3 7 15 6 2 8 19 1 1 17 4 7 15 8 11 4 5 5 19 2 6 15 7 13 5 5 10 2 10 1 12 8 5 3 14 4 4 11 1 7 6 13 8 3 5 4 11 1 9 2 18 6 18 3 13 2 2 1 4 13 2 3 18 4 5 2 3 3 5 5
10 1 1 17 5 5 10 2 10 1 12 8 5 3 14 4 8 18 7 3 6 11 3 16 3 7 15 6 2 8 19 2 6 15 7 13 4 4 11 1 7 6 13 8 3 1 5 2 2 2 1 4 13 5 4 11 1 9 2 18 6 18 3 13 4 7 15 8 11 4 5 5 19
10 1 1 17 2 6 15 7 13 3 4 5 5 2 8 18 5 4 11 1 9 2 18 6 18 3 13 4 4 11 1 7 6 13 8 3 2 3 18 4 5 2 5 6 6 3 3 7 15 6 2 8 19 4 8 18 7 3 6 11 3 16 5 5 10 2 10 1 12 8 5 3 14
10 2 2 1 4 13 3 7 15 6 2 8 19 4 8 18 7 3 6 11 3 16 2 3 18 4 5 2 5 6 6 3 1 1 17 2 3 3 5 5 3 4 5 5 2 8 18 5 5 10 2 10 1 12 8 5 3 14 5 4 11 1 9 2 18 6 18 3 13
10 4 4 11 1 7 6 13 8 3 3 4 5 5 2 8 18 4 8 18 7 3 6 11 3 16 1 1 17 5 4 11 1 9 2 18 6 18 3 13 3 7 15 6 2 8 19 15 2 2 3 3 5 5 4 7 15 8 11 4 5 5 19 2 2 1 4 13
10 5 5 10 2 10 1 12 8 5 3 14 15 2 2 3 18 4 5 4 5 7 2 1 7 2 3 19 2 6 15 7 13 4 8 18 7 3 6 11 3 16 4 7 15 8 11 4 5 5 19 5 4 11 1 9 2 18 6 18 3 13 2 5 6 6 3 4 4 11 1 7 6 13 8 3
10 4 8 18 7 3 6 11 3 16 3 4 5 5 2 8 18 2 2 1 4 13 4 5 7 2 1 7 2 3 19 2 5 6 6 3 2 3 18 4 5 2 6 15 7 13 1 5 2 5 4 11 1 9 2 18 6 18 3 13 1 1 17
10 5 5 10 2 10 1 12 8 5 3 14 2 5 6 6 3 2 6 15 7 13 4 7 15 8 11 4 5 5 19 4 8 18 7 3 6 11 3 16 1 1 17 5 4 11 1 9 2 18 6 18 3 13 3 4 5 5 2 8 18 2 3 18 4 5 4 5 7 2 1 7 2 3 19
MK04 15×8 问题
15 8 2
8 1 1 6 2 1 6 7 9 2 6 7 3 1 2 4 2 7 5 3 1 8 3 9 8 9 3 2 3 4 8 3 2 2 5 5 6 7 2 6 1 4 7
7 1 6 1 2 6 1 4 7 1 1 6 2 6 7 3 1 3 2 3 4 8 3 2 1 6 2 1 7 2
6 1 6 1 3 2 3 4 8 3 2 3 3 2 7 1 4 4 2 4 2 7 5 2 1 7 3 7 2 4 4 3 1
5 1 7 2 1 1 6 2 1 6 7 9 2 6 7 3 1 2 4 5 5 7
7 1 7 2 2 1 6 7 9 2 4 4 3 1 3 1 8 3 9 8 9 2 1 7 3 7 3 2 3 4 8 3 2 2 4 5 5 7
9 1 6 2 2 4 4 3 1 3 3 2 7 1 4 4 2 6 1 4 7 2 4 5 5 7 3 1 8 3 9 8 9 2 1 7 3 7 1 6 1 2 1 6 7 9
5 2 5 5 6 7 2 1 7 3 7 2 6 1 4 7 1 6 2 2 6 7 3 1
6 2 4 5 5 7 2 5 5 6 7 3 2 3 4 8 3 2 1 6 2 1 6 7 9
9 1 1 6 2 1 6 7 9 2 4 4 3 1 3 1 8 3 9 8 9 2 4 2 7 5 2 6 1 4 7 1 7 2 2 1 7 3 7 3 2 3 4 8 3 2
5 2 5 5 6 7 1 1 6 1 7 2 2 4 5 5 7 2 1 6 7 9
4 3 1 8 3 9 8 9 1 1 6 3 2 3 4 8 3 2 2 4 2 7 5
6 2 4 2 7 5 1 6 1 1 1 6 2 1 7 3 7 3 1 8 3 9 8 9 1 7 2
4 1 6 2 2 6 7 3 1 2 6 1 4 7 2 5 5 6 7
3 2 5 5 6 7 1 6 1 2 4 2 7 5
6 2 4 5 5 7 1 7 2 3 1 8 3 9 8 9 3 2 3 4 8 3 2 3 3 2 7 1 4 4 1 1 6

续表

MK05 15×4 问题
15 4 1.5
6 2 3 5 2 7 2 1 8 4 8 2 1 6 2 5 1 3 7 2 4 5 2 6 2 4 5 1 5
5 1 3 7 2 1 6 2 5 1 4 6 2 4 5 2 6 2 1 8 2 6
8 2 4 7 3 9 2 3 5 2 7 2 4 5 1 5 2 1 8 4 8 2 1 6 2 5 1 4 6 2 1 8 2 6 2 4 9 3 6
7 2 4 5 1 5 2 4 7 3 9 2 1 8 4 8 1 4 8 2 1 8 2 6 2 4 5 2 6 1 4 6
6 2 3 7 1 5 2 4 6 2 7 2 4 7 3 9 1 3 8 2 3 5 2 7 2 1 8 2 6
9 1 4 6 2 4 5 2 6 1 3 8 2 3 7 1 5 2 4 6 2 7 1 4 8 2 1 8 2 6 2 1 8 4 8 2 4 5 1 5
5 1 3 8 2 4 7 3 9 2 1 6 2 5 2 4 6 2 7 1 3 7
8 2 3 7 1 5 1 3 8 2 4 7 3 9 2 4 5 1 5 1 3 7 1 4 8 2 4 9 3 6 2 1 6 2 5
9 2 3 5 2 7 1 4 8 2 4 5 2 6 2 1 6 2 5 1 4 6 2 1 8 4 9 2 1 8 4 8 2 1 8 2 6 1 3 7
9 2 1 8 2 6 2 1 8 4 8 2 1 8 4 9 2 4 9 3 6 2 1 6 2 5 1 3 8 1 3 7 1 4 6 2 4 5 2 6
7 2 1 8 2 6 2 1 8 4 8 2 1 6 2 5 1 3 7 1 4 6 1 3 8 2 4 9 3 6
6 1 4 8 1 3 7 2 4 7 3 9 2 1 6 2 5 1 3 8 2 1 8 4 8
7 1 4 8 2 4 9 3 6 2 1 8 4 8 2 4 6 2 7 2 4 6 2 7 2 1 8 2 6 2 3 7 1 5
7 2 1 6 2 5 2 3 7 1 5 2 1 8 4 8 2 1 8 2 6 2 4 5 1 5 2 4 6 2 7 1 4 6
7 1 3 8 2 1 8 4 9 2 4 9 3 6 1 3 7 2 4 5 2 6 2 1 8 2 6 2 1 6 2 5

MK06 10×15 问题
10 15 3
15 4 2 8 6 3 7 2 9 5 2 9 7 1 2 5 7 4 1 4 9 1 2 7 10 4 2 1 1 8 2 3 7 5 3 8 5 8 5 1 3 8 8 2 5 3 8 10 9 3 5 6 1 1 6 2 5 2 5 1 9 9 1 5 7 4 6 2 10 6 1 2 2 7 9 5 6 2 4 8 7 2 5 2 1 5 8 4 2 1 8 3 7 3 10 2 8 9 4 5 3 7 5 3 7 9 3 3 9 4 5 8 1 1
15 5 1 3 8 8 2 5 3 8 10 9 5 7 4 1 4 9 1 2 7 10 4 3 5 6 1 1 6 2 5 2 1 5 8 4 2 1 8 3 7 2 4 8 7 2 2 10 6 1 2 3 10 2 8 9 4 5 2 7 9 5 6 3 7 5 3 7 9 3 3 7 5 3 8 5 8 3 9 4 5 8 1 1 2 9 7 1 2 2 1 1 8 2 4 2 8 6 3 7 2 9 5 5 2 5 1 9 9 1 5 7 4 6
15 2 1 1 8 2 2 7 9 5 6 2 10 6 1 2 2 4 8 7 2 5 2 1 5 8 4 2 1 8 3 7 3 9 4 5 8 1 1 2 9 7 1 2 3 7 5 3 7 9 3 5 7 4 1 4 9 1 2 7 10 4 4 2 8 6 3 7 2 9 5 5 1 3 8 8 2 5 3 8 10 9 3 10 2 8 9 4 5 5 2 5 1 9 9 1 5 7 4 6 3 5 6 1 1 6 2 3 7 5 3 8 5 8
15 3 5 6 1 1 6 2 5 2 5 1 9 9 1 5 7 4 6 5 1 3 8 8 2 5 3 8 10 9 5 2 1 5 8 4 2 1 8 3 7 2 4 8 7 2 2 10 6 1 2 3 7 5 3 8 5 8 2 9 7 1 2 3 7 5 3 7 9 3 3 9 4 5 8 1 1 4 2 8 6 3 7 2 9 5 5 1 1 8 2 5 7 4 1 4 9 1 2 7 10 4 2 7 9 5 6 3 10 2 8 9 4 5
15 3 10 2 8 9 4 5 2 1 1 8 2 3 9 4 5 8 1 1 2 9 7 1 2 3 7 5 3 8 5 8 5 2 1 5 8 4 2 1 8 3 7 3 5 6 1 1 6 2 3 7 5 3 7 9 3 4 2 8 6 3 7 2 9 5 2 10 6 1 2 5 7 4 1 4 9 1 2 7 10 4 2 7 9 5 6 5 2 5 1 9 9 1 5 7 4 6 5 1 3 8 8 2 5 3 8 10 9 2 4 8 7 2
15 3 7 5 3 8 5 8 5 1 3 8 8 2 5 3 8 10 9 2 7 9 5 6 3 5 6 1 1 6 2 5 2 5 1 9 9 1 5 7 4 6 2 4 8 7 2 2 9 7 1 2 5 2 1 5 8 4 2 1 8 3 7 5 7 4 1 4 9 1 2 7 10 4 4 2 8 6 3 7 2 9 5 2 1 1 8 2 3 7 5 3 7 9 3 2 10 6 1 2 3 9 4 5 8 1 1 3 10 2 8 9 4 5
15 3 5 6 1 1 6 2 3 10 2 8 9 4 5 3 7 5 3 8 5 8 5 1 3 8 8 2 5 3 8 10 9 2 1 1 8 2 2 9 7 1 2 5 2 1 5 8 4 2 1 8 3 7 3 7 5 3 7 9 3 5 7 4 1 4 9 1 2 7 10 4 3 9 4 5 8 1 1 2 10 6 1 2 4 2 8 6 3 7 2 9 5 2 7 9 5 6 2 4 8 7 2 5 2 5 1 9 9 1 5 7 4 6
15 5 7 4 1 4 9 1 2 7 10 4 3 7 5 3 7 9 3 3 7 5 3 8 5 8 2 1 1 8 2 3 5 6 1 1 6 2 5 2 5 1 9 9 1 5 7 4 6 3 10 2 8 9 4 5 3 9 4 5 8 1 1 2 9 7 1 2 4 2 8 6 3 7 2 9 5 5 1 3 8 8 2 5 3 8 10 9 2 4 8 7 2 2 10 6 1 2 5 2 1 5 8 4 2 1 8 3 7 2 7 9 5 6

续表

MK06 10×15 问题

```
15   4 2 8 6 3 7 2 9 5 3 9 4 5 8 1 1 3 7 5 3 8 5 8 5 7 4 1 4 9 1 2 7 10 4 5 2 1 5 8 4 2 1 8 3 7 2 4 8
     7 2 2 9 7 1 2 3 10 2 8 9 4 5 5 1 3 8 8 2 5 3 8 10 9 2 10 6 1 2 5 2 5 1 9 9 1 5 7 4 6 3 7 5 3 7 9 3 2 7
     9 5 6 2 1 1 8 2 3 5 6 1 1 6 2
15   2 1 1 8 2 4 2 8 6 3 7 2 9 5 3 10 2 8 9 4 5 3 7 5 3 8 5 8 3 7 5 3 7 9 3 2 10 6 1 2 2 7 9 5 6 3 9 4
     5 8 1 1 5 7 4 1 4 9 1 2 7 10 4 5 2 5 1 9 9 1 5 7 4 6 5 1 3 8 8 2 5 3 8 10 9 3 5 6 1 1 6 2 5 2 1 5 8 4
     2 1 8 3 7 2 4 8 7 2 2 9 7 1 2
```

MK07 20×5 问题

```
20   5   3
5    2 2 4 1 15 2 3 18 1 15 1 2 4 1 4 18 5 3 8 5 2 4 5 1 7 2 7
5    2 1 3 5 13 5 3 8 5 2 4 5 1 7 2 7 2 2 4 1 15 3 1 8 5 1 2 5 3 1 3 5 13 3 2
5    5 2 18 5 1 4 19 1 9 3 3 1 4 18 2 4 11 3 9 1 2 4 3 5 12 3 14 4 19
5    2 2 4 1 15 4 4 10 3 10 2 17 5 8 4 5 18 3 13 2 2 1 5 5 4 10 5 15 1 2 3 9 2 16 2 3 15 1 6
5    3 1 3 5 13 3 2 2 3 18 1 15 5 2 18 5 1 4 19 1 9 3 3 3 5 12 3 14 4 19 1 4 5
5    5 3 8 5 2 4 5 1 7 2 7 2 3 18 1 15 2 1 15 5 7 2 2 7 1 17 2 2 4 1 15
5    1 4 5 2 1 15 5 7 2 2 4 1 15 3 1 3 5 13 3 2 4 4 6 2 17 3 15 5 7
5    4 4 6 2 17 3 15 5 7 3 3 18 1 2 4 15 4 2 14 4 14 3 19 5 15 1 2 4 2 2 7 1 17
5    5 2 18 5 1 4 19 1 9 3 3 4 4 6 2 17 3 15 5 7 3 1 8 5 1 2 5 4 2 14 4 14 3 19 5 15 2 1 17 5 15
5    2 1 15 5 7 4 4 10 3 10 2 17 5 8 2 3 15 1 6 1 4 5 5 3 16 5 17 4 10 2 10 1 7
5    1 4 18 3 18 5 1 2 5 5 3 8 5 2 4 5 1 7 2 7 2 1 15 5 7 2 1 17 5 15
5    3 5 12 3 14 4 19 4 4 10 3 10 2 17 5 8 2 3 15 1 6 5 3 8 5 2 4 5 1 7 2 7 5 3 16 5 17 4 10 2 10 1 7
5    2 1 17 5 15 1 4 18 4 2 17 5 19 4 5 3 12 3 3 18 1 2 4 15 3 1 8 5 1 2 5
5    2 5 1 3 5 3 3 18 1 2 4 15 4 4 10 3 10 2 17 5 8 2 3 18 1 15 5 3 8 5 2 4 5 1 7 2 7
5    5 3 8 5 2 4 5 1 7 2 7 2 5 1 3 5 3 5 12 3 14 4 19 5 3 16 5 17 4 10 2 10 1 7 2 1 17 5 15
5    5 4 10 5 15 1 2 3 9 2 16 2 4 11 3 9 1 2 4 2 1 15 5 7 1 4 5
5    5 3 8 5 2 4 5 1 7 2 7 4 2 14 4 14 3 19 5 15 3 3 18 1 2 4 15 2 3 15 1 6 5 2 18 5 1 4 19 1 9 3 3
5    1 2 4 3 18 5 1 2 5 2 5 1 3 5 2 3 18 1 15 2 1 15 5 7
5    3 1 3 5 13 3 2 4 4 6 2 17 3 15 5 7 4 5 18 3 13 2 2 1 5 1 4 18 2 1 3 5 13
5    1 4 5 2 2 4 1 15 1 4 18 2 1 15 5 7 5 4 10 5 15 1 2 3 9 2 16
```

MK08 10×6 问题

```
10   6   2
6    2 1 5 3 4 3 5 3 3 5 2 1 2 3 4 6 2 3 6 5 2 6 1 1 1 3 1 3 6 6 3 6 4 3
5    1 2 6 1 3 1 1 1 2 2 2 6 4 6 3 6 5 2 6 1 1
5    1 2 6 2 3 4 6 2 3 6 5 2 6 1 1 3 3 4 2 6 6 6 2 1 1 5 5
5    3 6 5 2 6 1 1 1 2 6 1 3 1 3 5 3 3 5 2 1 2 3 4 6 2
6    3 5 3 3 5 2 1 3 6 5 2 6 1 1 1 2 6 2 1 5 3 4 2 2 6 4 6 3 3 4 2 6 6 6
6    2 3 4 6 2 1 1 2 3 3 4 2 6 6 6 1 2 6 3 6 5 2 6 1 1 1 2 1 3 4 2
5    1 6 1 2 1 3 4 2 3 3 4 2 6 6 6 3 2 6 5 1 1 6 1 3 1
5    2 3 4 6 2 3 3 4 2 6 6 6 3 6 5 2 6 1 1 1 2 6 2 2 6 4 6
6    1 6 1 2 1 1 5 5 3 6 6 3 6 4 3 1 1 2 3 3 4 2 6 6 6 2 2 6 4 6
6    2 3 4 6 2 3 3 4 2 6 6 6 3 5 3 3 5 2 1 1 6 1 2 2 6 4 6 2 1 3 4 2
```

续表

MK09 20×10 问题
20 10 3
12　2 2 10 1 11 1 8 17 1 8 14 1 1 10 2 2 16 10 18 2 9 6 2 12 4 7 9 4 1 3 10 1 16 2 5 19 1 7 1 9 11 1 4 16 1 2 5 5 7 9 9 9 4 6 8 14 6 16
13　1 8 17 2 5 6 4 11 2 2 10 1 11 2 5 9 8 8 2 2 16 3 11 4 1 8 5 14 10 15 6 12 4 6 10 8 15 7 5 2 8 2 5 19 1 7 4 7 9 4 11 3 10 1 16 1 1 10 4 1 6 3 11 7 17 4 7 1 4 16 4 3 11 5 8 7 11 9 17
11　4 6 10 8 15 7 5 2 8 2 5 9 8 8 2 2 16 10 18 2 2 10 1 11 5 7 9 9 9 4 6 8 14 6 16 1 4 16 2 5 19 1 7 1 1 10 2 5 6 4 11 2 2 16 3 11 1 3 14
11　4 1 8 5 14 10 15 6 12 2 5 19 1 7 4 4 11 8 16 9 15 1 6 1 8 14 1 4 16 1 8 17 4 1 6 3 11 7 17 4 7 4 10 6 8 13 5 5 2 8 1 3 14 4 7 9 4 11 3 10 1 16 1 1 10
14　1 8 17 1 4 16 1 5 9 4 10 6 8 13 5 5 2 8 4 1 16 3 11 7 17 4 7 2 2 16 10 18 4 6 10 8 15 7 5 2 8 1 8 14 2 5 6 4 11 4 2 5 7 13 10 10 5 11 5 7 9 9 9 4 6 8 14 6 16 2 5 9 8 8 4 1 8 5 14 10 15 6 12 2 5 19 1 7
11　4 2 5 7 13 10 10 5 11 2 2 16 10 18 1 1 10 1 3 14 1 5 9 5 7 9 9 9 4 6 8 14 6 16 1 8 17 1 8 14 1 2 5 4 6 10 8 15 7 5 2 8 4 4 11 8 16 9 15 1 6
14　1 8 14 1 8 17 2 5 9 8 8 1 4 16 1 1 10 4 2 5 7 13 10 10 5 11 1 2 5 2 5 6 4 11 5 7 9 9 9 4 6 8 14 6 16 4 4 11 8 16 9 15 1 6 5 2 8 1 19 8 13 6 14 10 18 4 6 10 8 15 7 5 2 8 4 1 16 3 11 7 17 4 7 2 2 16 10 18
13　1 1 10 4 10 6 8 13 5 5 2 8 1 5 9 4 7 9 4 11 3 10 1 16 1 9 11 4 2 5 7 13 10 10 5 11 4 6 10 8 15 7 5 2 8 1 2 5 5 2 8 1 19 8 13 6 14 10 18 5 7 9 9 9 4 6 8 14 6 16 2 2 10 1 11 4 1 6 3 11 7 17 4 7 2 5 6 4 11
11　1 8 17 1 2 5 1 1 10 4 16 2 5 6 4 11 4 7 9 4 1 3 10 1 16 5 2 8 1 19 8 13 6 14 10 10 18 1 9 11 2 9 6 2 12 2 2 10 1 11 2 5 9 8 8
12　1 4 16 4 4 11 8 16 9 15 1 6 1 3 14 4 2 5 7 13 10 10 5 11 1 9 11 5 7 9 9 9 4 6 8 14 6 16 2 5 6 4 11 4 1 6 3 11 7 17 4 7 2 2 10 1 11 2 2 16 3 11 4 1 8 5 14 10 15 6 12 1 1 10
10　1 9 11 1 5 9 5 2 8 1 19 8 13 6 14 10 18 1 4 16 4 4 11 8 16 9 15 1 6 2 5 9 8 8 4 7 9 4 11 3 10 1 16 1 3 14 1 1 10 4 1 6 3 11 7 17 4 7
11　4 10 6 8 13 5 5 2 8 4 4 11 8 16 9 15 1 6 1 4 16 2 9 6 2 12 4 6 10 8 15 7 5 2 8 4 7 9 4 11 3 10 1 16 1 2 5 1 8 14 5 7 9 9 9 4 6 8 14 6 16 2 5 6 4 11 2 2 16 10 18
11　1 2 5 1 3 14 2 9 6 2 12 1 5 9 4 2 5 7 13 10 10 5 11 4 1 6 3 11 7 17 4 7 2 2 10 1 11 1 8 17 2 5 19 1 7 1 1 10 4 7 9 4 11 3 10 1 16
10　4 3 11 5 8 7 11 9 17 1 1 10 2 2 16 10 18 2 2 10 1 11 4 6 10 8 15 7 5 2 8 4 4 11 8 16 9 15 1 6 1 4 16 1 6 3 11 7 17 4 7 4 7 9 4 11 3 10 1 16 2 2 16 3 11
12　1 1 10 4 4 11 8 16 9 15 1 6 4 2 5 7 13 10 10 5 11 5 2 8 1 19 8 13 6 14 10 18 2 5 6 4 11 2 9 6 2 12 1 2 5 4 10 6 8 13 5 5 2 8 1 4 16 2 2 16 3 11 2 2 10 1 11 4 6 10 8 15 7 5 2 8
14　1 8 17 4 4 11 8 16 9 15 1 6 1 3 14 2 9 6 2 12 1 8 14 4 6 10 8 15 7 5 2 8 4 7 9 4 11 3 10 1 16 4 2 5 7 13 10 10 5 11 4 1 8 5 14 10 15 6 12 2 2 10 1 11 4 2 16 4 3 11 5 8 7 11 9 17 2 5 19 1 7 4 10 6 8 13 5 5 2 8
13　5 2 8 1 19 8 13 6 14 10 18 1 9 11 4 7 9 4 11 3 10 1 16 1 8 17 4 10 6 8 13 5 5 2 8 2 5 6 4 11 1 10 4 6 10 8 15 7 5 2 8 2 2 10 1 11 2 2 16 10 18 4 1 16 3 11 7 17 4 7 1 3 14 2 5 19 1 7
11　5 2 8 1 19 8 13 6 14 10 18 5 7 9 9 9 4 6 8 14 6 16 2 5 6 4 11 4 10 6 8 13 5 5 2 8 1 3 14 4 3 11 5 8 7 11 9 17 1 9 11 2 2 10 1 11 4 2 5 7 13 10 10 5 11 1 8 14 4 1 8 5 14 10 15 6 12
13　1 3 14 2 2 10 1 11 4 7 9 4 11 3 10 1 16 2 2 16 10 18 2 2 16 3 11 4 4 11 8 16 9 15 1 6 4 1 16 3 11 7 17 4 7 4 2 5 7 13 10 10 5 11 4 10 6 8 13 5 5 2 8 2 5 9 8 8 1 2 5 4 6 10 8 15 7 5 2 8 1 5 9

续表

MK09 20×10 问题
13　4 1 16 3 11 7 17 4 7 4 2 5 7 13 10 10 5 11 4 6 10 8 15 7 5 2 8 1 3 14 2 5 6 4 11 4 4 11 8 16 9 15 1 6 1 5 9 1 1 10 1 8 17 2 9 6 2 12 5 2 8 1 19 8 13 6 14 10 18 2 2 16 3 11 2 2 16 10 18

MK10 20×15 问题
20　15　3

12　2 6 5 2 5 2 7 11 6 11 1 2 5 4 8 10 3 18 4 10 9 7 2 7 9 1 7 4 1 8 7 14 9 12 4 7 3 4 13 8 8 2 6 5 3 8 1 19 9 13 10 19 2 16 5 2 16 10 9 3 12 4 11 5 15 2 9 10 10 5 3 7 5 2 8 4 7 4 1 6 6 13 5 11 10 7

13　2 7 11 6 11 4 2 16 10 9 5 9 8 16 2 6 5 2 5 2 2 11 1 9 2 3 12 7 15 4 4 11 10 14 5 10 7 15 4 3 8 1 12 5 5 13 11 5 3 8 1 19 9 13 10 19 2 16 3 4 13 8 8 2 6 4 8 10 3 18 4 10 9 7 4 1 16 5 11 10 17 3 6 2 9 10 10 5 2 5 11 2 11

11　4 3 8 1 12 5 5 13 11 2 2 11 1 9 2 7 9 1 7 2 6 5 2 5 4 1 6 6 13 5 11 10 7 2 9 10 10 5 5 3 8 1 19 9 13 10 19 2 16 4 8 10 3 18 4 10 9 7 4 2 16 10 9 5 9 8 16 2 3 12 7 15 2 2 5 9 19

11　4 4 11 10 14 5 10 7 15 5 3 8 1 19 9 13 10 19 2 16 1 5 15 1 2 5 2 9 10 10 5 2 7 11 6 11 4 1 16 5 11 10 17 3 6 2 10 13 6 11 2 2 5 9 19 3 4 13 8 8 2 6 4 8 10 3 18 4 10 9 7

14　2 7 11 6 11 2 9 10 10 5 4 5 11 7 8 10 1 2 16 2 10 13 6 11 4 1 16 5 11 10 17 3 6 2 7 9 1 7 4 3 8 1 12 5 5 13 11 1 2 5 4 2 16 10 9 5 9 8 16 3 1 15 2 19 9 9 4 1 6 6 13 5 11 10 7 2 2 11 1 9 4 4 11 10 14 5 10 7 15 5 3 8 1 19 9 13 10 19 2 16

11　3 1 15 2 19 9 9 2 7 9 1 7 4 8 10 3 18 4 10 9 7 2 2 5 9 19 4 5 11 7 8 10 11 2 16 4 1 6 6 13 5 11 10 7 2 7 11 6 11 1 2 5 3 7 5 2 8 4 7 4 3 8 1 12 5 5 13 11 1 5 15

14　1 2 5 2 7 11 6 11 2 2 11 1 9 2 9 10 10 5 4 8 10 3 18 4 10 9 7 3 1 15 2 19 9 9 3 7 5 2 8 4 7 4 2 16 10 9 5 9 8 16 4 1 6 6 13 5 11 10 7 1 5 15 4 7 13 10 19 6 18 4 8 4 3 8 1 12 5 5 13 11 4 1 16 5 11 10 17 3 6 2 7 9 1 7

13　4 8 10 3 18 4 10 9 7 2 10 13 6 11 4 5 11 7 8 10 11 2 16 3 4 13 8 8 2 6 5 2 16 10 9 3 12 4 11 5 15 3 1 15 2 19 9 9 4 3 8 1 12 5 5 13 11 3 7 5 2 8 4 7 4 7 13 10 19 6 18 4 8 4 1 6 6 13 5 11 10 7 2 6 5 2 5 4 1 6 5 11 10 17 3 6 4 2 16 10 9 5 9 8 16

11　2 7 11 6 11 3 7 5 2 8 4 7 4 8 10 3 18 4 10 9 7 2 9 10 10 5 4 2 16 10 9 5 9 8 16 3 4 13 8 8 2 6 4 7 13 10 19 6 18 4 8 5 2 16 10 9 3 12 4 11 5 15 4 1 8 7 14 9 12 4 7 2 6 5 2 5 2 2 11 1 9

12　2 9 10 10 5 1 5 15 2 2 5 9 19 3 1 15 2 19 9 9 5 2 16 10 9 3 12 4 11 5 15 4 1 6 6 13 5 11 10 7 4 2 16 10 9 5 9 8 16 4 1 6 5 11 10 17 3 6 2 6 5 2 5 2 3 12 7 15 4 4 11 10 14 5 10 7 15 4 8 10 3 18 4 10 9 7

10　5 2 16 10 9 3 12 4 11 5 15 4 5 11 7 8 10 11 2 16 4 7 13 10 19 6 18 4 8 2 9 10 10 5 1 5 15 2 2 11 1 9 3 4 13 8 8 2 6 2 2 5 9 19 4 8 10 3 18 4 10 9 7 4 1 6 5 11 10 17 3 6

11　2 10 13 6 11 1 5 15 2 9 10 10 5 4 1 8 7 14 9 12 4 7 4 3 8 1 12 5 5 13 11 3 4 13 8 8 2 6 3 7 5 2 8 4 7 1 2 5 4 1 6 6 13 5 11 10 7 4 2 16 10 9 5 9 8 16 2 7 9 1 7

11　3 7 5 2 8 4 7 2 2 5 9 19 4 1 8 7 14 9 12 4 7 4 5 11 7 8 10 11 2 16 3 1 15 2 19 9 9 4 1 6 5 11 10 17 3 6 2 6 5 2 5 2 7 11 6 11 5 3 8 1 19 9 13 10 19 2 16 4 8 10 3 18 4 10 9 7 3 4 13 8 8 2 6

10　2 5 11 2 11 4 8 10 3 18 4 10 9 7 2 7 9 1 7 2 6 5 2 5 4 3 8 1 12 5 5 13 11 1 5 15 2 9 10 10 5 4 1 6 5 11 10 17 3 6 3 4 13 8 8 2 6 2 3 12 7 15

12　4 8 10 3 18 4 10 9 7 1 5 15 3 1 15 2 19 9 9 4 7 13 10 19 6 18 4 8 4 2 16 10 9 5 9 8 16 4 1 8 7 14 9 12 4 7 3 7 5 2 8 4 7 2 10 13 6 11 2 9 10 10 5 2 3 12 7 15 2 6 5 2 5 4 3 8 1 12 5 5 13 11

14　2 7 11 6 11 1 5 15 2 2 5 9 19 4 1 8 7 14 9 12 4 7 1 2 5 4 3 8 1 12 5 5 13 11 3 4 13 8 8 2 6 3 1 15 2 19 9 9 4 4 11 10 14 5 10 7 15 2 6 5 2 5 2 9 10 10 5 2 5 11 2 11 5 3 8 1 19 9 13 10 19 2 16 2 10 13 6 11

续表

MK10 20×15 问题
13 4 7 13 10 19 6 18 4 8 5 2 16 10 9 3 12 4 11 5 15 3 4 13 8 8 2 6 2 7 11 6 11 2 10 13 6 11 4 2 16 10 9 5 9 8 16 4 8 10 3 18 4 10 9 7 4 3 8 1 12 5 5 13 11 2 6 5 2 5 2 7 9 1 7 4 1 16 5 11 10 17 3 6 2 2 5 9 19 5 3 8 1 19 9 13 10 19 2 16
11 4 7 13 10 19 6 18 4 8 4 1 6 6 13 5 11 10 7 4 2 16 10 9 5 9 8 16 2 10 13 6 11 2 2 5 9 19 2 5 11 2 11 5 2 16 10 9 3 12 4 11 5 15 2 6 5 2 5 3 1 15 2 19 9 9 1 2 5 4 4 11 10 14 5 10 7 15
13 2 2 5 9 19 2 6 5 2 5 3 4 13 8 8 2 6 2 7 9 1 7 2 3 12 7 15 1 5 15 4 1 16 5 11 10 17 3 6 3 1 15 2 19 9 9 2 10 13 6 11 2 2 11 1 9 3 7 5 2 8 4 7 4 3 8 1 12 5 5 13 11 4 5 11 7 8 10 11 2 16
13 4 1 16 5 11 10 17 3 6 3 1 15 2 19 9 9 4 3 8 1 12 5 5 13 11 2 2 5 9 19 4 2 16 10 9 5 9 8 16 1 5 15 4 5 11 7 8 10 11 2 16 4 8 10 3 18 4 10 9 7 2 7 11 6 11 4 1 8 7 14 9 12 4 7 4 7 13 10 19 6 18 4 8 2 3 12 7 15 2 7 9 1 7

索　引

3D 打印技术　6
AGV 小车　238
Andon 系统　241
CAPP 系统零件信息模型　93
E/T 调度　151
Johnson-Cook 本构关系模型　71
Palmer 算法　154
RFID 技术　7
SCADA 系统　240

B

闭环式工艺规划　197
变异　107
表面建模　91

C

车间信息系统　261
创成式 CAPP 系统　87
存储成本　159

D

第 I 变形区　58
第 II 变形区　58
第 III 变形区　58
动态调度　151

F

非线性工艺规划　197
分布式工艺规划　198
分析处理层　143
分支定界法　153
复制运算　105

G

个体　97
工业大数据　11
工业机器人　3
工艺规划与车间调度集成　194
关键工艺知识　98

H

灰度关联法　34
灰色关联度　39
灰色关联矩阵　39
灰色关联系数　38
灰色关联因子集　35
灰色系统理论　34

J

机床负荷　158
基因编码　99

基因解码　171

交叉运算　105

进化算法　155

静态调度　151

局部搜索　156

K

开放车间调度问题（OSSP）　149

L

粒子群算法　196

粒子群优化　156

两阶段蚁群算法　125

流水车间调度问题（FSSP）　149

N

能见度影响系数　221

P

派生式 CAPP 系统　86

批处理机调度　150

瓶颈移动方法　154

Q

切削参数优化　26

切削特征　93

R

人工智能　16

柔性车间调度问题（FJSP）　150

S

神经网络　154

生产成本　159

实体建模　91

数据传输层　140

T

特征　88

特征建模　91

特征向量　92

田口法　31

拖期惩罚成本　159

W

望大特性　33

望目特性　33

望小特性　33

无线传感器网络技术　9

物联感知层　138

物联网　10

线框建模　91

X

信息素更新策略　222

信息素挥发系数　221

信息素增量系数　222

信息物理融合系统　11

信噪比　32

形状特征　92

虚拟现实　15

Y

遗传算法　96

蚁群算法　109

蚁群系统　109

蚁群优化　155
应用服务层　145
优良制造中心　246
优先分派规则　153
有限元法　67
有向加权图　118
约束满足　154
云计算技术　13

Z

制造系统调度　145
智能式 CAPP 系统　89
智能制造　2
智能制造车间　137
种群　96
种群初始化　101
专家系统　155
准时制　151
自适应动态访问策略　221
最大生产率目标函数　27
最大完工时间　158
最低生产成本目标函数　29
作业车间调度问题（JSSP）　148